曾国藩全集

日记

第二卷

[清] 曾国藩 著

河北人民出版社

图书在版编目（CIP）数据

曾国藩全集 . 日记 /（清）曾国藩著 . -- 石家庄：河北人民出版社，2016.9（2021.4 重印）

ISBN 978-7-202-11189-5

Ⅰ . ①曾… Ⅱ . ①曾… Ⅲ . ①曾国藩（1811～1872）—全集②曾国藩（1811～1872）—日记 Ⅳ . ① Z425.2 ② K827=52

中国版本图书馆 CIP 数据核字 (2016) 第 074321 号

书　　名	曾国藩全集　日记 ZENGGUOFAN QUANJI RIJI	
著　　者	[清]曾国藩	
责任编辑	马　丽　张静中	
美术编辑	李　欣	
责任校对	付敬华	
版式设计	俊书装	
封面设计	Dh2o	
出版发行	河北人民出版社　（石家庄市友谊北大街330号）	
印　　刷	三河市三佳印刷装订有限公司	
开　　本	787毫米×1092毫米　1/16	
印　　张	108	
字　　数	1 789 000	
版　　次	2016年9月第1版　2021年4月第4次印刷	
印　　数	11 001-14 000	
书　　号	ISBN 978-7-202-11189-5	
定　　价	226.00元	

版权所有　　翻印必究

目 录

日 记

咸丰十年 …………………………………………………………… 1
    正　月 …………………………………………………………… 2
    二　月 …………………………………………………………… 10
    三　月 …………………………………………………………… 16
    闰三月 …………………………………………………………… 24
    四　月 …………………………………………………………… 32
    五　月 …………………………………………………………… 39
    六　月 …………………………………………………………… 49
    七　月 …………………………………………………………… 57
    八　月 …………………………………………………………… 65
    九　月 …………………………………………………………… 72
    十　月 …………………………………………………………… 79
    十一月 …………………………………………………………… 86
    十二月 …………………………………………………………… 94
咸丰十一年 ………………………………………………………… 103
    正　月 …………………………………………………………… 104

二　月	112
三　月	122
四　月	131
五　月	141
六　月	150
七　月	158
八　月	167
九　月	176
十　月	184
十一月	194
十二月	203

同治元年	213
正　月	214
二　月	223
三　月	231
四　月	240
五　月	249
六　月	257
七　月	265
八　月	273
闰八月	282
九　月	293
十　月	305
十一月	314
十二月	322

同治二年	331
正　月	332
二　月	341
三　月	350
四　月	360
五　月	369
六　月	378
七　月	387
八　月	396
九　月	405
十　月	413
十一月	421
十二月	429

日记

咸丰十年

正 月

初一日

五更二点起，拜牌行礼毕。黎明，见客十余次，皆文武员弁贺年者。饭后清理文件。写蒋之纯信一件。旋坐小轿至城外周历阅看，共十余里，未刻归营。中饭后小睡。是日辰刻，写胡中丞信，巳刻，写骆中丞信，又早晚写季弟信二件。夜，睡略酣，四更末醒，五更仍稍成寐，在近日为难得者。夜闻凄风冷雨，念前敌鲍军被围，殊深系念。

初二日

早出，巡视营墙。饭后清理文件。旋见客三次。写季弟信一件、胡中丞信一件。闻廿九日蒋以五营出战，虽胜负不分，而得以解鲍军东面之围，霆左营得趁此机运入水米子药，可云至幸。又闻多公派精选前营扎霆左营之垒内，抽出霆左营得少休息，欣慰之至。中饭后，写季弟信一件，清理文件颇多。夜与作梅、小泉鬯谈。

初三日

早出，巡视营墙。饭后清理文件，写家信一件与季弟，写胡中丞信。见客六次。中饭后又见客一次。是日大风雪，寒冷异常。与陈作梅鬯谈。夜与仙屏鬯谈。渠明日将北上也，本日办酒席为之饯行。夜，洗脚，早睡，颇能成寐。

初四日

早出，巡视营墙。饭后清理文件，写家信一件与澄侯、沅甫。又写信与叔父，寄辽东大参四两三钱，系十月廿二日胡中丞所送，又银匣子一个，邹桐之所送也。附寄季弟信八件，他人寄沅弟信二件。午刻专人送至家。仙屏午刻起行进京。旋见客三次。中饭后写李少泉信一件。是日寒甚，未刻后放晴。夜，与作梅鬯谈。心绪不宁，盖中无所得，不能不为境所移，滋足愧也。是日派彭山屺至太湖看地势。

初五日

早出，巡视营墙。是日天晴，雪霁，人心为之一快。饭后清理文件，见客二次。写季弟信，专曹荣送去，又一件，专华字营马送去。写胡中丞信。中饭后核改信稿廿余件。旋与作梅、筱泉鬯谈。日内，系恋小池驿军情，寸心悬悬，不得少宁，行坐均若不案，盖心血积亏而关系亦至重大也。夜阅《郑康成传》。接家信，沅弟一件、纪泽儿一件，十八日所发。

初六日

早出，巡视营墙。饭后清理文件。写信与季弟。旋又写一信与鲍超。批李申夫、朱品隆各禀。中饭后见客数次。邓弥之来营久谈。傍夕写胡中丞复信。二更又写一复信，又写唐义渠信。日内，因前敌事急，心绪无片刻之暇，未能看书，并不能清厘报销册等件。二更倦甚，几不能说话。是日接左季高信，知萧军已于廿五日成行，季高已出抚署。

初七日

早出，巡视营墙。饭后清理文件。见客三次。写季弟信一次。中饭请邓弥之便酌。接太湖信，知唐义渠军于初六日在小池驿小挫，被贼踏毁营盘三座，心甚悬系。旋写信复胡中丞。见客二次。夜悬念小池驿，心甚不安，睡不成寐。

初八日

是日，恭逢先祖星冈公生日。因日内战事纷纷，无暇，未及设祭。早出，巡视营墙。饭后清理文件。写季弟信一件。批朱、李各禀，核改信稿。中饭后写胡中丞信，又密信一件。心绪不安，悬念前敌事，至为切切。夜，与作梅畅论《易图》及风水之说，又论天下之理，惟易简乃可行，极为契合。是夜，彻夜不眠。寸心微有郁积，总由中无所得，下学而不克上达，故世俗之见，尚不免胶扰于怀来耳。

初九日

早，清理文件。出外，巡视营墙。饭后改信稿二件，见客四次，写唐义渠信、季弟信，批太湖军情各禀。中饭后见客三次。傍夕闻贼窜太湖，心极悬系。又闻郭云仙被僧王参劾，亦为惦念。夜写郭意诚信一件、胡中丞信一、金逸亭信一、李申夫信一。是夕，彻夜不寐。

初十日

早出，巡视营墙。饭后清理文件。旋见客三次，写胡中丞信，批申夫禀，写信与金逸亭。中饭后剃头一次。是日未闻贼上窜太湖之信。下半日又复胡中丞信。与蒋之纯信，欲其进扎小池驿附近，以通鲍营粮路。酉刻，折差任祖文自京城归。夜阅京信各件。是夜，稍得成寐。申刻与作梅论修己治人之道甚畅。

十一日

早出，巡视营墙。饭后清理文件，复胡中丞信，寄金逸亭信，与季弟信，见客四次。中饭后又复季弟信。是日辰刻接多、蒋二信，言鲍营粮路颇通，为之欣慰。傍夕闻金军至王家牌楼，十二日可开仗，尤为慰喜。夜，接鲍信，言贼围鲍营甚急，又极焦灼。夜发胡中丞信一件，金逸亭、鲍春霆信各一件。竟夕不眠。

十二日

早出，巡视营墙。辰，饭后清理文件，与朱云岩信一件。旋批朱、李各禀。接凌荫亭信，罗溪河尚稳。见客四次。中饭后复胡中丞信。清理各文件。是日定派吉中二营、湘前强中二营、湘后营，各六成队，去新仓打行仗，以救鲍军。部署粗定，是夜又添派吉左营去。本日未闻鲍军被围之信，寸心稍安。又闻金、余军业至高横岭、白洋岭一带。接萧、余公回信，为之一慰。

十三日

早出，巡视营墙。饭后清理文件。是日吉中二营至新仓助打行仗。余在马上观之，旗帜殊不鲜明。又六成队而每旗仅五人，逐一细数，不甚惬意。旋赴二营查墙子，令在家者满队站墙，逐一细数，义字营仅八十七人，中军仅九十二人。

因诘问彭盛南，恐营内缺额太多。彭言各营实出有七成队，有二人先行，在前押锅帐行李也。辰正接太湖信，知金逸亭十一日在高横岭大获胜仗，杀贼三千，蹋贼营二座。王家牌楼贼巢亦被攻破，为之大慰，小池驲从此少松矣。见客三次，批朱云崖、李申夫各禀，写胡中丞复信一件。中饭后又复一信，写金逸亭信一、朱云崖信一、季弟信一。夜清理应抄古文。是日与陈作梅围棋一局。

十四日

早出，巡视营墙。饭后写家信，澄、沅一件，又抄寄郭云仙处一事。旋清理文件，与作梅围棋一局。午正小睡。中饭后复胡中丞信，批各禀件。接鲍超信，知粮路已通，为之大慰。朱品隆禀，太湖四营十五日带六成队进新仓。是夜，睡略成寐，五更醒。念此身无论处何境遇，而"敬、恕、勤"等字无片刻可弛。苟能守此数字，则无入不自得，又何必斤斤计较得君与不得君、气谊孤与不孤哉！

十五日

早出，巡视营墙。饭后见客十余次，皆各员弁贺节者。旋写胡中丞信一件、毛寄云信一件、金逸亭信一件。又清理文件，核信稿数件。精选营营官穆正春来，盖因两足受子伤，来此养病也，久谈，申刻去。请幕府及李少山、何敦五便饭，酉刻散。又清理文件。与作梅围棋一局。夜写胡中丞信、季弟信，批李申夫禀。大雨，春气濛濛，不便开仗。

十六日

早出，巡视营墙。饭后清理文件。旋写胡中丞信、次青信，与作梅围棋一局。中饭后又围棋一局。申刻接朱品隆禀，知前敌小池驲业已稳固，新仓尤为铁稳，为之大慰。批发朱品隆、鲍超、李申夫各禀。旋写信与胡中丞。夜阅《文选》。是日接沅弟腊月廿二日信，略言分家大概情形。沅弟才具开展，信贤子弟也。

十七日

早出，巡视营墙。饭后清理文件。出门至马队营小坐，又至城内局中小坐，午初归。与作梅围棋一局。中饭后见客二次，写胡中丞信，批李申夫禀、喻吉三禀。骆中丞咨派萧浚川仍来鄂调遣，余以萧军业奉三次谕旨，两次奏准赴黔蜀之交，岂可再来鄂皖？办一长咨止之。傍夕看《书经》。夜看《书经》。复金逸亭信、季洪弟信。是日，派人送雨衣、药酒与季弟。

十八日

早出，巡视营墙。饭后清理文件。巳正，批朱品隆禀。旋看《书经述闻》四十页。中饭后与作梅围棋一局，见客三次。接冯树堂信，三千余字。又得各处文件，清厘一番。酉刻与陈作梅至营外邕谈，言安得一二好友，胸襟旷达，萧然自得者，与之相处，砭吾之短。其次，则博学能文，精通诂训者，亦可助益于我。夜看书，眼蒙特甚，因与牧云邕谈。二更四点，来文书数件，竟不敢阅看矣。睡稍成寐，五更初即醒。近数月皆于五更即醒，盖老境之常态，非仅余一人然也。

十九日

早出，巡视营墙。饭后清理文件。旋阅《经义述闻》，并阅《通论》。中饭后见客四次。是日接官制军咨。又蒙恩赏"福"字荷包、银锞、食物等件。批朱云岩等禀。夜眼蒙不敢看书，与牧云邕谈家事。

廿日

早出，巡视营墙。饭后清理文件。旋阅《经义述闻》，会客二次。是日风雪交加，寒气逼人。中饭后与作梅围棋一局。复胡中丞信一件，又一件。夜温古文辞序跋之属。自新年以来，工课皆荒，始则以小池驲等处贼氛紧急，心极焦灼，不暇他图，近日则自涉疏懒耳。

廿一日

早出，巡视营墙。饭后清理文件。雨雪，寒甚。中饭后批朱云岩禀，复胡中丞信。夜批申夫禀。是日早饭，请邹世莲、任星元、王香倬等小宴。巳刻接家信，系正月初六日所发，澄弟一件、沅弟一件、纪泽一件，内有分家分关一纸稿。大分金、玉二号，系先考与叔父高轩所分。小分福、禄、寿、喜四号，系余与澄、沅、季洪兄弟四人所分，配合停匀，公私咸得欢心，沅弟之所经营也。又改葬星冈公、王太夫人于过路堂，十二月廿九日停厝，十年三月拨字向办理，俱惬人意。惟叔父病未愈，读之焦灼之至。申刻温《书经》，至《禹贡》止，古文《大禹谟》未温。写季洪信一件，专人送家信至太湖。夜与牧云谈论家事。

廿二日

黎明，出巡视营墙。饭后清理文件。复金逸亭信，复胡中丞信，批申夫禀，复凌荫庭、罗逢元信。写字太多，眼蒙不能开视。阅《文选》班、扬《符命》二首。中饭后，又复胡中丞信一件，夜又复一件，加厉伯符信一片，批朱品隆、李申夫二禀，见客四次。是日早，闻余际昌军十九小挫之信，竟日不怡。又因昨接家信，闻叔父病重，连占四书卦，皆不甚吉，心为悬悬。

廿三

黎明，出巡视营墙。饭后清理文件，见客二次。曾莘田来，与谈家事甚久。写李璞阶信。中饭后，复胡中丞信。申刻复金逸亭信，致李申夫信、多都护信。夜又复胡中丞信。日内因贼匪移营上扎，或围攻太湖各营，或围扰罗溪一军，或直冲鄂境，三者均未可知，寸心焦灼之至。

廿四日

黎明，出巡视营墙。饭后清理文件，见客二次。写家信，澄、沅一件，夫人一件，寄信笺、信封与外舅。批朱品隆禀。朱言本日将蒋之纯四营扎于贼之营上，拦头截驻，计必开大仗，寸心悬悬不安。中饭后，莘田来鬯谈，批李主事禀。未刻复胡中丞信，复凌荫庭信，致朱云崖信。夜，致金逸亭信，复张廉卿信。与牧云久谈。申刻写季弟信一件。

廿五日

黎明，出巡视营墙。饭后清理文件。因派前敌信息，寸心悬悬不安。复胡中丞信，复金逸亭信。午正，与程尚斋之弟围棋一局。接信，知昨日并未开仗。中饭，请魏召亭便酌。饭后，又围棋一局。旋复胡中丞一信。夜复多礼堂一信。

廿六日

黎明，出巡视营墙。饭后清理文件，见客二次。巳刻，复胡中丞一缄，复彭雪琴信，复金逸亭信。中饭后接朱云崖信，知廿五日新仓获大胜仗。本日又将出大队，去扑贼墙。天气风霾日暗，悬系之至。与程三围棋一局。惦念前敌战事，徘徊庭中，刻不能宁。夜，复希庵一信，与牧云罂谈。李筱泉之弟继泉来营。夜，二更甫睡，闻小池驿各军大捷，竟夕不寐。

廿七日

早出，巡视营墙。饭后清理文件。辰刻得信，太湖之贼于昨夕逃去，克复城池。见客十余次，皆闻喜信前来贺者。午正围棋一局。写季弟信二件。中饭后复胡中丞信，复李竹屋信。接鲍超禀，小池驿昨日未破之数垒，亦于昨夜攻破，一律肃清，可为欣慰。夜，颇倦怠。

廿八日

早出，巡视营墙。饭后清理文件，见客五次。写家信，专人送归，言援贼已破，太湖克复，沅弟可不必遽行回营，宜在家，待三月廿八日将祖父母坟拨正后，四月再行来营，盖一则以叔父病尚未愈，一则弟移新屋，宜粗立纪纲也。写信二件。未刻，彭雪琴自水营来，与之罂谈。中饭后，刘馨室自长沙来，又与久谈。自新仓打行仗者回。见客四次。夜与雪琴、馨室等久谈。申刻写胡中丞信。

廿九日

早出，巡视营墙。饭后清理文件。请雪琴、馨室宴集。见客四次，批朱云崖、李申夫各禀。午刻复胡中丞信。中饭后与彭盛南谈廿六日打仗情形。在床上小睡。与程三围棋一局。夜请人占六壬，叔父病难痊愈，不胜焦灼。与雪琴罂谈，又与牧云略谈家事。是日巳刻阅华字营操演。

卅日

早出，巡视营墙。饭后清理文件。午后，复官制军信，加李凤洲信一片。中饭后，朱云崖、李申夫自太湖来，与之罂谈前敌各情。复胡中丞信。接家信，知叔父病热甚重，为之竟夕不安，殆难挽回，家中多故，游子在外，弥切忧皇。是夜与朱、李久谈，渠极言统领之难作，力辞此任。是夜星光明朗，西南二方十四宿皆历历可睹。惟张、翼二宿，不甚分明。东方角宿及大角星皆朗然清明。看至二更末。

塞即古人赛字也，《史记·封禅书》误作赛字，王念孙辨之。

咄嗟即大声疾呼也。《石崇传》之"咄嗟立辨",项羽之意,写啐嗟,《鲁仲连传》"叱嗟,而母婢也"皆同。欧阳公书牍误作"咄嗟而已"。

淫自矜《越世家》。

二 月

初一日

黎明，出巡视营墙。各员弁贺朔。饭后见客六、七次。旋写翁中丞信、胡中丞信。中饭，请朱云崖、李申夫、李吉人等中饭。阅信稿，核改四件。见客二次。夜与申夫鬯谈。亥刻又与雪琴久谈。

初二日

黎明，出视营墙。饭后清理文件，朱云崖、李申夫等鬯谈。旋回太湖老营。写《石钟山记》。久不作楷行书，至申初始写毕。旋阅信稿数件。夜与雪琴久谈，阅京报二本，清理各文件。是日撤何镜海委，将湘后右营委李宝贤带，因闻何营务不整饬也。

初三日

黎明，出巡视营墙。饭后清理文件，见客三次，写信稿二件。午刻改谢福字恩折。中饭后，改恭缴部照折。旋至刘馨室处鬯谈。巳刻围棋一局。申刻剃头一次。夜阅李筱泉所造报销册。又接弟信，因闻叔父病重，思告假归去。

初四日

黎明，出巡视营墙。饭后清理文件，写家信，澄、沅一件，纪泽一件。接胡中丞信，将为其太公胡云阁先生起祠堂作书院，捐千金购书其中，以公之邑人相勉以正学云云。开书单，欲予斟酌，复信一封。中饭后，与雪琴鬯谈。温《书经·盘庚》。夜温《艺文志》。眼蒙颇甚，老境侵寻。

初五日

黎明，出巡视营墙。饭后清理文件。旋写京信，云仙一封、仙屏一封，周子佩、敖甄甫各添一片。中饭备席，请雪琴饯行。饭后大雨，李璞阶来久谈，陈作梅自黄梅归，久谈。酉初接家信，痛悉叔父于十九日戌刻弃世。即夜写信，专人送季弟处。又作夹片，请假四十日，附于缴部照折，折差明日发去。是夜大风雨，不能成寐。

初六日

黎明，出巡视营墙。饭后清理文件。因新闻叔父之丧，心绪忧乱。与作梅、雪琴、筱泉诸公鬯谈。复胡中丞信。中饭后又复一信，专何兴榜送两折并部照进京。见客李璞阶，说话甚久。与作梅久谈。夜与筱泉、雪琴久谈。是日上半天风雨甚大，傍夕少息，寒冷异常。

初七日

黎明起，因初闻叔讣，不出查墙。饭后移寓城内公馆，予备成服行礼各事。请程尚斋作祭文，雪琴定礼单。午刻行礼，雪琴自为通赞，刘馨室、李筱泉二人为引赞，李继荃、程尚斋、陈作梅、曾萃田、刘彤皆等为执事，未刻礼毕。见客六、七次。复胡中丞信，约四百字。夜与牧云痛谈家事，温古文三首。夜倦甚。是日与季弟通信二件。季欲告假回家，余嘱其来宿松灵前行礼。

初八日

早起，写家信，午初专人送回。见客五次。写胡中丞信一件。将所抄古文辞赋、序跋之属钉成。下半日温序跋之属。傍夕时，季弟来，与季鬯谈至二更尽。

初九日

是日阴雨。竟日不作一事。与季弟鬯谈。午正鲍春霆来久谈。蒋之纯之子来，名泽澋，亦久谈。又见客五次，皆来吊叔父之丧者。申初与作梅围棋一局。夜与季弟论出处事，因季有思归之志，余以耐烦之义止之。

初十日

是日，大雨不止。与鲍春霆久谈，并请渠吃中饭，鬯叙一切。巳刻写胡中丞信一件，阅改信稿十余件，皆腊、正两个月积压未清者，本日一概清理完毕。见客十余次，皆吊慰者。午刻与作梅围棋一局。夜与春霆久谈，又与季弟鬯谈。季言归家，必待沅甫来，将湘、恒两营交与沅，而后成行；若不归家，则仍管带二营，不改常度云云。余甚韪之。

十一日

是日天仍阴，午后放晴。见客五次，与季弟鬯谈。中饭后写对联七付。杨鼎勋、马征麟送叔父挽联一付云："嗣君节义著三河，想愁绪频浇，孔北海酒尊常满；犹子勋名崇一代，正捷音继至，谢东山棋局已终。"夜接王孝凤信，寄九弟所写《温甫哀辞》，字秀劲近古，刻工亦佳。家有贤子弟，为之欣然。本日因困倦已极，不能说话，恐系日内吃斋之故，因改于是夜开荤。

十二日

是日天晴。饭后见客五、六次，如何镜海、刘连捷、朱品隆、屈蟠，皆说话甚久。午正写胡中丞复信，申末毕。写对联十二付。傍夕倦甚，盖以日内火气甚旺，舌干唇燥。与季弟鬯谈。夜，与朱品隆鬯谈进攻安庆事宜。接胡中丞信，中有寄来金逸亭信，详明切当，多与余意相合，因就金信批明，作书复胡中丞。

十三日

早，阴曀。饭后送季弟回太湖。复胡中丞信一件，见客六次，困倦殊甚。中饭后写扁字数幅。旋与张伴山鬯谈。改信稿数件。夜，拟作欧阳两代节孝传，仅成三、四行。

十四日

早，仍阴，下半日放晴。见客四次，李宝贤谈稍久。巳刻，写家信一件，寄武昌墨刻《温甫哀辞》十套。复胡中丞信一件。夜，宽十弟自太湖来，久谈。是日作两代节孝传，尚未毕，盖客多不能静坐，又须清理文件也。

十五日

早，天气晴，为今年所仅见。饭后与作梅、牧云及宽十弟同去看帅逸斋新坟之地，在黄梅独山镇西南上洋镇汪氏村庄附近。午刻到，周历里许，即在汪氏庄中饭。未刻归，到家已上灯，往返凡七十里。夜作欧阳两代节孝家传毕。

十六日

是日，仍阴雨。饭后见客五次。午正写对联数首，内送澄弟一首云："俭以养廉，誉洽乡党；直而能忍，庆流子孙。"送沅弟一首云："入孝出忠，光大门第；亲师取友，教育后昆。"中饭后又写对联十余首，与冯竹渔久谈，又与牧云谈，复胡中丞一信。夜跋《文与可集》，寄沅弟。温《三都赋》。

十七日

是日，仍阴雨。饭后清理文件。旋题跋各书，寄赠九弟。上半日题六部：三苏《文集》六十四册；岳刻《五经》五十册；《元白长庆集》十六册；《蔡端明集》八册；和板《礼记注疏》廿四册；汪刻《公羊》六册。下半日题三部：《渭南文集》十二册；《金石萃编》六十四册；《行水金鉴》卅六册。一一包封，交盛四送归。又将福字荷包等带归。午刻，与作梅围棋一局。申刻倦甚，小睡。夜与牧云邕谈。渠明日将归，作别。夜梦见李迪庵，与之邕谈。

十八日

是日送牧云归，陈作梅与之同行。早，小雨，辰正起行。余送客后，清理文件，写胡中丞信一件。夜又写一件。见客五次，张伴山、高彦骥谈稍久。中饭后静坐，阅古文。倦甚，小睡。旋剃头一次。夜温古文，将《幽通赋》细读数过，若有所会。

十九日

饭后清理文件，写官制军信一件，添张仲远信数页。是日雨大异常，公馆黑暗，至不能作字，因抄古文，将姚选《类纂》中"奏议"一类细看一遍。夜将《文选·哀诔》各篇细看一过，倦甚。是夕接王霞轩信，内有诗四首。

廿日

早，设祭后即脱孝服，盖已满十四日也。饭后将丧次撤去，收拾一切。巳正仍回营盘。见客五、六次，清理文件，写胡中丞信。天气寒冷异常。中饭后阅《后汉书》四十页。夜又阅廿五页，《光武纪》阅毕，《明纪》阅一半。接家信，澄侯一件、沅甫一件并祭文、纪泽一件并祭文。

廿一日

黎明，出查视营墙。饭后清理文件。旋见客三次。写季弟信一件、胡中丞信一件。阅《后汉书》《明帝纪》、《章帝纪》、《和帝殇帝纪》、《安帝纪》未毕。与王香倬子云谈，又与马征麟谈。马之业师陈雪楼，名世镕，乙未进士，曾任甘肃知县，著有《周易廓》及《求志居诗集》、古文。马读书颇有渊源，曾著《三立明辨》，谓立德、立功、立言三者，各纂集诸书，自为条例。又有马寿华，号小坡，马复震，号星楷，皆桐城人，在此投效，志趣亦不卑近。夜温《古文·辞赋类》，读《反离骚》篇。

廿二日

早出，巡视营墙。饭后清理文件，见客五次，写胡中丞信。中饭后阅《后汉书》《安帝纪》，顺帝、冲帝、质帝纪。目光甚蒙。夜接九弟信，言及修昭忠祠并东皋书院事。旋温《九辩》，又默诵《书经·吕刑》篇，似有所会。夜梦见父亲大人，久不入梦，偶一得见，亦少慰也。

廿三日

早出，巡视营墙。饭后清理文件，复彭雪琴信、胡中丞信，见客五次。中饭后温《桓帝纪》《灵帝纪》《献帝纪》，又阅《帝后纪》未毕。夜改信稿三件。鲍春霆来见，罄谈。二更四点睡，是夜未成寐。

廿四日

早出，巡视营墙。饭后清理文件。与季弟信，寄家信，澄、沅一件，十页，沅弟又一件，二页，纪泽一件，四页。又寄邓良甫、吴月溪信。又书陈作梅信、胡中丞信。中饭后阅《和熹后纪》及阎后以下纪至末。夜目光甚蒙，不敢看书。是日，接罗淡村信，言浙江情形极危急，自广德州失守后，安吉、孝丰、四安等处皆失，杭、湖两郡危如累卵。读之焦灼之至。又接翁药房信，言凤阳虽克，而清江浦失守，颍州亦失守云。日来天气阴暗，霾曀不开，寒气特重，与腊月无异，气象殊为可虞。

廿五日

早出，巡视营墙。饭后清理文件，见客二次，写胡中丞信、彭雪琴信。阅《后汉书·律历志》，全不通晓，又阅《礼仪志》。中饭后阅《朱子文集》，周大璋选本也。至夜二更止，共阅二本。是日接官帅信，知小池驵击退援贼。余与官、胡二公皆奉旨交部从优议叙。其随折保举之人，朱笔改三个，余俱照准。

廿六日

早出，巡视营墙。饭清理文件，改信稿六件，又写胡中丞信一封。午正阅《后汉书·礼仪志》一卷、《祭祀志》三卷、《天文志》三卷，至酉初止，倦甚。与马征麐久谈。马杯宁生员，颇博览书籍，与之语，亦能通晓大旨，谈半时许。夜阅《陆宣公集》数篇。目光极蒙，遂不复看。

廿七日

早出，巡视营墙。饭后清理文件，写胡中丞信。改信稿五件，中有戴醇士信，改颇多。中饭后阅《五行志》六卷。夜阅《郡国志》三卷，添翁中丞、袁午帅信各一页。《郡国志》以本朝图核对。目光颇蒙。

廿八日

早出，巡视营墙。饭后清理文件。旋看本营操长矛，以辰州营第一，副中哨次之，正中哨又次之，乾州又次之，河溪又次之。镇溪最下。矛子长者，丈五六不等，令改作一丈三、四尺，午刻毕。改信稿三件。午饭后阅《郡国志》二卷半。旋与程尚斋围棋一局。李申甫自太湖来，与之久谈，至二更止。

廿九日

早出，巡视营墙。饭后清理文件，见客四次，改信件五件，阅《郡国志》二卷毕。旋阅《前汉·地理志》。中饭，请李申夫便饭。饭后与申夫鬯谈，约三时之久，论作文宜通小学、训诂，又论军务须从日用眠食上下手。是日与马征麐围棋一局。夜写季弟信、胡中丞信。睡不成寐。

三　月

初一日

黎明，出视营墙。饭后清理文件。各员弁来贺朔，见客十余次。旋点湖北提镇兵丁。点名毕，与程尚斋围棋一局，阅李申耆先生所选《骈体文钞》。中饭后阅《汉书·地理志》十余页。酉刻与高彦骧谈。旋与申夫鬯谈，至二更二点。是日狂风如吼，严寒飞雪，气象阴森惨淡。午刻接罗中丞咨文，知贼已由武康而进，去省城仅数十里，闻之焦愤。是夜得探报，现守安庆者为伪受天义叶芸来、格天福陈时安、贡天福向仕才，同伪启天安张潮爵、延天福施永通、欣天福侯叔钱等。守桐城者为伪纵天义吴汝孝、浩天安刘玱林、宣天福张任才。由宁国入浙者为伪忠王李寿成、伪辅王某、伪侍王某等。其四眼狗则现在舒城至安庆。城内现存米五万三千余担，煤一万八千余担，各馆私贮之米、煤尚不在内云。

初二日

早出，巡视营墙。饭后清理文件。午刻与王春帆围棋一局。中饭后阅《汉书·地理志》。与申夫鬯谈。夜阅《骈体文钞》。目蒙殊甚，此心大不安贴，营营扰扰，无乐天知命之意，自愧自恨。夜写郭意城信一件。是日写江岷樵之母陈太夫人挽幛及各对联六副，内李劼青之母晏太夫人寿联云："养笃板舆，花封红雨；欢承康爵，芝诰紫泥。"

初三日

早出，巡视营墙。饭后清理文件。旋写胡中丞信、彭雪琴信。请邓守之吃早饭，谈甚久。邓略通小学，盖其父完白先生与其师李申耆先生皆当代名宿，故濡染较深也。中饭后，阅《汉书·地理志》，疲乏殊甚，若不克终卷者，遂置而不阅，观申夫与尚斋下棋。旋与申夫鬯谈，述李西沤先生雅言各事。是夜蒸辽参二钱，服之，因精神极困，意思烦郁，为近来所未有。

初四日

早出，巡视营墙。饭后写家信，澄、沅一件，夫人一件。寄银二百两，为叔父出殡犒赏夫役之费，又祭帐廿四个，挽匾三个，挽联九副。其外幛十九个，留于营中零用。又寄银百两、幛一个，送江岷樵之太夫人，由瞿遵训送郭意城转交。又写季弟信一件、雪琴信一件。午正，清理文件。旋阅《汉书·地理志》，与尚斋围棋一局。中饭后阅《风俗》毕。与李申夫鬯谈，至更初止。阅《骈体文钞》二卷。是日雨仍大，竟日不息。

初五日

早出，巡视营墙。饭后清理文件，阅《骈体文钞》。旋与尚斋围棋二局。午正，邓守之来久谈。阅《后汉·百官志》二卷，改复王子寿信稿，又阅《百官志》一卷，未毕。李希庵来，与之鬯谈，至三更尽。夜不甚成寐。本日仍风雨阴寒。

初六日

早出，巡视营墙。饭后清理文件，与希庵鬯谈。竟日不作一事。午正写胡中丞信一件。申刻阅《后汉书·百官志》毕。夜与希庵、申夫论安庆、桐城进兵事宜。倦甚，二更三点睡，甚酣甜。

初七日

早出，巡视营墙。清理文件。饭后与希庵鬯谈。午刻阅《舆服志》二卷。申刻阅更始《刘盆子传》。夜与希庵、申夫鬯谈。巳刻写胡中丞信一件。夜接家信，系二月十三早澄侯所发。叔父已于十二日起道场矣。进兵大局，希庵之意，以余部下围安庆，多都护部下围桐城，希部暂扎青草塥，为两路援应之师。本日函商胡帅矣。

初八日

早出，巡视营墙，清理文件。饭后与希庵鬯谈。巳正剃头一次。旋阅王郎、刘永、李宪、张步、彭宠、卢芳传。中饭后阅《隗嚣传》。旋与希庵㘇谈。是日接家信二次，一系二月十七日所发，一系二月廿一日所发。第二次泽儿无信，已下省矣。

初九日

黎明，出巡视营墙。旋清理文件。饭后与希庵㘇谈。午刻写信与胡中丞。渠欲派霆字营全军援浙。宋国永先行，鲍超后去。余意欲催鲍超假满后再说。阅《公孙述传》《宗室四王三侯传》。中饭后阅李通、王常、邓晨、来歙传。与希庵论古文之道，约分三门十一类。夜复㘇谈。旋清理所钞各文，多错误者。目蒙殊甚。本日又由季弟处寄到家信一封，内沅弟一件、纪泽一件，系二月十二日所发。

初十日

黎明，出巡视营墙。旋清理文件。饭后与希庵㘇谈最久。旋与尚斋围棋一局，阅《来历传》。中饭后阅《邓寇传》。酉刻接金衢严道胡泽霈、衢州知府江允康羽檄，知浙省于二月十九日被围，只有浙东可通接济云云。夜与希庵㘇论浙事。睡不成寐。三更后，风大如吼，有颓山倒海之声。

十一日

早，大风，各营棚皆吹倒。饭后大雪，午刻雪转甚，至酉刻，雪止。午刻与尚斋围棋一局。雪霏入室，遍处皆湿。因与希庵㘇谈一日。中饭后，改信稿数件，中有复胡泽霈、江允康信，言雪琴所派之炮手百人，三月底可到，浙江萧翰庆所带之训勇、韦勇六千人，闰月可抵浙江，此间另谋续援之师，四月可抵浙江云云。阅《冯异传》。夜倦甚，早睡。

十二日

早出，巡视营墙。饭后清理文件。天气放晴。与希庵久谈。旋改信稿数件，内有致毓又坪信，颇长。倦甚，不能自振。中饭后将古文三门十一类写出交希庵看。申刻李少荃到，久谈。夜与希庵谈，又与少荃谈浙江事。是日又接到胡泽霈、江允康信，言浙事危急万分，谈之焦愤难名。

十三日

早出，巡视营墙。饭后清理文件。送希庵归去。身体小有不适，竟日不作一事。中饭后写对联数付，改信稿三件。旋写希庵信、胡中丞信。夜阅《骈体文钞》。日内，头晕作疼，不能看书。

十四日

早出，巡视营墙。饭后清理文件。接张筱浦信，并咨到奏稿，知浙江于二月廿七日失守。虽奏中作不了之辞，云乡团旗兵尚在抵御，殊难深信，不胜愤悒。旋写信告知胡中丞、李希庵。又写家信一封，专人送去。中饭后阅《后汉书》岑彭、贾复传，吴汉、盖延、陈俊、臧宫传。与李少荃邕论浙江事。胡维峰、彭盛南来，皆久谈。午刻围棋一局。复改筱浦前辈信稿。

附 记

胡泽霈，号次云。
江允康，号竹圃。
马征麇，号钟山。
邓解，号作卿。

十五日

早出，巡视营墙。饭后，各员弁贺朔朔字衍望，见客十余次。旋写胡中丞信、希庵信、季弟信。批李申夫禀。与尚斋围棋一局。阅《后汉书·耿弇传》。中饭后阅耿国、耿秉、耿恭等传，姚期、王霸、祭遵传。夜温古文《长扬赋》，复雪琴信一封。雪琴又一信，言浙江城破后，满兵巷战二日御之，转危为安等语，盖为探报所误也。是日酉刻，偶思古文之道与骈体相通。由徐、庾而进于任、沈，由任、沈而进于潘、陆，由潘、陆而进于左思，由左思而进于班、张，由班、张而进于卿云，韩退之之文比卿云更高一格。解学韩文，即可窥六经之阃奥矣。

十六日

早出，巡视营墙。饭后清理文件。辰刻阅礼前营操演。营官杨镇魁矛法颇好，赏钱六十千、旗五面。午正归，接纪泽二月十八日莲花桥发信。旋写对联七付、扁二方。中饭后阅《后汉书》任光、李忠、万修、邳彤、刘植、耿纯传，朱祜、景丹、王梁、杜茂、马成、刘隆、傅俊、坚镡、马武传。傍夕至营务处高云浦、马钟山棚内小坐。夜，罗淡村中丞之侄忠怀来，余嘱其派亲丁去浙迎接淡村夫人暨少村兄弟。温古文刘越石《劝进表》等篇。

十七日

早出，巡视营墙。饭后清理文件。旋与尚斋围棋二局。午刻与少荃久谈。阅《窦融传》《马援传》。申刻请客便饭，黑龙江营总明兴、云南方玉润友石、宿松知县黄开元、局绅赵世遐、杨调元、石鸾坡，酉刻散。见客二次。傍夕与少荃圉谈。夜阅《骈体文钞》，将其所分类归并于吾所分三门十一类之中，嫌其繁碎，不合古义也。夜睡甚甜美。吾尝取姚姬传先生之说，文章之道，分阳刚之美、阴柔之美二种。太抵阳刚者，气势浩瀚；阴柔者，韵味深美。浩瀚者，喷薄出之；深美者，吞吐而出之。就吾所分十一类言之，论著类、词赋类宜喷薄；序跋类宜吞吐；奏议类、哀祭类宜喷薄；诏令类、书牍类宜吞吐；传志类、叙记类宜喷薄；曲志类、杂记类宜吞吐。其一类中微有区别者，如哀祭类虽宜喷薄，而祭郊社祖宗则宜吞吐；诏令类虽宜吞吐；而檄文则宜喷薄；书牍类虽宜吞吐，而论事则宜喷薄。此外各类，皆可以是意推之。

十八日

早出，巡视营墙。饭后清理文件。旋阅卓茂、鲁恭、魏霸、刘宽传。朱云崖来久谈，易芸陔来久谈。中饭后陈大力来，与之言襟怀贵宏大，世俗之功名得失须看得略平淡些。旋阅伏湛、伏隆传。清检古文应抄各篇。傍夕接胡润翁信，寄示左季高襄阳信及官帅等六缄。又接张筱翁信，知浙江省城于三月初三日克复。张璧田提军玉良自江南来援也，为之大喜。写信告知胡中丞，又批告李申夫。

十九日

早出，巡视营墙。饭后清理文件。旋写家信，告浙江克复之事，又写信与陈作梅慰之，专曾德麐驰马送去。与尚斋围棋一局，旋写少荃核保举单。中饭后复核至申正止。阅《鉴》，查应抄之篇。夜与少荃论居官身世出处之宜。渠新放福建道，无缺可补，进退颇难自决也。批申夫禀，言出青之法，即《汉书·赵充国传》所谓就草。是日剃头一次。请朱云崖吃便中饭。

廿日

　　早出，巡视营墙。饭后清理文件。与尚斋围棋一局。朱云崖来，同少荃定保举单。见客三次。阅《后汉书》侯霸、宋弘、蔡茂、赵憙、牟融、韦彪传，至西刻毕。见客二次。写胡中丞信一封，夜又写一封。是日派刘德大赴浙江，与罗宅丁役同去，写信与少村。又命刘德大至松江，写一信与黄英生。接胡中丞信，知渠日患病，脉象不好，为之悬悬。

廿一日

　　早出，巡视营墙。饭后清理文件。巳正与尚斋围棋一局。旋与少荃清理保举单，至未正止，尚未完毕。中饭后阅宣秉、张湛、王丹、王良、杜林、郭丹、吴良、承宫、郑君、赵典传，桓谭、冯衍传。傍夕，又阅申屠刚、鲍永、郅恽，至一更四点毕。是日，见客四次。困倦殊甚。夜蒸高丽参三钱服之。睡尚甜适，梦见祖父大人、父亲大人。

廿二日

　　早出，巡视营墙。饭后清理文件。旋出拜礼前礼后两营官、华字及黑龙江两马队，午刻归。阅《苏竟传》。倦甚。中饭后写对联八付。阅《杨厚传》，倦极，若无聊赖者。夜，接家信，系三月初七所发，内澄弟一件、沅弟一件、纪泽一件。知叔父大人于三月初二日归窆，葬天堂坳贺家坟山之上，下八尺有数，排上卅丈有一棺，大杠抬至麦湾里，改用小杠云。

廿三日

　　早出，巡视营墙。饭后清理文件，与尚斋围棋一局。折差自京归，接云仙及仙屏诸信，阅京报数十本。午刻又与黄开元围棋一局。倦甚，不能治事。复胡中丞信一件。中饭后阅《尔雅》《小尔雅》《广雅》《风俗通》，写对联八付。傍夕在外散步，若萧瑟无所倚者。夜清理文件。复筱泉信、希庵信。睡尚熟，梦见叔父大人，与余言甚久。

廿四日

　　早出，巡视营墙。饭后清理文件。写家信一件，寄新刻之《拟岘台记》五分去。写季弟信，写左季高信，专人去英山迎接。旋与程尚斋围棋一局，见客四次，将《尔雅》看毕。倦甚，小睡。中饭后写对联六付、挂屏六张。阅郎颛、襄楷传，又阅《郭伋传》未毕。申刻洗澡一次。夜阅《骈体文钞》。是日，接廷寄一道，系因官、胡奏萧、韦六千人援浙，谕旨言浙江已复，不必再去。又接袁午帅咨，知清江于二月廿三日克复。写信复胡中丞，论左季高不宜自带勇。是夜，竟夕不寐。

廿五日

早出，巡视营墙。饭后清理文件。旋与尚斋围棋一局。巳正与少荃清保举单，至未初毕。小睡。云南宝宁方玉润友石著有《运筹神机》，凡十九册，分四略：曰战略，曰守略，曰智略，曰艺略。又有《鸿蒙室文钞》二册，《诗钞》四册，求余鉴定，送来已两月矣！本日来索题跋，因为粗阅一过。中饭后为题二百余字，归之。见客三次，因吉中、吉左等营明日拔赴安庆也。写对联六付、条屏七张。本日天气甚长，作事不少，为之自慰。又写次清信、胡中丞信一封。夜阅《骈体文钞》，不甚能入，以日间神倦耳。

廿六日

早出，巡视营墙，观吉字中营拔营赴石牌，立马数节字营队伍，仅二百五十二人。令巡捕戈什哈数之，均相符合。饭后清理文件，又与尚斋围棋一局，写胡中丞复信。小睡一时许。见客四次。中饭后阅《后汉书》孔奋、张湛、廉范、王堂、苏章、羊续、贾琮、陆康传，樊阴列传。见客三次。袁午桥派人来看视，与之语淮上军情，饷项极缺，自正月至三月初七日，仅每名发给银一两零四分，每日八分，每名仅发十三日耳。旋与少荃鬯论身世出处之宜。夜复胡中丞信，阅古文三首。

廿七日

早出，巡视营墙。饭后清理文件。旋与尚斋围棋一局。核改各信稿，午正毕。阅《冯鲂传》《虞延传》《朱浮传》《郑弘传》《周章传》。中饭后写对联数件，阅《梁统传》，张纯、曹褒、郑玄传，至二更毕。是日，因节字营勇闹事，杀一人，柳二人。因一人买帽子，讹夺店子之帽，又打店家之眼，又纠众入县署打破轿子，打伤县官也。近日，节字营名声甚坏，俟九弟到，当商换营官。申刻思作字之法，绵绵如蚕之吐丝，穆穆如玉之成璧。夜思读书之道，以胡氏之科条论之，则经义当分小学、理学、词章、典礼四门；治事当分吏治、军务、食货、地理四门。

廿八日

早出，巡视营墙。饭后清理文件。旋出看礼字后营操演，午初毕，约阅二时之久。见客二次。李雨亭自英山、太湖回，与之久谈。改信稿数件。中饭后与尚斋围棋一局，见客三次，写袁午桥信二页，添张小浦信三页、翁中丞信二页、叶介唐信二页。阅《后汉书》郑兴、范升、陈元、贾逵、张霸传一卷，桓荣、丁鸿传一卷。清理古文，交人抄写。是日卯刻，复胡中丞信一件。

廿九日

早出，巡视营墙。饭后清理文件，写饶镇军信二页，见客四次。阅《张子衡诗集》，为之加批，午正毕。旋至子衡处送行。又至雨亭处小坐，未正归。中饭后阅《后汉书》张宗、法雄、滕抚、冯绲、度尚、杨璇传，刘平、赵孝传。酉正，郭舜民来，述其兄雨三亲家于九年六月十八日定远城陷时被贼所执，廿一日遇害。有一素识之蕲水勇目周涟，于廿二夜将尸首负出，廿四日至明光地方。官兵张得胜镇军，出队迎出。廿五日在明光棺殓，现在权厝盱眙，将往扶榇云云。夜与舜民久谈，批彭盛南禀。

卅日

早出，巡视营墙。饭后清理文件。旋与尚斋围棋一局，复胡中丞信，批朱、李禀，加陈俊臣信三页。阅《后汉书》淳于恭、江革、刘般传，周磐传，赵咨传，又阅班彪父子传，至申初毕。中饭后写对联十付、挂屏四张，又写季弟信一件、希庵信一件、朱云崖信一件。酉刻，唐义渠来，与之畅谈，至二更三点。

闰三月

初一日

未明起，看火星。黎明出，巡视营墙。饭后清理文件。各员弁贺朔，至巳初见客毕。批朱品隆禀，加吴竹庄信二页。致官相信，派人将保举单送去，交渠汇发。又单衔谢恩折，景德镇保案复奏折，亦交其汇发。阅《后汉书》第五伦、钟离意、宋均、寒朗传，《光武十王传》未毕，阅至东平王苍止。与义渠鬯谈。萧、韦援浙一军折回后，当扎枞阳。复胡中丞信，鬯论此事。夜又复一信。酉正彭芳四来。接家信，澄侯一信、沅甫一封、纪泽一封。知老宅事，经两弟调停一番，略得妥叶，为之一慰。

初二日

黎明，出巡视营墙。饭后清理文件，围棋一局。倦甚，小睡。旋阅《光武十王传》毕。中饭后阅朱晖、朱穆传，写挂屏六幅，与义渠久谈，复胡中丞信。夜复希庵信。阅乐恢、何敞传。是日因郭舜民将赴盱眙搬雨三灵柩，办信稿寄袁、翁诸帅。

初三日

黎明，出巡视营墙。饭后清理文件。加袁午桥信三页、翁药房信三页、郭慕徐信二页，围棋一局。午刻送郭舜民赴盱眙迎接其兄灵柩。是日本定看襄郧兵勇操演，因大风而止。午正以后大雨。阅邓彪、张禹、徐防、张敏、胡广传。中饭后写对联四付，挂屏六页，阅袁安、张酺、韩棱、周荣传。夜，写对一付。是日见客三次。罗忠杯言其堂弟忠祐已至武穴，因写信告之胡润帅。

初四日

黎明，出巡视营墙。饭后清理文件，写家信、澄、沅一件，纪泽一件。因来禀言左太冲《三都赋》，教之以汉、魏人作赋，一贵训诂精确，二贵声调铿锵，约七百字，午初毕。旋写欧阳小岑信，又写季弟信，阅《郭躬传》《陈宠传》。中饭后阅《陈忠传》，《班超传》未毕。倦甚，若不克久坐者。夜尤倦，竟不作一事。近日常有此现象，盖志境日臻耳。

初五日

黎明，出巡视营墙。饭后清理文件。旋与尚斋围棋一局，阅《班超传》《梁慬传》，复胡中丞信、希庵信，阅《杨终传》《李法传》《翟酺传》《应奉传》《霍谞传》《爰延传》《徐璆传》。中饭后阅王充、王符、仲长统传。是日共看六十余页，酉正，倦甚。与李少荃久谈，又与义渠谈。灯时看星，张、翼、轸三宿较往日略明，盖雨后清明也。夜接胡中丞信，言修家祠、书院事。校对所抄韩文四首。

附 记

方大湜号菊人

邓少伯号守之，名传密

梁照号鹤宾

韩体震号省斋

初六日

早出，巡视营墙。饭后清理文件，复胡中丞信，阅《后汉书》孝明八王传、李恂、陈禅、庞参、陈龟、桥玄传，崔骃传。中饭后阅周燮、黄宪、徐稚、姜肱、申屠蟠传。添张筱浦信二页。眼蒙殊甚，盖以二日看书颇多，费目力也。夜，与少荃、义渠谈。旋阅《陆宣公集》。

初七日

早出，巡视营墙。饭后清理文件。因昨日阅书颇多，目光眵涩，本日不敢看书。将《欧阳文忠外制集》三卷涉猎一过，选八首。又将《曾文定制诰》六卷涉猎一过，选六首，抄入《古文·诏令类》，内以欧、曾气体近古也。午刻，程尚斋闻讣，丁内艰，其母郑宜人于三月十六日病故，因与久谈，慰唁之。中饭后写对联八付、扁字等。酉刻与义渠久谈。渠定于十八日赴英山。夜阅所抄古文之诏令类。目蒙殊甚。是夜大雨，不甚成寐。

初八日

早出，巡视营墙。饭后清理文件，写彭雪琴信五页。辰初阅操，戈什哈等仅一开弓，襄阳勇五十五人，看刀矛诸技，襄郧宜施兵、鸟枪等技，午初毕。涉猎《陆宣公制诰》，选三篇，合《兴元大赦诏》《平朱泚后大赦诏》，共为五篇。中饭后，目光蒙甚，因寻《诸葛武侯与群下教》，忽忘之，翻《通鉴》数册，乃寻得。盖《通鉴》以此教在《董和传》内，无可附着，因着于昭烈崩后、后主初立之年，余偶忘之矣。精神倦甚。又至尚斋处一谈。旋与王香倬一谈。夜尤倦。阅所抄《古文·诏令类》，若不克终卷者，盖老境日臻耳。

初九日

黎明，出巡视营墙。饭后清理文件。旋写胡中丞信、张仲远信、郭意诚信。倦甚，小睡。旋看《杨震传》。中饭后尤倦。日内，阴雨沉闷，意思郁抑不舒。每日寅正即起，至傍夕将及八个时辰，真觉日长如年。而目光眵涩，不耐久视，不敢多看书，稍多则干枯作疼。本日自申至戌，竟不看书。夜阅方友石所著《鸿蒙室文钞》。

初十日

黎明，出巡视营墙。饭后清理文件，见客三次，阅《后汉书》孝章八王传，张浩、王龚、种暠、陈球传、杜根、栾巴、刘陶传。中饭后颇倦，不敢看书，恐损目力。见客二次。与高云浦久谈。旋王、马诸生呈阅五日工课，与之久谈。清理《经史百家杂钞》之"诏令类"，编定叙次，抄一目录，以便装订。夜校对《汉书·叙传》上卷毕。

十一日

黎明，出巡视营墙。饭后清理文件，写胡中丞信、彭雪琴信、左季高信，见客三次，阅《后汉书》李云、刘瑜、谢弼传，虞诩、傅燮、盖勋、臧洪传。中饭后阅《张衡传》九页，未毕。日内因眼蒙，不敢多看书。天气甚长，申刻以后,但在室内徘徊。酉正趺坐。念天下之稍有才智者,必思有所表见以自旌异于人。好胜者此也,好名者亦此也。同当兵勇,则思于兵勇中翘然而出其类;同当长夫,则思于长夫中翘然而出其类;同当将官,则思于将军中翘然而出其类;同为主帅,则思于众帅中翘然而出其类。虽才智有大小深浅之不同,其不知足、不安分,则一也。能打破此一副庸俗共有之识见,而后可与言道。夜校《叙传》下卷,未毕。王子云、高云浦来,言方某品行不甚可靠。

十二日

黎明起,出视营墙。饭后清理文件。拟作何丹畦殉难记。清部李笏生及刘兆彭所开节略,上半日竟未下笔,下半日作就一半。夜因目蒙,不敢久视。是日巳刻,复胡中承信一件。未刻,复季弟信一件。夜,批朱品隆禀一件。竟夕不寐,若有所思。是日接张小浦信,知高淳、溧阳、建平失守,皖南贼势复张。

十三日

早出,巡视营墙。饭后清理文件。旋复胡中丞信。接家信,三月廿七日所发,澄侯一封、沅甫一封、纪泽一封。上半日不办一事。中饭后将丹畦殉难碑记作就。是日,接郭云仙信,知已告假南旋。又阅胡中丞寄京信四件、京报一本,知云仙本有南旋之意,濡忍未遽发,得胡帅信而始决也,因作书告之意诚。

十四日

早出,巡视营墙。饭后清理文件。旋将殉难记略为改定。复李希庵信、胡中丞信,加杨军门信。写家信一封,派二人送归。定例十五日去,十五日回。准停住五日,每日加途费六十文。如迟到一日,棍责五十,两日责一百,以次递加。早到一日,赏钱一千,早二日,一千三百,亦以次递加。中饭后与少荃闲谈。旋将东汉人及魏时奏议翻阅,以便选抄。是日风雨奇大,寒冷异常,意兴萧索。夜接家信,系三月廿九日所发,曾德霖带来。加张小浦信一片、万篪轩信二片。

十五日

早,各员弁贺望。饭后见客四次。旋阅《张衡传》,将《思玄赋》细读一过。请刘国斌、李雨亭、叶介唐吃便中饭。写季弟信,专人送家信去。寒冷异常,如腊月无异。见客二次。阅《马融传》,未过笔。傍夕与李少荃久谈。夜将新抄之《思玄赋》校对一过。

十六日

早出，巡视营墙。饭后添刘星房信三页，何廉昉信四页，核信稿四件。阅《马融传》。中饭后阅《蔡邕传》。见客二次。写胡中丞信、方子白信，将所抄《古文·奏议类》编成次第。夜将《汉书·叙传》校对毕。连日风雨阴寒，几似严冬。本日天色放晴，而寒气尚未尽散，犹着皮袍也。

十七日

黎明起，巡视营墙。饭后清理文件，添骆中丞、翁中丞信各二页，见客三次，阅《后汉书·左雄传》。口枯心焦，若有不适者。小睡一时。中饭后复胡中丞信，罗少村来久谈，约二时许。阅周举、黄琼传。接张廉卿信，寄文四篇，有王介甫之风，日进不已，可畏可爱。夜校对《谏起昌陵疏》。

十八日

黎明，出巡视营墙。饭后清理文件。旋阅《后汉书》颍川四长传，李固、杜乔传。中饭后阅吴祐、延笃传。是日，竟日雨不止。心事焦闷，口无津液，上焦火旺，因不复看书，即在室中徘徊。思凡事皆有至浅至要之道，不可须臾离者，因欲名其堂曰"八本堂"。其目曰：读书以训诂为本，诗文以声调为本，事亲以欢心为本，养生以少恼怒为本，立身以不妄语为本，居家以不晏起为本，居官以不要钱为本，行军以不扰民为本。古人格言尽多，要之每事有第一义，必不可不竭力为之者。得之则如探骊得珠，失之则如舍本根而图枝叶。古人格言虽多，亦在乎吾人之慎择而已矣。夜，阅《骈体文钞·戏牍类》。是日接家信，三月三日发，澄弟一件、沅弟一件、纪泽一件。又得竟海先生及作梅、牧云等信。

十九日

早出，巡视营墙。饭后清理文件。旋复李次青信、胡中丞信，阅《后汉》吴㧑、卢植、赵壹传，《皇甫规传》。中饭后阅《张奂传》。改信稿数件，选古文书牍类数篇付钞手。与少荃久谈。少荃接家信，知恽中丞已于初七日物故。夜，批朱品隆禀。凡做好人、做好官、做名将，但要好师、好友、好榜样。阅欧公书札。目光蒙甚。

廿日

早出，巡视营墙。饭后清理文件。将左季高所为箴言书院细阅一过，加批寄英山。写胡中丞信一件、季弟信一件，寄衣与弟，并送家信。午刻又写季高信一件。目蒙殊甚，竟不看书，小睡近二时许。中饭后阅韩、柳、欧书牍。古文中，惟书牍一门竟鲜佳者。八家中，韩公差胜，然亦非书简正宗。此外，则竟无可采。诸葛武侯、王右军两公书翰，风神高远，最惬吾意。然患太少，且乏大篇，皆小简耳。夜阅李翱、孙樵文。目蒙特甚，不敢多看，二更即睡。

廿一日

早出，巡视营墙。饭后清理文件，复胡中丞信。旋阅《段颎传》《陈蕃传》。中饭后阅《王允传》《党锢传序》。旋与少荃畅谈，见客三次。因思余所编《经史百家杂钞》，编成后，有文八百篇上下，未免太多，不足备简练揣摩之用。宜另钞小册，选文五十首钞之，朝夕讽诵，庶为守约之道。夜，将目录开出。每类选"经"一篇，"史"及百家文三篇，凡十二类，共四十八篇。是夜通夕不寐。

廿二日

早出，巡视营墙。饭后清理文件。旋阅《党锢传》，郭太、苻融、许劭传。小睡片时。旋将《古文·书牍类》编次目录。中饭后阅《窦武传》。倦甚，小睡。酉刻阅张廉卿古文，加批。夜清理文件，与少荃久谈。是日闻罗淡村中丞已至平头嘴河边，而其子少村尚在黄石矶未归，因写信告知胡中丞及彭雪琴二公。

廿三日

早出，巡视营墙。饭后清理文件。旋阅《何进传》，郑泰、孔融传。中饭后阅《荀彧传》，将张廉卿古文批阅毕。与少荃久谈。剃头一次。申刻出，至霆副中营、黑龙江营、吉左营，傍夕归。夜温《报燕惠王书》《与吴质书》。往年，余思古文有八字诀，曰雄、直、怪、丽、淡、远、茹、雅。近于茹字似更有所得。而音响、节奏，须一"和"字为主，因将"淡"字改为"和"字。

廿四日

早出，巡视营墙。饭后清理文件。写家信，专人送归。写胡中丞信，阅《董卓传》未毕，见客四次。中饭后写李希庵信，批彭毓桔、朱品隆禀尾。眼蒙，不敢看书。倦甚，小睡。夜温《报杨广书》《与吴季重书》，细诵数次，稍有所会。

廿五日

早出，巡视营墙。饭后清理文件。赴乡看马队会操，距营约廿里。是日风雨甚大，顺、华、亲三营跑三才陈一次，黑龙江营跑一次，即毕。各哨弁遍身沾湿，无一干者。未刻归来，余亦惫甚。中饭后阅逸子书《典论》，沈阳孙氏所辑也。旋小睡，乏甚。接罗少村信，知已抵平头嘴。是早，接沅弟信，已于廿日至汉口矣。未刻接季弟信。夜温《报燕惠王书》。

附　记

赵世暹号蔗泉
杨调元号静庵
石鸾坡号韵珂
罗忠怀号筠谷

廿六日

早出，巡视营墙。饭后清理文件。写罗少村信、九弟信、季弟信。巳初，移寓城内石宅，屋宽而清，尽可安居。见客十余次。午正阅《骈体文钞》。未正，左季高、李次青二公到，畅谈至二更尽。接胡中丞信二件，渠约日内来宿，赴罗宅会吊。

廿七日

早，出城，巡视营墙。饭后清理文件，与季高、次青鬯谈。写胡中丞信、李小泉信、张廉卿信。与季高鬯谈。未正九弟到营，与之鬯谈家事，至三更睡。竟夕不寐。

廿八日

早，出城，巡视营墙。饭后清理文件。与九弟鬯谈一切，旋与季高、次青鬯谈。写胡中丞信。中饭后温扬子《法言》。与季高久谈。夜与九弟久谈。

廿九日

早，出城，巡视营墙。饭后清理文件。写胡中丞信、李希庵信。批朱云崖、李申夫禀、郭意城信。写家信，专人送归。又寄各种墨刻于意城。中饭后与季高、次青鬯谈。夜与九弟鬯谈。

附　记

黄金品号贡三
王树屏　　方碧江　　陈荣村　　方清源
王价藩号锦荃
张继善号佩芬
何斌号宗廷
张显道号子方
易蔚六号凫山
易超四号春浦

卅日

早，出城，巡视营墙。饭后清理文件。复胡中丞信、彭雪琴信。旋与季高、次青鬯谈。中饭后又鬯谈。倦甚，小睡。盛四自家中来，问知一切。接澄弟信、纪泽信。旋复小睡。夜，与沅浦备谈家事。

四　月

初一日

早，出城，巡视营墙。饭后清理文件。出城廿里，看马队合操。辰刻去，未刻归。马队操演颇可观，但嫌太挤迫。中饭后写胡中丞信，作罗淡村中丞挽联一首云："孤军少外援，差同许远城中事；万马迎忠骨，新自岳王坟畔来。"热甚，小睡。夜与季高鬯谈。

初二日

早，出城，巡视营墙。饭后清理文件。旋与季高鬯谈。未刻出城八里，迎接罗淡村灵柩，设路祭一席。申刻归，写挽联并他联。接张小浦信，金陵大营全军溃败。和春、张国梁退保镇江。大局决裂，深为可虞。因抄寄胡中丞。夜与季高鬯谈。

初三日

早起，清理文件。饭后出城送罗中丞灵柩，至巳初归。送九弟赴集贤关。小睡。中饭后与左季高鬯谈。酉正小睡。写对联五付。傍夕，与季高、次青久谈。夜甫二更即倦甚，早睡。是日闻季高说有孝子孝妇二人，因其家火起，舁其母灵柩于外。二人平日皆不以力着，妇尤柔弱，诚至则神应，一也，情急则智生，二也，势激则力劲如水之可以升山，矢之可以及远，三也。因是以推，则天下无不可为之事矣。

初四日

早，雨极大，不能出城查视营墙。清理文件。饭后写家信，澄侯一件、纪泽一件。因泽问"種""睉"二字，详答之。又出题目三个，一赋题，一古文题，一四书文题。又寄笔十支、墨八条、《拟岘台记》四套。写胡中丞信。倦甚，小睡。中饭后与季高㘭谈。旋看《董卓传》之后半，刘虞、公孙瓒传。傍夕与季高、次青㘭谈。夜又与季高久谈。季高言，凡人贵从吃苦中来。又言，收积银钱货物，固无益于子孙，即收积书籍字画，亦未必不为子孙之累云云。多见道之语。

初五日

早出，查顺字营马队，约行廿八里归。饭后，清理文件。旋与季高㘭谈，写胡中丞信、李希庵信、九弟信各三页。阅《陶谦传》、《袁绍传》未毕。中饭后，再与季高㘭谈。阅《袁绍传》毕，《刘焉传》、《袁术传》未毕。傍夕与季高、少荃、次青㘭谈。是日接奉寄谕。因金陵大营溃败，派都兴阿带五千人至江北防贼北窜。因与季高商议东南大局，图所以补救之法。

初六日

早，出城，查视营墙。饭后清理文件，与季高、次青㘭谈，写胡中丞信。阅《后汉书》刘表传，袁术、吕布传。中饭后，黄子山来，与之久谈。旋阅《循吏传》，未毕。方子白来久谈。与季高、次青、子白㘭谈至二更三点。夜，睡不成寐。

初七日

早，出城，巡视营墙。饭后清理文件。辰刻出城，阅霆字副中营操演，午刻毕。与季高、子山久谈。中饭后，写九弟信、胡中丞信。倦甚，小睡。清理文件。与季高、子白、次青㘭谈，天热不能久耐。夜与季高谈时事。阅张皋闻古文。

初八日

早出，巡视营墙。饭后清理文件，与季高㘭谈，写李希庵信、沅弟信、胡中丞信。阅《后汉书·循吏传》毕，阅《酷吏传》。中饭后阅《宦者传》，未毕，与季高㘭谈。傍夕与季、次、子白诸人谈。灯下，接奉寄谕，令余会同厚庵进攻芜湖，直抵宁国。并谕询左季高是否仍办湖南团练，抑在余处帮办一切。

33

初九日

早,出城,巡视营墙。饭后清理文件,与季高、次青鬯谈,写胡中丞信、沅弟信。阅《后汉书·宦者传》毕,《儒林传》《易》、《书》二经。中饭后阅《诗》《礼》《春秋》三经,《儒林传》毕。见客三次。与季、次、少荃久谈。夜见莫祥芝,久谈。倦甚,如不克说话者,亦足以见精力之疲敝矣。

初十日

早,出城,巡视营墙。饭后清理文件。旋与季高鬯谈,写九弟信、雪琴信,阅《后汉书·文苑传》。未刻与季高、次青久谈。胡宫保自英山来宿松,将往罗宅会吊,未刻到,鬯谈至二更。接九弟信,将即日进围安庆城。

十一日

早,出城,巡视营墙。饭后清理文件。旋写家信一件与沅弟。与胡中丞、左季高诸君鬯谈竟日,至二更,余已倦甚,而诸公尚兴会淋漓。

十二日

早,出城,巡视营墙。饭后清理文件。旋与胡中丞、左季高鬯谈。写九弟信一件。中饭后改复奏折稿一件,与季高鬯谈。夜作片稿一件。二更三点睡,竟夕不寐。

十三日

早,出城,巡视营墙。饭后清理文件。辰刻至罗中丞宅内题主。宅在隘口,去宿松城四十里,午正到。未初行题主礼。申刻筵宴。是日会吊,同席者胡中丞、左季高、李次青、方子白与余,凡五人。黄子山在罗宅照料丧事。申末起行归来。行廿里,至石嘴铺地方小坐,二更还寓。罗淡村中丞,以乙未进士历官直隶、湖北、浙江等省,凡廿五年,家无一钱,旧屋数椽,极为狭陋。闻前后仅寄银三百两到家,其夫人终身未着皮袄,真当世第一清官,可敬也。是日卯刻,发报一折复奏,又片一件。

十四日

早,出城,巡视营墙。饭后清理文件,写家信,澄侯一件、夫人一件。旋写李申夫一件、沅浦弟一件，与胡宫保鬯谈。中饭后又与季高、次青鬯谈。申刻倦甚，睡至日晡始起。夜与胡中丞及季高久谈。清理文件。洗澡一次。睡不甚成寐。

十五日

早，出城巡视营墙。饭后清理文件。旋写九弟信一件，添张小浦信二页，与胡中丞、左季高鬯谈。中饭后写吴竹如信一件，批李申夫禀。与胡中丞熟商江南军事。夜，胡公论及：凡事皆须精神贯注，心有二用则不能成。余亦言军事不日进则日退，断无中立之理。二人者皆许为知言。

十六日

早，出城，巡视营墙。饭后清理文件。旋与胡中丞、左季高熟商一切，写雪琴信一件。中饭后接家信，澄侯一件、纪泽一件、夫人一件。纪泽寄赋二篇，一《喜霁赋》，一《拟丁仪励志赋》，学汉人之句调颇有合处。寄信与九弟，共四页，说及季弟暗病及制于术之法。傍夕与胡、左诸公谈江南事。二更阅《骈体文钞》诔祭、告祭等文。

十七日

早，出城，巡视营墙。饭后清理文件，见客三次，与胡润帅、左季高鬯谈，阅《骈体文钞》哀祭、诔文各篇。未初，冯竹渔来。渠于二月十九日告假回籍，至是始归营。请石芸斋前辈吃便中饭。饭后小睡，倦甚。旋写挂屏一页。因手腕无力，遂弃不复写。申刻，与胡润帅鬯谈至二更，季高、次青诸公同在坐。季高言及姚石甫晚年颓唐之状，谓人老精力日衰，以不出而任事为妙，闻之悚然汗下，盖余今精力已衰也。阅韩文哀祭各篇。是日卯刻，接奉寄谕一道。因乔松年奏丹阳失守，李若珠患病，不克出队，催令都将军兴阿赴江北会剿。

十八日

早，出城，巡视营墙。饭后清理文件。旋与胡、左二公鬯谈。辰正，送左公归去。旋与胡中丞少谈。酣眠一时许。又与胡帅谈。中饭后阅《后汉书·文苑传下》。出门拜石芸斋前辈一次。与胡帅鬯谈，自酉初至亥正。

十九日

早，出城，巡视营墙。饭后清理文件。旋与胡中丞鬯谈。复雪琴信，复汪梅村信。中饭后阅《后汉书·独行传》十页。小睡时许。旋与胡中丞鬯谈，由酉正至二更四点止。夜不能成寐。是日胡中丞言州县办上司衙门之差，所费不过百千，而其差总、家丁开报至三、四千串之多，县令无所出，则于钱粮不解，积为亏空，皆天家受其弊。故湖北州县现无丝毫差事，如有，向例由州县办差者，皆由藩库发实银与州县，令其发给，不使州县赔垫分毫。其名则天家吃亏，其实则州县无可籍口，钱漕扫数清解，为天家添出数十倍之利云云。信为知言。

廿日

早，出城，巡视营墙。饭后清理文件，与胡中丞鬯谈。辰刻送胡帅回英山。出城二里许，张幕少坐。已刻归，小睡。旋阅《后汉书·独行传》毕。中饭后，写沅浦信一件。阅《后汉书·方术传》一卷。将孙芝房《刍论》刻本粗为校对。夜与次青论渠赴浙之事。张伴山来久谈。写信与毓中丞，论屈蟠守湖口之事。旋因次青拟带屈蟠赴浙，此信即不发矣。

廿一日

早，出城，巡视营墙。饭后清理文件。见客三次。旋阅《后汉·方术传》。小睡。阅《淮南子·俶真训》。中饭后，写扁字十余、对联二付。阅《方术传》毕。小睡片时。傍夕，阅《后汉书·逸民传》，至初更毕。是日石芸斋送《沁园春》词一首。渠言养目之法：早起后，以水泡目；目属肝，以水养之，又以微热之气祛散寒翳，久必有效云云。而《后汉书·方术传》云："爰啬精神，不极视大言。"二语亦养目之法。是日，阅王香倬等之诗及纪泽儿之赋。

廿二日

早，出城，巡视营墙。饭后清理文件。出门拜客，送石芸斋之行，至李雨亭处看病，久坐，又拜张伴山、张小山、午初归。核报销局中稿件。中饭后写九弟信，跋林文忠手札，系黄南坡寄来者。申刻接张小浦信，知苏州于十三日失守，不胜惊痛，关系天下全局至大，因与次青、小泉、少荃鬯谈。旋写信告知官、胡、骆三帅。傍夕与三李鬯谈时事至二更。夜写信与陈作梅，未毕。睡不成寐。

廿三日

早，出城，巡视营墙。饭后清理文件，写陈作梅信毕，又写意城信，又写彭丽生信二页，又写刘霞仙信，又写胡中丞信，阅《后汉书·列女传》。中饭后又阅《东夷传》，又阅《南蛮传》，共卅余页。傍夕与次青、小泉、少荃鬯谈时事。夜温《古文简本》，作二小跋，将寄沅弟也。

廿四日

早，出城，巡视营墙。饭后，清理文件，写家信，澄侯一件，七页，纪泽一件，七页。又寄燕窝一匣、秋罗一匹，与澄弟夫妇贺生。又寄银五十两，袍褂料一付，与甲五侄贺新婚。又寄银五十两，与邓先生作学俸。又写九弟信、胡中丞信一件。中饭后，与次青、小泉、少荃鬯谈时事。旋阅《魏叔子文集》，又阅《后汉书》南蛮、西南夷传。酉刻天热烦燥，旋与次青诸人久谈。是日黎明，接胡中丞信，寄示京信六件，内郭云仙信中附潘伯寅奏稿二件。又曹毓瑛信中，知钱萍矼仙逝。夜阅所抄《古文简本》，又复胡中丞信。

廿五日

早，出城，巡视营墙。饭后清理文件，核定报销各咨稿。抄古文，作小跋。见客三次，与次青、小泉诸人鬯谈。批朱品隆禀，阅《后汉书·西羌传》。中饭后写对联十付，阅《西羌传》十页。李希庵送马一匹。夜接奉廷寄，因乔松年奏常州危急，饬余救援苏、常，盖朝廷尚不知苏常已失也。夜不成寐。是日咨江西、两湖三省合防。傍夕时，与次青等三人登城游览。夜批申夫禀，教之以诚。

廿六日

早，出城，巡视营墙。饭后清理文件。旋复希庵信六页，复胡中丞信，又添陈季牧信三页，又写沅弟信。见客二次，陈世镕自安庆来，与之久谈一时许。阅《后汉书·西羌传》，中饭后阅毕，又阅《西域传》十页。剃头一次。酉刻至陈雪楼处回拜，谈又一时许。夜核定各信稿，写方子白册页二开。

廿七日

早，出城，巡视营墙。饭后清理文件。复胡中丞信、彭雪琴信。小睡一时有余。中饭,请陈雪庐便饭。写册页二开。接家信,澄侯一件、纪泽一件,内拟《月赋》一篇。又陈作梅、阳牧云等信。选古文"哀祭类"付抄手。写家信与沅、季二弟。夜,又写册页二开。本日倦甚,不耐烦,又未作一事,岂以三日内未吃丸药遂亦疲乏耶?精力衰减若此,何以任天下之事?为之慨然。

廿八日

早,出城,巡视营墙。饭后清理文件。旋写方子白册页七开。倦甚,小睡。请陈雪楼筮卦,筮浙江可保否,得"艮"之象辞;筮余军是否南渡,得"解"之"师";筮次青应否赴浙,得"兑"之"复"。旋阅《后汉·西域传》。午刻得官帅咨,知余奉旨以兵部尚书衔署两江总督。本营员弁纷纷道喜。中饭后,与次青等鬯论时事应如何下手,约一时许。旋写官、胡信二封,沅弟信一封。天气极热,实难办事。傍夕,仍与次青等三人鬯谈。夜阅《五代史》。睡不成寐。

廿九日

早,出城,巡视营墙。饭后清理文件。旋写胡中丞信,商酌大局,总期江北、江南呼吸相通,及筹兵筹饷,一切均细商之。旋写左季高信、骆中丞信。见客二次。小睡。中饭后写沅弟信一件、澄弟信一件,内命纪泽来营一见。暑热已极,不能办事。旋阅《后汉书·西域传》毕。夜与次青、小泉诸人鬯谈。天热,汗不止。夜不甚成寐。

附 记

丁泉臣信:任贤。取友。速行。告示。
蒋文若信:江西抚藩指名要。破格用左公。申似房琯。蒋好帮手。速发。
汪梅村信:哀痛恻怛告示,一。裁官,裁绿营兵,二。和夷,三。以楚营法兵部江南之兵勇,四。严禁骚扰,宾礼才俊,五。粮台综核名实,局员以少为贵,举廉惩贪,六。核实保举,慎重名器,七。屏术数星卜之士,八。守碉卡险要,九。拙速疾驱,不可顿兵坚城,十。

五 月

初一日

早，出城，巡视营墙。旋各员弁贺朔，应酬时许。核定各奏稿。复九弟信。下半日复胡帅信。润帅寄来丁果臣、汪梅村、蒋文若诸信，所以期我良厚，惧无以副之。天热，迥异寻常，坐卧不安。接家信及郭意城信，时长沙尚不知苏州失守也。下半日小睡时许。酉刻，袁藻、刘德大自苏州回，知袁漱六之家眷自松江搬柩回。闰月廿五，自松江起程，四月廿八已抵江西省。千辛万苦，卒得安抵江西省，此袁家之大幸也。余叅问吴越情事。旋与次青诸君久谈。夜，写挽幛一具，改奏稿小半。天极热，夜不成寐。

初二日

早，出城，巡视营墙。归，先饭。赴城外看河溪营放连环枪，每人九出，巳刻归。改折稿一件，又核改片稿二件，复袁婿信，加毓右军信二页。下半日，接九弟、季弟信，即复。夜寄胡中丞一信，定带霆营六千人，礼营千人，朱、唐二千人渡江而南。其安庆大营暂不撤动。是日极热，几不能作一事。夜不成寐。

初三日

早，出城，巡视营墙。饭后清理文件，复李希庵信、胡中丞信、沅弟信，阅核各折稿片稿。未刻发报，共三折一片：谢恩折一，通筹全局折二，调沈道葆桢折三；察看海运事件片一，分办江西钱漕牙厘片二，留李道元度招勇片三，调张道运兰片四。未正清理各处文件，阅《后汉书·南匈奴传》廿三页。夜清厘文件。与次青、少荃久谈。夜不甚成寐。本日夏至节，服人参钱余，系胡帅所

39

赠者。

初四日

早，出城，巡视营墙。饭后，清理文件。旋写家信，澄弟一件、夫人一件。又写张小浦信、胡中丞信、九弟信、雪琴信，共约三千字。下半日清文件颇多，见客五次，叶介唐来久谈。接胡中丞信，以渠所为一折二片寄阅。是日接家信，澄侯一件、纪泽一件、陈作梅一件。

初五日

早，出城，巡视营墙。饭后清理文件。旋各员弁贺节，应酬时许。旋复雪琴信，复九弟信。见客三次。中饭请陈雪庐世熔过节，邕谈。中饭后极热，用矮棹坐地写字。复骆中丞信、郭意城信，清理各处文件，又寄沅弟一信。夜与胡中丞一缄。又清理各文件。日内，因端午节，文件较多，已觉疲乏。若添总督任内地方应办之事，殆不胜其烦剧矣。夜不甚成寐。

附 记

出告示 咨调冯树堂曾卓如信亦道及 淮安办水师
札李作士办安庆银钱所
札刘曾撰办安庆军械所
写对联
开委员名单，沙汰位置

初六日

早，出城，巡视营墙。饭后清理文件，加周子佩信三页、杨贻堂信三页、厉伯苻信二页。午刻派折差二人进京，一、万寿折，一、报销折，并带部饭照费银□□两，又余私带买物银二百四十两。小睡时许。写胡中丞信一封。中饭后热极，几不能作一事。见客三次，写九弟信一封、胡中丞信一封。阅《后汉书》《乌桓鲜卑传》未毕，二及诸生呈缴工课。余教以"诚勤廉明"四字，而"勤"字之要但在好问好察云云，反复开导。傍夕与李筱泉、少荃、次青邕谈。李希庵自青草隔来，与之久谈，至二更尽。

初七日

早，出城，巡视营墙。饭后清理文件，复彭雪琴信，复胡中丞信，加袁午桥信二页。见客四次，与希庵鬯谈。中饭后小睡。又与希庵鬯谈二时许，至戌刻止。是日大雨竟日，天气凉甚。下半日写挽幛，对联。夜，清理文件颇多。

附　记

请刑名朋友
刻营制、营规
刻居官要语训属员

初八日

早，出城，巡视营墙。饭后清理文件，加沈幼丹信四页，与雪琴信，复胡中丞信。接奉廷寄，系四月廿九日所发。因苏州失守，饬余援浙图苏。中饭后写骆中丞信、左季高信各五页、郭意城信二页。旋与希庵鬯谈。剃头一次。傍夕与李次青、筱泉、少荃鬯谈。拟即带希庵一军南渡，为援浙之计。论至更初，未决。旋清理文件。接筱浦信，知何根云退至上海。

初九日

早，出城，巡视营墙。与希庵联骑而行，至伍少海营少坐。饭后清理文件。送次青回平江招勇，见客三次，午刻与希庵鬯谈。小睡。中饭后复张小浦信一件。写对联八付。与希庵鬯谈。傍夕小睡。夜，清理文件。睡不成寐。

初十日

早，出城，巡视营墙。至李雨亭处小坐。饭后清理文件，写九弟信，倦甚。与希庵熟论安庆、桐城两军应否撤围，约沉吟二时之久，不决。中饭后得少荃数言而决。因写信与胡中丞，定为安庆、桐城二军皆不撤动，青草塥希庵之军亦暂不动。如贼由山路犯楚，必俟其破霍山，破六安州，希庵乃入山内御之云云。申刻写毕。旋读《后汉书·鲜卑传》。本年阅《后汉书》，至是日始阅毕一过。酉正写对联五付。傍夕小睡。夜与希庵鬯谈。是日巳、午，见客三次，张伴山谈颇久。

十一日

早，出城，巡视营墙。饭后清理文件，写九弟信、雪琴信，批朱云崖禀。倦甚，小睡。各对联下款，送宿松绅士十对、县令一对。与希庵久谈。中饭后写汪梅村信一件。小睡片时。检点各件，为拔营之计。夜与希庵论多礼堂，又写信与九弟，寄昨与润帅信稿。

附　记

告示各条

禁官民繁华 苏祸之由，苏民好善

禁兵勇骚扰 另有告示

令绅民保举人才 以两江之人平两江之乱

安插流徙衣冠右族、死事之家、经生大儒，均给予口食之资，余令州县存恤

求闻己过 凡己之过与军中之弊，许直告

择守令 以廉静为体，善听断为用。贼所不到之处，靠好官

旌表节义

禁办团

十二日

早，出城，巡视营墙。饭后清理文件。旋写胡中丞信、九弟信，复雪琴信，见客四次，加张凯章信一片。中饭后复次青信，写扁对数件，与希庵久谈至夕。小泉、少荃亦久谈。日内，各员弁料理拔营之事，余亦检点诸务。

附　记　　蒋文若、汪梅村所保之人

夏銮 教职　　葛其仁 教职

以上二人通小学，君子人

仰士会 合肥教官，善苏字

胡肇昕 通小学，廪生

章遇鸿 举人，循吏

葛蕃 都司，能任事

胡道荣 举人，可任岭北总团练

汪士其通外科

以上六人皆绩溪人

陈奂石甫经师，人品纯粹

杨长年廪生，江宁人

顾逊之贡生

陈瑒附生

张宝德方正

高以翔廪生

以上六人皆江宁人

马寿龄当涂豪士，东台山

薛绶扬州，通小学

刘毓松扬州，通小学

查文德泾县

洪汝奎泾县

吴承芳泾县

王祥储太平

汪汝桂江宁

金龙玉江宁

吴正熙湖南　　　以上廿三人，梅村所保

保恒前任凤阳知府

李鹤年丁忧，给事中

王检心告假道员

李汝钧刑部主事　　　以上四人，文若所保

十三日

早，出城，巡视营墙。饭后清理文件，复彭雪琴信、胡中丞信，各四、五百字，加王人树信，会客三次。中饭后复左季高信，与希庵久谈，见客四次，清理各文件。夜，戴存庄、钧衡之胞侄二人、房侄孙一人来见，携存庄所为诗一本、古文一本、《草茅一得》三本，求订正，与之久谈。存庄之妻妾皆殉节，存庄亦五年十月忧郁以死，其父母均于九年始没。是日料理拔营零事。中饭，请陈雪庐便饭。夜不甚成寐。

十四日

早，出城，巡视营墙，至黑龙江马队营中少坐。饭后清理文件，见客二次，写家信与澄侯，写九弟信。旋写厚庵信、湖中丞信。中饭后见客三次。送戴存庄之侄银五十两，为存庄葬事之用。改信稿六件。清理文件。酉刻与希庵久谈。夜见客二次，希庵又久谈。三更睡，不甚成寐。

十五日

早起，料理文件。饭后拔营。各陆营皆起早，至华阳镇渡江。余至宿江东北十二里杨虚嘴上船，各绅及县令送至舟次。余与李筱泉、少泉同舟，巡捕戈什等皆坐长龙船。巳刻开行，因风不顺，仅行四十里，至义乡嘴地方即泊宿。是日，在船作拟办三支水师一折，又核改报起程日期一折，又核改夹片三个。傍夕与小泉登岸鬯谈。夜早睡，不甚成寐。

十六日

早，因风不顺，未开。巳初开船过湖，两岸皆芦苇，旋至横坝头。宿松黄令率邑绅四人送来_{来送}。两岸百姓，扶老携幼，走送者数千人。无德于民，兹可愧也。申刻行至老洲头登大舟，舟系吴城船厂为余新造者，极坚实，极华丽。诵韦公"自惭居处崇，未睹斯民康"之句，为之愧悚不已。巳、午刻，改折片三件，写胡中丞信一件。酉刻写杨、彭信一件，清理文卷。夜与李小泉、少荃在船尾亭上鬯谈。

十七日

是日大东北风，仍在老洲头弯泊一日。巳刻发报预筹三支水师一折，报起程日期一折，又附片五件。午刻写骆中丞信一件、郭意城信一件。阅《老子》上下经一过，申刻阅毕。阅各文件，知萧浚川于四川省城病故，奏请照巡抚例议恤。接奉寄谕一件，因有人奏安庆不可弛围者，饬余酌办。傍夕登岸散步。夜与小泉、少泉鬯谈。旋诵《田窦传》。

十八日

是日仍大东北风，在老洲头弯泊一日。饭后清理文件。旋作告示一件，至申刻毕。凡六条，约六百余字。下半日与筱泉、少荃畅谈，夜又久谈，倦甚。酉戌间小睡，不成寐。夜，早睡。老年心血日亏，凡用心作文一篇，辄觉困甚。本日作文，夜尚成寐，亦可喜也。是日接家信，澄侯一件、夫人一件、纪泽一件，内附《魏征论》并纪鸿儿诗文。

十九日

是日，仍大东北风，在老洲头弯泊一日。饭后，清理文件。写官制军信一件、李希庵信一件、沅浦弟信一件。接奉批折，系五月三日所发之报。又奉寄谕一道，有"通筹全局，甚合机宜"之褒。写朱品隆信一件。中饭后，温《礼记·曲礼》，将郑注与陈澔注核对。写屏四幅，约三百余字。剃头一次。夜阅京信。因刘锡昆等在京城买马鞍回，内有高笔湄、许仙屏等信。郑阳和带霆字等营来八里江，至此禀见。

节用之道：汰冗员，裁劣营，崇节俭。

廿日

早，清理文件。饭后料理各件。令李筱泉先回江西办理牙厘局事务。巳正开船，风尚未顺，用长龙船牵水牵，凡行百廿里。酉正至华阳镇，雪琴来接，与之鬯谈至二更。余受热，微觉不豫。是日在舟中见客甚多。又温《曲礼》，至"日而行事则必践之"止。习字一页，核信稿十余件，写沅、季信一件。夜，接寄谕二道：一，四月十九所发；一，廿日随批折发者。

廿一日

早，开船，四十里至东流县，小泊二时许。又行六十里，至黄石矶水师营次。见客甚多，皆水师营哨各官及各委员。沅、季二弟自安庆陆营来至此，候四日矣，兄弟谈至三更二点，夜不成寐。是日写胡中丞信、张小浦信。习字一页。夜，清理文件。

附　记

朱瑚枝廪生，保训导

杨超予举人，保知县。乐平人

何元炳南琴，拔贡、知县。乐平

方雪昌浮梁人

黄以栴廪生，保训导加五品衔。浮梁

刘嗣向浮梁人，秀才

以湘军营制行之，招乐平勇一千，浮梁勇五百人

裁丁峻勇、文瑞勇、康国器勇、俞昌会勇

饬道、府、州、县，函答现办何事，地方利弊何如，要隘何如，人才何如凡贺信来，于复信末添一页。讲求树畜。严札武营。自爱以上沅浦条陈

密札江西藩臬两司举劾州县，举劾军营各员

札总局将江西现发营饷人数、银数开单具呈

廿二日

是日在黄石矶住泊，见客约十余次，与沅、季两弟及雪琴鬯谈一切。申刻至厚庵处鬯叙一时有余。未刻写胡中丞信一件，添冯树堂信二页。夜清理文件。是日南风，大雨，未申间雨歇。由建德至祁门一路，路极险峻，或谓其极难行走者，因嘱彭山屺派人细心察看。

廿三日

是日，在黄石矶住泊。见客数次。饭后，厚庵来，鬯谈二时许。申刻处处字衍中饭。饭后至渠坐船上小憩。归后，厚庵又来，鬯谈至二更。午后清理文件，写郭意城信一件。夜又清理文件。与九弟、季弟鬯谈。睡不甚成寐。

附　记

成名标赴广东

添派李长青、黎登照

开复札一

买炮札一　　　劳公咨一

筱泉信一

辅堂札一买炮银　　　会典装钉法

仙屏信一请钉会典

送私银

廿四日

是日，在黄石矶停泊。早饭后见客数次。写家信，澄侯一件，专强中营人送去。写郭云仙信，派船去接。写对联八对。中饭后，又写十余付、挂屏一付、匾二方。清理各文件。大南风而甚热。与厚庵团谈。

廿五日

是日，仍在黄石矶停泊。因南风太大，不能上行，改为起早回东流。派人去东流，令夫马来接，定廿七日起行。饭后与厚庵团谈。旋写对联十余付，意境似董香光。旋小睡。中饭后写李小泉、许仙屏信各一件。申刻拜水师各营官。至厚庵处便饭，戌刻归。夜与九弟及雪琴团谈。九弟谏余数事，余亦教九弟静虚涵泳，萧然物外。

附　记

重统领之权，进止不制，骚扰禁而不苛细
约法三章，并以自约
无信细言，挫人朝气

廿六日

早起，与九弟团谈。饭后送九弟回安庆陆营。旋小睡时许。起，写朱谕，谕巡捕、门印、签押，凡三条：第一，不许凌辱州县；第二，不许收受银礼；第三，不许荐引私人。约六百字。旋写对联、挂屏。中饭在雪琴船上吃。与雪琴、申夫久谈。见客六次，皆水营送行者。申刻，闻朱云崖病，大汗不止，为之忧虑，因请焦听堂为之诊视。酉刻，与季弟久谈。夜与厚庵久谈，劝其暗派二统领，又劝其戒营中吸食洋烟。夜不成寐。

廿七日

早，见客五次，饭后李镇军德麟自大通来见，嘱其拔营，速赴镇江、扬州一带。辰刻起行，由陆路至东流，约五十里，巳正即到。水师各勇出早队送廿里，厚庵送十余里，雪琴送至东流。东流县令周彦增荻香、池州府徐本璇仙崖、建德县令耿机海樵来迎。入城，住湘新后营周万晫营内。倦甚。是日入伏，身体困乏。清理文件。夜写程尚斋信一件。

廿八日

早饭后起行，由东流至建德。雪琴送至城外，府、县约送五里许。湘新后营队伍送廿余里。宝勇九营自建德来迎十余里。在乡村小憩三刻许。午刻，至建德县，住城外公馆，见客十余次，皆宝勇驻建德之各营哨也。下半日倦甚，不能久坐，因小睡约二时之久。夜接家信，九弟安庆一件、四弟衡州一件、纪泽家中一件。灯后，清理文件。

廿九日

是日驻建德。见客六、七次。清理文件。写信，九弟一件、胡中丞一件。倦甚，小睡。中饭后，小睡时许。旋温《曲礼》下。傍夕清理文件。夜仍小睡。日内，自廿二日起，大南风不止，虽顺风亦难行船。而暑气郁蒸，又易困倦，故竟日小睡，不克多治事。

六 月

初一日

早起，各员弁贺朔。见客十余次。饭后清理文件。旋小睡二时许。午刻写胡中丞信、张小浦信。温《檀弓》十二页。申刻又小睡。夜改折稿一件，清理文卷五十余件，内多藩司详地方官之事。夜，睡不成寐。

初二日

早起，在竹床上假寐。饭后清理文件。旋出外看普承尧营垒。普镇之中营在北，朱步青之左营在南，以御东流来路。曾德胜、金殿安之营在东，以御张家滩来路。河水在西，县城在东。余至普镇中营小坐，又至县城拜府、县二公。又出城东门，至曾德胜所修卡上阅视，嘱其于卡之两头山上更扎墙子，以保此卡。午正归，清理文件。中饭后小睡。热极，殊不可耐。改片稿四件。夜写胡中丞信一件。旋温古文，读《下系》十一爻，若有所会。

初三日

早，清理文件。饭后写左季高信一件、郭云仙信一件。未刻发报一折、四片。中饭后写沈幼丹信三页，又核稿数件，见客四次。天热异常。闻建德县耿令因病暴死，为骇异者久之。身后不名一钱，殊可悯念，因以百金赒之。写家信，澄侯一件、七十侄女一件。夜，清理文件颇多。复九弟一件。料理诸事，明日拔营。

初四日

黎明早饭，饭后起行。行卅五里，至秧田畈驻扎，已刻初即到。天热异常，有流金铄石之苦，不能作一事，仅在竹床上小睡，令人挥扇而已。中饭后写毛寄云信，清理文件颇多。戌刻至外瞻眺。兵燹之后，民间疲苦之至。夜二更后，即不甚热，差能成寐。是日周军门天受派人来接，告其弟天孚尚在金坛围城之中，亦将才中之坚忍者也。

初五日

早饭后拔营，行四十里至沙滩扎营。是日所行之处，皆两山中夹一溪，居民极少，竹木极多，巳初即到。天气清凉，不觉六月行师之苦。旋清理文件。温《檀弓》上毕。酉刻至公馆外林下溪边小坐。与少荃席地而谈，约二时许，月上方归。多竹生寒，忘乎其为初伏天气也。初更即睡。是日写信与九弟。

初六日

早未明，拔营。行廿五里，至桃树铺驻扎。中过一岭，名桃树岭，上下约五里，颇陡峻，高不如桐梁山，而窄斗过之，略有似乎栈道也。辰初即到。饶州知府张衍重子威、浮梁知县刘道衡鉴堂、景德镇同知任嘉培□□道旁迎接。到公馆后，接见圝谈。是日早，接胡中丞信，知左季高愿与余共事皖南，不愿独人蜀中。午刻复胡中丞信，又与左季高信。中饭后添黄莘农信二页，清理文件，旋小睡。温《檀弓下》，未毕。至唐桂生营内乘凉，灯后归。见客一次，祁门县令来迎，与之圝谈。

初七日

早未明，拔营。行卅里，至潘疃驻扎。潘疃亦浮梁境。县令鉴堂送至潘疃，张子威太守及任司马归去矣。两日行万山之中，泉冽竹茂，与吾乡风景相似。特一事最可骇异，大便粪桶高至五尺，人皆以梯登厕，上盖瓦屋，街市道旁，处处有之，鳞次栉比，令人难耐。日中温《王制》，至申刻毕。天气酷热。傍夕，支账房于树下，即在账内住宿，竟夕不成寐。是日，接毓中丞廿五日信，嫌驲递太迟，札江西臬司详参。

初八日

早，黎明，拔营。行卅五里至闪上，辰刻到。道旁绅民团练迎接者甚多。午刻，写雪琴信一封、筱浦信一封。再阅《王制》一过。天热异常，不能作一事，竟日在竹床小睡。申刻，王壬秋来，与之卥谈约二时许。天雨，惜不久。夜，凉甚。温所抄《古文简编》。

初九日

是日恭逢万寿圣节，未明起，行礼。以王氏宗祠为万寿宫，黎明礼毕。饭后行廿里，至箬坑驻扎。箬坑四面皆山，中央有河，泉甘林茂，实山谷之佳境也。清理文件。中饭后，热甚，小睡。旋与壬秋、申甫卥谈。酉正至门外河堤上游眺。夜，清理文件。是日接胡中丞信一件、沅弟季弟初五信一件、意城及纪泽儿信一件。夜见题名录，知吾乡黎培敬传胪、欧寿耺翰林，又二人主事，又一人罚停。是日接奉朱批，系五月十七所发之折。

初十日

黎明拔营。行四十里，至历口驻扎。历口者，历山之口也。祁门万峰丛叠，惟历山最高，为一县之主峰。辰正到。天雨不息，下半日雨弥大。写沅弟季弟信一件、胡帅信一件，申甫、壬秋来久谈。小睡片刻。夜温《平准书》。睡后不成寐。

十一日

黎明拔营，冒雨行十五里，至武陵岭，加牵夫八名。过山又十五里，至石谷里打尖，雨少息。尖后，再行卅里，至祁门县。见客十余次，傍夕应酬毕。清理文件。夜接各信中有陈作梅信，知已到英山大营。清文件，至二更四点始毕。闻宁国府饷项极缺，因凑银五千两交徽州府刘守带回解去。夜，接张小浦咨函，请派兵往援宁国，情词极迫。余因霆营未到，鲍镇未来，朱镇病体未痊，未之允许。

十二日

是日，为先太夫人忌辰，不见一客，斋戒一日。饭后清理文件。旋写沅弟信、胡中丞信、陈作梅信，又写郭意城信。中饭后清理文件极多。傍夕养素来久谈，约一时许。夜又清理文件。旋温《平准书》。是日，思居高位之道，约有三端：一曰不与，《论语》所谓"巍巍乎，舜禹之有天下也，而不与焉"者，谓若于己豪无交涉也；二曰不终，古人所谓"日慎一日，而恐其不终"，盖居高履危而能善其终者鲜矣；三曰不胜，古人所谓"懔乎若朽索之驭六马，栗栗危惧，若将殒于深渊"，盖惟恐其不胜任也。鼎折足，覆公餗，其形渥凶，言不胜其任也。方望溪言汉文帝之为君，时时有谦让。若不克居之意，其有得于不胜之义者乎！孟子谓周公有不合者，仰而思之，夜以继日，其有得于惟恐不终之义者乎！

十三日

早，会客二次。饭后清理文件。旋写霞仙信一件，见客三次。中饭后温《月令》，酉初毕。旋摹帖一张。戌刻，清理文件，直至二更二点止，近日文件多于往时矣。因派一员专管衙门公事，分别吏、户、礼、兵、刑、工六科，以六箱贮之。将来在于安庆水次，以船为官署，将文卷概置其中，派司道大员管理。目下小委员，即立定规模。

十四日

早，清理文件。饭后写家信，澄侯一件、邓寅皆一件，寄《拟岘台记》十分。小睡。中饭，请王壬秋便饭。申刻温《曾子问》。旋至客厅楼上小睡时半。夜阅各处文件，接季高、润帅各信，二更清理毕。温《平准书》。是日核改折稿二件，一留季高入皖，一报到祁日期。

十五日

黎明出城，巡视营墙。饭后，各员弁来见、贺朔朔字衍望。旋写季高信一件、胡宫保信一件、李希庵信一件。清理文件。中饭后改折稿一件、片稿一件，清理文件。雨后新热，小睡。酉刻，孙省斋观察自浙来，久谈约一时许。夜温《平准书》。目蒙殊甚，以日间写字太多之故。

十六日

早，出城，巡视至北门外强中营，约七里许。大雾迷漫，咫尺不辨。卯正归。早饭后写雪琴信、九弟信。清理文件。小睡。眼蒙殊甚。王壬秋来，久谈约二时许。中饭后清理文件，皆地方升迁调补等事。习字一张。夜温《平准书》毕。日内目光殊昏，照之前数月又加甚焉，岂以写字太多故耶？是日发报，到祁日期一折、复奏左季高不入蜀一折、调遣水师一折，又密片一件。

十七日

早，至外看黑龙江营盘基趾。饭后见客二次，写官制军信、胡中丞信。未刻习字一张。请孙省斋吃便中饭。饭后觉肚腹太饱，在室中散步、扪腹，不甚舒畅。夜间即不吃饭。是日接家信，澄侯一件、夫人一件、纪泽在彭泽途次发来一件。

十八日

黎明吃饭。看襄阳勇五千人操演矛杆，辰初毕。旋写邵位西信一件、胡宫保信一件、张小浦信一件。中饭后习字一纸，见客二次。因肚腹不好，在室中散步良久，尚作闷胀。王壬秋来，久谈二时许。夜清理文件。二更三点睡，四更醒，五更泻肚，略觉松畅。是日申刻，与尚斋围棋一局。

十九日

早，至黑龙江马队营盘，见马极瘦，心甚焦灼。饭后清理文件，写九弟信。小睡。又写次青信。再睡。中饭后申夫来凾谈，约时半之久。习帖一张。天热甚，几于无地可以歇息者，仍在竹床小睡。温《文王世子》。戌刻，与少荃凾谈。夜清理文件至三更止。热极，不能成寐。

廿日

黎明出城，至沈宝成营盘。因大雾迷漫，一无所见而归。饭后见客一次。旋见杨朴庵同年，久谈一时许。又见客二次。午刻，儿子纪泽自家来，欧阳牧云送之同来，陈岱珊亦来，久谈一切。中饭后，刘养素来，与之久谈。旋写胡中丞信一件，清理文件，习字一张。傍夕，问纪泽以家事。是日酷热异常，酉刻吃西瓜颇多。夜不能作一事。接张小浦信，宁国告急甚迫，心为忧灼。

廿一日

黎明，点湘前右营名，凡五百人，系在安庆及建德新招者，辰初毕。旋写胡中丞信、李希庵信。出门拜客二家，刘养素、杨朴庵两处坐颇久。见客二次。中饭请刘、杨二君小叙，皆同年也。清理文件。倦甚，小睡。又见客四次。傍夕与申夫、壬秋谈颇久。更后与牧云在楼上闲谈。夜清理文件。本日酷热异常，今年以此日为最。

廿二日

黎明，至城外湘前营巡查、小坐。饭后见客二次，清理文件，写九弟信、胡中丞信。酷热，酣睡一时许。中饭后，杨朴庵来久谈，清理文件，核改信稿五件，习字一张。酉刻刘养素来鬯谈，约一时半。夜教儿子读书之法，须分类记事。又清理文件。是日，奇热异常。申正微洒小雨，而热气未除。二更尽，服辽参一钱六分，胡中丞所送也。

廿三日

黎明，至城外河溪营阅视濠墙，均不如意。旋至奎星楼上看辰州营。归，早饭后见客三次，清理文件。小睡二时许。中饭请郭三亲家便饭，牧云、壬秋、陈代三与焉。饭后，酷热异常，与尚斋围棋二局。旋清理文件，热极，几若不克终者。傍夕与冯卓渔谈。夜，又与少荃、牧云在楼上鬯谈。二更清理文件，三更睡。热甚，不能成寐。

廿四日

黎明，出城至黄惠清前右营查视。饭后见客三次，写家信一件、张小浦信一件、李小泉信一件，清理文件。酷热异常。习字一张，温《礼运》一过。夜至楼上小坐乘凉，与牧云久谈。是日接寄谕一道，系因瑞将军之奏，而饬余斟酌赴浙。

附 记

请简放皖南道一折
派员赴淮扬造船一折
徽宁事件一折
参进贤县一片
复奏各寄谕一折
平江昭忠祠一折
汇案请恤旌一片

廿五日

黎明，至黑龙江马队营查阅。饭后写九弟信，清理文件。倦甚，睡二时许。中饭后复胡中丞信，习字一张，温《礼器》，与陈代三谈乡间琐事。眼蒙颇甚。夜接张小浦信，颇责余不能救援宁国，作书复之，凡五页。是夜接毓中丞咨张凯章军至袁州。因广东股匪，吉赣大震，截留张军暂驻袁州。

廿六日

黎明，点礼前营名，辰正毕。旋写郭意城信、胡中丞信。见客三次。小睡片时。中饭后见客二次，习字一张，温《郊特牲》，清理文件。傍夕与王壬秋久谈。夜温《古文简本》。睡，不甚成寐。五更一点，接奉批折，系六月初三日所发者。

廿七日

黎明起，阅胡中丞所寄京信各件。饭后至花桥查阅顺字营马队营盘，偶与营官马得顺言及盛世创业垂统之英雄，以襟怀豁达为第一义；末世扶危救难之英雄，以心力劳苦为第一义。巳刻归，往返近廿里。旋清理文件。写季弟信一件。中饭后，因头痛目蒙，不作一事，在室中优游安逸。酉刻，申夫来，久谈，教之留心人才，从气象上用功。夜清理文件。倦甚，甫交二更即睡。

廿八日

早起，演周良才之大炮、周光正之劈山炮。饭后清理文件。旋写胡中丞信、骆中丞信。午正小睡。旋与牧云谈。中饭后热极，小睡。申刻习字一张，写九弟信一封，阅韩文志铭，选抄。傍夕与牧云久谈。夜阅古文。睡不成寐。接张小浦复信，深自引咎。

廿九日

早起，至沈室成营内一查，辰刻归。饭后清理文件。旋小睡。写杨厚庵信一件。阅韩文。中饭后热极，小睡。习字一张，清理各文件。酉刻与王壬秋久谈，又与牧云谈。夜与牧云、少荃在楼上乘凉。早睡。本日思求人约有四类，求之之道约有三端。治事约有四类，治之之道约有三端。求人之四类，曰官也，绅也，绿营之兵也，招募之勇也。其求之之道三端，曰访察，曰教化，曰督责。采访如鸷鸟猛兽之求食，如商贾之求财；访之既得，又辨其贤否，察其真伪。教者，诲人以善而导之，以其所不能也；化者，率之以躬，而使其相从于不自知也。督责者，商鞅立木之法，孙子斩美人之意，所谓千金在前，猛虎在后也。治事之四类，曰兵事也，饷事也，吏事也，交际之事也。其治之之道三端，曰剖晰，曰简要，曰综核。剖晰者，如治骨角者之切，如治玉石者之琢。每一事来，先须剖成两片，由两片而剖成四片，由四片而剖成八片，愈剖愈悬绝，愈剖愈细密，如纪昌之视虱如轮，如庖丁之批隙导窾，总不使有一处之颟顸，一丝之含混。简要者，事虽千端万绪，而其要处不过一、二语可了。如人身虽大，而脉络针穴不过数处，万卷虽多，而提要钩元不过数句。凡御众之道，教下之法，易则易知，简则易从，稍繁难则人不信不从矣。综核者，如为学之道，既日知所亡。又须月无忘其所能。每日所治之事，至一月两月，又当综核一次。军事、吏事，则月有课，岁有考；饷事，则平日有流水之数，数月有总汇之帐。总以后胜于前者为进境。此二者，日日究心，早作夜思，其于为督抚之道，思过半矣。

卅日

早，出城，至朱云崖营内小坐。饭后清理文件。旋写张小浦信、胡中丞信、毓中丞信。午刻小睡。中饭后清理文件颇多，至申正毕。见客三次。天气郁热，欲雨而未雨，至楼上小坐。旋与少荃、牧云鬯谈。夜改折稿，未毕。竟夕不能成寐。

七 月

初一

早，接见各员弁贺朔者。饭后见客三次，旋写毓中丞信一件，李辅堂、小泉信一件，清理各文件。改折稿，中饭后改毕。申刻起，清理文件颇多，戌初毕。与王壬秋之谈。夜与李少荃商改折稿事，以此折甚有关系也。倦甚，二更即睡，不甚成寐。

附 记　作梅条陈

宗法族团
东堤抽厘
固城湖水师攻芜湖
守宣不守歙
行简

初二日

早，出城，至唐义训营，往返约十四里。饭后见客三次。旋写胡中丞信、陈作梅言、方子白信。小睡时许。中饭后写彭雪琴信，核改折稿二件、片稿二件。夜又核片稿一件，拟于初三日拜发。倦甚，二更即睡。

初三日

早，未出城。饭后清理文件。旋写郭意城信一件、黄南坡信一件，见客三次。祁门县廪生章日起面有正气，当是佳士。午正小睡片刻。中饭后清理文件甚多，中有江西大计册正印六人、教杂三人、六法六人，举者殊不惬意，申正毕。抄《古文·传志类》，选文数首。夜，写沅弟信一件。睡不甚成寐。是日未刻发报三折、二片。

附　记

徽州营参将所辖：兵马四十一名，战兵九十九名，守兵五百卅二名，守备二员，千把六员，外委十三员。官马廿八匹，兵马五十四匹。

初四日

早，出城，至南门外查视。大雾迷漫，无所见而归。饭后清理文件。旋写澄侯信一件，邵位西信一件，李辅堂、张德甫信各一件。午正小睡。中饭后清理文件，将《古文·传志类》目录清厘一过，阅《淮南子·览冥训》，习字一页，申甫来久谈，云岩来久谈，王壬秋来谈片刻。夜倦甚，若不克少坐者，目亦作疼，老境日臻，可惧也。二更睡。四更三点，接寄谕一道，饬保苏藩司。

附　记

莲花厅城工：城高一丈五尺，面宽一丈二尺，底宽一丈六尺，长一千二百八十三丈，脚深九尺，垛口二千一百廿三个，城门五座。用银十四万七千二百卅六。

初五日

早，未出城，因病不甚爽快也。饭后清理文件。旋写胡中丞信、彭雪琴信，见客二次。午正小睡。中饭后清理文件，公牍至多，申正方毕。与少荃圩谈时许。夜又接公文多件，清理至二更三点毕，倦甚。闻宁国大获胜仗，日内可望解围，为之欣慰。

初六日

早起，点亲兵之名。饭后清理文件。旋写骆中丞信、左季高信，又核改信稿四件。午刻小睡。中饭后清理各公牍。摹帖一张。傍夕，折差何寿田、梁宝田二人自京归，奉朱批报销折及万寿批折。夜阅京信五件，及五月分一月京报。又清理公牍，及二更三点止。日来公事略多，渐有精力不给。嗣后定每日早起，或点名,或看操,或查墙子,三者必居其一。饭后,写新笔信,多或三封,少或二封。又核幕友信稿三件。午刻小睡。中饭后打到核稿。酉刻,杂记应用之人、应办之事。夜涵咏熟书,不办公事。二更三点登床。

初七日

早,出城,至黄惠清营内,见哨官张夔,有似刘笔客,哨官隆德元,有似张石匠。饭后,清理文件。旋写毓右坪信、李筱泉信、张小浦信。见客三次。小睡一时许。中饭后核改信稿三件。旋清理文件。不甚爽快,与程尚斋围棋,局未终,接奉谕旨,补授两江总督兼放钦差大臣。权位太尊,名望太隆,实深悚惧。终局后,道喜之客纷纷,至夜不止。清理文件,二更毕。

初八日

早,出城,至朱云崖营小坐。饭后清理文件。旋写幼丹信一页、胡中丞信一件、九弟信一件,核信稿二件。小睡时许。中饭后清理各件,围棋一局。旋阅《周礼》,将抄入古文之"典志"一门。酉刻后清理文件,至二更三点毕。

初九日

早出,看操大炮、劈山炮。饭后见客三次。内胡宝铎十八岁,程国安廿二岁,皆汪梅村之弟子,美才也。旋写左季高信一件、许仙屏信一件,又核改信稿三件。午刻小睡。中饭后习字一张,清理文件约二百余件。夜温《古文简本》。四更三点,接奉寄谕,饬保皖南办团之人。

初十日

早,出城,至沈宝成营。饭后清理文件。旋写白绫二幅。置桶门外,以备军民人等欲有所言,即投桶内。写胡中丞信一件、张小浦信一件、彭雪琴信一件。倦甚,小睡,中饭请客,张伴山、余龙光、王敬恩及绩溪之胡、程二生。饭后改信稿二件,困惫不能事事。夜改谢恩折稿一件。

十一日

早起,点顺字营马队之名。饭后清理文件,写张小浦信、袁午桥信,改折稿一件,未毕。小睡时许。中饭后将折改毕。困乏殊甚,不能作它事矣,与牧云久谈。夜，又改折稿一件。早睡，不甚成寐。二更四点，奉到批折，系六月十六日所发者。

附　记

金树本丽生，钱塘人，在杜文澜署中

褚均伯平，金之表内侄，亦在杜处

王问姓褚之友人，山东人

魏文彬柳衫，卫千总

吴复诚伟堂，保浙江县丞

马寿龄鹤船

十二日

早起，至城西门外，大雾迷漫，饭后清理文件。写胡中丞信、李希庵信。见客三次。小睡片刻。午初拜发谢恩折，望阙行九叩礼。中饭后写九弟信一件。旋清理文件。见客二次。清文件至申正毕。申夫来，久谈约一时许。夜温《古文简编》。是日发报，共折三件。

十三日

早，看顺字营操演。饭后清理文件。旋写张廉卿信一件、金竺虔信一件，改信稿五件。小睡片时。中饭后习字一张，画稿打到一百件，见客三次，写对联七付，写胡中丞信一件。夜温《无逸篇》，清理文件。二更三点睡。五更一点，接寄谕一道，系七月初一日所发。因周天寿奏宁国被围，饬余拨兵救援。

十四日

早，未出城。饭后清理文件。旋写毓中丞信一件、澄侯信一件、夫人信一件，又改信稿一件。小睡片刻。中饭后见客三次，习字一张，打到百件。酉刻至城内山上看营盘地基。夜温《古文简编》。二更即睡。五更接奉廷寄一道，系因王有龄之奏，命余救援浙江。

十五日

早，各员弁贺朔，至辰正止。旋清理文件。写胡中丞信一件、九弟信一件、官中堂信一件。旋小睡。李申夫来久谈。中饭后清理文件，习字一张，打到百件。头闷殊甚，当由日内服黄耆膏之咎。夜阅《仪礼》，抄古文"典志类"。二更即睡，尚能成寐。

十六日

早饭后，点华字营之名。旋见客二次，写单学台信，加二页，写意城信，写张小浦信。见李申夫，与定倒湖雇舟转运事宜。小睡。中饭后清理文件。旋习字一张，打到一百件，写对联三付。傍夕与王壬秋久谈。夜不成寐。四更二点，接寄谕一道，因庞宝生之奏，饬余拨兵急救苏州。

十七日

早，出城，至朱云崖营小坐。饭后见客二次。写次青一信，极长，约千余字。旋小睡。写李辅堂、小泉二人信一件。中饭后改信稿二件，小睡片刻。打到七十件。写沅弟、季弟信一件。傍夕接次青信三件、南屏信一件，必欲余派吴退庵带勇三千。夜，头闷颇甚，服熟地、枸杞，与黄耆膏和服之，夜始成寐。至五更，头疼稍愈。

十八日

早饭后，看华字营马队操演。旋与申夫久谈。写胡宫保信一件、彭雪琴信一件。作梅自英山来，与之久谈。中饭因房东送席，请作梅与陈虎臣便饭。饭未毕，学使邵汴生自徽州来，与之久谈。中饭后，与作梅久谈。头闷不作一事。夜清理文件。

十九日

早，大雨，未能出门。饭后雨尤大。辰正出门，拜邵汴生学使。巳刻归，倦甚。旋写左季高信、李次青信。小睡。中饭请邵汴生便饭，申初毕。见客三次。礼前营新招一营，是日到祁。又札吴退庵新招二千五百人。清理文件。接庞宝生、季君梅信，知苏人望我之切有如云霓，愧无以应之。夜涵咏古文之熟者数篇。清理文件。

廿日

早，大雨，未能出门。饭后清理文件。旋写胡中丞信一件、张小浦信一件。

倦甚，小睡。中饭后，邵汴生来久谈，约一时许。旋与作梅谈。日内头疼头闷，不耐作事，清理应抄之古文，习字一张。夜与作梅谈，清理文件。桶内得黟县生员王以宽禀，深识治体，语有本原。夜，不甚成寐。四更接奉寄谕一道，以瑞昌奏浙中事之危，饬令派兵赴浙。

廿一日

早，出城，至黄惠清营。饭后清理文件。见客二次。旋写毓右坪信一件、李小泉信一件、李雨亭信一件。小睡。中饭请邵汴生学使，久谈。饭后又与作梅鬯谈，习字一张，见客三次。傍夕与作梅久谈。夜改折稿一件。二更三点睡，不能成寐。

附　记

皖南筑碉　　办族团

廿二日

早，至彭山屺营内，大雾，无所见而归。饭后清理文件。旋写胡宫保信、沅弟信、张小浦信，改饶放臣信，改保苏藩片。小睡片刻。中饭后，邵汴生来辞行，久谈。旋改保团练片稿。酉刻，出门拜邵学使，送行。夜与作梅、少荃鬯谈一切。二更二点即睡，不能成寐。

廿三日

早，至城外沈宝成营。饭后清理文件，见客二次，写毓、骆中丞信一件，郭云仙昆仲信一件，申夫来一叙，改片稿一件。午刻发报一折三片。未刻接奉寄谕，因松江复失、上海危急，饬令设法救援也。中饭后写九弟、季弟信，约近千字。傍夕与作梅鬯谈。夜，眼蒙殊甚，不敢作事。

廿四日

早，未出城。饭后写毓右坪信一件，李辅堂、筱泉信一件，次青信一件。午刻写家信，澄侯一件，专人带去。小睡，约三刻许。中饭后清理文件。天气郁热，闷甚不适。申刻与陈作梅围棋一局。大雨。雨后，热不止，头昏不作一事。夜清理文件。因纪泽儿体气甚弱，心为不怡。

附　记

早　　　　点名、看操、查墙子
饭后　　　写亲笔信，改信稿，见客，改奏稿
午正　　　小睡
中饭后　　核咨札稿，打到，查核各章程、各名单
酉正　　　传训候差、委员、绅士之属。
灯下　　　温熟书，涵泳夷怿
二更三点　睡

廿五日

早，未出城。饭后至城外拜张凯章。归，见客二次。旋写胡宫保信、张小浦信，改信稿一件。午正小睡。中饭请凯章便饭，舒墨林在坐。申刻清理文件，见客三次。酉刻与作梅罍谈。夜清理文件。二更三点睡，竟夕不能成寐。日内肚腹不清，常常作泻，上焦仍多火也。

廿六日

早，未出外。饭后清理文件，见客三次，写季高信一件、胡宫保信一件，改信稿二件。中饭后见客，张凯章久谈。旋清理文件，内有裁南河各官一案，细看二遍，办理甚为斩截精细。计裁去河督一缺，河厅廿缺，佐杂六十四缺，武员七十六缺。新添总兵一缺。改廿四营为十营，留旧操防兵二千七百余人，以修防改为操防兵五千九百余人。每年省工程银一百三、四十万，省廉俸银三万余两。近来大政，此事最有条理。傍夕与作梅久谈。夜与作梅久谈，言余身旁须有一胸襟恬淡者，时时伺余之短，以相箴规，不使矜心生于不自觉。读古文《尔雅图赞》、陶渊明《史记赞》，若有所会。

廿七日

早，未出。饭后清理文件，见客二次。旋写毓中丞信一件、杨厚庵信一件，又改信稿三件。中饭后习字一张，写宋国承信一件、凯章信一件，见客四次，清理名单。与尚斋围棋一局，与作梅久谈。夜阅古文柳子厚各志。二更三点睡，不能成寐。四更四点，接奉批折。以后，即不成寐矣。

廿八日

早，凯章来辞行，与之言宝营等事。饭后至凯章处送行，归来倦甚。写胡宫保信、张小浦信，清理文件。小睡片时。中饭后改信稿三件，见客二次，与少荃久谈，与壬秋、申夫久谈，清理文件。夜又清桶中文件。温《古文·传志类》上。

廿九日

早，写二信，告将至渔亭一行。饭后见客一次。旋出城，行四十里，至社景地方左田黄氏宗祠。中饭后又行廿里，至渔亭小驻。在霆字副中营住，见客颇多。申正遍走十营一看，惟冯标营内办理不整齐。余大胜有沉雄之气。傍夕归。夜，写二信，一与张凯章，一与纪泽，告明日将在此停住，候凯章，并因便游齐云山。是夜竟夕不寐。

八　月

初一日

早起,接浙抚王中丞信,知嘉兴官军败溃,杭城戒严,因无志游齐云山,定计速归祁门,在渔亭少候凯章。巳初起行,午正至双溪流地方许氏村内小住。中饭系祁门县所备。未正,至黑龙江营盘马队查阅,病者十余人,一甲喇病甚重。申刻至礼字三营查阅,拗马桩及营内下帐房不甚合法。酉刻还公馆,见客四次。夜清理文件颇多,至二更四点尚未毕。是日,接奉廷寄,系因薛焕奏上海吃紧而发者。

初二日

早起,未出门。饭后见客二次,写张小浦信、胡中丞信、张凯章信、李次青信。见客,王以宽,石埭增生,曾随俞理初讲学者,久谈。中饭后见客二次,写九弟信。清理文件甚多,暝时始毕。夜与少荃久谈,改折稿一件,清理文件,二更三点毕。是日,朱长彪自浙江回,五日赶到。接邵位西信、王雪轩信,知杭州惊慌万分,请援迫切。夜又接一咨,石门官军溃散,浙事益急矣。

初三日

早,骑马至朱副将营内一查。饭后清理文件,见客四次。旋写左季高信,改片稿二件。未刻发报。旋改信稿四件。中饭后又改信稿三件。清理文件极多,至暝时始毕,倦甚。夜,不愿作事,来文十余件,不敢多看,盖心劳而目又疼也。是日两接张小浦信,催余赴徽,余以祁门空虚,不克遽住。又闻饶州有打破厘卡之案。心为郁闷。

初四日

早，至河溪营一查。饭后清理文件。旋写毓中丞信、次青信，添刘星房信、袁午桥信，见客二次。小睡。倦甚。中饭后改庞宝生信稿。施写对联七付。王壬秋来，与之久谈。夜，极倦，阅《古文选·杂记类》，未毕。二更二点睡，疲乏已极，略能成寐。

初五日

早起，至河溪营查阅。饭后，清理文件。施写胡中丞信、张小浦信、沅弟信、小睡。中饭后见客四次，清理文件，改信稿二件。接奉批折，系七月十二日所发之谢折。朱批称卿，而戒余之师心自用。念昔己亥年进京，临别求祖父教训，祖父以一"傲"字戒我。今皇上又以师心戒我，当刻图书一方，记此二端。旋清理文件甚多，酉刻毕。倦甚，遂不作一事。夜与少荃谈。服人参一钱。

初六日

早，未出城。饭后清理文件。旋写骆中丞信、李希庵信，清理文件。午正小睡。中饭后核改信稿三件，内有夏弢甫一信，将渠所著书略翻数种，乃能核改。渠言"朱子之学得之艰苦，所以为百世之师"二语，深有感于余心。天下事未有不自艰苦得来而可久可大者也。旋清理文件。傍夕写挂屏四付。夜阅夏弢甫著书。眼蒙颇甚。

初七日

早，出城，至强中营一查。往返十六里。饭后见客三次。旋写毓中丞信、张凯章信，又改信稿四件。小睡。中饭时，次青到，饭后与之畅谈。旋见客三次。将古文之"杂志类"编成目录，写九弟信一件。夜接胡宫保信，知天津于七月初五日战败，僧邸退至通州。夷人占据天津，读之惊心动魄，焦愤难名。与次青、少荃久谈。二更，清理文件至四点毕。睡不甚成寐，不图时事决裂至此。

初八日

早饭后，出城，看戈什哈操弓箭。归，见客三次，与次青久谈。旋写胡中丞信一件、张小浦信一件，清理文件。午刻邓弥之自浙江来请援，久谈。小睡片刻。中饭后清理文件。核改信稿二件。将《古文·词赋》下编选出付抄。与次青、少荃久谈，夜又畅谈。二更三点睡，不成寐。

初九日

早，未出城，饭后见客三次，写郭意城信、张小浦信、娄云庆信，清理文件。午正小睡。中饭后改信稿八件，与邓弥之等鬯谈。因是日请弥之、壬秋、申夫中饭也。天热异常，与诸君子久谈。傍夕清理文件。夜亦清理数十件。近日，公牍渐多矣。

初十日

早，出城，至震字营查阅。饭后见客四次，清理文件，写胡中函信、九弟信。午刻小睡。中饭后，出门拜邓弥之。归来，邵位西到，与之鬯谈二时许。王心牧来鬯谈。傍夕清理文件。夜与位西、弥之久谈。二更复清理文件。夜不甚成寐。

十一日

早，未出城，清理文件。饭后与位西久谈，见客三次。清理文件，写张筱浦信、张凯章信。午正小睡。中饭请邵位西、王心牧等吃饭，饭后久谈。旋清理文件，申正毕。至位西处谈。夜又谈。写幼丹信一件。竟夕不成寐。接沅弟信，知纪泽儿于七月廿四日生女。是日又接沅弟信，极论文士之涉于空虚，劝余远之，其言颇切当。

十二日

早，出城，至黄惠清营一看，饭后与邵位西久谈。旋见客二次，写胡宫保信一件、沅弟信一件，凡五页，清理文件较多，又写雪琴信一件。小睡片刻。中饭后清理文件，见客二次。孙省斋自徽州来，与之久谈。夜复清理文件。与次青谈到任事宜。文人好为大言，毫无实用者，戒其勿近，与沅弟意略同。又戒待属员不可太谦，恐启宠而纳侮也。夜颇能成寐。

十三日

早，未出城。饭后清理文件。写张凯章、李小泉信七页，颇长。见客四次。

小睡。中饭后写季高信。清理文件。天热异常。见客二次。夜，选《古文·词赋类》下编。睡，颇能成寐。

十四日

早，出城，至震字营查阅。饭后清理文件。写毓中丞信、家信，寄澄侯一件、张凯章信一件。天气热甚，小睡。中饭后见客三次。清理文件颇多。写挂屏六幅，白板绫的又写二幅。因天热，不克写完。酉刻，与邵位西邕谈。灯时大雨，而热气未息。夜阅《古文·书牍》。是日次青赴徽州，余与之约法五章：曰戒浮，谓不用文人之好大言者；曰戒过谦，谓次青好为逾恒之谦，启宠纳侮也；曰戒滥，谓银钱、保举宜有限制也；曰戒反复，谓次青好朝令夕改也；曰戒私，谓用人当为官择人，不为人择官也。

十五日

早，各员弁贺节，至巳刻止，见廿余起。旋清理文件。至位西处久谈。午刻小睡。中饭请客，孙省斋、邓弥之、李雨亭等，共二席。散后，热极。改昭忠祠、东皋书院图，改至二更四点止，尚未改妥。傍夕闻位西讲经，言《诗序》系孟子与万章之徒所作，"大序"与"小序"不当分而为二，所以记次第，非所以明章旨也。犹《史》《汉》《法言》之有后序尔。其言奇而颇确。

十六日

早，未出城。饭后见客四次，清理文件。改东皋书院、昭忠祠图，久而未毕。写张小浦信，清理文件。中饭后将书院图改毕，写信与沅弟，并寄银四百两，为修昭忠祠之费。旋写次青信、周百禄信。因是日辰刻接周信，初九、十一被贼扑，陷城外各垒，飞书请援，故手缄答之。清理文件甚多，至二更毕。倦极，不复能作事。日内出汗极多，本日尤甚。

十七日

早，出城，至朱云岩营。饭后清理文件，改毓中丞、王中丞等信稿六件，又写季高信一件、次青信一件、凯章信一件、宋国永信一件、胡宫保信一件。因本日巳刻接邵学使信，言宁国失守，故各处发十余信。申刻清理文件极多。傍夕，与位西邕谈。夜又清理文件，作告示稿一、护票稿一。二更五点睡，竟夕不能成寐。

十八日

早，未出城。饭后清理文件。旋写次青信、张小浦信、张凯章信、李希庵信，又改信稿二件。中饭后，清理文件颇多。傍夕，与邵位西、王壬秋久谈。夜仍清理文件，写次青信一件。选"词赋类"，下编粗毕。

十九日

早，未出城。饭后清理文件。旋写骆中丞信、张凯章信、彭雪琴信、陈俊臣信，见客四次。中饭后围棋一局。旋清理文件颇多。与位西鬯谈至夕。渠作《魏默深墓表》，取阅，不甚惬吾意。夜将《古文·词赋类》下编目录核定。日内因宁国失守，焦灼之至。本日札李希庵带二千人来江南岸一助。夜，竟夕不成寐。二更末，接次青信，逐条批发。

廿日

早，未出城。饭后清理文件。与位西围棋一局。寄胡宫保信、次青信、张小浦信、张凯章信。午正移营至北门外湘前营。中饭后改复刘詹岩信稿。见客十余次，皆各员弁道喜。夜改各信稿，写杨镇魁信。二更三点接信，知次青所派防丛山关之两营于十九日失利，为之竟夕不寐。

廿一日

早起，写次青信。饭后清理文件，写左季高信一件、凯章信一件，改毓中丞信一件，添辅堂、筱泉信一件。小睡片时。中饭后又复次青信一件、凯章信一件、作梅信一件、雪琴信一件，改椒云信一件。是日辰刻，接次青信。言丛山关之败，伤亡甚多。巳刻，又接信言二营在丛山关者败，在楼下者胜，为之稍慰。傍夕在营散步。剃头一次。夜读《古文·杂记类》，微若有所得者；柳子厚山水记，似有得于陶渊明冲淡之趣，文境最高，不易及。

廿二日

早，阴雨，未出巡查。饭后清理文件，写九弟信、胡宫保信，见客四次，复次青信。作告示稿，谕徽防兵勇。中饭后改宁国失守折稿、历陈军情片稿。夜改请江西、陕西饷片稿。二更五点睡，不甚成寐。

廿三日

早，未出营。饭后写次青信，写李申夫二人信，又写次青信，见客四次。改片稿一件，谢朱批训饬之词。倦甚，午正小睡。中饭后出城迎接张小浦。渠因同来营盘，久谈，酉初去。见客二次。宽十来。夜清理文件颇多。目蒙殊甚。写信，与希庵一件、沅弟一件。

廿四日

早，未出门。饭后清理文件，写凯章信、次青信、申夫信、春霆信。出门拜张小浦、杨利叔，久谈，午正始归。清理文件。未刻请张小浦吃饭，酉初散。写凯章信、作梅信、小浦信、次青信。夜，清文件颇多，倦极。

廿五日

早，未出营。饭后清理文件。闻夏戈什哈自徽州来言，河溪礼字等四营及平江六营，廿四日大败。贼围徽州，危急之至，不胜焦灼。寄鲍镇信，嘱其入岭救援。寄凯章信，嘱其退扎太平。是日，凡去一信四札，皆如此。又改邵位西信与宋子久信。寄次青信五次，接次青围城中信二次。致左季高信、九弟信。张小浦来久谈，又见客四次。夜不能成寐。四更接廷寄一道，系京中军机处所发，言夷氛直至通州也。

廿六日

早，未出营，写信与次青。饭后清理文件。又寄次青信。张小浦来，久谈。见客三次。出门送张小浦之行。归途接次青信，方谓城中坚守旁有"辨余责躁字之非"句，可无恙也。是日，催鲍公赴援，凡四次。复胡中丞信、毓中丞信。又寄次青信，张椒云信，凯章、作梅信，复位西信、次青信。夜二更，闻徽州于廿五日申刻不守，次青不知下落，为之竟夕不寐。办各事颇多，约计二时之久。

廿七日

早饭后，清理文件，见客三次。旋至花桥看营盘，颇为得地，往返廿七里，未正三刻归。中饭后，见客四次。是日，平江各营败勇俱至祁门。未得次青实在下落，殊为凄咽。与朱品隆言修垒之事。傍夕倦甚。夜极凉，睡颇成寐。是日思次青之败，由于自是，而余之方寸亦不免自是之根，总由器小易盈故耳。

廿八日

早饭后见客四次，清理文件，写沅弟信、胡宫保信。中饭后清理文件。倦甚。傍夕见徽防将官杨名声，人甚明白，微嫌其滑。夜与少荃久谈。

廿九日

早饭后写希庵信。旋写凯章信、胡中丞信、沅弟信，清理各文件。中饭后清理徽防各军领饷事件。傍夕在营外散步，纪泽从行，教之以读书之法，因泽儿明日将归去也。日内因徽防败兵、宁防败兵、楚军败兵，共不下二万人，纷纷多事，日不暇给。目力大坏，不能不加花矣。

九 月

初一日

早,各员弁贺朔,至巳刻,见客始毕。旋写左季高信,清理文件。中饭后清理文件。写凯章信、希庵信。是日,外间浮言稍息,人心稍定,余亦稍稍休养。夜阅《古文·书牍类》。是日纪泽与牧云同赴安庆,宽十与陈代山亦去。

初二日

早饭后见客四次。旋写鲍军门信、张凯章信、李希庵信。中饭后批鲍镇禀,见客六次,阅《淮南子·地形训》。傍夕呕吐作痛,起更即睡。近日,凡吃茶水太多,继以饱食,即呕吐,盖阳气不能运化也。

初三日

早饭后见客三次。旋写凯章信、九弟信、张小浦信。中饭后见客四次,写凯章信。接恭亲王咨文,敬悉銮舆已出巡热河,夷氛逼近京城仅廿里,为之悲泣,不知所以为计。营盘对面有高山,试派人用绳量之。夜清理文件,写希庵信。

初四日

早饭后清理文件。旋见客三次,写家信一件与沅弟,又写一件与澄侯。巳正希庵来,与之鬯谈。中饭后清理文件甚多。申刻,与希庵久谈,夜又鬯谈。通夕不能成寐。

初五日

早饭后见客四次。旋清理文件,与希庵鬯谈,批鲍超二票,写凯章一信。中饭后作折一件，复奏征鲍超入援之旨，至灯时始毕。夜接胡宫保信六件，清理文件极多，仍竟夕不能成寐。

初六日

早饭后见客二次，旋改徽州失守一折，写胡宫保信、毓中丞信，作复咨呈恭亲王文。小睡。中饭后发折二件，又恭亲王咨呈亦用夹板。旋至朱云崖处小坐。与希庵久谈。清理文件颇多。夜与希庵久谈，清理文件。竟夕不能成寐。是夕接次青廿六日在街口所发之信，犹多怙过饰非之辞。咸丰六年，平江勇焚杀辰勇二百余人，次青信中亦多怙过饰非之语，此人殆不足与为善矣。

初七日

早饭后见客四次。旋清理文件，写沅弟信、季高信、鲍春霆信。作梅自凯章处归，与之久谈。中饭后清理文件，与李申夫久谈。傍夕接胡中丞信四件，又接文件甚多。夜清理，未能完毕。

初八日

早饭后见客三次，清理文件，写胡中丞信、官中堂信、张椒云信。中饭后清理文件颇多，复雪琴信，与希庵久谈。下半日休息颇久，与作梅围棋一局。夜阅扬子《法言》，较往时所见略深。与希庵论勤王事宜。睡后，思八年所定"敬、恕、诚、静、勤、润"六字课心课身之法，实为至要至该。吾近于静字欠工夫耳。

初九日

早饭后清理文件。旋见客四次，皆各营将官，写郭云仙、意诚信，未毕。欧阳正埔、彭炳武自历口来见，希庵带来援祁之四营也。天雨，连绵不止。中饭后始将郭信写毕。旋与希庵论北援之事，清理文件。傍夕接沅弟信，词意妄谬，大不以为然，且虑其骄矜致败。夜又与希庵久谈，阅古文三篇。睡不能成寐。

附 记

左李姻事

平江六营并营务处，亲兵、功德哨、马队，共点名发途费者，二千八百五十九名。除清字营阵亡未到者，折内未经开载外，折内共载阵亡二百廿四名。

初十日

早饭后清理文件。是日请欧阳正墉、彭炳武早饭。巳刻写沅弟信,责其初五日午刻一信之非。旋写胡宫保信。中饭后与希庵久谈,希欲请陈作梅至渠营,以咨切磋琢磨之益,求之甚坚,即在余坐次邕谈。九弟遣人送家信十余件。旋又清理文件。夜温《古文·传志类》下编。是日,因九弟之骄矜,并箴规希庵,恐其流于骄而不自觉。申刻写对联五付。

十一日

早饭后清理文件。旋见客三次,与希庵邕谈北援事宜。旋写胡中丞信,作《北援议八条》。中饭后见客三次,与希庵论北援事。酉刻与作梅围棋,未毕而凯章至,谈至三更尽,颇有意见不能化之处。申刻写对联四付。

十二日

早饭后清理文件。与希庵谈调成大吉随同北援事,意见不合,心中为之郁郁。辰刻送希庵归。旋与张凯章邕谈。巳刻送凯章归去。见客三次。日内因徽州之败,深恶次青,而又见同人多不明大义,不达事理,抑郁不平,遂不能作一事。午刻小睡半时。中饭后,与作梅围棋二局。旋写季高信、毓中丞信。清理文件。申夫来,久谈至夕。夜批叶光岳一禀,甚长。又批杨名声禀。胡中丞寄示严渭春等信,其言夷氛犯阙,圣驾北巡,不如西狩等语,甚辨,然要归亦无可取,但言余与胡帅断不可北行而已。

十三日

早饭后清理文件。旋写凯章信、胡宫保信、彭雪琴信。小睡。中饭后作周天受请恤折,至夜方毕。灯下,与作梅围棋一局,邕论次青在徽误事之情。日内,心中恼怒殊甚,又天雨连绵,气象甚不好,为之愀然不乐。

十四日

早饭后清理文件。旋写澄侯信一件、凯章信一件、希庵信一件、黄南坡信一件,见客三次。中饭后写沅甫信一件,作军情夹片一件。夜清理文件颇多,写邓寅皆信一件。是日,本家竹斋来,邕谈甚久。

十五日

早，各员弁贺朔，巳刻早饭。饭后又见客数次，作夹片一件，调蒋芗泉来皖南。清理文件。写李希庵信。中饭后，作梅写一说帖，极言劼次青折不宜太重。旋请之面谈，渠复再三婉陈，因将奏稿中删去数句。旋清理文件颇多，傍夕毕。夜与作梅围棋一局。复鬯谈人情之厚薄，读书人之多涉于虚浮。作梅所陈，多见道之言，余所发多有激之词。

十六日

早饭后清理文件。旋写凯章信、胡宫保信、左京堂信。辰刻发报折一件、片二件，见客二次。中饭后清理文件，申夫来，久谈约二时许。夜闻初四日淳安失过之信。批锺仲甫禀，写季高信、凯章信，与作梅围棋一局。接九弟信，知贼目四眼狗由六安州至霍山，贼目李寿成、杨雄清将由池州上犯东、建等处，贼目李世贤将由徽州窜江西、浙江。各路悍贼纷集，皆以谋解安庆之围云云。竟夕不寐。

十七日

早饭后清理文件。旋作普镇、鲍镇、吴道公文三件，又屈道一批。宋子久侍讲来久谈。中饭后写胡信一件、左信一件、毓中丞信一件，与作梅围棋一局。夜阅《古文·哀祭类》。傍夕，次青自广信来，至营一见，尚无悔过之意，恐难长进。

十八日

早饭后清理文件，见客二次，写凯章信、雪琴信、胡宫保信。与作梅围棋二局。午正，申夫来，鬯谈时许。未正请吕昼堂、宋子久便饭。旋写杨厚庵信一件，清理文件。大雨如注，天气愁惨异常。与作梅久谈，又与易昀荄久谈，谋所以添亲兵一营之法。傍夕与作梅鬯谈古文之法，及人心并无悔祸之意，难以挽回天意云云。作梅深以为然，相与欷歔久之。

十九日

早饭后清理文件，见客三次。旋写九弟信一件，约五百余字，与作梅围棋一局。中饭后核楚军营制，至夜二更核毕，以左季高、王璞山、胡宫保、李希庵诸人所定之制参考之。夜，又与作梅围棋一局。睡不甚成寐。

廿日

早饭后清理文件，见客二次。旋写毓右坪信一件，与作梅围棋一局，刘幼蟠来久谈。中饭后写季高信一件，核楚军营规。傍夕与作梅久谈。作梅言，见得天下皆是坏人，不如见得天下皆是好人，存一番熏陶玉成之心，使人乐于为善云云。盖风余近日好言人之短，见得人多不是也。夜温《古文简编》，高声读之。睡，略成寐。

廿一日

早饭后清理文件，见客三次。旋写季高信一件、沅弟信一件，围棋一局。目甚昏，神甚倦。中饭后核营规三条。天雨连绵，阴曀不开，令人愁闷无聊，心血亦亏损，若仓皇不克自主者。申酉间，与作梅论文。夜围棋一局。旋写零字。眼蒙殊甚。日内思傲为凶德，凡当大任者，皆以此字致于颠覆。用兵者，最戒骄气、惰气。作人之道，亦惟"骄、惰"两字误事最甚。夜睡，略能成寐。

廿二日

早饭后清理文件。旋见客三次，写凯章信一件、李辅堂信一件，围棋一局，清文件颇多。中饭后，将盐务浙盐运西充饷一案各详细阅一遍，至酉初阅毕。剃头一次。夜温《古文·序跋类》，微有所会。

廿三日

早饭后清理文件。旋见客三次，与作梅围棋一局，复希庵信一件，致张小浦信一件、胡宫保信一件。中饭后见客二次，天气放晴，久雨愁闷，睹此为之一快。申刻，季弟专人送画来。接九弟有字衍信，言余责其初五午刻一信之失，自知悔悟云云。或者不至长傲遂非，是余家之幸也。傍夕，作梅与余鬯谈。夜冯竹儒来，鬯谈夷务，言夷人炸炮最有准，断不可以守营云云。

廿四日

早饭后清理文件。旋与作梅鬯谈当今之世，富贵固无可图，功名亦断难就，惟有自正其心以维风俗，或可辅救于万一。所谓正心者，曰厚，曰实。厚者，仁恕也。己欲立而立人，己欲达而达人，己所不欲勿施于人，存心之厚，如此可以少正天下浇薄之风。实者，不说大话，不好虚名，不行架空之事，不谈过高之理。如此可以少正天下淫伪之习。因引顾亭林所称匹夫之贱与有责焉者以勉之。作梅是日将由吴城以至宿松，巳刻别去。旋写家信，夫人一件、澄侯一件，又写张凯章一件、胡宫保一件。见客四次，鲍春霆来久谈，因留之中饭。饭后写沅、季信一件，小字，甚长，戒"骄"字、"惰"字。夫人信内亦戒此二字。与尚斋围棋一局。申刻，接胡宫保信，知京城业被逆夷阑入，淀园亦被焚，伤痛之至，无可与语。旋清理文件甚多，至夜二更始毕。占二卦：一问前疏请带兵入卫，是否奉旨派出北上，一问鲍、张进攻休宁，能否得手。

廿五日

早饭后清理文件。旋见客三次，中见罗、瞿、江三县令，因语言不合理，余怒斥之甚厉，颇失为人上者泰而不骄、威而不猛之义。写凯章信、季高信、右坪信。与尚斋围棋一局。中饭后清理文件。旋将营规作毕，拟即发刻。夜，温《古文·传志类》，于太史公用笔之势，若有所得。

廿六日

早饭后清理文件。旋见客三次，内周瀚、刘兆璜坐颇久。写九弟信一件、胡宫保一件。与尚斋围棋一局。旋将九弟手卷写毕。中饭后，见客四次，内黎世兄坐颇久。酉刻，李申夫来久谈，傍晚散去。夜清理文件，寸心郁闷异常。与尚斋围棋一局，目蒙殊甚。是日因写手卷，思东坡"守骏莫如跛"五字，凡技皆当知之。若一味骏快奔放，必有颠踬之时；一向贪图美名，必有大汗辱之时。余之以"求阙"名斋，即求自有缺陷不满之处，亦"守骏莫如跛"之意也。

廿七日

早起，接胡宫保信，内有恩秋舫观察祥八月廿八日专人自京寄至湖北之家信一件。知逆夷在京城德胜门外；圆明园虽被焚毁，京城尚未大伤，和议已成；夷兵退回天津；京城九门，前闭其八，今已全开，买卖将次照常；銮舆渐可还京云云。阅之差为抚慰。早饭后清理文件。旋写季高信一件、毓右坪信一件。午刻倦甚，小睡。中饭后写雪琴信一件。清理文件颇多。黎寿民送手卷，系刘石庵、翁覃溪二公乾隆四十八年在顺天闱中所写，各临《兰亭》一本，又书诗跋甚多。余以其物尤，可珍贵璧之。又出其先人樾乔侍御诗稿，请为订定。阅至傍夕，不忍释手。夜与尚斋围棋一局，阅《五宗世家》等篇。

廿八日

早饭后清理文件。旋接胡宫保信，内有与陈作梅密信，因作梅已赴江西，余拆阅。中言沅甫乡里之评，如此大非乱世所宜，公可密告涤丈箴规之云云。余因作梅在此数月，并未提及一字，不知所指何事。因问少荃曾闻作梅说及我家事否。少荃言曾闻作梅说及沅甫乡评不好。余细叩何事，渠言洪家猫面脑葬地，未经说明，洪家甚为不服。洪秋浦有信寄余，其中言语憨直，因隐藏未经寄营。本县绅士亦多见此信稿者，并劝余设法改坟，消患无形等语。又言沅甫起新屋，规模壮丽，有似会馆。所伐人家坟山大木，多有未经说明者。又言家中子弟荡佚，习于吹弹歌唱之风云云。余闻之甚为忧惧。旋写胡宫保信，写凯章信。中饭后，倦甚，眼蒙不敢作事，仅阅《穀梁传》廿余页。傍夕亦倦。夜清理文件颇多。眼蒙殊甚。睡后，细思余德薄能鲜，忝窃高位，又窃虚名，已干造物之忌，而家中老少习于"骄、奢、佚"三字，实深悚惧。

廿九日

早饭后清理文件。旋与尚斋围棋一局，写沅甫信一件、宋子久信一件。接胡中丞信，内有长新店探报一纸，言夷逆进京之事，至为悲痛。又有吴竹如与严渭春信。又严渭春、张仲远与胡宫保信，皆深痛不忍读，为之竟日不怡。中饭后写左季高信，阅《穀梁传》。夜，天昏黑，殊甚念本日鲍、张二军打仗，不知胜负何如，又念唐皇幸蜀、金宗迁蔡之事，不幸身亲见之。身为大臣，愧愤不能自已。

卅日

早饭后清理文件。有文书数件，由步拨递东流者，中途折回。闻横店地方有贼，去祁门百五十里，去建德百卅里，派人数起往探，旋见客四次。写左季高信，令其扎三营于景德镇。又写毓中丞信。与尚斋围棋一局。中饭后清理文件颇多。是日请杨朴庵、黎寿民便饭。写宋子久信一件。夜温古文"传志类"、"序跋类"，见古人文笔有云属、波委、官止、神行之象，实从熟后生出。古人谓"文人妙来无过熟"者，此也。夜，竟夕不能成寐。

十 月

初一日

早，各员弁贺朔，见客甚多，至巳正毕。清理文件，复吴竹庄信，将所抄古文检交书店装钉，又将所定营制、营规核改发刻。夜阅韩文《送高闲上人序》。所谓机应于心，不挫于物者，姚氏以为韩公自道作文之旨。余谓机应于心，熟极之候也，《庄子·养生主》之说也。不挫于物，自慊之候也，《孟子》养气章之说也。不挫于物者，体也、道也、本也。机应于心者，用也，技也，末也。韩公之于交，技也进乎道矣。

初二日

早饭后清理文件。旋写凯章信一件、罗少村信一件。见客六次。中饭后核改折稿一件。傍夕，至杨朴庵处久谈，灯后归。与尚斋围棋一局，旋写伴山信一件。胡晖堂查各岭归，极言赵廷贵之可恃。是夜思作古文之道，布局须有千岩成壑，重峦复嶂之观，不可一览而尽，又不可杂乱无纪。

初三日

早饭后与尚斋围棋一局，旋清理文件。巳刻至礼前、礼后两营查阅墙子。连日，因池州之贼在榉根岭外游奕，祁门与江北文报不通，因派唐义训带千余人至榉根岭一带巡哨。午刻，写胡宫保信。中饭后写左季高信，见客三次。改折稿、片稿四件。杨朴掩来久谈。清理文件颇多。夜诵《书经》，清理文件。是日睡颇安甜。

初四日

早饭后清理文件。见客五次,内陈虎臣来,与论用功读书须当下动手,不可稍有等待。与家信,噔侯一件、夫人一件,均言家中不可置买田产。中饭后清理文件。是日发报二折:一报金坛失守请恤人员,一复奏两次廷寄,言拨兵赴苏、常,救镇江,刻下力尚不能。三片一单。是日接奉廷寄谕,系因王有龄奏请左京堂赴浙剿办。夜间,又接廷寄一道,系言鲍超一军可不北上京师,逆夷就抚业有成议。又奉旨,希庵放皖臬司,寄云放苏藩司。夜写凯章信一件、沅甫信一件。清理文件极多。旬日,寸心扰扰无定,因恐须带兵北上入卫,又须进规皖吴,兵力难分也。今接奉此旨,可专心办南服之事矣。本日,姚石甫之子来见,亦有志之士,不愧世家子弟,邕谈甚久。

初五日

早饭后与尚斋围棋一局。旋清理文件,写胡宫保信一件、李希庵信一件、沅弟信一件。见客四次,徽州府刘守谈颇久。中饭后清理文件颇多。旋写张仲远信一件,至夜方毕。温《书经·君奭篇》。夜睡颇美,未及五更即醒,盖老态日增矣。

初六日

早饭后清理文件。旋与尚斋围棋一局,写左京堂信一件、毓中丞信一件、雪琴信一件。中饭后清理文件,写宋子久信一件,再与尚斋围棋一局,清理文件。剃头一次。夜温《洪范》数遍。

初七日

早饭后清理文件,与尚斋围棋一局。旋写胡宫保信一件、毛寄云信一件。中饭后写宋子久信一件,清理文件颇多,见客四次。傍夕,接奉朱批,系九月初六日奏请派余与胡帅北上入卫之疏,未蒙见准,圣意仍以南服为重也。夜,与尚斋围棋一局。是日接家信,九月廿日所发,澄弟尚在衡州也。温古文三篇。

初八日

早饭后清理文件。旋将昨日廷寄无庸北上,写信遍告各处:左季高一信、胡宫保一信、彭雪琴一信、九弟一信、凯章一信、李小泉一信。左信内请其进扎屯溪，并自粘签于图寄之，清理文件甚多。中饭后写告示一件，见客三次，清理文件。夜又清理一切。因明日当出门赴黟县查岭，故本日须逐一料理。夜，与唐义训定守赤岭、榉根岭之法：以湘勇千人守之，以一哨扎箬坑，以二哨上赤岭，而大队借居程村，照顾二岭之事。

初九日

是日恭遇先君七十一冥寿。余出门至黟县查岭。早饭后姚秋浦来，邕谈。旋出门卅里，至石岭地方中饭。饭后过西武岭。出岭后，地势开旷，绝不似祁门局促之状。行廿里至古筑孙村，小坐。又行十里至黟县，住考棚之内。大雨不止。夜写王霞轩信一封，校《古文·序跋类》六篇。

初十日

早饭后略清文件。旋出门行廿里，至宏村，在汪姓一书院居住。大雨如注，竟日未尝少息。清理文件，写九弟信一、张伴山信一件。日暮倦甚。与申夫言，李西沤先生论《中庸》言太高深，与余之意相合，夜，校对《古文·序跋类》之《太史公自序》。

十一日

是日为余五十生日，马齿虚度，颓然遂成老人，从此德业恐不能有所长进，但求不日见其退，斯幸耳。早饭后清理文件。辰正出门看岭。行廿里，至羊栈岭。云雾封山，不能望远，怅然而返。归途遇卢村绅耆，请至卢氏祠内中饭。饭后仍回宏村。申刻，至门外散步游览。夜与申夫邕谈。校对《古文·序跋类》中之《艺文志》。

十二日

早饭后由宏村往桐林岭，查看岭防。行十里，至尚梓岭、尚梓坑。又行十里，至石灰岭、石灰坑。山路陡仄，天寒雪大，竟不能往。遂令李申夫、唐桂生二人往桐林岭，而余先归矣。申初回宏村，清理文件，傍夕毕。夜校"序跋类"中《汉书·自叙》等篇。

十三日

早饭后，写左季高信一件。旋由宏村至三都。行廿里，又十里，至砚溪。又十里，至漳岭查卡。又步行十里，看各卡。旋下岭，行廿里，至三都。汪村汪氏宗祠极大，有似殿廷规模，门对霭山，后倚碧石。即在祠内住宿。夜，校欧公诸序。

十四日

早，在三都汪祠饭后，即起行回祁门老营。已刻至石岭地方打尖。未刻至祁门城外，邵学使在外迎接。申刻到家。见客甚多，直至日暮方毕。灯下，清理文件。旋校"序跋类"中曾子固各文。日内，在轿中温《书经》《盘庚》、《君奭》等篇。本日温《召诰》，于古人"周情孔思"四字，若有所会。

十五日

早，文武各员弁贺朔朔字衍望，及至巳正始毕。旋写胡宫保信、彭雪琴信。中饭后沅甫弟信，清理文件。旋出门拜客，至邵学使处一谈，粮台、忠义局各小叙片时，灯上时归。与尚斋围棋一局。旋清理文件颇多。

十六日

早饭后清理文件，与尚斋围棋一局。旋写家信一封，与纪泽、纪鸿，又一信与左季高。清理文件。中饭后清理文件甚多。夜与尚斋围棋一局，校对《古文·序跋类》中之《文献通考序》，未毕。二更后又接文件极多。

十七日

早饭后清理文件。旋写胡宫保信、沅甫信，见客四次，清理文件颇多。中饭，请邵学使、姚秋浦、岑藕舫诸君便饭。饭后见客三次。夜与尚斋围棋一局。校《文献通考序》，"序跋类"校毕。

十八日

早饭后清理文件。旋写胡宫保信一件、九弟信一件，见客四次，清理文件颇多。中饭。清理文件百余起。夜与尚斋围棋一局，写毓中丞信。

十九日

早饭后清理文件。旋与尚斋围棋一局，写左季高信、张凯章信。中饭后清理文件，积牍为之一清。傍夕闻贼破羊栈岭而入，为之忧骇异常。余于十一日看羊栈岭，大雾迷漫，目无所睹。十二日看桐林岭，为雪所阻，今果疏失，天也。是夜札饬鲍、张等。竟夕不能成寐。

廿日

是日，因昨日竟夕不寐，神气昏倦。督各营将茅蓬拆去，概搭布棚。大兴工作，料理守营之事。清理文件。与尚斋围棋一局。写左季高信、沅甫信。中饭后见客数次。清理文件。傍夕，闻黟县失守，张凯章派二旗与袁国祥之勇攻剿失利。凯章二旗虽小挫，而军械未失。与尚斋围棋一局。是日傍夕，误闻凯章老营被贼攻陷四营，忧愤之至。至二更四点闻的信，始知是派二旗攻黟县之失。

廿一日

早起，接鲍镇军信，知廿日派霆字三营进攻黟县，大获胜仗，当将县城克复。礼字二营及老湘营之三旗、张应超营，一同接仗，杀贼无算，人心少定。饭后清理文件，写杨军门信、左季高信、胡帅信、沅弟信，见和四次。中饭后清理文件。与尚斋围棋一局。旋回拜邵学使。渠欲回籍寻觅眷属，咨请代奏告病，将关防交存余处，故往送行也。夜，清理文件。校对所抄古文之"论著类"《庄子》四篇。

廿二日

早，接鲍镇认，知廿一日再战大胜，杀贼千余，将贼逐出羊栈岭外，人心为之大定。余恐昨日贼未打退，派祁门老营二千人去黟县打行仗。黎明起行，旋接信，知贼已退出岭外矣。见客四次。清理文件，写胡宫保信、左季高信、沅弟信。中饭请邵学使便饭，邕谈甚久，申刻散。见客三次，写希庵信，整理文件。夜写凯章信，清理文件，校对《庄子》二篇。

廿三日

昨日，派唐桂生等去黟县打行仗，四更归来。早起见诸将，知贼于廿一夜出羊栈岭矣。饭后清理文件，见客甚多，写左季高信，并贼情战守条议，围棋一局。中饭后写凯章信、厚庵信、润帅信、沅弟信。清理文件。剃头一次。夜围棋一局，写春霆信。校对《庄子》二篇。

廿四日

早饭后清理文件。旋见客四次，写澄侯信、沅甫信、左季高信。中饭后清理文件甚多，至傍夕方毕。改信稿二二衍一二字件。校对抄本古文《荀子·议兵篇》。是夜读《史记·集书》，古人以用兵之道通于声律，故听音乐而知兵之胜败、国之存亡。余生平于音律、算法二者一无所解，故不能知兵耳。

廿五日

早饭后清理文件。旋见客三次，围棋一局，写季高信。中饭后，邵学使来久谈，鲍春霆来久谈。是日改折稿三件：一、报仗，一、萧启江建祠，一、黄翼升谢恩；片三件。夜，写九弟信一件，嘱前后二哨暂缓渡江，并言猫面脑先垄之事。

廿六日

早饭后清理文件。旋出南门送邵学使，又看营盘地基，午初归。见客二次。旋请鲍镇军便饭，饭后鲍归。拜发三折、三片，清理文件甚多。处决各营送来生擒之贼，分别斩释。接左季翁信，知廿二日渠部在贵溪获大胜仗。夜，又清理文件。日内思作字之道，用笔贵勒贵弩，而不可过露勒弩之迹；精心运之，出以和柔之力，斯善于用勒用弩者。

廿七日

早饭后清理文件，见客三次，写九弟信一件。早间接九弟信，知多都护于廿三日打仗大胜，为之欣慰。行刻出城迎接左季高京堂，未正回营。季翁同来，至更初始去。清理文件，校对古文五篇。睡颇酣甜。四更末醒，不复能睡矣。

廿八日

早，清理文件。饭后见客二次。巳正左季翁来，久谈，至申刻去。旋又清理文件。写胡宫保信、彭雪琴信、沅弟信。夜改各信稿。校《古文·论著类》中韩文六篇。夜思古文之道通于音律，用兵之道亦通于音律，吾不知音律，终不能得二者之深处。

廿九日

早，清理文件。饭后至左营小坐，邕谈，巳正归。见客二次，清理文件。中饭后清理文件约二百余件，写宋子久信。夜校《古文·论著类》柳文、欧文。

十一月

初一日

早，各员弁贺朔，见客多次，至巳正始毕，颇嫌纷扰。左季高来，鬯谈二时许。中饭后清理文件，围棋一局，见客五次，改信稿二件。夜，改信稿六件，皆京信。又添胡莲舫、周子佩、王子怀信各二页。校对《古文·论著类》中之《通书》。

初二日

早，拜发万寿折。饭后围棋一局，见客三次。与张伴山、刘幼蟠议薪水之事，裁减一番。旋清理文件。中饭，请左季翁及李青培便饭。夜清理文件。旋校《古文·论著类》中之老泉诸文。日内，荒于奕棋，精力弥惫。早，接九弟信，言古称君有诤臣，今兄有诤弟。余近以居位太高，虚名太大，不得闻规谏之言为虑。若九弟果能随事规谏，又得一二严惮之友，时以正言相劝勖，内有直弟，外有畏友，庶几其免于大戾乎！居高位者，何人不败于自是！何人不败于恶闻正言哉！夜，睡至四更末即醒，不复能更睡。古人言，昼课妻子夜课梦寐。吾于睡中梦中总乏一种好意味，盖犹未免为乡人也。

初三日

是日恭逢先太夫人生日，在营未设祭席，默祷志哀而已。饭后与尚斋棋一局。旋清理文件，见客三次，写沅弟信一。中饭后写厚庵信、希庵信、小岑信。旋至季高营内鬯谈，灯后始归。清理文件，校《古文·论著类》毕。是日因闻建德普军危急，心以为忧。

初四日

早饭后，季高来叙别，将仍回景德镇。余旋送之出南门，巳正归。见客二次，写家信，沅弟一封、纪泽一封。因建德普军中消息不佳，又以左军在德兴无信，桐城日内大战无信，心摇摇如悬旌。旋阅《汉学商兑》。中饭后写毓中丞信，与尚斋围棋一局，清理文件颇多。酉刻闻桐城廿八日大捷之信，为之欣慰。夜再阅《汉学商兑》，校《古文·辞赋类》。

初五日

早饭后接信，知左军初一日克复德兴。旋于午刻得信，知左军于初三日克复婺源。清理文件。上半天见客三次。中饭后见吴竹庄，谈极久。申刻宝营勇来告急，言初二、三贼来扑营，甚为危急，余心以为忧。因商定派沈宝成带老营勇一千余人，前往救援。又写信与左季翁，请其暂扎景镇。又令竹庄二营速扎湖口，恐建德有失，则湖口、饶州吃紧也。

初六日

早起，沈宝成带十一牌亲兵九哨去救建德。饭后清理文件。旋与尚斋围棋一局，阅《汉学商兑》，见客三次，写左季高信。中饭，请吴竹庄、夏谦甫便饭。饭后见客二次。出门拜吴竹庄、刘幼蟠。夜改折一件，改信稿六件，清理文件甚多。本日因建德危急，极不放心。

初七日

早饭后与尚斋围棋一局。旋胡晖堂、张鼎峰两哨去助沈宝成，见客三次。清理文件。中饭后清理文件。又至南门看营盘地基。申正接吴巡检禀，知建德初四失守，心怦怦，大为不怡，竟夕不能成寐。是日写九弟信、胡宫保信、左京堂信。

初八日

早饭后见客三次，围棋一局。办咨稿、札稿三件。口授，令人写之。写沅弟信一件、凯章信二件、季高信一件。中饭后又写季高信一、凯章信。作片稿一，报近日军情。灯后发报一件，即复奏夷务二事者。见客四次。夜，校赋篇及《离骚》，阅《汉学商兑》，清理文件颇多。

附　记　本日据申报

廿六次厘金：一十六万三千七百两；六万二千串文。
九次茶捐：九万六千两。
十一次厘税：四万七千五百六十两。

初九日

是日因建德失守，军务棘手，焦灼之至，竟日不能办一事。申刻闻东流失守，弥增郁郁。与尚斋围棋二局，写季高信一件、凯章批一件。日中接廷寄，系因浙江之奏，饬缓调彭斯举平江营回江西省。初四日过建德时，建城尚未失也。余昨日饬鲍超退扎渔亭、黟县两处，张凯章移扎休宁之南。本日鲍回信，不愿轻退，张禀复欲由祁门绕赴婺源，余皆饬责之。

初十日

是日，冬至令节。五更起，自营入城，至万寿宫拜牌。礼毕，恰值黎明。归营时，文武员弁前来贺冬，见客十余次。巳刻与尚斋围棋。两夜睡不成寐，又以建德无确信，焦灼万分，昏倦之至。未初又围棋一局。中饭后清理文件极多，又亲批沈宝成、鲍超等禀。是日定计以老营护卫之勇，派唐桂生带剿建德，而令鲍超派千余人来祁护卫。夜颇成寐，然亦于四更二点即醒。

十一日

是日派唐义训带千余人去剿建德。面谕朱声隆一切。饭后与尚斋围棋一局。午刻见客三次。未刻写信一件，批数件，清理文件。中饭后，又围棋一局，清理文件。调霆字营千八百人来护卫老营，行百一十里，午正已到，信可慰也。令两副营扎于花桥，正前、正左、副中三营扎于祁城外。清理文件顾多。夜写唐桂生信、左季高信，又清文件。自占一卦，问江北有兵来南岸否。遇"坎"之"观"，见者以为佳。是夜，二更四点睡，五更三点始醒，在近日为美睡，可贺者矣。

十二日

早饭后与尚斋围棋一局。旋清理文件，写沈副将等之批。中饭后清理文件，批江西省税房租不如减漕一案。申刻剃头一次。习字一页。夜占卦问左军利钝，卦象不吉，焦灼之至。三更又专人去左处，嘱其不可分支。校《离骚》、《九歌》。近日，围棋不止，一缘心绪焦灼，二由勤劳之心不甚坚定，故遇有事变，仍不能不怠荒散漫也。

十三日

早饭后写左季高信。旋与尚斋围棋一局，至午正，又一局。见客五次。中饭后清理文件。心绪恶劣，不能作一事。傍夕闻浮梁县失守，大营之粮路已断绝，尤为焦灼。因调鲍镇全军回剿浮梁、景德镇，令张军回扎黟县。是夜，竟夕不能成寐。

十四日

是日阴雨竟日，余心绪恶劣，不能办一事。盖因景德镇一路闭塞，文报不通，恐左军疏失，不胜焦灼也。写季高信一封、沅弟信一封、厚庵信一封、澄侯信一封，专人送去。与尚斋围棋三局。与申甫熟商调度机宜。夜四更醒，细思余所统之兵，可用之劲兵近二万人，其次尚有万余人，而水师及安庆陆兵尚不在内，乃近日军势不振如此，实属调度乖方，可愧可愤。

十五日

早，各员弁贺朔朔字衍望，至巳刻始毕。见客四次，写鲍镇信，左公信，杨、彭信，与尚斋围棋一局。午正冯树堂来。七年不见，相对怅然，与之久谈一切。中饭，请树堂及同来之章价人、鲁茂才，又武宁之汪孝廉瀚、午珊、郑奠域恬同坐。饭后仍与树堂疊谈。傍夕鲍春霆来，江良臣军门来，均久谈，至初更始去。旋又与树堂疊谈。三更睡，竟夕不能成寐。一则说话太多，二则左军久不通消息，焦灼之至。三更后接文书，有自江西来者，景德镇之文报路通，可放心矣。

十六日

早饭后与树堂疊谈。盛四自景德镇回，接左季高信，知十三四日获小胜仗，老营平安，为之一慰。致宋侍讲信、张凯章信。见客四次，江军门来久谈，与尚斋围棋一局。请鲍镇中饭。饭后，清理文件。与树堂疊谈。灯初，闻江湾营盘被围，不胜焦灼。夜又与树堂疊谈。睡，略成寐。至五更二点，得尚溪口营垒被陷之信，焦灼殊甚。皖南大局，殆不可为矣。因起坐，以待天明。

十七日

早，与各员商保全渔亭之策。鲍镇清晨即来，因留与宋副将同饭。饭后见客三次，围棋二局，写凯章信、季高信、厚庵信。中饭后闻贼破羊栈岭而入，尤为焦灼。出门回拜江军门、鲍镇台。又至南门看春字营、裕字营墙濠。夜，接左季翁十六夜信，知浮梁、景德镇之贼业已退净，且坚嘱鲍公之军不必赴镇，为之一慰。

十八日

早饭后见客三次。旋写凯章信、左季翁信、沅弟信，围棋一局。闻羊栈岭之贼昨日被官军击退，尚未出岭，心为悬悬。中饭后，再围棋一局。见客四次。与树堂鬯谈。酉戌间倦甚，因昨夜全未成寐，本日又焦灼异常。阅《汉学商兑》。初更，得唐义训信，知十七日大获胜仗，克复建德，为之一慰。复唐副将信，致鲍公信，季高、凯章处各致一信。与诸友熟商大局。又接一信，知本日贼再破羊栈岭而入，围杨镇魁等之营，寸心忧灼，夜不成寐。

附　记

临川马令，武宁杨前令，都昌富令，广昌赵令，广信光守，赣州阿镇，彰奇丁守，吉安参将陆长龄，崇仁沈令曦，南康颜守。

十九日

早饭后，口占复毓右坪信、官制军信、左季高信，与尚斋围棋一局，见客四次。中饭后再围棋一局。是日，因闻贼入羊栈岭内，竟日盘踞，围住两礼字营盘，寸心如焚。又值淫雨，竟日不息，霆字各营赴黟县救援，辛苦异常，无米可炊，寒风刮面，恻然不安。至二更，闻礼字二营尚足自立，心稍安贴。写宋子久复信一件。

廿日

早饭后清理文件。有怀宁廪生来徽考岁贡，而学政已去，关防在余处收存，余因代考之，令在祁门县署作文二首、诗一首，给予贡单。写季高信一、凯章信一。是日北风苦寒，念霆、湘各营赴羊栈岭开仗，不知胜负何如，为之竟日悬悬，忧灼实深。申刻，微闻胜仗之信。灯后，闻大获全胜，杀贼三、四千之多，为之欣慰。又接沅、季两弟十六日专人来信，始识江北近事，为之畅然。申刻，闷郁之至，与尚斋围棋一局，至夜，怀抱少开矣。

廿一日

是日天气晴明，人心为之一定。早饭后清理文件甚多，写九弟信，见客四次。未刻，鲍春霆来久谈，留吃中饭，宋国永亦在坐。鲍请添招成一万人，词气不逊，余心为之郁郁，下半日不怡久之。盖见镇将大员骄蹇，有致败之机，无载福之道也。傍夕至城下观吴德水所制木龙。其法以长木三节，约高三丈余，依城外架立，用火包，以绳引上，燃线后，火坠城内，实不足以制贼也。夜与申夫、树堂论霆营添募之事，语多不合。是夕接九弟初十之信，论日记册事，盖犹不知南岸危险万状也。

廿二日

早饭后清理文件。旋见客三次，围棋一局，写季高信、雪琴信、胡宫保信。中饭后，唐桂生等在建德归来。见客六次，围棋一局。夜与李申夫及树堂鬯谈。临睡，作咨稿一件。令杨名声、王梦麟等败仗之勇至安仁、万年等处归队。披衣口占，令人代书。倦极，乃将胡宫保所送辽参干嚼少许。

廿三日

早饭后清理文件。旋见客四次，围棋一局，与树堂鬯谈一切。中饭后写九弟信、季高信。鲍春霆来辞行，明日将往景德镇会剿。本日，斟酌于唐桂生剿景镇霆营留祁护卫，及鲍春霆剿景镇湘营留祁护卫，众论纷纷，意见不定，余亦几经踌躇。申刻，始定鲍军明日启行，赴景镇也。夜添袁午帅信四页。与树堂鬯谈。说话过多，倦甚。睡后，噩梦，闻九弟恶耗，放声大哭。树堂惊起，来敲门唤醒，良久乃寤，尚惊悸不已，盖余近日体气亏弱之至耳。是日，派人至羊栈岭数尸者归。据报，实数得贼尸六百四十五具，水淹者、已埋者、屋内者，尚不在此数。

廿四日

早饭后清理文件。旋见客三次，写四弟家信一件、九弟信一件、季高信一件。是日因鲍镇军率马步六千人进剿景德镇之贼，传各营官面商守御之法。中饭后清理文件甚多，至傍夕始毕。夜与尚斋围棋一局，与树堂熟商近事。倦极，不能作一事，因煮燕窝少许食之。

廿五日

早饭后清理文件。旋见客三次，写厚庵信一件、九弟信一件、季高信一件。中饭后拟作折稿，又以懒慢不耐烦，未及作就。申刻后清理文件颇多，至二更毕。日内思作折，而心绪不甚安帖，又不耐烦，如往年将作诗古文时，往往因心不耐烦，操笔中辍之状。是日，凯章报廿四日获一胜仗，余有探卒在彼目击，实未开仗。凯章近来以战阵之事尽季之各旗长，自己从不临阵，又好报假仗，此军恐不能振矣。夜，倦甚，乃食燕窝少许。是日午刻围棋一局，酉正又一局。

廿六日

早饭后清理文件，批沈宝成禀，写胡宫保信，写九弟信，见客二次，围棋一局。中饭后因思作奏折，又不果执笔，寸心慌乱，若不克自主者，与在京时作诗文同一艰窘之状，特此因贼势浩大，心绪不宁耳。夜作折一件，又口占作片一件。睡后，接左公信，景镇贼甚猖獗，竟夕不能成寐。

廿七日

早饭后作折稿一件，午初毕。与尚斋围棋一局。中饭后清理文件甚多，至夜始毕。夜写沅弟信一件、胡宫保信一件。日中写季高信一件、春霆信一件。是日，恐渔亭有大股贼来犯，寸心摇摇。又本日治事颇多，疲乏极矣。因三日内连服燕窝，精神稍长，当能勉强支持。是夕四更，接奉批折，系十月廿六日所发者。

廿八日

是日小雨竟日不止。早饭后清理文件，与尚斋围棋一局。中饭后清文件，又围棋一局，复左季高信，复宋子久信、彭雪琴信。夜复胡宫保信、沅弟信。本日因系念左、鲍二军在景德镇不知战事何如，寸心惴惴，无片刻少安。夜，四更未醒，尤为警惕。是日早发报折二件、片一件。

廿九日

是日仍竟日小雨不止。心忧景德镇左、鲍两军，为之竟日惴惴不宁。与尚斋围棋一局，中饭后又一局。清理文件甚多。夜写毓右坪信、左季高信、江军门信。是日寸心忧危，尤甚于昨日，至酉刻，满万元自景德镇归，见鲍军已到，左军亦足自立，此心始安。见客共六次。张镇湘值宿。余竟夕不能成寐。

卅日

早饭后清理文件。旋与尚斋围棋一局，写希庵信一件。接江西总局新刻英吉利、法郎西、米利坚三国和约条款，阅之，不觉呜咽，比之五胡乱华，气象更为难堪。中饭后，又与尚斋围棋一局。与树堂圀谈最久。树堂因时事日非，愤闷异常，阅看《红楼梦》，以资排遣。余亦阅之。下半日闻贼匪破大洪岭下之湘源地方，心为悬悬。夜复江军门信一件。亥正闻湘源之贼已退，为之少慰。

十二月

初一日

早，各文武员弁贺朔，至巳正始毕。午刻，清理文件。与尚斋围棋一局。写左季高信。吴子序来，送寿屏一幅，因请渠中饭，杨朴庵亦在坐。饭后与子序围棋一局。是日大雪，继以风雨，念将士之辛苦，与景镇官军不知胜负何如，心为悬悬。夜与树堂闿谈人情世态，言送人银钱，随人用情之厚薄，一言之轻重，父不能以代子谋，兄不能以代弟谋，譬如饮水，冷暖自知而已。是日接九弟信，枞阳之贼已退，为之大慰。

初二日

早饭后，清理文件。旋与尚斋围棋一局，写沅弟信、胡宫保信、希庵信。中饭后写江军门信，又与尚斋围棋一局。接季高信知景镇之贼远退九十里、百里不等，饷道大通，为之少慰。日内，因军务棘手，诸事废弛，外间来信多不复者，又似昔年懒慢之态。位高而名重，其能免于人之谤责乎！夜，拟以苏诗七绝倩人抄出。盖余往年在京所抄诗，未抄绝句也。是日将图章各石清理一次，交委员张璲，以渠善镌刻也。计已刻者卅四方，未刻者卅七方。

初三日

早饭后清理文件。旋写翁中丞信，与尚斋围棋一局，与树堂久谈。中饭，与子序围棋一局，因闿谈至二更。清理文件，见官制军咨骆中丞参孙坦、邹寿璋之折，不甚平允。夜，竟夕不寐，寒冷异常。

初四日

早饭后清理文件。旋与树堂鬯谈，见客三次。写左季高信、沅弟信，并寄十一月日记册，寄各国通商条款。澄弟信，并寄家中邓师束修百金，又寄各亲戚家银六十二两。中饭后，与子序围棋一局。旋清理文件。夜温"词赋类"，恬吟十余篇。是夕，二更三点睡，至五更方醒，为近日所仅见，或是每日服燕窝之功。

附记　霆营

正中，陈由立。副中，娄云庆。新中，颜绍荣。
正左，郑阳和。副左，刘顺隆。新左，段大贵。
正右，陈得胜。副右，余大胜。新右，易昌焕。
正前，黄庆。副前，苏文彪。新前，吴腾芳。
正后，张玉田。副后，熊铁生。

初五日

早饭后，清理文件。旋见客三次，与子序围棋二局。中饭后改信稿四件，内张仲远一信颇长。写凯章信。作咨与左季高，请其在景德镇和硐十八座，以千人守之。每五百人一营者，营官守一座，四哨各守二座。又拟拆祁门城，修硐十八座。傍夕清理文件颇多，夜二更始毕。是日写沅弟信一件。

初六日

早饭后清理文件。与尚斋、子序各围棋一局。心绪不宁，惘惘若有所失者。中饭后见客二次，与树堂鬯谈。旋清理文件。夜与子序久谈。清理文件极多，约百余件。伪忠王李秀成率贼数万，前由婺源东窜。本日，接玉山禀报，知贼于廿八日已围玉山城。

初七日

早起，接家信，澄弟一件，系十六日在洙津渡所发，言纪泽十三日夜宿万福亭，十四午刻可到家。鸿儿一件，系十八日发，言纪泽尚未到家，合之上次牧云一信，系十一日在湘潭所发，言纪泽先入湘河口。三信支离参差不符，疑纪泽或有它变，忧虑焦灼。树堂因私问走家信之人，据称一无所闻，稍为释然。与子序围棋一局。清理文件。中饭后写沅弟信、季高信，见客四次，清理文件颇多。傍夕与子序刍谈，渠明日将归也。夜又与子序围棋一局。日内心绪虽恶，而吃燕菜已十余日，精神颇旺。夜，张戈什哈值宿。梦见劳辛皆与余同在长沙署拜客。日内久不看书，满腔逸惰之气，实志不能帅之耳。

初八日

早，请子序便饭。饭后围棋一局，旋送渠归家，刍谈颇久。清理文件，写左季高信，李小泉、少泉信。中饭后清理文件，至酉刻方毕。梳辫子一回。倦甚。天雨泥泞，念鲍镇在景镇不知能得手否。夜，清理文件，得伪文数纸，内有黄文金与胡鼎文之件，叙贼情颇详。夜，睡不甚安帖。

初九日

早，清理文件。饭后与尚斋围棋一局。拟作各折片稿，心绪郁闷，久不得就。中饭后又围棋一局。日内，因不得景德镇开仗之信，心中忽忽如有所失。清理文件。见客四次。江军门自柏溪来见。是日，刘彤皆、姚慕庭回家过年。夜，倦甚，读书不能终卷。因读《淮南子·精神训》，至"大禹竭力以劳万民"句，若有所感。王梦龙值日，夜，初睡即梦魇，盖近日精神极疲乏，几不克自振。

初十日

早饭后清理文件。旋与尚斋围棋一局，见客四次，清理文件，写胡宫保信、雪琴信、季高信。中饭后核折稿二件，至二更毕。一、湖口守城折；二、南陵拔出陈镇一军折。阅《淮南子·主术训》。睡至四更三点即醒。

十一日

早饭后清理文件。旋送树堂进城，寓公馆之内，改官军剿洋栈、小溪、渔亭各仗折稿。中饭后改上溪口、江湾各仗折稿。又口占一片稿。旋清理文件，至更初毕。上午，围棋一局；下午，围棋一局。写扁字十余个。夜阅《文中子》十余页。是日添盖屋一间，黄副将惠清代为经理。沈副将宝成喉痛，心甚系念。张戈什哈值日。夜，三更不成寐。

十二日

早饭后清理文件。旋写左季高信、郭云仙兄弟信。中饭后骑马至城内树堂处邕谈。树堂近来好作隶书，笔力劲健，但乏名贵之气，傍夕归。夜，清理文件颇多，以本日未甚料检也。将各案应行请恤者，汇为一清单。阅扬子《法言》，究不如《文中子》之平实，盖子云文学中人，非道德中人也。细思古人修身、治人之道，不外乎前此所见之"勤、大、谦"。勤若文王之不遑；大若舜、禹之不与；谦若汉文之不胜。而"勤、谦"二字，尤为彻始彻终，须臾不可离之道。勤所以儆惰也，谦所以儆傲也。勤能且谦，且大字在其中矣。千古之圣贤豪杰，即奸雄欲有立于世者，不外一"勤"字；千古有道自得之士，不外一"谦"字。吾将守此二字以终身。倘所谓"朝闻道，夕死可矣"者乎！夜睡颇熟，四更即醒。

十三日

早饭后清理文件。旋写张廉卿信、汪梅村信、胡宫保信，围棋一局。中饭后将东坡七言绝句圈出发抄，盖余在京时所选《十八家诗抄》，未选绝句，将补抄之也。申刻发报折四件：一、杨厚安拔出南陵一军；一、湖口守城；一、江湾、上海口之失；一、羊栈岭、渔亭之战。又请恤单一件、附片一件。旋阅《韩非子》。夜，围棋一局。阅《韩非子》至亥刻。四更，接奉批折，系十一月初八日所发者。

十四日

早饭后清理文件，围棋一局，写澄侯弟信。午后写陈余庵信、沅弟信。树堂来此久谈。黄副将日内经理起屋事件，留之便饭。申刻再围棋一局。旋阅《淮南子·汜论训》。夜，倦甚，看书不能入。阅诸子中，惟《老》《庄》《荀子》《孙子》自成一家之言，余皆不免于剽袭。

附　记

牙厘局十二月初六日报，连前共解过各项银数：厘金共卅三次，银十八万八千七百两，钱十一万二千七百串；茶捐共十一次，十万零三千五百两；盐税共十四次，五万三千四百两；牙捐共六次，一万六千九百九十两；洋药共五次，八千两。

十五日

早饭后清理文件。旋与尚斋围棋一局，清理文件颇多。中饭后与申夫邕谈，再围棋一局,阅《淮南子·说林训》。夜又阅《淮南子》约廿余页,清理文件。接沅弟信,知枞阳又甚危急,寸心为之怦怦。偶思写字之道,如修脚匠之修脚。古人所谓"拔灯法",较空灵,余所谓"修脚法",较平稳。二更睡,不能成寐。张戈什哈值日。是日,雨而微雪,雪竟日不止。昨数日起屋,本日停工。又念左、鲍等不能开仗,为之焦灼。是日,文武员弁贺望,应酬极久。与黄云海、杨在纲等谈明岁移营出岭,聚语甚多。

十六日

早饭后清理文件。旋围棋一局,复清文件甚多,写沅弟信、陈余庵信。中饭后再清理文件,围棋一局,阅《淮南子》。夜又阅《淮南子·精神训》,若有所会。是日按家信,澄弟一件、纪泽一件。久不接泽儿信,心颇疑之,至是一慰。夜,睡稍成寐。潘戈什值日。此二日霖雨不歇,念景德镇士卒之苦,则为之忧,念枞阳河水不遽干涸,则为之慰。

十七日

早饭后,清理文件。旋与尚斋围棋一局。阅《淮南子》,用朱笔画段。阅《览冥训》《时则训》《精神训》《本经训》,至傍夕始毕。是日见客六次,陈虎臣、姚秋浦谈极久。写季高信一件。夜清理文件颇多,倦甚。近日老态愈增,说话稍多,便若不克自持。幸胸襟豁达,于成败死生无甚计较,故不生烦恼耳。

附　记

黄胜林 四川尽先千总,袁营
张占鳌 四川尽先守备,尚营

又附记

丁日昌 庐陵　　章澂 玉山
丛点鳌 前赣县　　隋藏珠

十八日

早,清理文件。饭后与尚斋围棋一局。旋阅《淮南子》《道应训》、《汜论训》。中饭后阅《诠言训》,至初更毕。清理文件,倦甚。与申夫邕谈天下大局,似若无转机之可图者。旋入房小坐。夜，睡不甚成寐。前在营起屋一间，未毕，十五、六、七三日雨雪，停工，本日重修砌。午后又小雨。夜来见天气阴黑，气象愁暗，为之忧闷久之。不知大乱何日可平，又不知安庆、枞阳日内支得住否，寸心悬悬不已。又思"劳、谦"二字受用无穷，劳所以戒惰也，谦所以戒傲也。有此二者，何恶不去？何善不臻？当多写几分，遍示诸弟及子侄。

十九日

早饭后清理文件。旋阅《淮南子·兵略训》。午后阅《说山训》。中饭后清理文件甚多，至傍夕始毕。是日阴雨泥泞，气象殊不佳。与尚斋围棋二局。夜，阅《说林训》。接九弟信，初七所发。季弟亦有一信，并寄观风名单。又接胡宫保、左季翁信。夜坐，意思萧索。睡颇成寐。潘戈什值日。

廿日

早饭后与尚斋围棋一局。旋写沅、季信一件，胡宫保信一件，季高信一件，雪琴信一件。见客二次，树堂来久谈。中饭后围棋一局，与树堂鬯谈，阅《淮南子·人间训》，傍夕毕。夜阅《泰族训》，未毕。是日天气阴寒，朱墨皆冻。营中起屋一间，粗毕。夜寒异常，为今年所仅见。邓差官值日，颇能成寐。默念吾祖父星冈公在时，不信医药，不信僧巫，不信地仙，卓识定志，确乎不可摇夺，实为子孙者所当遵守。近年，家中兄弟子侄于此三者，皆不免相反。余之不信僧巫，不信地仙，颇能谨遵祖训、父训，而不能不信药。自八年秋起，常服鹿茸丸，是亦不能继志之一端也。以后当渐渐戒止，并函诫诸弟，戒信僧巫、地仙等事，以绍家风。

廿一日

早饭后围棋一局。旋清理文件，阅《淮南子·泰族训》。中饭后写大字数纸，阅《修务训》，清理文件。夜阅《要略》，二更毕。读《修务训》中"功可强成，名可强立"，若有所会。《淮南子》本道家者流，而此篇之旨，与《荀子》相近，大抵理之足以见极者，百家未尝不相合也。

廿二日

早饭后围棋一局。旋清理文件，阅《淮南子·主术训》。是日因移入新屋之内，料理诸琐事。姚秋浦、金世兄来久谈。中饭后又围棋一局，阅《主术训》，至夜始毕。清理文件，二更四点尚未毕。夜睡颇酣，近日所仅见也。公牍内有建德把总李元文书一通，面用移封，余戏于封上题十七字令云："团练把总李，行个平等礼，云何用移封敌体？见者无不绝倒。"

廿三日

早饭后与尚斋围棋一局。旋写左季翁信一件，清理文件颇多，至未初稍毕。请唐桂生、黄惠清等中饭。饭后再围棋一局。申刻阅《淮南子·缪称训》。夜阅《齐俗训》，未毕。清理文件，眼蒙，尚未能毕。与申夫鬯谈。久不按安庆信，心为悬悬。本日，嘉字营自安庆来，知十八日以前平安，为之一慰。

廿四日

早饭后与尚斋围棋一局。旋写澄侯信一件、纪泽信一件。树堂来久谈。又写唐镜海先生信一件、郭意城一件、沅弟一件。中饭后围棋一局，清理文件甚多。是夜丑刻立春。因廿五日系忌辰，县令即于本日行迎春礼。夜，文武贺春者纷纷。阅《淮南子·齐俗训》，至二更毕。岁除春至，营中有吹笛等乐，一概不禁。睡不甚成寐。

廿五日

早饭后围棋一局。旋见客甚多，皆本日立春贺节者。巳正客散，清理文件。剃头一次。中饭后，核忠义局第二案折稿一件，第三案片稿一件，请简放九江镇片稿一件，请饬抄谕旨，随朱批发下片稿一件，杜滋柴世霖改教片稿一件。夜，将作东征局筹饷一折，久未得空。清理文件数十起。

廿六日

早饭后围棋一局。旋清理文件，写左季高信一件，见客三次。拟作折稿，未成。中饭。请树堂、伴山、秋浦、馨室中饭。饭后与树堂鬯谈。又与尚斋围棋一局。作东征筹饷局折稿，至夜始毕。二更又作复奏浙调刘调元、金国琛一折，近日军情一片，二更四点睡，五更二点醒。近日办事颇多，作两折后，尚能成寐。身体较往年略健。

廿七日

早饭后围棋一局。旋清理文件，作借运粤盐片稿一件，见客三次，清理文件。中饭后又围棋一局，清理文件极多。夜选李、杜二家七绝发抄，又选放翁诗二卷。是日苦雨一日，天气甚暖，不似冬间气象。夜，竟夕不能成寐。张戈什值日。久未接沅弟信，寸心怦怦。

廿八日

早饭后围棋一局。旋清理文件，核改信稿十余件，阅《淮南子·原道训》。午刻发报折三件、片六件、清单一件。接九弟信，系十三日专人来者，为之稍慰，然犹恨其到营太迟也。中言余下棋太多，劝我月攘一鸡。未初至城内，张伴山、姚秋浦、刘馨室、李申夫请吃中饭，申初散。拜客二家，至杨朴庵处久坐，归营已天黑矣。夜阅《淮南·俶真训》，未毕。接家信，澄弟一件、纪泽一件。夜，二更四点睡，至五更二点方醒，亦近日难得之事。

廿九日

早饭后围棋一局。旋清理文件。接沅弟十九日信，酉刻又接沅季廿一日信，为之大慰。见客四次。中饭后又围棋一局，清理文件甚多，写沅弟信、雪琴信。夜阅《淮南子·俶真训》，言有道之士亦须遇时，为之增感。又阅《天文训》，未毕。九弟信中附有澄弟及纪泽儿信，知霞仙之令弟爵七已死，王钦牧亦死，为之感叹！

卅日

早饭后清理文件。旋围棋一局，写沅弟信一件、胡宫保信一件、左季翁一件，见客甚多，写对扁四件。中饭后围棋一局，见客尤多，树堂来鬯谈。阅《淮南子》、《天文训》、《地形训》，粗圈一过，至是日完毕。傍夕清理文件，至更初毕。见客甚多，毕本营文武行辞岁礼。夜二更，看申夫与鲁秋航下棋。四点睡，竟夕不能成寐。是日接鲍春霆信，以贼太多，请调渔亭四营赴洋塘，阅之大为不怡。

日记　咸丰十一年

正月

初一日

五更三点起，至城内万寿宫拜牌行礼，黎明还营。各文武员弁来贺新年，已正始毕。清理文件，写告示一张。旋观申夫与鲁秋航下棋，余亦与尚斋围棋一局。中饭后，阅《陆放翁诗选》。七言绝句发抄，兼选七律。余在京时，曾将放翁七律选抄一编，七绝则选而未抄。今因抄七绝，又将七律再选一编，恐与在京时所选多不符矣。傍夕，又观申夫与人下棋。写沅弟信。夜再阅陆诗。二更三点睡，至五更三点始醒，为近日所仅见。是日细思立身之道，以禹、墨之"勤俭"，兼老庄之"静虚"，庶于修己、治人之术，两得之矣。

初二日

早饭后清理文件。旋与尚斋围棋一局，写左季高信一件。出门拜年数家，至树堂处小坐，忠义局小坐，午初归。写雪琴信一件。中饭后又围棋一局。选放翁七绝至夜，选第七册毕。申刻清理文书百余件。眼蒙特甚，殆因近日下棋太多之故。夜，睡颇成寐。放翁每以美睡为乐，盖必心无愧怍而后睡梦皆恬。故古人每以此自课也。

初三日

早饭后清理文件，与尚斋围棋一局，阅选放翁诗，习字一张。中饭后再围棋一局，阅选放翁诗。是日共选八本，清理文件颇多。夜因鲍镇请调渔亭四营会剿，心为不怡。又因夜饭时，各内丁呼唤不应，心为恚怒。复看放翁诗，已不能入矣。睡不甚成寐。

初四日

早，接奉廷寄，即前复奏英夷助剿运漕一案。饭后清理文件。写澄弟信一件，言戒"骄"字以不轻非笑人为第一义；戒"惰"字以不晏起为第一义。写纪泽信一件，言文章之雄奇，以行气为上，造句次之，选字又次之。旋阅选放翁七绝。中饭后又选陆诗，夜又选之，共八本。放翁胸次广大，盖与陶渊明、白乐天、邵尧夫、苏子瞻等同其旷逸。其于灭虏之意，养生之道，千言万语，造次不离，真可谓有道之士。惜余备员兵间，不获于闲静中探讨道味。夜，睡颇成寐，当由玩索陆诗，少得裨补乎！

初五日

早饭后围棋一局。旋阅陆放翁诗，清理文件，见客三次。中饭后又阅放翁诗，将七言绝句选毕。又阅七律一本，写雪琴信一封，习字一页。夜习零字。余坐卅以前作字未能尽心，间架不稳，手腕不稳。四十以后虽略有长进，而手腕时灵时钝，钝时则如古人所谓姜芽、冻痴蝇者，可自笑也。阅《唐宋诗醇》中所选陆诗一过毕。务观言养生之道，以目光为验；又言"忿"、"欲"二字，圣贤亦有之，特能少忍须臾，便不伤生，可谓名言至论。

初六日

早饭后围棋一局。旋清理文件，习字一张。温《易经》廿页，《乾卦》毕。系浙中新刻本，程子传，朱子本义，吕东莱音训。未初，进城至粮台，张伴山、姚秋浦等请吃中饭。饭未毕，接信，贼破大洪岭而入。旋又接信，贼破大赤岭而入。副将黄惠清守卡，未能堵住，死伤百余人。余归营经理一切，写信与左季高。夜写信与凯章、子久及娄副将等，调渔亭霆字四营各带三哨来祁门救援。二更三点睡，竟夕不能成寐。苦雨达旦，风声亦恶，起看天色二次，黑暗愁惨，向所罕见。张戈什值日，令其起问讯两次。

初七日

早饭后围棋一局。旋写季高信、凯章信。见客四次，皆唐桂生等诸营官，来议剿赤岭之贼者，令其至西门外熟看打仗之地。午刻查得前右营在赤岭仅死伤廿八人，陆续回营。中饭后闻得张军门带队，将大洪岭之贼逐出，略为宽慰。围棋一局。口占写信三封。夜写零字数十。睡颇成寐，惟多梦魇耳。是日酉刻闻大赤岭之贼业经退出。二更又闻其复入。

初八日

是日恭值先光禄大夫星冈公冥诞，营中未及设祭。早饭后围棋一局。旋商出队之事。唐桂生定计于本日出队，赴历口剿贼，余许之。巳正出队，仅行十八里，至石门桥地方即遇贼匪前来扑犯老营，因与接仗，幸获大胜。追杀卅余里，直至历口方始收队，回扎小路口一带。午刻闻贼踪甚近，满城惊慌逃奔。余写胡宫保信一件，九弟信一件，左季高、鲍春霆信一件，凯章信一件。下半日，闻胜仗信。又写唐桂生信二件，左、鲍信一件，凯章及娄云庆各信一件。是日天色愁惨，人民惊慌，忧心如焚。虽获胜仗，而终夜未尝成寐。

初九日

早饭后清理文件。旋见客四次。闻唐桂生等今日进剿历口，不知得手否，心甚悬悬。写胡宫保信、九弟信、唐桂生信、左鲍信各一件。中饭后，围棋一局，习字一纸，写凯章信。清理文件。夜阅《易经》《坤卦》，《屯》、《蒙》二卦。傍夕闻贼已全出赤岭，为之少慰。

初十日

早饭后清理文件。旋与尚斋围棋一局。派人至历口等处验数贼尸，闻实杀贼一百八十六人。写唐桂生信、左季高信。温《易经》《需》、《讼》、《师》、《比》、《小畜》、《履》六卦，至申刻毕。与尚斋围棋一局，写凯章信一件。傍夕阅李芋仙所送唐宋四大家文中之欧文。清理文件。

十一日

早饭后围棋一局。旋清理文件。温《易经》《泰》、《否》、《同人》、《大有》、《谦》、《豫》六卦，至申刻毕。写胡宫保信，李希庵信，九弟、季弟信，唐桂生信。是日未刻，请营务处各委员吃新年酒。又与尚斋围棋一局。日暮时，心郁郁不乐。左、鲍在石门街等处与贼相持，久未开仗，恐有他变也。夜将《易经》《象辞》、《爻辞》中相同者分类编出，以资互证。夜，睡不甚成寐。张弁值日。灯时，接九弟信，系初八日所发，知北岸军事平稳，为之大慰。

十二日

早饭后围棋一局。旋清理文件，习字一页。出外看豫字营操演，约一个半时辰。阅毕归，见客二次。中饭请忠义局委员、粮台委员，凡两席便饭。饭后又与尚斋围棋一局。唐桂生等自历口凯归，与之谈战事。是日又闻鲍镇在洋塘大获胜仗，贼已全数溃遁。夜，树堂与余闲谈，意气颇盛，语次大相龃龉，为之不欢者久之。睡，不甚成寐，五更初即醒。

十三日

早饭后清理文件，与尚斋围棋一局。旋见客四次。接左季高信，知鲍军果已获胜，鄱阳之贼悉退。清理文件。写九弟信、陈作梅信。中饭，请夏谦甫等便饭。饭后，添陈俊臣、李筱泉信各一片。清理来文百余件，贺年之禀居多。夜与尚斋围棋一局。倦甚思睡，尚能成寐。日内闻各处胜仗之信，心为开爽。闻胡宫保病势颇重，大为忧灼。

十四日

是日值宣宗成皇帝忌辰。念庚戌年龙驭上宾，国藩承乏礼部，典治大丧，今满十一年矣。而英夷之变，淀园被毁，圣贺出狩滦阳，现闻有西迁之议，沧桑之大感，臣子之至痛，怆然不知所以为怀。饭后写家信二件，纪泽一、澄弟一。又写胡宫保信一件、左季高信一件。清理文件。中饭后围棋一局，习字一纸，温《易经》《随卦》、《蛊卦》、《临卦》、《观卦》、《噬嗑卦》、《贲卦》，至更初毕。温古文论著、杂记两类。是日辰刻，树堂将派作碉卡提调之札缴还。傍夕，鲍公报初九日胜仗之禀。夜，竟夕不能成寐。念养生家之法，莫大于惩忿、窒欲、少食、多动八字。

十五日

早，各员弁贺节。饭后来贺者亦多。心中不爽快，与尚斋围棋一局，旋觉不快之至，大作呕吐，吐向外厅、内房皆满。因出外稍为闲行，各客皆不能见。小睡片时。午正起，清理文件。中饭禁食油荤。饭后温《易经》《剥》、《复》、《无妄》、《大畜》四卦，至日落毕。营中各哨官玩龙灯，酉刻起，二更四点散。余以去冬以来危险万状，今甫得安稳，以此宣郁导滞，亦不之禁。夜，睡颇成寐。

五更二点始醒，写少荃信一件。

十六日

早，出外巡墙子。饭后围棋一局，清理文件，见客三次，伴山及隋龙渊、江良臣畅谈颇久。余身体不安，竟日禁荤油，并不吃茶，以水饮停滞胃膈之间，时时作呕吐也。小睡时许。中饭后习字一纸，温《易经》《颐》、《大过》、《坎》、《离》四卦。傍夕剃头一次。闻渔亭官军是日进攻上溪口，心为悬悬。夜清理公文百余件。与申夫、尚斋谈军中战状，虽同见同闻，同在局中之人而言人人殊，不足凭信。古来史传之不足凭信，亦如是矣。睡，不甚成寐。潘弁值日。三更后，北风大雨并作。

十七日

早，大雨，出外查墙子。饭后清理文件。写左季高信，旋写胡宫保信，习字一张。身体不好，仍禁油荤。见客三次。中饭后清理文件，温《易经》《咸》、《恒》、《遯》、《大壮》四卦。傍夕清理文件，至二更止，约百余件。是日雨雪交加，营中寒冷异常，四顾茫然，未知大乱何日可平。二更翻阅放翁七言绝句，实能道得空旷胸怀出。睡，不能成寐。张弁值日。是日闻渔亭官军于十六日进攻上溪口获胜。早饭后与尚斋围棋一局。

十八日

早，出外查墙子。饭后与尚斋围棋一局。旋清理文件，写裕时卿信，陈季牧信，王人树信，沅、季弟信，雪琴信，鲍春霆信。中饭后再围棋一局，清理文件，习字一纸，温《易经》《晋》、《明夷》、《家人》、《睽》四卦。夜，清理文件数十件。续有到者，遂不理矣。晡时，接澄弟信、泽儿信，知家中五宅平安。本日仍禁食油荤。夜，因家中寄腊鸡肉丸之类，略食少许。服药一帖，皆伏苓、半夏、厚朴、炮姜之类。睡，尚成寐。是日牙痛数次，老境日增，深知饮食清淡之妙，浓厚者断非老年所宜。

十九日

早出，查阅墙子。饭后围棋一局，写季高信一封，见客数次，清理文件。中饭后见客二次。朱云崖自家中来，与谈颇久。习字一纸，温《易经》《蹇》、《解》、

《损》《益》四卦。至朱云崖帐内久谈。傍夕倦甚，与申夫谈。夜，清理文件。是日仍禁油荤。接九弟十三日信及各处探报，知贼分两股，一股由建德下窜青阳，一股在彭泽者，鲍公追之至牯牛岭，日内或可出建德而下窜，为之少慰。夜因武宁杨令与郑奠互讦之案，颇为郁偪不平。继思谦抑之道，小事须力戒争胜之心，痛自惩艾。

廿日

早出，巡查墙子。饭后围棋一局，清理文件，写毓中丞信，见客四次。中饭后围棋一局，清理文件，习字一纸。凯章自渔亭来，与之邕谈至傍夕。夜清理文件百余件，又与凯章久谈。夜，不能成寐。张弁值日，是日仍禁油荤。

廿一日

早出，巡查墙子。饭后围棋一局，清理文件，写沅弟信、雪琴信，习字一纸。旋出门至城内开碉卡局，午正归。与凯章叙谈。小睡片刻。中饭请凯章、云崖、桂生便饭。饭后与尚斋围棋一局。天雨淋漓不止，颇为愁闷。晡时，清理公文。夜核改信稿十八件。与凯章叙谈颇久。睡，不甚成寐。邓弁值日。大雨彻夜不止。是日，闻广信解围之信，为之喜慰。又恐逆匪李秀成等从婺源入犯乐平等处，为之忧虑。

廿二日

早饭后清理文件，与尚斋围棋一局，写左季高信、鲍春霆信。清理公牍甚多，至未初毕。中饭后，核改坚守景德镇及洋塘胜仗折稿，晡时毕。至朱云崖等处小坐，谈添亲兵之事。夜改大赤岭胜仗折稿，至二更毕，倦甚。是日，霖雨竟日，夜间雨弥大，气象殊不佳。接沅、季两弟十八日信，亦以南岸为虑。是日，休宁瞿令福田送右军帖一本，王梦楼跋，断为淳化祖本，且定为唐刻，考核未必确凿，而神采奕奕，如神龙矫变，不可方物，实为希世至宝。余行年五十有一，得见此奇，可为眼福。瞿令又送赵侍制仲穆所画飞白竹，上有施愚山、沈绎堂诸先生题跋，亦可宝也。余以世间尤物不敢妄取，审玩片刻，仍亦璧还。去年，黎令福畤送刘石庵、翁覃溪二公在闱中所书手卷，余亦璧却。此三件可称祁门三宝。

廿三日

早饭后清理文件，与尚斋围棋一局。旋写沅弟信一件、胡宫保一件，作片稿一件，清理文件颇多。中饭后，加方子白信一片，复左季高信一件，宋子久来久谈。夜，寄毓中丞信一件，又作折片一件。夜，睡颇成寐。张弁值日。是日巳刻，接奉由内交出年赏福字荷包之类，其南枣、挂面、奶饼之类，驲站竟将包拆开，偷窃十分之七八矣。此向来所未有，亦足见纪纲废驰，下无忌惮，日甚一日也。本日阴雨竟日，气象愁惨，念鲍军在牯牛岭，不知无疏失否，为之悬悬。

廿四日

早饭后清理文件。旋下象棋一局，见客三次。与隋龙渊太守谈颇久。闻广信之贼窜至铅山之吴坊、湖坊。该处可直入抚州、建昌，亦恐其径犯省城，忧灼之至。因写信与李辅堂，嘱其以省城防务自任。又札催魏喻义至江省协防会城。又札雪琴派水师一二营协防省河。皆口占作稿。写家信一件示泽儿，将福字寄归。写左季高信一件。中饭请宋子久、隋龙渊、胡文甫、程可山便饭。胡名绍勋，绩溪拔贡，宿学之士，年七十三矣。申刻发报二折、二片、一单。清理文件，至傍夕毕。习字一纸。夜寒颇甚。近四日阴雨不止，本夜见星光，为之豁然一慰。夜睡颇熟。念苏子由谓东坡晚年以文章为鼓吹，真知文章中之乐境。余亦微知之，惜无宽闲岁月竟其所学耳。

廿五日

早，出外巡查墙子。饭后因贼窜江西腹地，谋以重兵一支回援抚、建，拟以左季高一军回剿，写信与左商之，又写信与鲍、张二公商之。又写胡宫保信一件、毓中丞信二件。见客三次。下棋一局。清理文件。至营门外踩看修碉地基。接家信，澄弟一件、纪泽一件。中饭后见客二次，清理公文百余件，至朱云崖处小坐。夜，偶阅梁茞林中丞所作《归田琐记》。睡，不甚成寐。张弁值日。梁公言养生之道，不特食宜少，眠亦宜少，可谓名言。

夏朗斋，谦甫之父。
舒谦、葆谦，皆秀，楚翘先生之弟。

廿六日

早，出巡视营墙。饭后围棋一局。旋写左季高信一件，清理文件，习字一张，温《易经》《夬》、《姤》、《萃》、《升》四卦。中饭后又围棋一局，写挂屏八幅。至朱云崖处小坐。清理文件。夜改信稿六件，温《古文·辞赋类》。夜，睡颇熟。邓弁值日。念余于古文一道，十分已得六七，而不能竭智毕力于此，匪特世务相扰，时有未闲，亦实志有未专也。此后精力虽衰，官事虽烦，仍当笃志斯文，以卒吾业。

廿七日

早，出巡视营墙。饭后清理文件，围棋一局，见客三次。午刻至外看亲兵营操演，未初归来。中饭后习字一张，清理公文百余件。接九弟信、鲍春廷信，知建德现尚有贼。奉到朱批，系十二月十三日所发之折，外附一箱，赏杨军门荷包四对、白玉搬指一个、白玉翎管一枝、小刀一把，系折中所请者。傍夕至朱云崖处小坐。夜温《困》《井》《革》《鼎》四卦，习零字数纸。睡，略成寐。夜写胡官保信一件。

廿八日

早，出巡视营墙，由北门外进冲，行二三里许。饭后，围棋一局。旋清理文件。作《解散胁从歌》，未毕。中饭后再围棋一局。作歌至二更始毕，共六十八句，于被掳难民久陷贼中者，足以达其心中之苦情。旋清理文件颇多。睡，不甚成寐，以用心稍过也。

廿九日

早，出巡视营墙。饭后围棋一局，清理文件。旋写胡宫保信一件，并送祁术六两、燕菜一斤，又将渠去冬所送人参一两壁还，专人送去。写厚庵信一件，将御赐厚庵之荷包四对及小刀、搬指、翎管等件专人送去。又写九弟信一件。接鲍春霆禀，知廿六日大胜，杀贼五、六千人，追奔四十里，立将建德克复，为之大慰。自十一月初至今，风波为之稍平，人心为之一定。中饭后清理文件颇多，约二百件，围棋一局。夜温《易经》《震》、《艮》二卦。睡，亦不成寐。邓弁值日。

二 月

一日

早，各员弁贺朔，至辰刻毕。饭后见客二次，围棋一局，清理文件，写季高信一件。接澄弟信，系正月十四日所发者。中饭后围棋一局，神思困倦。将陆放翁诗中可为对联者圈出付抄。晡时，写对联二付。夜习零字百许。日内于作字之道，若有所会。惜精神疲乏，目光眵花，老境日臻，不克竟其所学。古人所以贵，及时力学也。温《易经》《渐》、《归妹》二卦，意思昏慵，毫无所得。夜思作书之法，刘石庵善用偃笔，郑板桥善用蹲笔，王梦楼善用缩笔，惟努笔近人无善用者，古人惟米元章最擅胜场。吾当如此自极其思耳。

初二日

早，出城外看碉座地基。饭后清理文件。施写《解散歌》，字约一寸大。围棋一局，中饭后再一局。见客二次。隋龙渊来，言各营口粮仅发至九月止，而委员薪水已发至正月，不足以昭公允。余深韪其言。写《解散歌》，至申正毕。口占作修碉告示，凡四条。夜写左信一件、凯章信一件。本日闻贼破大洪岭而入，悬系之至。又闻伪侍王已至休宁，有二路来攻祁门之说。又接建昌府黄守禀，极危极险，竟日皇皇不安。夜，倦乏已极，不甚成寐。

附 记　榉根岭外贼目

谵天福何良寿　　猷天安周化熔
文天燕张永寿
武天燕黄永福

嶔天燕蔡加意
休宁城内贼目
裨天义李□□
遴天安陈□□
骏天安□□□
禄天安□□□

初三日

早，至北门外看修碉地基。饭后清理文件，写鲍春霆信。将放翁诗句可为对联者圈出付抄。中饭后围棋一局。旋清理文件，陈虎臣来久谈，写对联、条幅数件，清理公文。夜又清理数十件。日内公牍甚多，虽逐日清厘，而积压尚有二百余件。精神疲困殊甚。本日雨泥春寒，身体若重滞不自胜者。夜二更后，眼痛，腰痛，幸时时以苏诗、陆诗讽咏自娱。睡，稍成寐。潘弇值日。是日，与唐桂生定保举之多少：湘前强中、前左营，皆保二成；前右营，一成七分；亲兵营，一成四分；震字、春字营，八分。拟分作两次开单，三月出奏一次，五月一次。

初四日

早，出外巡视，相度修碉基趾。饭后清理文件，写家信，澄弟一件，沅、季一件，见客三次。旋写季高信一件、毓中丞信一件。中饭后清理文件，围棋一局，至朱云崖处小坐罄谈，写对联三付、挂屏四张。出外看投效人徐东海所为发石机。旋至西门外观修碉基趾，傍夕归。接建昌府黄印山太守请兵之禀，有云尽此一禀，涕泣求救等语，目不忍睹，耳不忍闻。又闻休歙之贼已窜婺源，将续犯江西腹地，忧灼之至。思所以抽兵回救江西，绕室彷徨，不知所以为计。与朱云崖商拟将黟县渔亭弃而不守，令凯章守祁门，抽出朱、唐一军援剿江西之抚、建等处。寸心忧焦，不能复治一事。用兵之难，莫大于见人危急而不能救。

附　记

霆营续报阵亡请恤
曹有余 花翎守备，益阳人

初五日

早出，看修碉工程。饭后清理文件，围棋一局。念建昌被围穷困，傍徨忧灼，寸心如焚。昨日系先大父忌辰，本日系去年闻先叔父讣音之辰，内念家中频年之多故，外顾贼氛四路之环绕，殊深忧虑。见客三次。隋龙渊曾为建昌知府，闻余将派人赴建救援，涕泣请随营支应，血性人也。是日清理积压文件，至夜方毕，共二百余件。午刻，写黄印山太守信一件。申刻凯章来，亦系闻建昌之危，思所以救之。未刻写对联五付。夜选陆诗可为对联者。酉刻接养素禀，渠军救援建昌，于廿七日大获胜仗，为之一慰。

初六日

早，至城外修碉外勘视。饭后围棋一局。旋清理文件，凯章来鬯谈，习字一纸，选陆诗可为对联者。见余祖述，婺源举人，工部司员，奉旨回籍办团，久谈近二时许。接胡宫保信，知霍山余际昌军败溃，英山吃紧，调鲍军北渡救援。中饭后清理文件。旋写挂屏四幅。旋写胡宫保信、鲍春霆信，言霆军不可北渡。定派老湘营及湘前强中等营攻剿上溪口。与朱云岩、唐桂生等鬯谈。夜，围棋一局。接左季高信，言近日进攻婺源，清华街之贼比即覆之。选陆诗可为对联者。眼蒙殊甚，殆欲枯矣。近日老态，眼蒙齿痛二事，最为著验。

初七日

早，因下雨，未出查营。朱、唐等至渔亭，将进剿上溪口也。饭后围棋一局，清理文件，写沅弟信、左季翁信，见客二次。中饭后再围棋一局，写郭云仙、意诚信，写对联、条幅数件，清理文件。日来因建昌被围，紧急万分，又因贼窜婺源，左军之势颇孤，又因北岸霍山师溃，恐桐城、安庆各军难当大敌，忧灼之至，意思无聊，精神亦倦，不能办一事。夜，改黄麦铺大获胜仗折稿，又改谢赏福字恩折，又自作一片。接胡宫保信，闻希庵放安徽巡抚，为之喜慰，惟皖事太坏，殊不易办耳。

附 记

王光东王际田所保

屈楚轩湘乡廿四都人，住白泥，已保外委

张复益桂东人，住江西。二人皆沅弟亲兵，极善走。初六酉刻自安庆动身，初八日二更到祁门。已保蓝翎外委

初八日

早，至城外修碉处查阅。饭后围棋一局。旋写胡宫保信、沅弟信、雪琴信、鲍春霆信、刘印渠信。中饭后又围棋一局，写李辅堂信，见客数次，清理文件。剃头一次。夜清理文件颇多，倦甚。接胡宫保信，知英山失守，为之忧灼，不复知所以为计。申刻写对联四付，发报折二件、片一件。

初九日

早，至城外碉卡处。饭后清理文件。旋写左季翁信、胡宫保信、张凯章信、沅弟信、春霆信、申夫信。中饭后围棋一局，写毓中丞信、黄印山信。折弁黄廷贵自京中归，阅言信及邸报各件，又询热河情形甚悉。夜清理文件。颇觉困倦，二更四点睡。三更四点接信，知凯章、云岩、桂生本日在上溪口大获胜仗，为之喜慰，以后即不能成寐。是日未刻，请任星元、彭山屺中饭。

初十日

早饭后围棋一局。旋至城上周历，相度修碉地势，登陟颇劳，午初归。写左季高信一件、朱云岩信一件，清理文件。中饭后曹荣、张镇湘自安庆归，问明一切。围棋一局，写对联三付、挂屏四幅，清理文件，温《易经》《丰》、《旅》、《巽》、《兑》四卦。接胡宫保信，知希庵全军回救英山，蕲水等处，楚疆应可保全。阅《经义述闻》，如"弗过遇之，弗过防之"等"过"字，深有所会。余于本朝经学、小学诸家，独服膺王怀祖先生父子之精核，盖以其于经文之虚神实训，体味曲尽也。

十一日

早，至修碉处巡阅一切。饭后围棋一局。旋清理文件，写左右季高信一件、张凯章信一件、胡宫保信一件、沅季两弟信一件、雪琴信一件、申夫信一件。少息片刻。旋接左季翁初九夜信，又写复信一件。写陈余庵信一件，催之赴景德镇。中饭后围棋一局，清理文件。温《易经》《涣》、《节》、《中孚》、《小过》、《既济》、《未济》六卦，至更初毕。申刻写对联七付。一更四点至二更四点，清理文件。续有到者，遂不复清矣。本日，各营进攻休宁县城，心为悬系。睡，不甚成寐。屡次遣人出问信息，至四更四点醒后，尤为焦灼。近日，伪主将洪国宗，伪辅王、伪侍王、干王等，麇集于休宁、上溪口及思口、清华街、婺源等处。左军御之于婺源、清华，极嫌单薄，而祁门、渔亭之兵亦殊单弱，不敷调派也。此外，又有伪忠王围攻建昌，伪英王上窜湖北之蕲水，处处可危。大局之能否稍有转机，在此一月卜之矣。

十二日

早，至修碉局查阅。饭后围棋一局。旋写左京堂信一封、沅弟信一件、胡宫保信一件，凯章信一件，倦甚小睡。中饭后围棋一局。旋清理文件，写对联、条幅十余件。闻休宁之贼于十一夜遁逃，县城克复。外间纷纷传说，因与朱云岩等商定大局。致陈余庵信、鲍春霆信。见客四、五次，皆道喜者。夜清理文件颇多。二更四点睡，三更成寐，四更一点即醒，不复能成寐。日来，曾无美睡。前此二月，不服鹿茸丸，反得安睡。或近日服药太燥，转碍于酣寝耶！未正，习字一纸。

十三日

早，至修碉局查阅。饭后围棋一局。旋写左京堂信一件、凯章信一件、唐桂生信一件、宋滋九信一件。见客五、六次，皆因休宁克复道喜者。中饭后围棋一局，写沅弟信一件，清理文件颇多。至朱云岩处鬯谈。夜，写零字甚多。悟董香光之法专用渴笔，以极其纵横使转之力，但少雄直之气。余当以渴笔写吾雄直之气耳。是夜又写凯章信一件、陈余庵信一件。睡，略成寐。是夜初更时，阅《系辞》上传。

十四日

早，出城至碉局。饭后围棋一局。旋清理文件。写家信，澄弟一件、两儿一件、沅弟一件、左季翁一件。定拔营日期，部署一单，口占作稿，通行各处。旋写凯章一信、娄云庆一信。中饭后再围棋一局，又写信二封，与朱云岩等商计大局。是日早，戈什哈解劈山炮至王毅卿处者云，营盘被贼围住，寸心悬悬。是夕，有顺字营马勇亲见王毅卿处挫退之勇，尤觉忧灼之至。是夜不能治一事，通宵不寐。盖景镇为大营后路，被贼占踞，则粮路立断，可虑之至。

十五日

早，各员弁贺朔，见客颇多，至巳正毕。黎明，接左季高信，知王毅卿等挫退之实情。又接湖北信，知黄州失守，悲愤之至。旋围棋一局。写左季高信一件、胡宫保信一件、毓中丞信一件、凯章信一件、沅甫信一件。中饭后围棋一局，改克复休宁折稿，见客三次，清理文件颇多。念各路大局决裂，寸心忧灼之至。夜清理文件，写春霆信一件、申夫信一件。睡尚成寐。

十六日

早，至黄惠清营内看病。饭后围棋一局。旋写胡宫保信一件、鲍春霆信一件、左季高信一件，清理文件，见客三次。中饭后围棋一局，习字一张，写毓中丞信、李辅堂信一件，清理文件。是日，定计以鲍春霆进援江西省城，先固根本，次援抚、建。闻抚州、建昌危急之信，实深忧灼。夜，清理文件。

十七日

早，至湘前新营查阅。饭后围棋一局，清理文件。旋写李少荃信一封、鲍春霆信一件、宋滋久信一件。中饭后，天雨纷纷，不胜郁闷。旋与隋龙渊太守围棋二局。夜闻甲路之贼未跟踪追犯景镇，心略舒畅。写信与张凯章、唐桂生，嘱其妥为预备，恐婺源之贼回保徽州，并犯休宁、渔亭。温《易经·系辞下传》至《杂卦传》毕。是夕，睡颇成寐。前拟于十七日拔营，至东流、建德，业已通札各处。因左军有甲路之挫，恐军心惊慌，故本日未移营。发折一件，报克复休宁片一件，报暂缓移营。

十八日

早，至碉局查阅。饭后围棋一局。旋写左京堂信、毓中丞信、胡宫保信、阮弟信、彭雪琴信，见客二次。中饭后围棋一局，见客三次，写免死牌一张，习字一纸，写挂屏四幅。是日闻景德镇等处无贼，心为少舒。夜间闻李军至巴河，无船可渡。又闻狗逆直上汉口，不为少停，尤以为虑。

十九日

早，至碉局。饭后围棋一局，旋写江西省司道公信一件、鲍春霆信一件、唐桂生信一件，清理文件，习字一张。中饭后，围棋一局，写左季高信一件，清理文件，倦甚。竟日雨不止，寸心郁郁。夜清理文件。日来，因黄州失守后，武汉无信，又抚、建危急，忧灼万分，坐卧不安。公牍尚照常清厘，信件除亲笔外，皆积压不复矣。

廿日

早，出查修碉。饭后围棋一局。旋写胡中丞信、毓中丞信、李希庵中丞信、张凯章信、唐桂生信、沅季二弟信。中饭后再围棋一局。旋清理文件，写挂屏一幅、扁字数个，倦乏颇甚。二日写字太多，神若为之竭，可见精力之不足。习字一纸。酉刻打辫子。新换一剃头者。旧者在此三年，告假回家也。夜习零字颇多，温《古文·词赋类》，将《西征赋》《秋兴赋》《芜城赋》《哀江南赋》等篇，恬吟一遍。是日接胡宫保信，闻贼在上巴河、孙家嘴、黄州一带，武汉十二、三日尚无事，寸心为之少舒。

廿一日

早雨，未及出外巡查。饭后清理文件，围棋一局。旋写左季高信，约千余字，写鲍春霆信、凯章信，写扁字数个。中饭后围棋一局，写沅弟信、胡帅信，习字一张，清理文件颇多。夜复清理文件，尘牍为之一空。阅《古文·传志类》。睡颇成寐。是日阴雨泥泞，气象愁惨。又闻宫秀峰制军不肯守湖北省城，带兵出防要隘，又临警招勇，恐有贼匪溷迹其中，为之郁郁不乐。

廿二日

早，出外至修碉局。饭后围棋一局，旋写胡宫保信一件、沅弟信一件、鲍春霆信一件。中饭后围棋一局，写挂屏四幅。倦甚，不愿治事。连日案上积牍颇少，惟信稿多未核改。每日除亲笔信稿数件而外，余俱停，积不复之信多矣。阅《戴东原文集》。夜阅《古文·传志类》。

廿三日

早出，至碉局查阅。饭后围棋一局，旋写九弟信、鲍春霆信、左季高信、张凯章信，清理文件。与朱云岩等议移营与否。中饭后围棋一局，清理文件。旋闻禾戍岭被贼破卡而入，榉根岭亦被贼破卡而入，寸心忧灼。习字一张，写挂屏四幅。申刻，欧阳小岭来邕谈，至五更初始去。写申夫复信一件。阅《古文·词赋类》下篇。

廿四日

早，至朱春田营查墙子。饭后围棋一局。旋写澄弟信一件，言星冈公有八个字，余有八本之说，嘱家中子侄谨记。沅弟信一件、厚庵信一件，清理文件，习字一张。中饭请小岑便饭。饭后围棋一局，与小岑畅谈至夜。是夕闻榉根岭之贼由箬坑窜至历口，朱云岩定于次日出队助剿。写江军门信一、唐桂生信一、娄峻山信一、鲍信一、胡信一、杨豫庵信一。是日，闻建昌府有解围之说，为之少慰。

廿五日

早，朱云岩出队往援历口。饭后围棋一局。旋写左季高信、毓中丞信、李辅堂信，清理文件。中饭时，小岑来，批春霆禀一件。饭后与尚斋围棋一局。天雨不止，与小岑畅谈甚久。傍夕，又与小岑围棋一局。夜温《古文简本》。念韩公"周情孔思"四字，非李汉知之极深，焉能道得出！为文者要须窥得此四字，乃为知本，外此皆枝叶耳。习字一张。余往年在京深以学书为意，苦思力索，几于困心横虑，但胸中有字，手下无字。近岁在军，不甚思索，但每日笔不停挥，除写字及办公事外，尚习字一张，不甚间断，专从间架上用心，而笔意笔力与之俱进，十年前胸中之字，今竟能达之腕下，可见思与学不可偏废。

廿六日

早，出营，至修碉处。饭后围棋一局，旋写沅弟信、胡宫保信、朱云岩信、王霞轩信，习字一纸。中饭后围棋一局，清理文件。接信，知云岩本日在历口获一胜仗，写信告知唐桂生。见客数次。夜写零字甚多。日来，于书法若有所会，故每好写零字，动至数百之多。戈什哈曹广泽自历口打仗回，据称手刃十余贼，言贼实怯懦无能，不禁打也。睡不甚成寐。

廿七日

早，出外看碉。饭后围棋一局，写左季高信、鲍春霆信、江军门信、朱云岩信二次，清理文件。未初，小岑来畅谈，至夜始去。中饭后见客二次，杨朴庵来久谈。大雨如注，自午至夜，未曾片刻少停。夜温《古文·杂记类》。清理文件甚多。睡不甚成寐。

附 记

一王，二主将，佐将，总提，义，安，福，燕，豫，侯，丞相，捡点，指挥，将军，总制。

伪英王陈玉成 四眼狗

伪辅王杨雄清 七麻子

伪忠王李秀成

伪侍王李世贤

伪玕王洪仁玕

伪赞王蒙德恩

伪定南主将、整天义黄文金

　　正总提胡鼎文

　　萦天义李继远

　　权天义林世发

伪右军主将、通天义刘官方

　　正总提赖□□

　　聪天安刘胜起

　　佐将、金天义古隆贤

　　麟天豫古得金

　　提天福古福贤

伪陛卫、主将许茂才

伪前军、主将吴如孝

伪中军主将林绍璋 亦加封璋王

伪征讨军主将陈学礼 宏天义

伪主将洪春元

伪征北主将张洛行 即捻子头

伪讨逆主将范汝增

廿八日

早，出门至修碉处。饭后围棋一局。旋清理文件。大雨如注，不止。习字一张，旋写零字甚多。写杜诗五律十余首。中饭后见客数次。朱云岩、易昀莐等在历口打仗归来，与之久谈。雨大，愁闷，不愿作事，案牍尘积数日矣。夜，仍写零字。余往岁好黄鲁直书，近日未尝厝意。山谷深得晋人真意，而逸趣横生，当更致力。温《古文·序跋类》。倦甚。每日至灯下，辄困乏，故入古不能精深。

廿九日

早，出外查阅右营。饭后围棋一局。旋写沅弟信一、胡帅信一、春霆信一，清理文件。中饭后习字一张，写零字甚多，皆寸大楷书。会客三次，陈虎臣鬯谈甚久。隋龙渊围棋一局。至朱云岩处久谈。夜温《古文·传志类》。是日，因说话太多，神思倦乏。睡多梦魇。余少时每遇困乏，即梦魇。道光十二、三年间，先大夫数数呼唤不醒，每以为忧。今卅年矣，而此病如昔，精神亦似未甚衰减者。日内，思作字之法，险字、和字二者缺一不可。本日阅王箬林《訾语》，亦于此二字三致意焉。

卅日

早，出外查阅修碉工程。饭后清理文件。定进兵攻徽路径，办一札稿。旋习字一纸，写零字甚多，写凯章信一。中饭后写九弟信、季高信一件。与欧阳小岑围棋一局，又与之鬯谈甚久。清理文件，积牍一清，惟未核各信稿耳。夜又写零字甚多。日内颇好作字，皆寸大字，每日皆写三、四百不等。温《古文·传志类》。思作书之道：寓沉雄于静穆之中，乃有深味。雄字须有长剑快戟，龙拿虎踞之象，锋铓森森，不可逼视者为正宗；不得以剑拔弩张四字相鄙，作一种乡愿字，名为含蓄深厚，举之无举，刺之无刺，终身无入处也。作古文、古诗亦然，作人之道亦然，治军亦然。

三 月

初一日

早，未出外，各员弁来贺朔，应酬甚久。饭后写左季高信。鲍春霆两禀，先后自批。清理文件，见客三次。中饭后与小岑围棋一局，写九弟信、胡宫保信、雪琴信，习字一张，写零字甚多，清理文件。夜又清文件，因明日将至渔亭齐云山一看，故将积牍一清。睡不成寐。张弁值日。天气燥热殊甚。

初二日

是日，派祁门、渔亭各营进攻徽州。余以其离祁门太远，亦亲赴渔亭、休宁等处，俾各营文报易通。早饭后启行，行六十里，午正至渔亭。见客三次，即各营官也。写零字百余，中余后清理文件。旋至唐桂生营小坐。归，又写零字甚多。与各营论进兵之路径。夜，倦甚。睡颇成寐。四更初接信，知景德镇已失，左军于卅日败挫，焦灼之至，不复能成寐。

初三日

早饭后，自渔亭起行六十里，年初至休宁城见凯章，即在凯章公馆内停驻，与之久谈。卯刻，在渔亭写云岩信一件、江军门信一件。未刻，又写云岩信一件。中饭后，倦甚。因闻景德镇失守，心绪烦乱之至。小睡。写零字百余个。灯下，又写百余个。早睡。至四更，接云岩、申夫信，请余撤攻徽之兵，回顾祁门。心事瞀乱，几不能自主。天雨又作，方寸如焚，展转以待。天明，乃与凯章及唐桂生商，仍以攻徽为是。

初四日

早，各营出队进攻徽州。饭后写家信一封，与澄、沅、洪三弟。又写朱云岩信、凯章信一、桂生信一。旋写对联九付。中饭后，倦甚。寸心忧闷之至。傍夕闻凯章进兵，破一贼卡。夜写云岩信一、桂生信一。是日巳刻至午正，出外查城。由休宁东门登城，至南门下城，约骑马行十一、二里，周围实有十五、六里余，尚未能走东南隅也。夜来，忧灼殊甚，睡不成寐。至四更，接左季高卅日信，知渠军廿九日获一胜仗。卅日因陈余庵军败，景德镇失守，渠亦退至乐平矣。

初五日

早饭后写信，左季高一件、鲍春霆一件、朱云岩一件，清理文件。与舒墨林下象棋，竟日至八局之多。又写对联十余付。因本日各营进徽州，寸心悬系之至，频登楼看天色。至午刻，忽下大雨，心绪焚灼不安。傍夕接信，唐桂生等系以午刻因雨致败，尤用忧愤。盖此举关系最大，能克徽州，则祁、黟、休三县军民有米粮可通济，不能克徽州，则三县亦不能保，是以忧灼特甚。夜，竟夕不成寐，口枯舌燥，心如火炙，殆不知生之可乐，死之可悲矣。是日接纪泽儿信，将《通鉴》寄来。夜，黄弁值宿。

初六日

早饭后，写朱云岩信，并酌定近日局势变更三策。旋与舒墨林下象棋六局。凯章自徽州出队归来，与之晤谈。目下舍进攻徽州，别无生路。渠与余意见相同，因定即日再攻徽州。下午见唐桂生各营官。天气略为开霁，寸心亦稍舒豁。夜，睡稍得成寐。张弁值宿。

初七日

早饭后清理文件。旋写左季高信一件、沅弟信一件、胡宫保信一件、鲍春霆信一件、朱云岩信一件。旋下象棋二局。中饭后，清理文件甚多，又写对联七付。夜与舒墨林下象棋二局，写零字百余。是日天气清明，晴光可爱，寸心为之舒畅。二更睡，甚酣，将明始醒，为近日所仅见之事。邓弁值宿。

初八日

早饭后清理文件。旋口占作一公文，令鲍镇由鄱阳进攻景德镇。又写鲍信一件、朱云岩等四人信一件、毓中丞信一件，与舒墨林下棋三局。中饭后写零字甚多。接左季翁自乐平专足来信，系初四日所发，复信一件。接鲍春霆初五自下隅坂来信，当即批发。与墨林下棋二局，夜又二局。写零字数十个。睡颇成寐。罗弁值宿。

初九日

早饭后清理文件。旋批云岩小禀，与墨林下棋三局。中饭后清理文件颇多。旋又下棋一局，夜又二局。是日定派各营于初十日再攻徽城。屡见各营官，再三丁宁。夜温苏子瞻各策。姚公以谓苏氏学《庄子·外篇》之文，实则诙诡处不逮远甚。睡颇成寐。王弁值宿。

初十日

早饭后，各营出队，再攻徽州。清理文件。旋写四信：云岩一、季高一、粮台一、春霆一。与墨林下棋，是日共九局之多，盖天气甚长，心绪郁闷，故为此戏。午刻至南门登城一看。中饭后，清理文件颇多。夜温古文苏子瞻制策。睡颇成寐。黄弁值宿。

十一日

早饭后清理文件。旋写左季高信，胡宫保信，九弟信，朱、李、刘信，凯章信。与墨林下棋二局。又写春霆信一件、李少荃信一件。午刻移寓公馆，系汪氏宅，在休宁小东门内后街。中饭后，写许仙屏信，与之论古文之道。酉刻又与墨林下棋二局，夜写九弟信、胡宫保信。九弟派二勇于初九日自安庆来，十一日申刻已到休宁，可谓神速之至。温《古文·书说类》。睡不甚成寐。张弁值宿。是日未刻，戈什哈徐兆熊自乐平归，言左军于初六日获一胜仗，为之少慰。

附记 江北贼情

伪英王统下，有五大队、五小队

五大队：前大队，则天义梁成富

左大队，吁天安卜占魁

右大队，量天安唐正才

中大队，格天义陈时永

后大队已散

五小队：前队，裁天福黄□□

左队，监天安马□□

右队，浩天安刘玱林，即精忠主将

中队，涵天安罗正举

后小队已散

守安庆：张潮爵、陈时永、叶芸来

守庐州：宏天义陈学礼、功天义陈得才

守庐江：永天豫邹林保

守桐城：宣天安张仕才

守三河：亮天义兰成春

守无为州：闻天义兰天义

南岸守太平府：顾天义黄盛爵、庇天安李长青，似皆黄文金之统下

十二日

早饭后清理文件。旋写左京堂信，批朱云岩禀。与墨林下棋二局，中饭后又二局。写零字颇多。夜温《古文·序跋类》，心颇静细。睡至四更，闻攻徽官兵于二更时被贼放火偷营，官军惊溃，已奔回休宁城下，忧灼之至。即披衣起，坐达旦，四处问信，竟无确耗。浩然长叹，不知天意如何。情绪似四年十二月十二日闻湖口水师之败，而老怀尤觉难遣。

十三日

早起，频向徽州败挫情状，洎无确信。至辰正，闻老湘营一、二、三旗及左、右翼完好无恙，侍壮勇说无恙，霆字、礼字、峰字、及亲兵营亦无恙，凡完好归来者十四营。惊溃挫损者八营，谓强中三营、湘前一营、震字一营及老湘之四、五、六旗也。各营陆续归来禀见，至午正渐毕。大约伤亡不满百人。惟八营军械间有遗失，锅、碗、被铺则全失。士气日耗，贼氛日长耳。未刻后，写信与纪泽儿兄弟，略似写遗嘱之式。盖军势不振，且夕恐蹈不测，故将格言预先训诫

也，至夜写毕。凯章来，久谈。睡稍成寐。

十四日

早饭后清理文件。旋写朱云岩信、王霞仙信、吴竹庄信、沅弟信、鲍春霆信、李申夫信。天大雨，约三时之久。中饭后写凯章信、张伴山信，作札稿二件，写下隅坂转运事。傍夕至凯章公馆畅谈。夜又写云岩、申夫信。渠二人函请余回祁门，词意肫切。余令其修一坚垒，乃归也。凯章来久谈。睡颇成寐，将明始醒。

十五日

早，各员弁贺望。饭后与舒墨林下棋三局，清理文件。凯章来久谈。午刻，徽州贼匪来城外窥伺，约马六、七十匹，步队一、二百而已。在万安街之北山上窥探至未刻始去，大约来探官军之动静，无扑城之志也。中饭后清理文件。因贼势环逼，四顾茫然，寸心忧灼之至，不能治一事。夜与左季高信一件、刘馨室信一件、渔亭各营谕单一件。睡颇梦魇，以心绪不宁之故。黄弁值日。

十六日

早饭后清理文件。旋写吴南屏信。陈虎臣自祁门来，接余回祁，与之畅谈极久。中饭后与墨林下棋二局。写鲍春霆信、吴竹庄信。又与虎臣鬯谈。夜间武穴失守、九江戒严，心绪为之不宁。温《古文·序跋类》。是日夜南屏寄到之毛西垣诗翻读一过，信为朋辈中所不可多得，宜南屏之亟称之也。夜，睡不甚成寐。张弁值日。

十七日

早饭后清理文件。旋写沅弟信、胡宫保信、鲍春霆信、左季亭信。是日接左君十二夜信，知于初六、初十大获胜仗，为之少慰。未刻，朱云岩至休宁，接余回祁门，与之久谈。中饭后，与陈虎臣久谈，与舒墨林下棋二局。旋凯章来送行，又与久谈。傍夕至凯章处辞行。夜归，与虎臣鬯谈一壁静之理。虎臣所论，多与余相合者。睡不甚成寐。邓弁值日。

十八日

早饭后，起行回祁门。行卅里，至岩脚，因便游齐云山。肩舆行六里许，至

"洞天福地"，中有石岩，相传张邋遢修炼之所，年百八十岁羽化登仙。步行里许至一天门、罗汉洞、二天门、三天门及正殿等处。又步行二里许至紫霄岩。齐云山即白岳也，结构甚小，而罗汉洞实为奇特。正殿后有五峰，前有香炉峰，亦秀拔天成，名山固不虚传矣。在道院吃饭一碗，下山。至申刻，抵渔亭，与刘馨室、陈虎臣鬯谈。闻景德镇有克复之信，似不甚确。

十九日

早饭后，雨甚大，少停。由渔亭起行卅五里，至双溪楼许家，小坐约半时之久。陈虎臣来，同吃中饭。饭后，行卅里，至祁门老营。约申刻，与文武各员弁相见。再吃饭一次。接鲍春霆信，知将赴乐平与左军会剿李世贤股匪。又接九弟信，知贼已破黄梅、宿松，日内即可至集贤关。弟因南岸转运事，派鼓盛南表弟来东流、建德经理。余以盛南系弟营得力之员，作缄止之。又批鲍禀一件，写左信一件。倦甚，睡颇成寐。潘弁值日。是夜阴黑殊甚，深虑九弟处正值贼来围逼之时，倍难防御。

附　记

景德镇陈军失利一折张秉钧禀，胡凤鸣禀，廿二日核稿，廿四发
左军甲路涌山各仗一折渠咨，廿二日核稿，廿四日发
两次攻徽一折自折无底，廿四发
榉根岭打仗一折廿一日核稿，廿四发
参王令一片，申经历附三月廿四日发
保建昌守城一片
左军保举一折四月初二发

廿日

早饭后见客四次。旋清理文件，写九弟信、彭盛南信，催其回安庆。是早大雾迷漫，深虑安庆守濠之不易。围棋一局，清理文件甚多。中饭后又清理文件，并写九弟信，围棋一局，习字一纸。申正二刻，出门看所修碉，一曰敦仁碉，一曰敦艮碉，又至西门看新修石垒，又至南门看余之新墙子，灯后归。清理文件，至三更始睡，不能成寐。王弁值日。是夜接霞仙信，不接渠信年余矣。

廿一日

早饭后，写沅、季弟信。沅弟于十九早专二人送信，劝我速移东流、建德，情词恳恻，令人不忍卒读。余复信云：读《出师表》而不动心者，其人必不忠；读《陈情表》而不动心者，其人必不孝；读弟此信而不动心者，其人必不友。遂定于廿四日移营东流，以慰两弟之心。旋写毓中丞信，其长。清理文件，围棋一局，中饭又一局。再写一信，交九弟专卒带去。清理文件甚多。改折稿一件，系报二月廿六历口胜仗。习字一纸。小岑自历口归，与之鬯谈一切。是日招抚局信，言景德镇之贼实已于十八日退净，为之一慰，以未得左、鲍信，不敢深信。睡颇成寐。黄弁值日。

附 记

葛兴陶 五年四月九日保蓝翎，六品

曾祥麟 六品　此二人十九早在安庆起行，廿夜至祁门，各赏翎一支、银一两，将来归此保举

张茂林 六品

谭明山 六品　此二人廿早在安庆起行，廿一日夜至祁门，各赏银四两、钱一千，将来归此保举

罗新太 五品军功

谢集林 六品

刘芳庭 六品

右三人叶光岳所开，附入亲兵营保举

廿二日

早饭后接九弟信，知十九日贼未出队。旋写沅弟信。是日共写三信，与九弟一次，交弟来人，二次专亲兵送去。又写凯章信二次，清理文件，围棋一局，习字一张，改折稿一件。中饭后，围棋一局，改折稿一件，与小岑久谈。夜作折稿一件，口占令人缮写。睡不甚成寐。张弁值日。

廿三日

早，接九弟信，知廿日四眼狗已在菱湖中段扎营，将九弟与季弟营盘东西隔

为两截，而援贼与城贼通为一气，不胜忧灼。适辰刻闻景德镇及鄱、乐、浮梁一律肃清，因定计以鲍军渡江救援安庆。写左季翁信、鲍春霆信一、九弟信二、胡宫保信一。余定计以廿六日拔营。作片稿一件、札稿一件，均口占令人写之。中饭后，见客三次，清理文件甚多。申刻，朱云岩自请至安庆救援，因令带五百人往援。又写一信，令云岩专人送去。倦甚。夜清理文件颇多。睡尚成寐。邓弁值日。

廿四日

早饭后，围棋一局。旋写九弟信、杨军门信、彭雪琴信、陈季牧信、吴竹庄信、吴子序信。又改片稿一件，清理文件。中饭后清理文件尤多。围棋一局，写九弟信一件，鲍公批一件。本日辰刻，派朱云岩带五百人前往帮同守濠，又请鲍公带八千人渡江救援。往日，沅弟每日一信，本日未接来信，忧灼之至。申刻，接厚庵廿二日信，得知沅、季等廿一日平安也。酉刻后，望信甚切，寸心如焚，夜间独在庭中往来。又写一信，专二人送去。睡不成寐。至三更四点，忽接沅弟廿三日信，为之一慰。惟嫌季弟派队出濠剿贼，廿二日小挫，被贼窥破技俩耳。是夕，彻夜睡不寐，但将安庆之事展转萦思。是日，发报四折二片。又发家信，仅澄弟一件。夫人一件，写成未寄，忘封入也。

廿五日

早饭后，写沅弟信，责沅与季之阅历太浅。见客十余次，皆来送行者。清理文件甚多。中饭后，见客数次，清理文件，写左季翁信、凯章信。料理一切，次日将拔营也。酉刻剃头一次。倦甚，不愿见客，因谢绝一切。核保举单，不耐烦碎，鲍营略加核定，左营单则不核矣。又改左营三月各仗折稿，因倦不能毕。睡颇成寐，五更始醒。问沅弟处有信否，无人来，为之悬悬。

廿六日

是日，由祁门拔营赴江滨。饭后清理各文件。旋写信一件，与官、胡、李、毓四人。辰刻起行，行卅里至小路口，少坐，吃饭一顿。又行卅里至历口，住沈宝成营内。沈与杨、张三营深沟高垒，山环水抱，良可慰也。饭后，写左季翁信一、沅弟信一、春霆信一，添胡宫保信三页，添希庵信一页。夜，倦甚。睡颇成寐。是日，接沅弟廿四日信，营内平稳，为之一慰。

廿七日

早饭后，在沈营内改折稿一件，约一时之久。旋即起行，行卅里，至大桥头小停。又行五里，至石壁下。因大雨，歇息片刻。又行十五里，至闪上驻宿，去年六月初八日亦宿此处。接九弟信，知多公于廿三日打仗大胜。写鲍春霆信一件、吴竹庄信一件。夜，睡颇成寐，五更即醒。是日，接竹庄信，知瑞州于廿日失守，忧灼之至。

廿八日

早，自闪上起行，行四十里，至潘村小驻，中饭。旋又行卅里，至桃树店住宿。写鲍春霆信、九弟信、吴竹庄信。与姚秋浦久谈。是日，阴雨竟日，午刻雨颇大，夜三更，大雨如注。私念安庆军事，菱湖水涨，我水军之利也。夜，与小岑围棋一局。得沅弟廿六、七日二函，知安庆防守平安。

廿九日

早饭后起行，行卅里路，至沙滩地方小坐。春霆来会，与之鬯谈极久。旋又行卅里，至利步口住宿。春霆亦来共饭共宿。写毓中丞信、官制军信、胡宫保信、沅弟信、李少荃信。夜，与尚斋围棋一局。倦甚，睡颇成寐。是日，接沅弟二信，安庆军事平稳，因与春霆面订：安庆急，则援安；九江急，则援九。维舟以待，听初二确信。

附　记

刘见武、游玉林廿五日午刻，在祁门领文。廿七日巳刻到安庆。记名蓝翎

卅日

早饭后，与春霆鬯论一切。旋起行四十里至建德县。因雨大而船未到，即在建德驻扎。写沅弟信一、胡宫保信一、春霆信一，与小岑围棋一局。见客六次，皆水旱至东流来迎接者。倦甚，傍夕久睡；夜，睡亦成寐。

四 月

初一日

早，各员弁贺朔。饭后行五十里，至东流县。雨密泥深，行人甚以为苦。卯初成行，未初始到。中饭后写胡宫保信、沅弟信，批鲍公禀。夜与小岑围棋一局。本日接沅弟信，安庆尚平安。夜又批鲍禀，令其速渡江北，救援安庆。

初二日

早饭后，与小岑围棋一局。旋写左季高信一、吴竹庄信一、易昀菱信一、姚秋浦信一、鲍春霆信一。中饭后复李希庵信一、吴竹庄信一、九弟信二封。又批丁义方禀、万泰禀各一。夜与小岑再围棋一局。是日见客颇多。风雨竟日，援兵不克渡江，为之不怡。

附　记

劾郑阳和一片以鲍详文为底，五月廿八日发。

劾张菽云一片六月初八发

陈金鳌到任一片五月廿八发

徽案湘勇请恤一单朱云岩禀（六月初八发）。又彭禀湖口案，内守城各员。又彭雪琴禀黄国尧、欧阳静。又左营拟保把总任维高、守备衔蓝翎千总黄体灵

张、朱、唐礼峰保举一折，亲兵及各员六月初八发。又彭、吴保湖口守城。又建德克复案

劾惠镇一片以六安州禀为底

保黄荫山等一片以建昌绅士黄家驹等公禀为底

代奏唐镜海先生遗折一件以唐奏及其世兄信为底。五月十八发

初三日

早饭后围棋一局。旋写胡宫保信一、九弟信一、雪琴信一、春霆信一。中饭后,写凯章信一,围棋一局。是日雨大风渐小,念霆营援皖之兵不能渡江,为之悬悬。东流公馆极小,余与幕客四人各住一间,才足容膝。而各路音耗不佳,寸心惘惘,若有所失。夜。睡不甚成寐。曾弁值宿。九弟将余所选《古文简本》另抄一遍寄来,请余圈点校对。是夜,约看廿余篇,但未过笔。

初四日

早饭后围棋一局。旋写九弟信,又写泽儿信、春霆信一、胡宫保信一。午正又围棋一局,中饭后又一局。写九弟信。清理文件颇多,至夜二更始毕。又写九弟信、多都护信。睡不甚成寐。张弁值日。近日因安庆官军被贼围扑后路,又湖北、江西之腹地各有大股贼匪蹂躏,寸心忧灼。初一、二、三、四等日,风雨阴寒气象,尤觉愁郁,未知天意竟何如耳!

初五日

早饭后,与小岑围棋一局。旋写鲍春霆信、胡宫保信、左京堂信,清理文件。中饭后与尚斋围棋一局,习字一纸。本日天气黯淡阴森,念狗酋至桐城与多礼堂开仗,不知胜负何如,心为悬悬,坐卧不宁。傍夕,写唐桂生信。批鲍、谢记名提督之禀。夜又写九弟信。因本日辰刻、午刻已发两信,此信遂未发。阅古文数篇,求余校对圈点者。心绪不定,仅圈两篇。睡颇成寐。邓弁值宿。

初六日

早饭后,与小岑围棋一局。旋写胡宫保信一件、吴竹庄信一件、毓中丞信一件,颇长,左季高信一件、沅弟信一件。因天气雨泥阴森,寸心为之忧灼。接沅弟信,知初五日多公未与狗贼开仗,稍为开怀。中饭后再写沅弟信,习字一纸,与尚斋围棋一局,清理文件。夜核各禀批。二更五点睡,不甚成寐。

初七日

是日,开用钦差大臣关防。早起拜印,接见各文武来贺者。饭后围棋一局。旋写左信一、胡信一、沅弟信一、凯章信一、云岩信一,清理文件。中饭后,倦甚。围棋一局。清理文件，日内，意思愁闷，天气阴寒，殊乏意绪。本日天初开霁，稍觉轩豁。而公事积阁太多，亦乏闲静之趣。习字一纸。夜，早睡，尚能成寐。黄弁值宿。

初八日

早饭后见客三次。旋写九弟信一、胡宫保信一、刘霞仙信一，清理文件。中饭后与尚斋围棋一局。申刻闻九弟昨日察看地势、贼情，杨镇南马队小挫，为之不怡。旋写信专人送去，言带队看地势及约期打仗二者最易误事，宜切戒之。习字一纸，清理文件颇多。夜，写一谕单谕文案。上半日核稿，分为三束，一曰奏咨札稿，二曰信稿，三曰拟批稿，于早饭后送上，未初领下归卷。下半日打到，分为三束，一曰军务新到文书，二曰地方新到文书，三曰信函，于中饭后送上，灯初领下归卷。核稿者，办前数日之旧事也；打到者，阅本日之新事也。各有一定时刻，庶逐日清理，有条不紊。夜又清理文件，至二更三点毕。洗擦上身。睡不甚成寐。罗弁值宿。

初九日

早饭后，与小岑围棋一局。旋清理文件甚多，写沅弟信、胡宫保信、厚庵信。中饭后又围棋一局，清理旧文件。自三月在休宁住十七日，及移营在途六日，诸文牍积压颇多。自此心绪稍定，补行清理。傍夕，登城眺览。夜间，盛四自安庆归，查问一切。接各路信数件。睡不甚成寐。潘弁值日。

初十日

早饭后与小岑围棋一局。旋清理文件，写沅弟信一、易昀荄信一、竹庄信。是日核批甚多，至午正毕。中饭后，清理文件，打到颇多，至酉初毕。登城一望。夜复沅弟信一，清理文件，圈古文数首。睡不成寐。并弁值宿。是日悬念鲍公与贼开仗，不知胜负何如，心中耿耿，不能少安。

十一日

早饭后，移寓舟上。旋清理文件，见客十余次。写九弟信、胡宫保信、竹庄信、凯章信，习字一纸。因安庆本日开大仗，悬系之至。中饭后，清理各处文件，打到甚多。傍夕，未接安庆信，寸心焦灼。夜温古文一首。又打到十余件。

睡不其成寐。张弁值日。竟夕不接安庆开仗之信，实深忧惶。

十二日

早饭后，围棋一局，旋清理文件。因久不接安庆信，忧灼之至，绕屋徬徨。又围棋一局，写九弟信一件。中饭围棋一局。是日巳刻，天雨，午未间大雨如注。不知安庆战况何如，弥深忧惶。清理文件颇多。写竹庄信一件。酉刻，接沅弟十一夜二更信，知十一日攻菱湖九垒，受伤至三百余人，阵亡卅余人，未能得手。雨歇，在船后亭子小坐。写九弟信颇长。夜，阅古文数首。二更末，潘文质自安庆归。接九弟信，知鲍军十一日攻赤关岭四垒，阵亡百余人，受伤至七、八百人，为之惨然久之，未知天意竟何如耳！

十三日

早饭后，围棋一局。旋写九弟信，清理文件，写吴竹庄信。中饭后又写沅弟信、胡宫保信。申刻，写杨厚庵信。定计以鲍、成进扎高桥岭，扎定后一、二日，又以成军进扎菱湖四贼垒之后。是日反复筹思，总无妥善之策，惟此信略觉平稳。若不进一步，则将来必退；不将菱湖贼垒一并以大围包之，则九弟之围师将来必受困于中也。傍夕写刘馨室信。夜阅古文一、二首，以眼蒙不敢多看。

附　记

柴时霖号雨村
陈□□号黑谷，行三

十四日

早饭后，写信与沅弟。旋围棋一局，写厚庵信、胡宫保信一件、左季高信一件、澄弟信一件、夫人信一件，清理文卷。辰正接沅弟信，知弟十三日绕道至东路，一会季弟，又腾出六营扎于菱湖贼梁之后，并城外之贼垒十二座皆以大围包之，计速而气壮，为之欣慰。中饭后围棋一局，旋清理文件颇多。傍夕登亭上眺望。念九弟处移六营于菱湖贼垒之后，地段太长，兵力太单，因催公牍，催成大吉七营进关。夜，倦甚，盖天热而日长故也。写厚庵信一件。睡不甚成寐。黄弁值日。

十五日

早，各员弁贺望。饭后，写沅弟信一件、朱云岩信一件。旋将船移于城根，湖浅而泓窄，仅移四五箭之远，而处处搁浅，行至未刻始到。天热异常。请岑藕舫、魏荫亭、王待聘、石世兄、周志圃便饭。移船时，写胡宫保信一、毓中丞信一、李少荃信一。申刻，荣副将化林自建德归，知该县本日失守。余船泊城根，太嫌逼窄，因复再移江滨，至日入始泊定。夜作书告九弟。是日，天气暴热，余本畏热，加以手足生疮作痒，郁闷异常，在船顶睡久，尚不能解烦。夜，通夕不成寐。罗弁值日。自二更四点起，大雨如注，及至次早未停。

十六日

是日狂风大雨，竟日不休，傍夕风尤大。早饭后，围棋一局。旋写九弟信、左季高信、吴竹庄信、张凯章信、刘馨室信。中饭后，又围棋一局。雨太大，风飘入舱，船亦播荡不定。清理文件，习字一纸。申刻即困眠，不能治事。灯下，杂写零字甚多。是日午刻，接九弟信，知十五日菱湖六新垒皆平安，用以为慰。是日接奉廷寄谕旨，三月卅日所发，系因王雪轩中丞奏防婺源，谕令酌筹办理。

十七日

是日，仍风大不止。饭后围棋一局。旋写毓中丞信，清理文件。午刻又围棋一局，写九弟信，批鲍公禀，写胡宫保信。中饭后，又围棋一局，清理文件，习字一纸。阅《经义述闻·尔雅》。夜又写左京堂信、杨厚庵信。眼蒙殊甚，不能久治事。曾弁值日。

附　记

蔡东祥都司，赴都昌，后营，口圆
王东华游击，赴盐河，新左营、口扁

十八日

早饭后围棋一局。旋写鲍春霆信、胡宫保信、沅弟信、李小泉信，清理文件甚多。中饭后清理新到文件，习字一纸，写对联付、屏一幅。夜又清新到文件。是日阅《经义述闻》中《尔雅》一册。夜温《古文·论辨类》。竟夕不甚成寐。

张弁值日。三更接九弟信,知安庆平安,为之欣慰。

十九日

早饭后,围棋一局。旋写沅弟信、江军门信、厚庵信、易昀菱信,批胡宫保信,清理文件。遍身疮痒异常,不能多办事。中饭后大雨,至夜间,雨如倾盆。清理文件颇多。写对联七付。夜因疮痒,困卧不起。日内习零字颇多,念余老年始略攻书法,而无一定规矩、态度,仍归于一无所成。今定以间架师欧阳率更,而辅之以李北海,丰神师虞永兴,而辅之以黄山谷,用墨之松秀,师徐季海所书之《朱巨川告身》,而辅之以赵子昂《天冠山》诸种,庶乎其为成体之书。

廿日

早饭后,围棋一局。旋写沅弟信、胡宫保书信、李少荃信、左季高信、杨厚庵信。中饭后围棋一局,清理文件甚多。傍夕,登船后亭子眺望良久。疮痒异常,意趣萧索,盖体气衰颓,日少欢悰也。夜写姚秋浦信一件。仍在亭上独坐。睡颇成寐。王弁值宿。

廿一日

早饭后,围棋一局。旋清理文件,写官中堂信、胡宫保信、九弟信。因疮痒闷甚,昼睡甚久。中饭后,围棋一局,习字一纸,写竹庄信一件。在船顶亭子上久坐。夜写九弟信、希庵信一、雪琴信一。睡不甚成寐。二更末,大风起,巨浪撼船,声如雷霆。梦孙兰检病重垂危、家人惶恐之状。是日,亲兵营各哨官周良才、曹仁美诉其营官陈玉恒办事不公,又哨官段清和、何映文亦来陈诉。傍夕接九弟公牍,洋船送米盐接济安庆城贼。费尽移山气力,围困安庆城贼,始令粮尽援绝,今忽有洋船代为接济,九仞功亏,前劳尽弃,可叹可恨!天意茫茫,殊不可知,扼腕久之。

廿二日

早饭后,围棋一局。旋写沅弟信、胡宫保信。风浪甚大,内银钱所船只损沉。辰巳间,南风至,午刻勿转大北风,天地黯惨,气象可怖,且大雨如注,船上震撼不宁。中饭后,再围棋一局,写周子佩信、何敬之信,清理文件。因风雨太大,又遍身疮痒,意趣萧索,竟日高卧。夜,又与小岑围棋一局,写李篁仙信一件。习零字数纸。睡不成寐，以日间睡太久也。日内因注船接济城贼，安庆无复克之期，忧愤之至。又以狂风苦雨，气象阴森，四月之季而寒甚，可着重绵。东南大局殆无可挽回之理，此心茫茫，不克自持。大任在身，丝毫无所补益，愧叹而已！

附　记

候补知府胡镛开复原官，免缴捐复银两，仍留湖南补用，曾捐抬枪一百杆，鸟枪一千杆。保时却叙功，不叙捐。六月初八发

廿三日

早饭后，围棋一局，清理文件，是日公牍甚少。写九弟信、胡宫保信、官帅信。大风苦雨，黑云密布，气象惨澹。习字一纸。又围棋一局。中饭后与尚斋围棋一局，写毛寄云信颇长，温苏诗至暮。夜又温放翁七绝诗。日内连雨不止，江涨丈作，咫尺黯淡，寸心忧灼之至。睡颇成寐。遍身疮痒，寂然寡欢。

廿四日

黎明，拜发万寿折。早饭后，与尚斋围棋一局。旋写梅小岩信，写澄侯信、丹阁叔信、邓寅皆信、胡宫保信。中饭后写沅弟信，清理文件颇多。写朱云岩信，调其回祁门。傍夕与申夫久谈。夜写零字甚多。睡不成寐。张弁值日。

廿五日

早饭后，围棋一局。旋写左季高信、胡润帅信、沅弟信，清理文件，中饭后又围棋一局，清理文件。是日阴寒微雨，气象愁惨，全不似首夏天气。胡中丞信，请自行督队，回上游剿贼，词意忧愤，余以书劝慰之。又见六安州邹牧笥禀，言苗沛霖与绅士孙家泰、练总徐立壮仇杀之案，徐请助于捻匪孙葵心之党黄体元、郭明洞等，苗请助于发逆卢州贼党；又有袁帅营中运米之船，张臬司亲自护送至抹河口，为徐立壮及其邀请之黄体元等所搁阻，互相攻斗；又有黄镇台鸣铎所带之炮船，亦从中攻斗云云。苗沛霖本文生员，为练首者也，放川北道加布政使衔，阴怀叛志，遂至围寿州城，攻孙家泰、徐立壮等，而并攻翁中丞，此天下之大变也。孙家泰，本寿州富绅，刑部主事吕鹤田侍郎奏带出京。徐立壮为寿州练总，以善守著名。乃因与苗沛霖仇杀之故，反引捻匪孙葵心之党黄、郭等

匪，以为同类，遂至搁阻袁帅营中米船，公然与张臬司开仗，此变中之变也。黄镇台鸣铎所带炮船，本奉袁帅之令，至寿州、正阳一带助孙绅、徐练以攻苗沛霖者，乃孙、徐攻阻米船之时，黄鸣铎之部下亦不免助阵，与张臬司开仗，此变中之又一变也。李世忠本捻匪之最无赖、最殃民者，其罪恶百倍于苗沛霖，二人皆为胜帅所招抚。李世忠于投诚之后，荐升江南提督。苗沛霖于叛迹未露之先，简授川北道，其居心则皆不可问。闻此次苗沛霖攻围寿州，袁帅奏奉谕旨，令李世忠密函招致，设法歼除，此变中之又一变也。为官兵、为团练、为捻匪、为发逆、为先官后叛之捻、为先官后叛之捻，互相厮杀，竟莫辨其孰是孰非，孰顺孰逆！世变至此，如何收拾？余以遍体疮痒，两手作疼，不能作一事，终日愁闷而已。夜，睡略成寐。邓弁值宿。

廿六日

早饭后，围棋一局。旋坐三板至湖内踹看地势，因移船至东流县城之东南隅。清理文件，写胡中丞信、沅弟信、吴竹庄信、姚秋浦信。中饭后，又复沅弟信，畅言祁、休、黟三县不可弃去。清理文件颇多。剃头一次。夜复胡中丞一信甚，又围棋一局。阴雨竟日，淋漓不止，自廿七日至今，已满一月，中无二日晴霁者。气象愁惨，不知天意何如也。睡颇成寐。是日接奉批折，系三月廿四日所发者。

廿七日

早饭后，围棋一局。旋写胡中丞信、左京堂信、沅弟信，清理文件。与筱岑畅谈，即在渠船上写零字甚多。中饭后围棋一局。天气阴森，竟日淫雨不止。余遍身疮痒，坐卧不安。写挂屏四幅、对联三付，清理文件。傍夕在船尾亭上与申夫鬯谈。苦雨十日，是夕微有霁色。夜写零字甚多。近来军事无利，诸务废弛，惟书法略有长进。大约书法不外羲献父子。余以师羲不可遽几，则先师欧阳信本；师欧阳不可遽几，则先师李北海。师献不可遽几，则先师虞永兴；师虞不可遽几，则先师黄山谷。二路并进，必有合处。杜陵言"书贵硬瘦"，乃千古不刊之论，东坡驳之，非也。夜，通夕疮痒，不能成寐，手不停爬。

附记　傅彩凤搜获伪文

廪天福袁富财与灵天安刘振福一件四月廿六日自冯村发

懋天侯伍庭玉与滩天福秦□□一件四月十四日自顺安发
刘永忠与其父刘振福一件四月十九日自池州发
杠天燕林胜福与其弟林发等一件四月十八日报病危，自池州发
勉天侯张乐启与庄天燕黄□□一件四月十七日自青阳发
秦成玉与其侄滩天福一件四月十二日自顺安发
孟德意与刘振福一件四月十九日自池州发
掬天安赵金福与甫天安杨□□一件四月十七日自殷家汇发
以上皆不要紧者
淞天安刘兴才与刘官方文一件此刘官方，派援皖者。四月十二日自桐城发
刘官禄与其侄刘成福文一件成福现守建德。四月十二日自池州发
赵金福与刘官方文一件四月十七日言阻水难渡，自殷家汇发
刘官禄与其兄官方文三件二言池州危困难守，一言江北军情。四月廿二自池州发
林绍璋与刘方文一件四月初七自桐城发
杨辅清即七麻子、辅王与刘官方文一件四月十一自宁郡发，饬释放承宣曹发年
以上皆要紧者

廿八日

早饭后围棋一局，旋清理文件。乡间生员傅彩凤搜获伪文十六件，细看一遍。写沅弟信、李少荃信、李辅堂信。中饭后围棋一局，写雪琴信一、厚庵信、黄昌岐信一，清理文件，习字一纸。朱云岩自安庆回，与之久谈。又与申夫久谈。夜写胡保信一件，写零字颇多。是日得信，知雪琴新授广东按察使，为之喜慰。

附　记

左哨什长曾玉成保都司衔，守备
前哨什长彭先绪保蓝翎千总

廿九日

早饭后围棋一局，旋清理文件，写沅弟信一件、张小浦信一件、刘印渠信一件，见客二次，习字一纸。中饭后围棋一局，写对联五付、挂屏一付。请云岩便饭。遍身疮痒，意思萧索。念湖北、江西腹地糜烂如此，不可收拾，为之悒悒。

又以久不奏事，寸心内疚，欲执笔改奏稿而又懒于从事。屡写零字，以寄其抑郁无憀之概。灯后，又写零字数张。近日书法略有长进者，亦以写零字多，手腕稍熟耳。二更后，与诸友邕谈。睡颇成寐。潘弁值宿。

五　月

初一日

早，各员弁贺朔。饭后围棋一局。旋清理文件，写沅弟信、胡中丞信。意思倦怠，即在船上小睡。不作一事。但习字一张，写零字多纸而已。中饭后围棋一局，写零字多张。傍夕，厚庵来久谈，二更去。日内疮痒异常，又以安庆之事杳无克复之期，而腹地糜烂，寸心悒悒。虽应奏之事亦延阁，久未出奏。夜，睡不成寐。张弁值宿。

初二日

早饭后围棋一局。旋至厚庵船上小坐。清理文件，写沅弟信一件，未刻又一件。写胡中丞信一件，申刻又一。辰刻闻赤岗岭四贼垒被鲍、成苦攻，已有一垒投降。至巳刻，接沅弟信，已有三垒投降，仅刘玱林一垒未降，想亦难以独立矣。天气燥热，遍身疮痒，不能作字，竟日高卧。中饭，请厚庵便饭。申刻，写对联五付。旋清理文件，见客四次，吴贞阶等来谈颇久，习字一纸，又零字甚多，清理文件。夜，厚庵来久谈，二更后清理文件颇多。身上奇痒异常，睡不成寐，因改于外间舱面睡，开船舱以引凉风。本日，闻赤岗岭四贼垒已破其三，又闻建德之贼，心绪略舒。惟久未奏事，疮痒难忍，此中仍不自在。

初三日

早饭后，至城内看修新屋。旋清理文件，写九弟信。江西委员解张光照至。光照系李金旸之营官，四月初二日瑞州太阳垆之败，光照未战先逃，逃至临江、省城等处告李金旸降贼，李金旸亦经夏委员解到。余筹思久之。未刻，派程尚斋、彭九峰审讯，自写手谕定谳：张光照未战先逃，不顾主将，又诬陷主将，于大辟情罪尤重，应即正法；李金旸前在建昌，见贼即败，在吉安不能坚守一日，以致府城失陷，在瑞州，全军溃败，不能殉节，屡次失律，偷生贼中，厥咎甚重，应即正法。均于酉刻处决。清理文件颇多。是日午前，睡良久。傍夕，写毓中丞信。夜，写胡宫保信。申刻，与尚斋围棋一局。夜清理文件颇多。睡尚成寐。黄弁值日。

初四日

早饭后围棋一局。旋清理文件，写沅弟信一、厚庵信一。疮痒，久睡。写澄弟信一。中饭后围棋一局，清理文件甚多，写沅弟信一件，阅《法言》。因疮痒，假寐良久。习字一纸。夜围棋一局。写季弟信一、黄南坡信一。睡颇成寐。

初五日

早，各文武员弁贺节。饭后围棋一局。旋写沅弟信一件，清理文件，写季弟信。中饭后围棋一局。黄翼升自湖南来，与之久谈。写叶介唐信。清理文件甚多。夜，又清理文件。傍夕，写挂屏四幅。日内疮痒异常，几与道光廿六年癣盛时同一苦况，治官事深以为苦。二更在船后亭子久坐。

初六日

早饭后清理文件，围棋一局。旋写九弟信。开一清单至南坡处兑银。倦甚，屡次小睡。习字一纸。中饭后，接厚庵信，知刘玱林果已被擒支解，而后喜可知也。清理文件甚多。疮痒异常，至船后亭子小坐良久。夜写复厚庵信、润帅信。睡，通夕不能成寐。张弁值日。天气渐热。本日，陈舫仙提带亲兵二营新自长沙来。接祁门各信，饷米俱缺，悬系之至。

初七日

早，请黄翼升便饭，陈舫仙恰到，一同吃饭。饭后围棋一局，清理文件，写沅弟信一，又写休、祁、江、张、朱、唐等八人公缄，甚长。中饭后，围棋一局，写雪琴信、毓右坪信。接江军门、唐桂生等信，知漳岭失利，黟县被陷，忧灼之至。用药水洗疮，稍净。夜，写凯章信一、云岩信一、胡宫保信一。夜，睡不成寐，疮痒异常，与道光廿六年之癣痒相似而又过之。彻夜雨声不止。又念休、祁、黟三县自去岁以来用费百万以外,今将失之,深为忧虑。

初八日

早饭后围棋一局。旋清理文件,写九弟信、胡宫保信。疮痒异常,竟日在床上小睡。看苏、陆二家诗以自遣。中饭后围棋一局,写鲍春霆信一,习字一张。天气阴雨,水大倍于常年。李雨苍来,言多礼堂收队之法甚详,因令以棋子摆列作阵式。疮生脚上,不便行走,至船后亭子小坐。夜,接家信,系四月廿二日所发。清理文件。睡略成寐。黄弁值日。

初九日

早饭后清理文件。接祁门信,知黟县业经克复,为之喜慰。写姚秋浦信、朱云岩信、沅弟信。疮痒不能作字,但小睡。阅苏、白二公诗。中饭后,围棋一局,习字一纸,清理文件,与筱泉略谈古文,写挂屏五幅、对五付。疮痒,爬搔不能少停。酉刻至新到之陆营一为巡视,约步行二里余。夜至船后亭子歇凉。写厚庵信一件。是夜,通夕不成眠,疮痒,迥异寻常。罗弁值宿。

初十日

早饭后清理文件。旋写沅弟信一件、胡宫保信一、姚秋浦信一、李少荃信一。疮痒,小睡。中饭后,围棋一局,写李辅堂信一。疮多,烦燥异常,在船后亭子乘凉。夜写郭云仙兄弟信,眼蒙,未写毕。睡不成寐,疮痒异常。自四月初十至今共一月,水长一丈七尺三寸,已成灾矣。四月一日,久雨未晴,麦收歉薄,不知下半年饷项更从何出,深为忧灼。

附　记

克复黟县一折<small>廿八发</small>
厚庵请假一片<small>廿八发</small>
保皖南镇道一片<small>唐张姚,廿八发</small>
李金旸正法一片<small>五月十八发</small>
保水师总兵二、三人一折
保道府一折

十一日

早，王临三外甥自安庆来，身边久无亲属，甥来为之一慰，与之久谈。旋写沅弟信、胡帅信，习字一纸。将云仙兄弟信写毕。倦甚，睡一时许。清理文件。中饭后写仙屏信，清理文件极多，与临三久谈。夜同至船后亭子乘凉，即在亭中夜宴。至三更后，略清文件。睡不成寐。张弁值日。本日炎热异常，今年初热之日也。

十二日

早饭后围棋一局。旋写沅弟信、胡宫保信，清理文件。炎热殊甚，午初小睡。中饭后，疮痒不能作事，剃头一次。清理文件甚多。日内来下江文六百余件，料检颇不易易。口占信稿，复左季高京堂，令临三写之。傍夕写胡宫保信一，夜又写一信，言明日至香口与之相会也。写九弟信。本日天热，疮痒异常，爬破之处作疼。夜，不能成寐。王弁值日。

十三日

早饭后写厚庵信一、胡帅信一。旋因天大北风，坐大船上至香口，将候胡帅来此面议一切也。巳刻即到，行五十里，泊于港内。今年水大异常，市店水皆半檐不止，半扉而已。倦甚，小睡良久。中饭后清理文件。又睡一时许。写胡宫保信、沅弟信。阅杜诗。夜间，疮痒异常，不作一事。睡后亦手不停爬，愁闷之至。午正、未正与小岑围棋二局，申刻习字一纸。是日，又竟日阴雨，夏至日寒可着绵，不知是何祥也。

十四日

早饭后围棋一局。旋写家信，澄弟一件、夫人一件。又写胡中丞信一。疮痒异常，愁闷，小睡。习字一纸。中饭后，又围棋一局。改折稿四件：一、代朱云岩谢恩；一、代鲍春霆谢恩；一、破赤冈岭四垒报仗；一、代唐鉴呈递遗折。傍夕，春霆来久谈，穆正春来久谈。向来在京，稍一用心，则癣痒愈甚。本日略用心，又与鲍、穆久谈，遂觉痒不可耐。二日因北风甚大，胡中丞之船不能有至华阳镇，余在香口候之未到，彼此焦灼。

十五日

早饭后写沅弟信一，见客数次，皆贺望之员弁。清理文件，习字一纸。午正，胡润之宫保之船到香口，与之相会久。至未正，往拜卫静澜、张仲远、邢星槎、文任吾、周寿珊，皆随胡帅来者。旋又与胡公久谈，至更初散。阅本日来文，知祁、休各军于初六日获一胜仗，初九日获大胜仗，踏贼营五座，驱贼出岭，为之一慰。夜不成寐。张弁值宿。疮痒异常。近日吃熟地蒸肉二、三次，略觉热气平减。

十六日

早饭后清理文件。旋写刘馨室、姚秋浦信，江军门信。至胡帅船上久谈。渠昨夜吐血甚多，委顿之至，为之忧惧。旋小睡时许。未初，请邢星槎、张仲远、卫静澜等便饭。天热异常。申刻，与胡帅久谈。旋清文件甚多。天热异常，遍身奇痒，因以药水洗之，在船后亭子纳凉。夜，约张、邢、卫、文等同来纳凉，至二更客散，余仍在亭子爬搔不已。夜，稍成寐。王弁值日。

十七日

早饭后清理文件，作折片一件。旋写九弟信一封，令临三甥带至安庆。与小岑围棋一局。安徽新学政马君来，久谈。至胡中丞船上久谈。天热异常，在船上久睡，遍身奇痒。中饭后围棋一局，至胡中船上久坐，写左季翁信一。又在船板上久睡。余向来怕热，近年尤甚，今年遍身生疮癣热毒。本日酷热，几若无以自存活者。胡中丞日内吐血极多，而余之狼狈反更甚焉。夜在船后亭子久睡，竟夕手不停爬，郁闷殊甚。

附　记

左军新添楚军两旗、老湘两翼

左旗　睦金城_{副将衔}

右旗　章荣先_{都司}

左翼　罗瑞山_{参将衔}

右翼　郭德馨_{参将}

十八日

早饭后清理文件，对折子。午刻拜发，计三折、一片、一单，内赤岗岭破贼四垒折一、江南不能举行乡试折一、代递唐鉴遗奏折一、杀李金扐张光照片一、外鲍超朱品降各谢恩折一、唐鉴遗折一。与小岑围棋一局。写李少荃信一。热甚，久睡，命人扇凉。至胡宫保船上久谈。未刻，转北风，送胡帅开船。余与小岑围棋一局。至船后亭子久坐乘凉。酉正清理文件，至二更止。睡稍成寐。罗弁值日。

附　记

军务人员　军事
地方文武　吏治
委员绅士　饷项
见闻贤材　文艺
采访　惠爱　教化　察督
条理　纲要　敏作　考成

十九日

早，自香口开船，回东流老营，巳刻到。见客六、七次。午刻至营内自新修之屋，不甚合意。中饭后热甚，小睡，令人扇凉。习字一纸。阅杜诗及《文选》诗。遍身奇痒，登船后亭子小坐。与小岑围棋一局。夜，清理文件。念凡用之笔，未有十分合手者，往往有小毛病，不称人意。善书者，于每用一笔，先识其病，即因其病势而用之。或笔之病次日又有小变，又因其变症而之。或者因病成妍，则善于用笔矣。

廿日

早饭后清理文件。旋至营盘看起新屋，约半时归。与小岑围棋一局，习字一纸。接唐桂生十四夜信，知徽州之贼果已遁去，张凯章至徽收复郡城，为之喜慰。天气奇热，遍身疮痒，不能作事，因久睡不起，令人扇凉。中饭后复睡。将杜诗七古阅一过毕。申刻写对联三付。忽大风暴，天色晦冥。酉正，王昆八外甥来，与之久谈。夜，口占写姚秋浦信一、张伴山信、江良臣信一。睡不甚成寐。

张弁值日。五更，疮痒殊甚。

廿一日

早饭后清理文件。旋写左季高信一件。移至陆营内新屋居住。见客五、六次，清理文件。中饭后清理文件极多。写沅弟信一、胡润帅一。疮痒异常。天气寒冷，迥不似盛夏光景。习字一纸，习零字数纸。遍身痛痒，几无完肤，意思萧瑟，若有不自得者。彻夜不能成寐。王弁值宿。三更痒甚，思起坐，强忍耐之。

廿二日

早饭后清理文件，与尚斋围棋一局。疮痒异常，行坐不安，竟不能作一事。中饭后清理文件，写湖口谕旨碑文一通。小睡。阅《古文·词赋类》。疮痒不复可耐，与道光初年生风单子、道光廿六、七年生癣，苦况相似。皮肤之疾，乃似更甚于膏肓者。公事积压，深以为愧。夜，以荆芥、银花熬水洗澡。彻夜不能成寐，焦燥之至。

廿三日

早饭后口占写凯章信一、桂生信一、秋浦信一，自写九弟信一。再写湖口碑文一通。燥热殊甚。中饭后，清理文件，与尚斋围棋一局，遍身皆汗。申初，疾风骤雨，渐有凉意。清理文件颇多，习字一纸。夜写零字。二更，用药水洗澡，旋就寝，疮痒为之少愈。瞿弁值宿。睡不甚成寐。至五更末，疾风骤雨，通屋漏湿，几无立足之地，盖新屋太高，檐太平，北风太大故也。是日闻建德之贼于廿二早退净。

廿四日

早饭后围棋一局。旋写澄侯信一、王枚村信一。疮痒。屋湿，满屋几无可坐之处，不能作事。鲍春霆禀来，请便打黄梅、宿松，余因批准。中饭后写九弟信一、姚秋浦信一，温苏诗，高声朗诵，习字一纸，习零字数纸。夜温古文，朗诵甚久。写凯章信一、二更末，不脱衣而睡，却能成寐。黄弁值日。

廿五日

早饭后与尚斋围棋一局，辰刻又与小岭围棋一局。习字一纸，清理文件。小睡甚久。天雨极大，竟日不止。今年大水，恐成奇灾，实深忧灼。中饭后，又围棋一局。清理文件颇多。写九弟信一、毓中丞信一。温《古文·序跋类》《杂记类》。夜，睡不成寐。半夜，在床爬搔不止。日内因遍身疮痒，诸事废阁。又因苦雨大水，天气阴寒，寸心忧灼之至。天意茫茫，不知今年下半年作何变态，为之喟然。

廿六日

早饭后围棋一局。旋清理文件，陈虎臣来谈甚久，写胡宫保信一。淫雨不止。倦甚，在床久睡。中饭后围棋一局。作杨军门请假折一，保皖南镇道折一。夜与申夫久谈。改克复黟县、收复徽郡一折，未毕。睡不成寐，竟夜作痒。本日乞得京师万应膏，于手上、臀上贴用，而痒不少减。

廿七日

早饭后围棋一局。旋将克复徽州一折改毕，又改在左京堂谢恩折，又作陈金鳌到任一片。又口占作贼势军情一片，巳正毕。旋在床上久睡，疮痒异常。中饭后，疮痒不克作事。天雨不止，深为愁闷，围棋一局。作劼郑阳和等四员片一。是日到文件极多，愁甚，不能多看，仅将要紧者翻阅，尚未画到。夜，彻晓不成寐。张弁值日。

廿八日

早饭后围棋一局。旋清理文件，写九弟信一、希庵信一，校对各折片。倦甚，小睡。头晕，因曲肱在案上小睡。中饭后，再围棋一局。发报四折三片。来公牍甚久，粗观大意，不能妥办。写对联五付。疮痒异常。写习字一纸。剃头一次。夜，疮痒，手不停爬。睡，彻晓不能成寐。王弁值宿。

廿九日

早饭后清理文件。旋写九弟信一。口占左季高信、姚秋浦信一，写凯章信一，清理文件。中饭后，又清文件极多，见客四次。疮痛且痒，深以为苦。幸天多西南风，房中不甚热耳。夜，在外厅歇凉，不能作字。睡不成寐。邓弁值宿。四更，起坐乘凉。

卅日

早饭后围棋一局。旋清理文件，写九弟信一件。马学使送药一包，谓坐于药上，可医坐板疮。因关门坐于药上，约一时半之久，午初出。梅小岩移入营内，与之谈片时。清理文件。中饭后，因疮痛不能治事，即在厅上歇凉，心绪烦闷之至。傍夕在后院久坐，与梅小岩鬯谈。夜，睡不成寐。瞿弁值宿。四更，起坐中厅片时，手不停爬，两手两臀皆烂而痛。

六 月

初一日

早，各文武来贺朔，因疮痒止之。饭后在厅上久睡，令人摇扇。手上疮烂，不能作事。写九弟信一。竟日倦睡至未刻。请马学使与孙省斋中饭，申正散。下半日仍在厅上久睡。所在公牍，仅一阅其事由而已。傍夕至后院乘凉，二更尽散。睡不成寐，以终日睡故也。巳刻围棋一局。

初二日

早饭后，出外至马学使处道喜，以渠本日接印也。归时辰正，天气正热甚，有流金烁石之象，因在竹床上竟日久睡，令人摇扇。是早接沅弟信，知菱湖两岸贼垒十八座，于卅、初一日一律踏平，杀贼近八千人，城外已无一贼矣。未刻，复沅弟信一。仍在竹床上睡卧，盖臀痛不能坐，手痒不能动，故诸事废阁。偶写对联数付。傍夕在外坐，与梅小岩久谈。睡不成寐，臀疮奇痒。

初三日

早饭后，因疮痒不作一事，即在厅上困卧，直至未刻末起。中饭后，复睡。旋写对联五付，即在外厅上欹坐，默诵苏诗至傍夕。时杨名声来，以药搽两手，愈不能治事矣。二更末就寝，用药搽两臀尚颇成寐。

初四日

早饭后，因手上搽药不能作字。旋勉强写澄弟家信一件、沅弟一件。与小岑围棋一局。在厅上久睡。中饭后再与小岑围棋一局。在厅上温苏诗，高声朗诵，至二更末。睡不能成寐。张弁直日。疮痒异常，四更起，搽药一次。

附　记

二月初五至九江
三月十二至白鹿洞
四月初七回省

初五日

早饭后，口占答信三函：一、胡润帅，一、凯章、桂生，一、江良臣。旋与小岑围棋一局。疮痛不能作事，即在厅上酣睡。中饭后，又围棋一局。天大南风。燥热之气着身，疮痒弥甚。傍夕写信与沅弟。夜因疮痒不能作字。

初六日

早饭后，将本营委员应行保举者，分作四次，交尚斋拟定后，自核一过。手上涂药，烦闷之至，竟日睡卧不起。中饭后，与小岑围棋一局。申刻，李少荃自江西来，与之久谈。傍夕将手上药洗去。夜与少荃谈至二更末。睡不甚成寐。瞿弁值宿。

初七日

早饭后清理文件。旋与小岑围棋一局。作夹片一件，改折稿、片稿三件。午后久睡时许。中饭后改复奏折稿，至二更始毕。是日天气奇热。余因病疮，两手搽药，久未作字。本日洗手，始能为各折稿。申刻李芋仙来营，与之邕谈良久。夜，遍身痒甚，不甚成寐。黄弁值宿。

初八日

早饭后与小岑围棋一局。旋清理文件。疮痒甚不耐烦，在竹床久睡二时许。中饭后，再与小岑围棋一局。写左季翁信一、杨厚庵信一，皆口占代缮。料理厅屋，为明早朝贺万寿之所。与少荃、芋仙等久谈。清理折件，亥刻发报，计三折、二片、二单，外雪琴谢恩一折。夜用药水洗脚、洗澡各一次。睡颇成寐。罗弁值宿。五更即醒，来营贺万寿者已到矣。

初九日

是日恭逢皇上卅一岁万寿，五更二点起，朝贺礼毕，即黎明矣。留马雨农学使吃面。饭后与小岑围棋一局。热甚，久睡，中饭后尤为炎热，有流金铄石之象。余近年畏热异常，今年生疮，尤觉遍身如火之灸。围棋一局。写信与沅弟，命盛四送去，并送银壹万五千两。与少荃久谈。是日，李芋仙所送书，有《元遗山诗集》，因翻阅七律数十首。夜，在床复搽疮药。四更时大风雨。

初十日

早饭后清理文件。旋写九弟信。天气郁热，疮痒略愈。见客二次。旋在竹床上久睡，自午至未始起。中饭后习字一纸。天大风雨，屋瓦皆飞，处处漏坏，几于无地可避。申刻，与小岑围棋一局。写姚秋浦信一。夜写厚庵信一。阅古文四首，即沅弟所抄者。夜，不甚成寐。张弁值日。

十一日

早饭后清理文件。旋写九弟信、万篪轩信、毓中丞信。在竹床上久睡。叶介唐来久谈，魏荫亭来久谈。中饭后，魏名亭之子云卿来谈，各送对一首。与少荃久谈。酉刻写对联数付。傍夕极热，即在外久坐乘凉，至二更三点始入室。睡尚成寐。王弁值宿。五更，以疮痒醒。

十二日

是日恭逢先妣江太夫人忌辰，未及设祭。饭后清理文件。旋写厚庵信一、沅弟信一、湖润帅信一。在竹床上久睡。辰刻，出久拜孙省斋观察，又拜马学使，拜李申夫。中饭后，天气郁热，遍身作痒。旋与小岑围棋一局，习字一纸，又写零字数纸。傍夕，大风，稍凉。夜温《霍光传》。睡不成寐。瞿弁值日。至四更，奇痒异常，与道光廿六、七年之癣疾相似。

十三日

早饭后清理文件，写鲍春霆信一件、吴竹庄信一件、沅弟信一件。中饭后，袁国祥来，其部下千总黄胜林去年八月在徽州闹饷，张小浦临行开单，请拿黄弁正法，余未遽拿办。昨五月初三日在漳岭不战自退，又纵勇抢掠。袁国祥奏请以黄弁补把总缺，余批令来东流。本日申刻，袁国祥带黄弁来辕，因自数袁国祥之罪而令吉后营缚黄胜林正法，并将罪状榜示营门。见客四次。旋写对联数付。傍夕观各勇夫种菜。夜与少荃鬯谈。睡不甚成寐。黄弁值宿。四更，疮痒殊甚。是日，习字二纸，一摹书谱，乃知艺之精，其致力全在微妙处。若人人共见、共闻之处，必无通微合莫之诣。若一向在浮名时誉上措意，岂有是处！

十四日

早饭后清理文件。旋围棋一局，写厚庵信一件、沅弟信一件。石榘生先生避难来此，与之鬯谈。中饭后清理文件颇多。因半月以来疮疾，手上敷药，分牍积阁，本日稍一清厘。酉刻，写对联四付、扁一。傍夕，再清理文件。天气奇热。灯上时，温背苏诗。更初，复清理文件，案上冗杂为之一清。睡不成寐。潘弁值日。起至竹床上睡，令人摇扇，亦不甚凉快。遍身疮痒异常，竟夕手不停爬。

附 记

闽汀贼目
朱衣点　黄秀成　李加胜　黄益先
董蓉海
汪学春　吉梦元　杜大祥　汪花班

十五日

早，各员弁贺望，见客七、八次，至辰正毕。旋清理文件。写凯章信、江军门信、九弟信。小睡。中饭后，围棋一局，旋清理文件颇多。天气亢热异常。温苏诗数十首，朗诵一过。复清理文件。傍夕，申夫来，鬯谈至二更二点。夜，睡不成寐。张弁值日。至四更始得酣睡。

十六日

早饭后清理文件。旋写沅弟信一、希庵信一，见客四次，围棋一局。午刻，睡一时许。中饭后清理文件，旋又清理初一、初二等日旧事未了者。习字一纸。天气亢燥，颇有旱象。遍身疮痒，傍夕，与少荃在外乘凉。旋温苏诗，朗诵三、四十首。日内于苏诗似有新得，领其冲谈之趣、洒落之机。二更三点睡，稍能成寐。四更醒，疮痒不复能睡。

十七日

早饭后改折稿一件，至午初方毕。旋写沅弟信。小睡约二时许。中饭后改片稿一件，清理文件颇多。旋写对联一付，再清理文件。傍夕，温韩诗、苏诗。夜写零字。是日大西风暴。学使马雨农来，久坐。看刘文清公《清爱堂帖》，略得其冲淡自然之趣，方悟文人技艺佳境有二：曰雄奇，曰淡远。作文然，作诗然，作字亦然。若能合雄奇于淡远之中，尤为可贵。睡，不甚成寐。瞿弁值日。

十八日

早饭后，作各路军情片稿一件，围棋一局。写胡中丞信一，清理文件。午刻，睡一时许。中饭后，发报一折二片，围棋一局。清理文件，至戌初方毕。陈舫仙来，言探卒至香口一带，经行之处，并未栽种，乱草没人；家家皆有饿殍僵尸，或舌吐数寸，或口含草根而死；经行百里，无贼匪，亦无百姓，一片荒凉之景，积尸臭秽之气。盖大乱之世，凋丧如此，真耳不忍闻也。夜，与申夫鬯谈。二更，阅《文选》杂诗杂拟。睡尚成寐。天气新凉。

十九日

早饭后，围棋一局。旋写沅弟信一件、左季高信一，清理文件。午刻，小睡时许。中饭后围棋一局，清理文件甚多，系初四五之陈件。习字一纸，又习零字若干，写扇一柄。傍夕，至茶园散步。夜温《平准书》，未毕。睡不甚成寐。久未作小楷，下笔辄重而不入。是日，笔轻稍能入纸，乃悟轮扁甘苦疾徐之说。

廿日

早饭后围棋一局。旋清理文件，见客三次，复清理文件颇多。午刻，小睡，添李小泉信一片。中饭后围棋一局。旋清理文件，写沅弟信一、胡宫保信一。神气昏倦，若不克自振者。傍夕，至菜园散步。夜温陶诗。二更三点睡，不甚成寐。张弁值日。四更后，略能酣睡。是日，身体若有病者，奄奄思睡，或以积阁文牍太多，此心歉然，若有所负疚者而然与？

附　记

复牧云信　　阅科三篆

要百三家　　　写科三九扁
寄《说文逸字》　　褚圣教二、王一

廿一日

早饭后清理文件。旋写季弟信，核改信稿数件，写鲍春霆信。中饭后习字一纸，见客四次。清理文件，皆初七日之陈禀未阅过者，酉正毕。是日大雨如注，所住之屋，到处漏湿，几无可坐之处。夜与小岑久谈。旋默诵苏诗廿余首。睡颇成寐。王弁值日。大雨，微凉，遂有秋意，而伏天寒冷如此，节候反常，又不能不以为虑。

附　记

黄印山，以知府遇缺即补，加道衔。
武乡试展缓一折
大美国钦命驻扎中华水师提督，统理军务，署理便宜行事全权大臣印务司拜四月十二过九江
大美国前署驻扎宁波，管理本国提刑按察事宜，兼摄通商事务领事府暂充翻译官麦士别缔拜

廿二日

早饭后围棋一局。旋清理文件，写雪琴信一，习字一纸。大雨如注，竟日不歇，已有秋凉气象，不似伏天也。午刻小睡。中饭后围棋一局，写纨扇一柄，清理文件，前初句所积阁者，至是逐日补行清检，酉刻毕。癣痒异常，手不停爬，左腿已爬搔糜烂，皮热作疼。夜用水晶界尺熨贴，取其寒而润也。登床后，又细意拊摩之，至三更，疼略止。四更后，睡梦中又将该处爬破，疼痛尤甚。近日，疮微痊而癣又作，悉身无完肤，意绪凋疏。灯后，圈点古文数首，即沅弟所抄《简本》，请余雠校者。日来，阅刘石庵《清爱堂帖》，其起笔多师晋贤及智永《千字文》，用逆蹶之法，故能藏锋。张得天之起笔，多师褚、颜两家，用直来横受之法，故不藏锋。而联丝萦带，以发其机趣。二者其理本一贯，特逆蹶与直来横受，形迹判然，难合而为一耳。

附　记

艮峰先生回信　　莫子偲信　　君梅信

廿三日

早饭后下棋一局。旋写沅弟信一、毓右坪信一,清理文件。午刻,小睡。阅《经传释词》。中饭后,清理文件。写对联二付、扁一、纨扇一。核改信稿二。夜温《吕刑》。《吕刑》篇于后世古文家蹊径最近,惜不能尽通其读。睡后梦魇,不甚成寐。

廿四日

早饭后,写牧云信,纪泽儿信,甚长。作信唁唐尔藻,将其父竟海先生奉旨予谥之处札知其家,又寄奠仪祭幛与李笏生。午后,小睡时许。清理文件。中饭后清理本日文件,补阅初九日文件,至戌初始毕。本日,因疮癣作痒,用竹去浮筠磨光揩痒,取其滑而不流,凉而不寒。常用手轻轻揩试,胜于指爪爬搔远矣。傍夕至菜园小步。旋与马锺山、王子云论诗。夜温《治安策》,未毕。用药水洗澡。睡后不甚爬,亦不甚成寐。潘弁值日。

廿五日

早饭后清理文件。旋写左季翁信一、沅弟信一,清理各稿。午刻,小睡片时。中饭后打到颇多,约计三百件,见客二次。酉刻剃头一次。闻鲍春霆由九江坐船来东流,全军俱来,实属不知缓急。江西、建昌、安义之贼,无兵住剿,可虑之至。前癣痒不能办事。睡后,彻底不成寐。张弁值日。四更,癣痒特甚,遂爬至天明。

廿六日

早饭后清理文件。旋写胡宫保信一。午刻,作《箴言书院记》,久疏文字,机轴太生,至二更,文尚未成。酉刻,鲍春霆来,余因其违余信中之指,不剿建昌而反来东流,未与相见,嘱其与少荃叙议一切,而余散步菜园以避之。渠系奉胡帅之函,扎集贤关,恐沅甫一军吃亏也。其居心可敬,而其形迹实可恶,故余责之而不深拒之。夜,睡颇成寐。王弁值日。

廿七日

早饭后清理文件,围棋一局。旋作《箴言书院记》毕。中饭后写胡宫保信一，将渠所写书院条约酌核一过。傍夕至菜园闲步。夜，因癣痒用竹摩挚。二更洗脚一次。是日酷热异常，余本畏热，而又癣痒，如黄鲁直所云"火云蒸肉山"者，实苦恼也。春霆于卯刻来见，与之久谈。渠意恐安庆官军吃亏，故尔冒昧来此。余嘱其速回九江，即日率全部捩柁西矣。风逆、水逆，来易而去难，人马坐小船之中，盛暑如火，深为可悯。渠言私款甚不敷用，余许每月以二百金济之。

廿八日

早饭后见客三次，学使来久坐。旋围棋一局。自巳初至午，小睡。清理文件时许。中饭后，天气酷热，遍身奇痒，用竹揩磨。旋清理文件颇多，至戌初毕。在后院乘凉，与少荃少谈，至二更三点始散。论及余之短处，总是儒缓，与往年周弢甫所论略同。睡，不甚成寐。黄弁值日。

附　记

秋浦信

屯溪茶厘五线一引，太少，宜酌增，可就近问左

铺捐可缓办

烟土原已开禁，每百两抽税卅两

前吉水县知县张仁法进士

卸任高安县知县刘奎光举人，干练有为，颇知自爱

候补知县郭椿龄举人；李蔚新班，寒苦朴实

希庵信，催《箴言书院记》。

廿九日

早饭后围棋一局。旋写沅弟信、刘印渠信、李希庵信，清理文件。小睡时许。中饭后，奇热异常，清坐房中，手不停爬，不能治事。申刻清理文件，傍夕毕。西南风大，酷热少解。夜清理文件。睡稍成寐。罗弁值日。五更，梦魇。天气凉甚。

七 月

初一日

早,各员弁贺朔,见客六、七次,至巳初毕。旋写信与沅弟,言方望溪从祀事。复姚秋浦信。小睡时许。午刻清理文件。中饭后清理文件甚多,至戌初毕。夜阅《望溪文集》二卷。二更四点睡。潘弁值日。梦刘石庵先生,与之之邕叙数日。四更因疮痒手不停爬,五更复成寐。又梦刘石庵,仿佛若同在行役者,说话颇多,但未及作字之法。是日天气,新转东北风,已有凉意。

初二日

早饭后清理文件。旋将《箴言书院记》删改数行。小睡片时。午刻核稿。中饭后写杨厚庵信一。旋清理文件,至酉正毕。夜温古文数首。癣痒不止,心绪作恶。二更,吃西瓜半个。睡不成寐。张弁值日。天气新凉。颇宜于睡,而吾彻底不眠,盖半由血亏,半由心不静耳。二日内翻阅望溪文数十首,盖因沅弟请以方公从祀而细审之。

初三日

早饭后清理文件。旋与小岑围棋一局。在竹床上久睡。午刻清理文件。莫子偲来,久谈二时许,即在此便饭。子偲名友芝,贵州独山人,道光廿七年在京城相遇于书肆,旋与刘菽云相友善。自此一别十五年,中间通书问一、二次而已。因其弟祥芝在此,渠来省视,因得再晤。学问淹博,操作不苟,畏友也。清理文件,至戌初毕。六月初间积阁公牍,至是厘剔一清。夜阅《望溪集》,写零字数纸。奇横之趣与自然之致,缺一不可。睡尚成寐。

初四日

早饭后围棋一局。旋写沅弟信一、胡宫保信一。出外拜客四家。写澄弟信、左季高信一。午刻少睡。中饭后清理文件，至酉刻毕。史怿悠、潘梁柱自扬州接总督印及盐政印回营，细问下游淮、徐一带情形，日趋于乱，豪无转机，良可忧悸。夜，在后院乘凉，与少荃鬯谈至二更未。袁帅屡保李世忠之忠勇奋发，出于至诚；又不明正苗沛霖叛逆之罪；又以秦荣护理安徽布政使。此数事者，皆颠倒是非，大拂人心，言之慨然！睡，不甚成寐。瞿弁值日。念古文之道，亦须有奇横之趣、自然之致，二者并进，乃为成体之文。

初五日

早饭后写《箴言书院记》，行书，约径寸大。旋因房中盖瓦不能坐，遂至小岑房，与围棋一局。旋又写《书院记》，至未正定毕，专一戈什哈送去。写胡中丞信一，又送祁门野术二两四钱，以渠有书来索取也。旋清理文件，至酉正毕。是日天气亢热，甚不耐烦。写《箴言书院记》甚不称意，本拟于下半日另写一通，因亢热烦躁，汗流不止，遂不复写。因困横之余而悟作字之道：点如珠，画如玉，体如鹰，势如龙，四者缺一不可。体者，一字之结构也；势者，数字数行之机势也。夜热甚，意绪少佳，与小岑久谈。睡不成寐。黄弁值日。民间失火，起视二次。

初六日

黎明，早饭后，接印。印到后，望阙谢恩。旋即拜印，各三跪九叩礼。文武谒贺，辰正毕。旋小睡片时。清理文件，写沅弟信一。中饭后清理文件，至酉初毕。接省城信，知生米、万寿宫等处有贼，省垣危急，心以为忧。万寿折差自京城归，接京信数件。莫子偲交出何愿船二信，内有张石洲《蒙古游牧记》四本，又《朔方备乘·凡例》数页，信为当世积学之士。夜，亢热殊甚，在外乘凉，犹嫌其郁，不复能作事，仅写毓中丞、吴竹庄信二件。睡颇成寐。

初七日

早饭后围棋一局。旋莫子偲来，与之鬯谈，写沅弟信一、杨厚庵信一，清理文件，写吴竹庄信一。渠告奋勇，请回救省城，以信速之也。中饭后清理文件。

观莫子偲作字,晓岑请渠写《欧阳功甫墓志》也。习字一纸。天气亢燥殊甚,不能作事。性本畏热,又加遍身癣痒,自酉刻以后,不复办事,在后院及城上乘凉。二更洗澡一次。睡颇成寐。潘弁值日。

初八日

早饭后清理文件,旋写沅弟信一。倦甚,久睡。午刻,清理文件。中饭后亢热非常,幸后厅有北风,因移案就彼。清理文件,至酉正毕。午刻,写李芋仙小挂屏四幅。渠求写格言,一幅定"八本",一幅写"五到",皆余上年日记册中语也。一幅言:"人不可以才自足,以能自矜,既为小人所忌,亦为君子所薄"。一幅言:"为诗古文者,工夫全在诗文之外。"傍夕至后园小步,因乘凉至二更尽。睡不甚成寐。张弁值日。三更三点后乃酣睡。是日,梅小岩回江西省城。夜写厚庵信一。

初九日

早饭后清理文件。旋习字一纸。倦甚,因在竹床上久睡,直至中饭时始起。饭后清理文件,打到约二百余件,至酉正毕。闲步菜园。夜,温《古文·序跋类》,于《文献通考》各序,若有所会。三更睡,尚成寐。王弁值日。是日辰刻,围棋一局。日内未接胡宫保信,深以为虑,不知其病体略愈否。本日接其初二日公牍,知于六月廿五日奉到谕旨,准渠在署养病,告假两月,奉批俞允。

初十日

早饭后清理文件。旋习字一纸,核改信稿六件,在竹床上久睡。中饭后,得胡宫保初三日信,知渠病略有起色,廿六后六日未甚吐血,为之欣慰。与黎寿民围棋一局。旋清理文件,至酉刻毕。夜,温《治安策》《出师表》等篇。写胡宫保信一、沅弟信一。《会典》号写书脚,吏缮目录,余一一核正。又写对联二付。夜,三更就寝,四更成寐。瞿弁值日。连日东北风大,微有凉意,癣亦略愈。

十一日

早饭后清理文件,写沅弟信一件,见客三次。马学使来,久谈。在竹床上久睡。午刻清理文件,至未正毕。写对联五付。酉刻又接公文数十件,翻阅一过,即不办理矣。接九弟信并伪文,知安庆城贼慌乱之至,似可期其克复。夜复沅弟信一。温《九歌》及《田窦传》。是日，写凯章信一。闻黄子春淳熙殉节，四川军事不甚顺手。夜极热，已睡之后，三更复起坐，令人摇扇，至四更始睡，不甚成寐。黄弁值日。日内，癣疾略愈。本日夜间看书，颇有静意，无烦闷之象。不料三更后，仍复亢燥，不知天气之为与欤？抑方寸自欠静境也？

附　记

送欧建吾五十金
傅泽鸿卅金

十二日

早饭后清理文件。旋写沅弟信，习字一纸，核改信稿四件。在竹床上久睡二时许。午刻，清理文件。旋阅《会典·书院义学事例》一卷，《风教》四卷，至未正毕。天气亢热异常，遍身癣痒，手不停爬。清理文件，至酉正未毕，热燥殊甚，遂不清矣。傍夕，至后菜园行。灯后，热甚，因吹灭，令人摇扇，至三更三点始登床。睡不甚成寐。罗弁值宿。

十三日

早饭后围棋一局。旋清理文件，写胡宫保信一、九弟信一，习字一纸。午后，在竹床上小睡。接筠仙信。热甚，遍身作痒，不能办事。接吴竹庄在吴城所发信，知章门无恙，为之少慰。未正清理文件，打到，至酉刻毕。日内酷热。本日自午刻大风，满室飞沙扬尘，申刻得雨，稍解燥热之气，惜太小耳。夜，阅邓小芸所寄《双梧山馆文钞》，渠所作古文也，共八册廿四卷，杂阅计三分之一。睡颇成寐。至四更，癣痒殊甚。潘弁值日。

十四日

早饭后清理文件。旋习字一纸，写九弟信。久睡竹床，约一时半许。午刻清理文件，写毛寄云信，写澄侯弟信。中饭，请莫子偲便饭。饭后，微雨大风，一解郁蒸之气。清理文件，至酉刻毕。默诵苏诗。夜温《田窦传》毕。一更三点睡，竟夕不能成寐。张弁值日。

附　记

大通厘金应添凤凰颈一卡

十五日

早间,各文武员弁贺朔望,约三刻许。饭后清理文件,写沅弟信一、胡中丞信一。在竹床上睡时许。习字一纸,清理文件,中饭后寸心郁闷,天气虽不甚热,而亢燥难堪,遍身癣痒。阅《会典》事例《礼部·风教》二卷,又阅《户部·钱法》二卷。至菜园闲步。夜,烦燥弥甚,遍身奇痒,因在后院久坐,三更入室。登床后,仍用竹遍身揩摩。五更醒,复揩摩。日来思诚中形外,根心生色。古来有道之士,其淡雅和润,无不达于面貌。余气象未稍进,岂耆欲有未淡耶?机心有未消耶?当猛省于寸衷,而取验于颜面。

十六日

早饭后围棋一局。旋清理文件,写左季高信一件、姚秋浦信一件。热甚,小睡。午刻核改折稿一件,见客二次。中饭后作复奏购买外洋船炮、酌配兵勇一折,申刻毕。天热殊甚,余本怕热,加以癣痒,遂不复能办一事,将本日公事积阁未办。习字一纸,阅戴存庄《书传补商》。夜阅古文数首。

十七日

早饭后围棋一局。旋写沅弟信、彭雪琴信一,清理文件。午刻与客莫子偲、高碧湄久谈。小睡片时。中饭后,因亢热郁蒸,心绪烦闷,不能作事。早间即作恶,有欲呕逆之象,因禁食腥荤,三餐皆仅食罗卜菜少许。阅《书传补商·吕刑篇》。余好读《吕刑》,而苦不能尽通其读。兹阅戴氏之说,有惬余心者,如"制百姓于刑之中"、"天齐于民,俾我一日"暨"非从惟从"等句,皆犁然有当于人心,欣赏无已。酉正,至马学使处贺渠新移公馆。夜,因久亢不雨,郁闷尤甚,胸膈间常思作呕,因嚼厚朴少许。至小岑处久谈。二更四点睡。三更后,大风大雨,一解烦郁。是日接奉朱批,系六月初八日所发者。本日定片稿四件,将以明日拜发。

十八日

早饭后围棋一局。旋清理文件,写姚秋浦信一,见客三次,习字一纸。阅《书传补商·顾命》。写纨扇二柄。与李芋仙久谈,劝其不可开口叹贫叹卑,不可开口能诗能文,居官以勤补拙,以俭养廉等语。是日,请高碧湄、周志甫等中饭。饭后，观莫子偲作大篆，有笔力，有法度。旋清理文件，至酉初毕。读《顾命》、《康王之诰》毕。戴氏治经，与余所见多同，惜其生前未与邕谈。夜温古文二首。天气新凉，睡颇成寐。罗弁值宿。

十九日

早饭后围棋一局。旋清理文件，写沅弟信一、希庵信一。学使来会，谈及何圆溪于六月十八日物故，其兄弟三人璜溪太守、丹溪观察俱不幸早世，其母八十余岁，尚在堂，云南大乱，无家可归。闻之酸鼻。习字一纸。小睡片刻。接鲍春霆信，知江西瑞州、奉新之贼皆已遁逃，因批令在临江少停，听候调度。中饭后，清理文件，至酉初毕，有继至者，遂不阅矣。温《盘庚上》《盘庚中》，因戴存庄两探宋、元及本朝治汉学者之说，每多当人意处，故乐观之。夜温古文二首。

廿日

早饭后围棋一局。旋写九弟信，清理文件，写毓中丞信。阅《书传补商》《盘庚下》、《微子》。在竹床上小睡。午刻，赵烈文惠甫坐火轮船自上海来见，携有薛中丞信、金眉生信，言以夷船拖带民船，运淮盐至汉口上游、皖、鄂等处，只许抽厘一次云云，与之久谈。中饭后再围棋一局，习字一纸，阅《书传》《金縢》、《大诰》，于"予翼"、"考翼"等字终不能通其读。天气亢热。酉刻清理文件，至灯后止。二更三点睡，不能成寐。张弁值日。四更始成寐，又以癣痒，五更即醒，爬搔不止。

廿一日

早饭后围棋一局。旋写九弟信一，清理文件，阅《书传补商·康诰》，习字一纸。陈虎臣来，久坐。小睡时许。中饭后，阅《酒诰》毕。作挽联一付，挽刘詹岩之母云："七州团练使，八座太夫人，爱月忽沉，乡里哀荣天下叹；哲嗣名状元，曾孙新进士，文星环绕，高堂福寿古来稀。"目睹曾孙成进士者，本世所罕闻，而其寿九十四岁，五世同堂，余联中尚未能尽及也。旋将联及挽幛写就。酉正清理文件，至黄昏毕。夜阅《考工记》数则，洗澡一次。睡稍成寐。王弁值日。

廿二日

早饭后清理文件，围棋一局，旋写沅弟信一、鲍春霆信一，与赵惠甫久谈。

小睡片刻。中饭后，天气亢燥之至，余癣痒，极为郁闷，不能治一事。杨达庭配癣药来搽，搽后更不耐烦，幸已刻阅《酒诰》《梓材》，申刻阅《召诰》，所言多惬余心，少解烦闷。写对联四付。戌刻，至后园散步。夜在厂外乘凉，与少荃久谈。癣痒殊甚，睡后痒不止，至四更始成寐。瞿弁值日。

廿三日

早饭后围棋一局，清理文件。旋写郭云仙兄弟信一、黄南坡信。莫子偲来，与之久谈，习字一纸。中饭后，亢热殊甚，郁闷之至。阅《书传补商·洛诰篇》，不甚惬心。申正清理文件，打到，至傍夕未毕，灯后始毕。灭灯，令人摇扇，以清亢燥之气。二更四点睡，不甚成寐。四更癣痒，久爬不止。

廿四日

早饭时，阅沅弟信，知廿二日贼扑后濠，自巳刻至五更凶悍异常，虽经竭力击退，思之心悸。旋写沅弟信、纪泽儿信、鲍春霆信。阅《书传补商·多士篇》。天气亢燥异常，小睡时许。中饭，请赵惠甫便饭，邕谈二时许。与小岑围棋一局。阅《君奭篇》。天气亢热蒸郁，不能治事，遂将本日公牍停阁不理。傍夕，至后园闲游。夜复季弟信一件。令人以竹揩摩痒处。二更四点睡，颇能成寐。

廿五日

早饭后写九弟信一件。旋写毓中丞信、胡宫保信。见客三次，与陈虎臣久谈，清理文件。午刻小睡片时。未初请赵惠甫便饭，因请莫子偲、谭荔仙同饭，谈至申刻散。是日大东北风，心以安庆守濠者为虑。天气亢热，郁蒸之气未解。阅《书传补商》《多方》、《立政》，凡十卷，读毕。傍夕，至茶园散步。夜，因亢燥未办事。二更三点不能成寐。张弁值日。至四更二点，稍成寐。

廿六日

早饭后围棋一局。旋清理文件，写沅弟信、左季高信，见客四次。倦甚，小睡时许。中饭后，围棋一局，改信稿六件。旋清理文件，至申刻毕。温《书》十七篇，即戴氏所著者，昨日阅看毕，今日讽诵一遍。傍夕至后园散步。本日，天东北风，大异常，而热气旋绕，仍尔亢燥。夜睡竹床，令人以竹揩摩痒处。二更四点睡，颇成寐。潘弁值日。

廿七日

早饭后清理文件。旋围棋一局，见客三次。东北风，大异常，亢热亦异常。小睡时许。午刻，写何愿船信一、王子怀信一、周子佩信一、何镜芝李篁仙各信一，至未刻毕。阅《山海经》，至酉刻阅一半。旋至后园小步。亢热之气上逆欲呕，殊不可耐。夜，再阅《山海经》一半毕。二更三点上床，热甚，起至院后厂内久属于，旋至后厅小睡，三更二点入内室。是夜，写零字颇多。

廿八日

早饭后，遣折差进京。旋围棋一局，见客三次，写沅弟信一件。阅《管子》《牧民篇》、《形势篇》、《权修篇》、《立政篇》、《乘马篇》。午刻小睡。中饭后阅《管子》《七法篇》、《版法篇》、《幼官篇》、《幼官图》、《五辅篇》。申正清理文件，至傍夕毕。夜写左季高信一件，又写零字甚多。三更接沅弟信，知廿五、六、七连三夜贼扑后濠，均经击退，为之少慰。自廿六日大风断渡，三日不接信矣。本日亢燥之气仍不少减。东流望雨甚切，安庆军营却不望雨，恐贼扑濠时火器难施也。

廿九日

早饭后围棋一局。旋清理文件，为牍调鲍军回援安庆，见客四次，习字一纸，写折扇一柄。再阅昨日所阅《管子》，观王怀祖先生《读书杂志》所校《管子》各条，似不如校他书之精实。中饭后，围棋一局。再阅《管子》至申正。天气亢热殊甚，有流金烁石之象。写对联五付。夜在厂外乘凉，不作一事。三更睡，颇成寐。至四更末，凉甚。夜冷日热，秋旱之象也。

卅日

早饭后围棋一局。旋清理文件。写鲍春霆信、沅弟信。午刻小睡。中饭后围棋一局。接春霆公牍，知廿四日在丰城之河西大获胜仗，杀贼七、八千人。而营务处宋国永与李申夫信，言杀贼实有万二、三千人，以鲍镇所报之数过少，军士愤愤不平，特另行专信声明云云。有此一仗，忠逆一股必胆寒矣。清理文件。阅《管子·宙合篇》，酉正毕。剃头一次。天气亢热，久不下雨，后园之菜，皆被虫伤。夜在厂外乘凉。是日，阅钦天监奏折。知八月初一日日月及水、火、土、木四星俱在张宿五、六、八、九度之内，金星在轸，亦尚在卅度之内，可谓日月合璧，五星联珠，祥瑞也。惜土、火、水、木四星俱不见，故余五更未起视耳。

八 月

初一日

早，各员弁贺朔。饭后围棋一局，写沅弟信，清理文件，见客四次。小睡时许。午刻改信稿十余件。所核奏批，不知何人将原奏红纸裁去，大为怒斥追究。中饭后，围棋一局，写李铺堂、王霞轩各信一。申刻，沅弟专弁来，知安庆于昨日卯刻克复。贺客纷纷，至灯后始毕。写九弟信一，改鲍军丰城胜仗折稿一、安应克复片稿一。清理各事，定以明日赴安庆一行。三更睡，不甚成寐。

初二日

早饭后见贺客数次。旋写沅弟信一、季弟信。本拟即赴安庆，因逆风太大，不能开船。写官、胡、李公信一件，又各写私信一件，清理文件，写毓中丞信一件。中饭后围棋一局，清理文件，写左季高信一。又清文件，至酉刻毕。竟日大风，不克开船。今年自七月以来，东北风发至弥月之久，枯旱亢燥，余常作呕吐，胸胃间似有浮热，不能多作事。夜在厂乘凉。早睡，颇能成寐，五更即醒。是日辰刻发报折一、片一。

初三日

早饭后围棋一局。旋写沅弟信一，清理文件，习字一纸。阅《管子·枢言篇》。中饭后围棋一局，阅《管子》《八观篇》、《法禁篇》、《重令篇》、《法法篇》、《兵法篇》，写对联六付。傍夕，天气渐凉。夜阅《管子·大匡篇》。二更倦甚，假寐至二更三点，睡反不成寐。瞿弁值日。至四更，遍身痒甚，手不停爬。是日，本拟赴安庆犒师，因东北风大，不果。

初四日

早饭后围棋一局。旋添写赵玉班信一、金眉生信一，张小浦、邵汴生各添一片，写澄侯弟信一，添姚秋浦信一。清理文件。申夫来，久谈。午刻，厚庵来，久谈。渠奉旨准假四月，回籍省亲，本日起程也，因留之中饭，袁铁庵亦同席一饭，申刻散。清理文件。与申夫久谈。又围棋一局。写毓中丞信，为刘小粤事。夜与少荃、申夫久谈，清理文件。二更三点睡。天气已凉，而疮痒不止，不能成寐，殊以为苦。是日申刻至河下送厚庵之行。旋至马雨农处一谈。

初五日

早饭后下河将赴安庆，先写季君梅信一、薛中丞信一，令袁委员回上海带去。旋即登舟，行六、七里，东风大作，浪大不能下驶，因复折回，泊小南门外长龙船中，兀坐无一事。前为九弟校对《古文简本》，因作一跋，中饭后写毕。少荃来谈。小岑、子偲来，围棋一局。酉刻，余至少荃船久坐，灯后归。夜温古文三首。早睡，疮疥作痒，不能成寐。四、五更，爬搔不停。巳刻写九弟信一。

初六日

早饭后起旱，至四十里，至朱家村小住，吃中饭。饭后，行八里，登船。又行四里至黄石矶，在护卫营营官罗宏裕船中寝食。而胡友胜之长龙船亦由大江中冒风赶到。因风太大，李少荃仍自中途折回矣。阅《管子》《中匡篇》、《小匡篇》、《霸形篇》、《问篇》、《戒篇》、《地图篇》、《参患篇》、《制分篇》。灯后，阅《君臣上篇》《君臣下篇》《小称篇》《四称篇》。二更三点睡，颇参成寐。四更接九弟信，知桐城于初三日申刻克复。大风尚未息，用以为虑。

初七日

早饭后，风浪稍平，即由黄石矶开船至安庆。巳刻至营，与沅弟、季弟相见。旋接见各营官及委员等。兄弟久谈至申刻。出外，周历西北，看后濠、前濠，约往返十里许。濠沟之深，地段之广，援贼之悍，知成功良不易易也。傍夕归。夜间，兄弟鬯谈至三更四点始睡，不能成寐。四更三点醒，疮疥遍痒，手不停爬。是早在船阅《管子》五篇。

初八日

早饭后，兄弟鬯谈。旋入安庆省城，队伍排列整齐。兄弟联舆入城，备极尊荣，自问何修得此，用为愧悚。午刻回营，倦极，小睡。中饭后，与沅弟久谈。申刻出外阅西北长濠，酉刻归。写鲍春霆信一。夜与沅弟之谈，定派人进剿庐江、无为等处。三更三点睡，不甚成寐。五更疮痒，爬搔至明。是日午刻，闻池州府克复之信。遣人回东流取折件，将在安庆发报。

初九日

早饭后清理文件，写左季高信一。旋至季弟东路营盘看，风雨泥泞，行走颇难，巳刻到。兄弟鬯谈。中饭后，仍回九弟营盘，写挂屏三幅。夜，兄弟久谈。疮涨痛殊甚，季弟以为肺有燥热，另主一方服之。三更睡，稍能成寐。四五更，爬搔不停，幸不甚涨。

初十日

黎明起。接京城递回夹板，面上系用蓝印，内系六月十八日所发一折二片。其复奏鲍超救援江西一折后，墨笔批云："赞襄政务王大臣奉旨：览奏，均悉。"其附奏近日军情一片批云："赞襄政务王大臣奉旨：知道了。"又黄胜林正法一片批，与近日军情片批同。外吏部蓝印咨文二件，一件载："七月十六日奉朱笔，皇长子现已立为皇太子，着派载垣、端华、景寿、肃顺、穆荫、匡源、杜翰、焦祐瀛尽心辅弼，赞襄一切政务，钦此。"一件载："准赞襄政务王大臣咨，嗣后各督、抚、将、帅、将军、都统、提镇等奏事，备随折印文一件，载明共折几封、片几件、单几件，交捷报处备查等因。"痛悉我咸丰圣主已于七月十六日龙驭上宾，天崩地坼，攀号莫及！多难之秋，四海无主，此中外臣民无福，膺此大变也。余以哀诏未到，不克遽为位，成服哭临，须回东流，乃克设次行礼。巳刻改克复池州一折、提江西漕折五万一片，未刻发报，仍用红印。清理文件甚多。与沅弟鬯谈。申刻，写挂屏、对联数件。夜写零字，写扇一柄。二更三点睡，不甚成寐。伏念新主年仅六岁，敌国外患，纷至迭乘，实不知所以善其后。又思我大行皇帝即位至今，十有二年，无日不在忧危之中。今安庆克复，长发始衰，大局似有转机，而大行皇帝竟不及闻此捷报，郁悒终古，为臣子者尤深感痛！

十一日

早饭后清理文件。旋写刘馨室、李申夫信一。巳正登舟，九弟送至舟次，恰李少荃到，谈及大丧典礼，宜在安庆省城举行，一面设立帐殿，以便百官行礼，一面打扫公馆，以便余近日移居。未刻，阅《管子》《势篇》、《正篇》、《九变篇》、《任法篇》、《明法篇》、《正世篇》、《治国篇》、《内业篇》、《封禅篇》、《小问篇》、《七臣七主篇》、《禁藏篇》、《入国篇》、《九守篇》、《桓公问篇》、《地员篇》、《弟子职篇》、《形势解》、《立政九败解》、《版法解》、《明法解》、《臣乘马篇》、《乘马数》、《问乘马篇》、《事语篇》、《海王篇》、《国蓄篇》、《山国轨篇》、《山权数篇》、《山至数篇》。夜，与少荃畅谈时事。二更三点睡，疮痒如故。

十二日

早饭后与少荃久谈。旋清理文件，阅《管子》《地数篇》、《揆度篇》、《国准篇》，写希庵信一、雪琴信一。午刻小睡。中饭后阅《管子》《轻重甲》等篇。申刻，沅弟来久谈。酉刻借厚庵红船，自长龙船上移居之。接鲍春霆信，知渠接廿九日调赴北岸之檄，业将抚州肃清，定于初六日拔营来援安庆矣。酉正，九弟归去。余将《管子》阅毕，写各目于书面。夜与少荃鬯谈，眼蒙殊甚。接湖北官、胡、李信，鄂省于初六日始闻安庆克复之信。胡帅病尚无起色，为之忧闷。

十三日

早饭后与少荃久谈。旋清理文件。九弟来。写家信一，写鲍春霆信一，专人送去。九弟久谈。午刻小睡。旋清理文件，至申刻毕。与黎寿民围棋一局。阅方宗诚存之寄来之《桐城殉节诸传志》，至日入毕。与少荃鬯谈至二更，又围棋一局。日内胸胃不开，常作呕逆。又以根本之地，变故频仍，寸心忧闷，不知所以为计，行坐不安。令人在城内打扫公馆，将设次哭临。仓卒不能成礼，心为悚歉。

十四日

早饭后与少荃久谈。九弟来。与黎寿民围棋一局，见客二次。再阅《管子·侈靡篇》，殊不能通其读。中饭后清理文件，温《古文·奏议类》，围棋一局。写毛寄云信一，习字一纸。傍夕与少荃久谈。夜仍鬯谈时事。二更，写零字甚多。睡不成寐，疮痒甚剧，深以为苦。日内，本以国恤大故，忧悒无极，而疮疥作恶，竟日愁闷异常。

附　记

派署司道一件 江宁布政司管江苏到省之员，现兼署漕督十府粮道，本管皖八府、苏二府，实缺者未到。江宁巡道实缺者未到。安徽按察司应驻安庆省城，布政司驻颍州等处。

十五日

是日因大丧，禁止文武员弁贺节。饭后，与少荃邕谈，渠因新有妻丧，将回江西料理葬事也。清理文件，与黎寿民围棋二局。阅《管子》《枢言篇》、《八观篇》、《法禁篇》、《重令篇》、《法法篇》，将王怀祖先生各条录于上方。中饭后阅《兵法篇》。围棋一局。九弟来，与之久谈。日内北风甚大，上游船只不能下来，故公牍来至安庆者甚少。东流老营各委员皆阻风不能来，关防亦未来。大丧应办供帐各具，皆不能办，心为焦灼。申刻大雨。夜阅《大匡篇》，未毕。睡后，竟夕疮痒，不能成寐。近日眼蒙殊甚，皆因屡夜不得佳眠，而看书作字颇费目力耳。午刻习字一纸。瞿弁值宿。

十六日

早饭后清理文件。旋与黎寿民围棋二局。旋阅《管子》《大匡》、《中匡》、《小匡》篇。沅弟来，竟日久谈。弟办菜数碗，在此同饭，申刻去。阅《管子·霸形篇》，习字一纸。傍夕再围棋一局。疮痒，愁闷殊甚。夜温《古文·词赋类》，又写零字甚多。睡颇成寐。疮痒，醒时爬搔数次。是日与沅弟言，欲得家运绵长，第一禁止奢侈享用。念周末诸子各有极至之诣，其所以不及仲尼者，此有所偏至，即彼有所独缺，亦犹夷、惠之不及孔子耳。若游心能如老、庄之虚静，治身能如墨翟之勤俭，齐民能以管、商之严整，而又持之以不自是之心，偏者裁之，缺者补之，则诸子皆可师也，不可弃也。

十七日

早饭后清理文件。旋围棋一局。阅《管子》《霸言篇》、《问篇》。清理文件。中饭后阅《管子·戒篇》，未毕。沅弟来，久谈，教以胸襟宜淡远，游心虚静之域，独立万物之表。又每日宜读书少许，以扩识见。弟围安庆，前后皆有强寇，人数甚单，地段甚广，昼夜辛勤，事事躬亲，虽酷暑大雨而每日奔驰往返，常五、六十里。余怜其太劳，故欲其以虚静养心也。清理文件甚多，至更初止。近日因风大，未接公文，本日接百余件，眼蒙尚未看毕。温《古文·序跋类》。三更睡，疮痒殊甚，不能成寐。罗弁值日。午间习字一纸，夜与零字一纸。傍夕，思州县之道，以四者为最要：一曰整躬以治署内，一曰明刑以清狱讼，一曰课农以尽地力，一曰崇俭以兴廉让。将领之道，以四者为最要：一曰戒骚扰以安民，一曰禁烟赌以儆惰,一曰勤训练以御寇,一曰尚廉俭以率下。是日接无名人一奏,云本年三月廿二日,新授陕西巡抚邓尔恒,在曲靖府行辕被带练保至协镇之何有保杀毙。先是,邓被何有保劫抢一空,今又勒索银二万,胆敢持刀凶杀,掳抢罄净,并将曲靖知府挐去,以致邓三日未殓,身受廿八伤。何有保与其养子何自清久有叛谋,云南巡抚徐之铭亦主谋,令其擅杀,现在转行捏禀系邓抚自带之练丁戕杀云云。世变至此,诚不堪问!而滇抚徐之铭前有唆使练丁抢劫张石卿制军之名,兹又有唆使练丁劫杀邓子久中丞之名,不必问其虚实而已决其为败类矣。

十八日

早饭后围棋一局。旋清理文件,即昨日未阅毕者,习字一纸。午间小睡。中饭后清理文件,九弟来鬯谈,至酉刻去。写零字数纸。眼蒙殊甚,不能不用加花镜矣。夜温《古文·传志类下》,又朗诵《九辩》数遍。睡甚成寐。夜接七月廿八日寄谕一道,系因毓中丞之奏江西省城危急,令派兵救援。又接礼部文,奉到新主哀诏。日内北风不止,东流文武皆不能来,不克行齐集哭临之礼,深为忧灼。又思委员之道,以四者为最要:一曰习劳苦以尽职,一曰崇俭约以养廉,一曰勤学问以广才,一曰戒傲惰以正俗。绅士之道以四者为最要:一曰保愚懦比庇乡,一曰崇廉让以奉公,一曰禁大言以务实,一曰扩才识以待用。

十九日

早饭后清理文件,围棋一局。旋写字一纸。北风愈大,东流老营各船不能下来,心以为虑。幸已将城内帐殿收拾整齐,尽可设次成礼。又昨夜业已接奉哀诏,因定于廿一日成服哭临。午正小睡。中饭后,沅弟来久谈。弟于廿日卅八生辰,因在营恐庆贺者纷纷,即来船小住二日,鬯谈甚久。又与黎寿民围棋一局。夜间,彭盛南表弟、王临三、昆八两甥均来鬯谈,说话略多,彻夜不能成寐。

廿日

早,九弟生日,有数客来贺。早饭后,彭盛南、易晴苍回湘。清理文件,围棋一局,与九弟鬯谈。中饭后,黄昌岐在此久谈,习字一纸,阅《管子·戒篇》,与九弟久谈。旋清理文件。傍夕,九弟仍回本营。夜将所定州县最要四条,每条系以百余字,将以劝戒属员,至二更末毕。睡颇成寐。瞿弁值日。连日大北风不止,本日卯辰间风稍息,已刻复大作,至晡时少息。

廿一日

早饭后清理文件。旋开船至南门登岸,移寓公馆,即伪英王陈玉成之府也。一连三所,其东一所为就天燕陈时安之伪宅。连日修整帐殿,为举行大丧礼之所,昨日毕工。余进城后,即率府县文武齐集哭临,巳刻早集,午刻中集,申刻晚集。署庆府知府孙树人带病来临,势颇沉重。九弟在新公馆叙谈甚久。弟本日亦自城外营盘移进城内。克城之后,房屋完好,器具足用,亦从来所未有也。申刻写左季高信。阅《管子》二篇:《地图》、《参患》。夜将所定营官最要四条,每条系以百余字,二更尽未毕。洗脚、洗身。睡,不甚成寐。曾弁值宿。至五更稍成寐。

廿二日

早饭后哭临一次。沅弟赴城外看季弟之病,午刻回,知季弟已痊愈矣。围棋一局,见客三次,阅《管子》《制分篇》、《君臣上》。中饭后齐集一次。旋习字一纸。与沅弟罍谈自修之道、涉世之法及毁誉之不可尽信。申刻,晚祭齐集。灯时,申夫来,久谈。二更后,倦甚,说话稍多,便似伤神,盖老境侵寻耳。夜不甚成寐,三更时,疮痒殊甚。五更熟睡。

廿三日

早饭后哭临一次。清理文件,围棋一局,见客五六次,皆东流委员新到者。马学使来,久谈。午正中祭。中饭,与小岑久谈。旋围棋一局。沅弟来,罍谈。是日阅《管子》《君臣下》、《小称》、《四称》、《侈靡》篇。夜翻阅《会典·大丧仪》。家中寄《汉魏六朝百三家》来,偶阅徐陵、刘向两集。睡不甚成寐,亦以说话太多之故。四更疮痒殊甚。五更略成寐。

廿四日

早,至帐殿行礼。昨日已满三日之制,因学使及东流各委员甫临一日,故未将帐殿遽撤,俟七日满再撤也。余每早去照料,行三叩首,不举哀,中祭、晚祭则不与耳。沅弟来,久谈。写家信一件,寄银百两为嫁女之用。午刻,围棋一局。中饭后与筱岑围棋一局。阅《管子》《心术上》、《心术下》篇,倦甚。傍夕小睡。夜,沅弟复来共饭。阅《百三家》内《潘岳集》。二更四点睡,不甚成寐。三、四更疮痒,爬搔不止。五更,眠略熟。

廿五日

早饭后至帐殿行礼。旋清理文件,九弟来久谈,午刻去。习字一纸,与小岑围棋一局。中饭后见客三次,清理文件。与莫子偲、赵惠甫久谈。夜温《古文·辞赋类》。旋作恭慰圣孝一折,拟于廿七日专差进京。

廿六日

早饭后,至帐殿行礼。旋与小岑围棋一局,见客三次,清理文件,习字一纸。午刻小睡。中饭后与黎寿民围棋一局,清理文件甚多,至申正未毕。写对联六付。九弟来久谈,更初去。习零字二纸,添厉伯苻信一纸,温《古文·奏议类》刘向诸篇。睡不甚成寐。四更醒后,更不能闭目,殆阴气不能敛藏耶?

廿七日

早饭后至帐殿行礼。旋将幕次撤去,盖定例止哭临三日,此次因学使及委员在东流未到,故齐集之期,先后参差,本日已届七日,遂撤去也。旋见客四次,写倭艮峰、吴竹如两信。午正,小睡片刻。因说话太多,困倦殊甚。于平日吃点心之外,略饮药酒。九弟来谈刻许即去。拜发恭慰圣孝一折。中饭后习字一纸。清理文件甚多,至申末尚未毕。旋写对联三付、寿字四个。九弟来,在此写季弟信件。夜打到百余件,皆各处贺节、贺捷之信,二更毕。旋阅江文通、鲍明远二家集。睡后,三更甫成寐。接奉批折,系七月十八日所发者。四更略能熟睡,余俱不甚成寐。

廿八日

早饭后围棋一局,清理文件。九弟来久谈,与之言与人为善、取人为善之道,如大河水盛,足以浸灌小河,小河水盛,亦足以浸灌大河,无论为上、为下、为师、为弟、为长、为幼,彼此以善相浸灌,则日见其益而不自知矣。九弟深以为然。午正小睡。中饭后清理文件颇多。酉刻写对联数付。午刻习字一纸。是日,大雨至四时之久。灯后清理文件,二更毕。温杜诗七古。睡略成寐。雨淋漓不息。申刻写胡宫保信一、雪琴信一、李筱泉信一件。

廿九日

早饭后围棋一局,习字一纸。旋清理文件。雨大如注。九弟来久谈。弟去后，余出门至学台处拜会。又至九弟营中，即在弟处中饭，饭后归寓。见客六次，陈虎臣、王明山、赵惠甫三人谈甚久。惠甫上条陈一篇，识解闳远，文辞通雅，逸才也。接鲍春霆信，廿二、三日大获胜仗，将贵溪、弋阳、湖坊、河口、双港之贼悉数剿败，广信府城立即解围，为之欢慰。江西可全省肃清矣。夜清理文件，至二更毕。写零字、小挂屏一张。洗脚一次。九弟劝余煎土茯苓汤洗脚，宜洗至膝以上，乃能去湿，因依其法行之。曾弁值宿。三更稍成寐。

附　记　　赵惠甫所开

同知左枢湘乡人，英伟俊特，刚决能断，有胆有识，读书通雅，诗文笔皆雄劲。
县丞汪汝桂江宁人，武猛缜密，廉介不苟。现在苏抚营务处听差，至江北募勇。

又附记

肃清江西一折
鲍补缺一片
代张凯章作谢恩一折
奏留一片
派委安徽司道一折
陈史易署缺一片
徽州报销一片查出陈泰来禀再办
孙润正法一片
刘锡绶捐务一片候万麓轩来，请渠一核再办

九 月

初一日

早，因国制，禁止员弁贺朔。饭后围棋一局。筱岑将以本日成行赴湖北，诊治胡帅之病，因便还家。九弟来。见客三次，习字一纸，清理文件。午正小睡。中饭后，清理文件。与黎寿民围棋一局。李芋仙自江西为我买书数种寄来，逐一翻阅。陈心泉太守来久谈。是日派兵五千人进攻无为州，防守庐江，明日，又三千余人继发。天气晴明，为之一慰。夜温杜诗七古，写希庵信一件。

初二日

早饭后清理文件，见客数次。巳刻，九弟来久谈。弟本日将拔营赴下游打无为州也。午后至未申，迭次见客不停。申正清理文件。酉正习字一纸。疮痒不止。夜阅《山谷集》。因李芋仙送大字本《黄集》，将其题跋再看一遍。是日接家信，泽儿所开日课单颇为勤密，但恐不能有常耳。接罗研生信，寄诗词一本。毛中丞信，言所以去裕廉舫之由，甚有道理，有力量，可佩也。午刻围棋一局。

初三日

早饭后清理文件。旋见客三次，写对联三付。巳正接信，知胡宫保于八月廿六日亥时去世，哀痛不已。赤心以忧国家，小心以事友生，苦心以护诸将，天下宁复有似斯人者哉！写左季高信一、沅弟信一。午刻小睡。旋习字一纸。中饭请刘馨室、陈心泉、魏柳南诸君便饭，申初散。接李少荃、辅堂办江西减丁漕一案，甚为详晰。清理文件，围棋一局。疮痒殊甚，手不停爬。夜改札稿、告示稿，清理各文件，二更后温《古文·传志类》。睡后，不甚成寐，彻夜疮痒。

初四日

早饭后清理文件。旋围棋一局，见客甚多。写纪泽信，论抄纂分类之法，因客多，未写毕。中饭后乃毕。围棋一局。清理文件甚多，至曛黑乃毕。夜写沅弟信一，文任吾、周寿山信一，二更后温《李广苏武传》。睡后，疮痒殊甚，手不停爬，至以为苦。

初五日

早饭后清理文件。围棋一局，写李少荃信一、辅堂信一，见客三次。午正，少睡片刻。中饭后，清理文件，写希庵信一。申夫来谈最久，酉初去。写雪琴信一。夜写零字最多。二更后温古文三篇。睡后疮痒，不能成寐。曾弁值日。

初六日

早饭后围棋一局。旋清理文件，写毓中丞信一、江西司道信一、张凯章信一。中饭后，写沅弟信一，围棋一局。清理文件极多，酉正尚未毕，留待明日再办矣。夜写挂屏一帧。未初习字一纸。二更后温古文三篇，读《九歌》《九辩》，服昭明选择之精。睡后，疮痒殊甚，四更时成寐。

初七日

早饭后围棋一局，见客四次，陈心泉虎臣谈最久。是日拟作奏折，遂不及清理文件，乃自辰至申未将折稿作成。徘徊庭院之间，久不下笔，仅仅习字一纸，写挂屏二幅而已。盖早年属文艰难，竟日不能脱稿之故态复萌耳。夜始将鲍超在湖坊大获胜仗一折作就，二更后温《诗经》十余篇。

初八日

早饭后围棋一局，清理文件。旋与隋龙渊邕谈。渠亟称称周悦让之贤，简朴俭约，极耐劳苦，山乐登州府莱阳县人，丁未翰林，改官户部，与龙渊同官，又同至山西办铁钱局，故知之深也。因龙渊极称其简，始悟余平日有志崇俭而不能俭者，以其不简耳。嗣后当从俭字上用功。旋代张凯章作谢恩折，又作奏留一片，又改鲍超请补实缺一片，又作安庆酌派司道大员以专简成一折。中饭后清文件，打到百余件，尚未完毕。夜写零字颇多。温《报任安书》。二更后，接部文等件。三更睡，尚稍成寐。

初九日

早饭后围棋一局，清理文件。旋见客三次，写官帅信一、希庵信一、王霞轩信一、沅弟信、汪瀚信一。未刻发折二折、三片，又代凯章发谢恩折。中饭后见客四次。清理文件，核稿百余件，打到百余件，尚未完毕。夜温《报任安书》。日中习字一纸，夜写零字数纸。罗弇值日。

初十日

早饭后围棋一局，清理文件，习字一纸。旋出外拜客五家：一、马学使，一、申夫，一、龙渊，一、孙澍人，一、忠义局。归时，已未实矣。中饭后写零字甚多，清理文件，写对联六付。复清理文件，至灯时止，皆本日军务事件。其他方文件，已停积两日未阅。夜温抄本古文《孟子》数章。二更三点睡，不甚成寐。日内于作字之道，若有所会。本日用狼毫笔写寸以外字，以足发摅心中迈往之气，为之神怡。

十一日

早饭后，与龙渊围棋一局。旋清理文件，写毛寄云信一、郭氏兄弟信一、柯筱泉信一，习字一纸，见客四次。未刻中饭后，清理文件，围棋一局。打到百余件，将两日公牍一清。傍夕，莫子偲来谈。写挂屏一幅，夜倦甚，不能作事。睡略成寐。黄弇值日。日内，细玩孟子光明俊伟之气，惟庄子与韩退之得其仿佛，近世如王阳明亦殊磊落，但文辞不如三子者之跌宕耳。

十二日

早饭后围棋二局，写沅弟信一封，见客三次。令李少山等解米粮、子药赴王家套、罗昌河，接济庐江一军。习字一纸，清理文件，写毓中丞信一。中饭后，围棋一局，写单地山信一。清理文件甚多，本日地方新到之件，尚未阅毕。酉刻，写阎丹初挂屏四帧，约四百字。夜温赵广汉、尹翁归、韩延寿传，写沅弟信一。睡后，三、四更不成寐，五更颇成寐。本日作行书，能摅写胸中跌宕俊伟之气，稍为快意。大抵作字及作诗古文，胸中须有一段奇气盘结于中，而达之笔墨者却须遏抑掩蔽，不令过露，乃为深至。若存丝毫求知见好之心则真气漯泄，无足观矣。不特技艺为然，即道德、事功，亦须将求知见好之心洗涤净尽，乃有合处。故曰七均师无声，五和常主淡也。本日，接奉批谕旨，系八月初二日所发一折一片。

十三日

早饭后围棋一局，清理文件，习字一纸，写多礼堂信一，见客四次，陈虎臣来邕谈最久。中饭后围棋一局，清理文件，打到百余件，申正毕。旋接雪琴信，寄示胡润帅挽联二付。余因作一联，傍夕始成。刘、彤皆来，邕谈良久。灯后，写联与申夫一阅，申夫言对句未妥，因又改二句云："逋寇在吴中，是先帝与荩臣临终憾事；荐贤满天下，愿后人补我公未竟勋名。"温《张敞传》，未毕。睡后三更醒，旋复成寐。五更疮痒异常。是日接奉廷寄，是因翁中丞奏寿州被苗练围城，旦夕将破，饬楚师拨兵往援。八月廿八日，自行在发，到皖尚不迟缓。

十四日

早饭后围棋一局。季弟自枞阳来，与之邕谈，旋写澄侯信一、沅弟信一，清理文件。中饭后围棋一局，与季弟邕谈，写雪琴信一、张凯章信一，清理文件。傍夕，与季弟谈。夜写零字颇多，温《王尊传》，未毕。夜睡三更后，疮痒殊甚，四更稍成寐。罗弁值日。近来夜睡，常常不能成寐。往年每日大便一次，近或二、三日一次，且甚干涩，殆阴亏之故耶？

十五日

早饭后围棋一局，清理文件，见客三次。午刻，赵国香克彰来，谈甚久。季弟大呕吐，前此疟疾，日内又再发矣。余因弟呕，胸膈间亦作恶，若不克自持者。小睡片刻。中饭后围棋一局，写挽联一付，写阎丹初信一、多礼堂信一。清理文件，打到二百余件。夜屡视季弟病，写九弟信一。本日午刻接官帅信，知余蒙恩赏加太子少保；九弟蒙恩，赏穿黄马褂。一门沐非常之宠，惶悚之至。旋诵苏诗数首。写扇一柄。二更闻城外炮声，派人出城查询，寸心惊疑。睡不甚成寐，疮痒殊甚。

十六日

早饭后，与隋龙渊谈，围棋一局，清理文件，写官中堂信、毓中丞信。与季弟久谈，写九弟信一，习字一张。中饭后围棋一局，清理文件。申夫来，言张伴山于九月初三日巳刻没于彭泽舟次。其次子与其婿护灵柩来安庆，余出城吊唁之。申刻出外，晡时归。清理文件，打到百余件，接李希庵及梅生各信，二更三点毕。睡不成寐。曾弁值日。四更后，大雨如注。

十七日

早饭后围棋一局。旋写九弟信一件。剃头一次。自闻大行皇帝之丧，至今始剃头。从廿一日成服起至本日释服，已满廿七日矣。本拟登城周视，因雨大而止。写希庵信一件。中饭后与季弟谈，季弟疟疾今日微发，幸不甚剧。围棋一局，清理文件，习字一纸，作《劝诫营官》一条、《劝诫绅士》一条。夜闻人吹笛，约半时许。在季弟处写零字十页。二更后阅《说文》数页。睡略能成寐，疮痒亦甚。

十八日

早饭后围棋一局，清理文件，见客三次。旋出门看城，从小南门绕至西门、北门、东门，出东门外，至宝塔，登塔顶一看，旋归寓。九弟布置之法，城内分段。守垛者，李祥和一营，由东门而南，至西门止。萧开印管中军，由西门至北门止。李臣典一营，由北门至东门止。城外扼要扎营者，熊登武一营扎西门外石垒，程学启一营扎北门外三垒，张诗日一营扎东门外宝塔石垒，尚为周密。午正归。接九弟十七日早信，知泥汊贼垒于十六夜攻克。小睡片刻。中饭请曾柏九、曾莘田便饭。饭后，围棋一局，写九弟信一，见客四次，清理文件，习字一纸，写对联六付。与季弟鬯谈。接毓中丞函牍，知丁漕减价之件已会稿、会印办理矣。夜温王尊、王章传，杨、胡、朱、梅、云传。睡略成寐，疮痒亦不少止。

十九日

早饭后围棋一局。旋清理文件。道喜之客极多，以余蒙恩加宫保，昨日已接官帅咨文也。至巳刻，客去毕。与季弟鬯谈，清理文件。中饭后围棋一局，莫子偲来久谈，学使来同叙。申刻，季弟来久谈。清理文件，写左季高信一件。夜又与季弟鬯谈，二更后温《汉兴以来诸侯年表·序》。睡略成寐。是日作《劝诫委员》第一条、《箴言》百余字。

廿日

早饭后围棋一局。旋与申夫、龙渊、心泉一谈。本日系上衙门之期也。旋至季弟外廖叙。季以是日卅四初度，疟疾新痊，为之欣慰。清理文件，写九弟信一，习字一纸。见客三次。中饭后，写多礼堂信一，见客二次，清理文件，写对联十付，写官相信一。夜，季弟来廖谈。写零字五张。旋温《汉书·叙传》。睡颇成寐，四更末醒。

廿一日

早饭后围棋一局。旋清理文件，撰《劝诫委员》三条。中饭后围棋一局，习字一纸，撰《劝诫绅士》二条。夜又撰一条。十六条俱毕。是日除见客五次外，未作他事。专作六条，每条约百三、四十字，多者至百八十字而止，名曰《劝诫浅语十六条》。用心稍过，遍身血热，疮痒异常。往年在京血热，癣痒不能作诗文，其苦态亦类此。二更四点睡，屡醒屡寐。日内未接沅弟信，颇以为虑。

廿二日

早，上城查站垛诸勇丁，并看新作更棚合法与否。辨色，即到城上，较常日略早。归，早饭。旋围棋一局，见客三次，写九弟信一。午初，接九弟信，知无为州业经克复。写李与吾等信一、写多礼堂信一，清理文件。中饭后，围棋一局，写左季高信一，甚长。见客五次，清理文件，习字一纸，将昨日所作《劝诫浅语》细细修改，发刻。夜清理文件极多。核改不准洋船拖带民船咨稿。二更四点睡，不能成寐。曾弁值宿。

廿三日

早饭后，将亲兵营点名一次。旋围棋一局，清理文件，习字一纸，见客甚多。午刻，方欲小睡，学使来，又久谈。中饭后清理文件，围棋一局。城外所拘未完厘金之船中有洋人二名，一名郭思屏，一名伟里斯。通事一名倪均成求一见，余因见之，谕以现行文京中总理通商衙门，与各国公使核议，如民船不应完厘，虽此时业已交银，将来亦必退还，如民船仍应完厘，虽此时将船驰放，将来亦必补交。旋清理文件甚多，至曛时毕。夜倦甚。温陶诗数十首。睡后，三更略成寐，至四更醒后，彻晓不复成寐。遍身疮痒，愁闷异常。是日接信，知无为州于廿日克复，九弟于廿一未刻进城。此城一克，可富可强，北岸最为扼要之区，可喜也。夜写沅弟信一，又代弟撰挽胡宫保一联云："少壮剧豪雄，到暮年折节谦虚，但思尽忠补过；东南名将帅，赖先生苦心调护，联为骨肉弟昆。"

廿四日

早饭后围棋一局。旋清理文件，习字一纸，见客三次。将纪泽所纂《说文分韵解字凡例》批数条。写澄侯信一、纪泽信一。张凯章与李少荃来，久谈。许仙屏来，复久谈。中饭后，清理文件，围棋一局，仍与仙屏久谈。申酉间清理文件。夜与少荃久谈。二更四点睡，颇成寐。四更醒，五更复成寐。

廿五日

早饭后见客。现以五、十为上衙门之堂期也。旋围棋一局，清理文件，与仙屏鬯谈，习字一纸，写九弟信一。中饭后与仙屏鬯谈，清理文件，围棋一局，写李辅堂信一，打到百余件。傍夕，与季弟鬯谈。夜与少荃、仙屏鬯谈，写李希庵信一，温陶诗一卷。夜睡不甚成寐，四更五点醒。

廿六日

早饭后围棋一局。旋清理文件，见客三次，习字一纸。中饭后围棋一局，与仙屏鬯谈，见客二次，清理文件，写沅弟信一。疮痒殊甚，愁闷之至。日来天气亢热，疮痒自意中事。本日，风雨作凉，乃亦痛痒不止，颇烦恼也。灯后，得九弟信，知水陆克复运漕镇。此地为南北之枢纽，贼中之脏腑，得之不易，守之尤难，因作信与多礼堂，又写九弟信一，又调淮扬水师赖荣光、阳利见二营，前赴运漕，又调张迁春一陆营前往。睡后，彻夜疮痒，不甚成寐。

廿七日

早饭后围棋一局。旋清理文件，出门至河下拜张凯章。归寓，见客三次，习字一纸。中饭后清理文件，与季弟久谈、仙屏久谈，打到百余件。傍夕，疮痒殊甚。灯下，与季弟谈至二更三点，余一面写零字百余个。睡后，三更未成寐，四更成寐，至五更三点始醒，在近日为仅见云。本日，李少荃赠以姚惜抱先生所书草字手卷，书苏公《登径山》诗，中有缺脱。姚君学怀素书，不甚沉着，特字以人重耳。

廿八日

早饭后，出北门看亲兵营操演，巳刻归。见客二次，清理文件，围棋一局，习字一纸。中饭后，又围棋一局，清理文件，打到数十件。傍夕温苏诗。夜温古文，高声朗诵。旋季弟来鬯谈。日内服百岁酒方，每日三饭，各饮一小杯，凡月余于兹，而疮痒弥甚。季弟劝余戒服此酒，从明日始断酒矣。夜睡，二、三更不成寐。曾弁值日。四更后颇成寐。

廿九日

早饭后围棋一局。旋清理文件，见客二次，习字一纸。姚秋浦来，久谈。写九弟信一、希庵信。中饭，请秋浦、仙屏等便饭，申初毕。与尚斋围棋一局。旋清理文件，曛黑时毕。温陆诗七绝。夜温《古文·序跋类》。二更三点睡，三、四更均能成寐，殊可喜慰。

卅日

早饭后围棋一局。旋清理文件，见客二次。善后局各员来见。写多礼堂信一。接九弟信，定以四千人守运漕，三千人守无为州，一千五百人守仓头。弟即于廿七日出神塘河，将回皖城矣。中饭后围棋一局，清理文件。申正写对联二付、挂屏四幅。因用狼笔写新宣纸，悟古人顿挫之法、扑笔之法，只是笔不入纸，使劲扑下耳。疮痒殊甚，寸心郁闷。与季弟象棋一局。夜温太白诗。旋与仙屏鬯谈。睡，三更不成寐，四更略好，五更复醒。瞿弁值日。

十 月

初一日

早饭后，文武员弁贺朔，至辰正始毕。围棋一局，清理文件，习字一纸。万篪轩来，久谈。中饭后围棋一局，未毕，史士良、勒少仲来，久谈。旋九弟自无为州归来，与之畅谈，至二更始散。弟此以九月初二自安庆赴下游，甫一月归来，经历庐江、盛家桥、无为州、运漕等处，水陆程途将二千里，克复一州、一镇、两隘，又布置防守之方，筹饷之法，颇为周详。二更后写零字甚多。睡，自三更至四更五点俱能成寐，盖近日所仅见者。日内应办奏折，应复信件，皆懒于料理。又久未看书，盖天气过短，又不免怠忽耳。作字时，悟京中翰林善写白折者，相传中有一丝牵贯于行间，作大字亦当知此意味。

初二日

早饭后，至九弟寓一叙。旋至西门外熊登武墙子一看。进城，由西门至北门下城，回公馆。陈虎臣来久谈，九弟来谈，习字一张。是日请客中饭，姚秋浦早来等候，至未正上席，申正散。围棋一局。清理文件甚多，至晡时毕。夜核改告示稿一。守城委员来告，洋人有兵船至小南门外，云要进城面投文书。派戈什哈刘德大去查，知洋船自金陵上来，有英吉利水师提督顾致书于余，言英国商船自汉口赴上海，行至安庆，被此间员弁扰闹，特书通知，速将该商船交来师船署提督亲领交还云云。余令九弟与少荃至梅小岩寓馆查商。据梅言，此是英国带兵官。余因写信复之：前此扣留之民船，既称确系英商船只，准即交还，派委员送出城外河下。睡时，已三更二点矣，四更成寐，五更复醒。念夷人纵横中原，无以御之，为之忧悸。

初三日

早饭后，将亲兵营点名一次，前哨病假者，至十七人之多，殊不成事。旋九弟来鬯谈。昨夜英国所来之兵船，其头目为署提督，名葛肋西。又有一通事，名李华达，即李泰国之弟也，欲进城来求一见，余许之，派巡捕去与之说明。巳刻来见，葛肋西坐见，李华达立侍，渠以免冠为礼，以握手为亲。余拱手答之，巳正去。旋九弟与李少荃、梅小岩三人至洋船上回拜，未初归。中饭后围棋一局。旋清理文件，至傍夕毕。写官制军信，至二更毕。与季弟鬯谈。二更温《古文·诏令类》。四点睡，颇能成寐，四更三点醒，五更复成寐。王弁值日。

附 记　秋浦呈数事

颁发捐章，以便填给官阶、实收已办

通饬水师查拏游勇已办

办抚恤员绅注册奖励已详批准

豫字营归朱统领已照办

朱、唐合军出岭朱出唐不出

岑丞加札，提厘买米已办

建字营由山内给饷余告以山内一千，江外二千，建德本县二千

初四日

早饭后围棋一局。旋习字一纸，清理文件，写澄侯信一件，见客三次。九弟来谈，至中饭后去。围棋一局，见客二次，写毓中丞信一件。清理文件，至晡时毕。夜写零字颇多，与少荃谈公事数件，温杜诗七律。睡不甚成寐，疮痒异常。是日，金匮有知县华翼纶等三人自上海来，言下游望余大兵，情甚迫切，又上海每月可筹饷六十万两之多，并言绅民愿助此间饷项，冀上游之兵早赴江东。

初五日

早饭后围棋一局。旋出门拜客三家，先至万篪轩处，与同至河下拜史士良、勒少仲，又拜马学使，午正归。与九弟鬯谈。中饭后，围棋一局，习字一纸，清理文件，至晡时毕。夜接信，知东关之贼已遁。与九弟、少荃批黄翼升禀，令其稳守不战。二更后写零字颇多。是日申刻写对联六付。日内因有应作折件未了，

寸心耿耿，若有所负疚者，遂至诸事不克料理，深有愧于"敏则有功"一语。睡颇成寐。黄弁值日。明日迎接哀诏。夜定一礼节单。

初六日

早饭后，至寓内北边所设皇殿内迎接遗诏，跪迎于门外。安诏后，行九叩礼；宣读毕，复行九叩礼。礼毕，与学使及司道等叙谈。旋围棋一局，清理文件。出门至河下送九弟回湘。巳正归。习字一纸，见客二次，中饭后围棋一局，清理文件颇多。夜又清理文件。二更后，温古赋数篇。睡不能成寐，遍身奇痒异常，实为苦境。是日，九弟临别，深言驭下宜严，治军宜速。余亦深知驭军、驭吏皆莫先于严，特恐明不傍烛，则严不中礼耳。是日接多都护信，知寿州为苗沛霖所陷。

初七日

早饭后围棋一局。旋会客三次，习字一纸，写希庵信一件。接希信，知雪琴已放安徽巡抚，为之欣慰。清理文件。中饭后清理文件极多，至二更始毕，约打到三百件，核稿核批各数十件。二更温古赋数篇。洗澡一次。睡后，疮痒异常，久不成寐。

初八日

早饭后见客一次。旋围旗一局，习字一纸，清理文件。因昨夕疮痒不寐，本日倦甚，不能作事。中饭后围棋一局，清理文件。见客三次，表弟江佑启即龙三来谈甚久，万篪轩、勒少仲先后鬯谈甚久，天已曛黑矣。夜清理文件，打到数十件，核稿数件。二更后温陶诗，若有所会。柯小泉鈇来，将令其办理书启事件。

初九日

是日恭遇先太夫七十二冥寿，寓中未办祭祀。早饭后围棋一局。旋清理文件，见客三次，习字一纸。中饭后，围棋一局。清理文件。华翼纶，号笛秋，前自上海来请兵，本日令其作画六幅。写雪琴信一件，专人至上游迎接。鲍春廷来，带礼物十六包，以余生日也。多珍贵之件，将受小帽一顶，余则全璧耳。夜与仙屏久谈。二更后，温《古文·奏议类》。二更四点睡，颇能成寐，但疮痒异常，殊以为苦。

附 记

报无为州、运漕胜仗一折

胡润帅荩绩一折

陈心泉署安庆一折

宋子久、张伴山父子请恤一折

徽州请免办报销一片

自谢宫衔恩一折

代鲍军门谢赐物恩一折

沅甫谢黄马褂恩一折

代沅、季谢升官恩一折

代温弟谢予谥恩一折

张、朱、唐等徽州保案一折

外江水师及成大吉保案一折

鲍军保案一折

程迪昌革职一片

内湖水师、淮扬水师保案一折

沅甫回籍招勇一片

左军保案一折

初十日

早饭后围棋一局，见客三次，清理文件。闻雪琴昨夜宿黄石矶，本日将到安庆，余出城迎接，至盐河座船等候，数刻不到。前季弟代余买一婢，在座船之傍，因往一看视，体貌颇重厚，特近痴肥。戈什哈杨龙章回言，雪琴尚须下半日乃可到。余仍进城回公馆，习字一纸。探马报雪琴将至矣，余再出城迎接。至中途，则雪琴已登岸，轻装徒步入城，城外迎候者皆不知也。余回公馆，雪琴已在座久矣，与之鬯谈。旋同中饭，邀鲍春霆、李申夫、隋龙渊等便饭。饭后，鬯谈片刻，围棋一局。写季弟信一件，清理文件，写挂屏三幅、对联一首。夜与雪琴鬯谈，又观渠画梅兰二幅。二更尽睡，不成寐，因本日说话太多也。疮痒异常。日内思作字之道，刚健、婀娜二者缺一不可。余既奉欧阳率更、李北海、黄山谷三家，以为刚健之宗，又当参以褚河南、董思白婀娜之致，庶为成体之书。是夜接六安州牧邹笥禀,言苗沛霖破寿州后,不杀翁中丞,且请翁奏明朝廷,表苗党并非叛逆云云。天下事真愈出愈奇矣。

十一日

是日为余五十一生日,因国制未满百日,谢绝诸客。早饭后围棋一局。旋习字一纸,写挂屏十二幅,后六幅写杜诗,颇为称意。余近时作书,以此为合作。因仙屏亟称余书,即以赠之。中饭后围棋一局,写零字极多。晡时,与柯小泉一谈。接左季高信,内寄祭胡润帅文稿一,情文并茂,殊为杰构。夜与少荃久谈。旋改水陆各军克复无为、运漕等处折一件,陈心泉补安庆府折一件,又片二件。三更睡,四更梦澄侯弟大病呕血,惊醒后,旋又梦,如此忧悸异常。是日上半日,阴云晦黯。申酉间,天气开朗。

十二日

早饭后围棋一局。旋清理文件,见客四次。中饭后,围棋一局,又见客四次,杨朴庵、陈虎臣皆谈论甚久。是日本拟为胡润帅荩绩最著另作一折,因人客不断,终日未尝动手,至夜始起草,作八百余字,尚未完毕,已三更矣。登床后,因折稿未成,不能成寐,展转遂至天明。

十三日

早饭后围棋一局。旋将胡润帅荩绩一折撰毕。巳正改片稿二件。午正改信稿二件。中饭后围棋一局。旋出城拜彭雪琴、史士良二处。进城至忠义局一叙,归来已曛黑矣。夜清理文件颇多。二更末睡,不甚成寐,疮痒异常,竟夕不克安枕,殊以为苦。

附　记

湘乡县张令号紫莲,一号少伯

十四日

早饭后围棋一局,清理文件。旋发报折三件、片四件,见客四次。写家信,澄侯一件,邓寅皆一件。中饭后围棋一局,清理文件。写挂屏一付。与莫子偲久谈。夜写零字颇多,清理文件。二更后,温《古文·书牍类》。三更睡,四更后稍能成寐，在近日为难得者。

十五日

早饭后见客十余次，皆文武贺朔望者。旋习字一纸，清理文件。午正小睡片刻。未正请客便饭，在坐者马学使、吴竹庄、许仙屏、梅小岩、莫子偲，申初散。见客三次，围棋一局。与仙屏畅谈，渠将以明日起行进京也。夜清理文件，二更后温《平原君虞卿传》。仙屏来叙，三更始去。睡不甚成寐。近日之疮，手上渐愈，惟身上未好。

十六日

早饭后围棋一局。旋送仙屏归去，习字一纸，清理文件，见客三次。午刻，江苏上海宠宝生派户部主事钱鼎铭来请兵，携有书函，系宠宝生钟璐、殷谱经兆镛、潘季玉曾玮、顾子山文彬暨杨庆麟潘馥公函。书辞深婉切至，大略谓吴中有可乘之机，而不能持久者三：曰乡团，曰枪船，曰内应是也；有仅完之地，而不能持久者三：曰镇江，曰湖州，曰上海是也。问之，系冯桂芬敬亭手笔。钱君在坐次哭泣，真不异包胥秦庭之请矣。薛中丞亦派厉委员来，皆与久谈。中饭后，围棋一局，见客四次，吴竹庄谈最久。写信，希庵一件、季弟一件、黄兰坡一件。写对联五付。与少荃久谈。夜清理文件颇多。日内公事压阁不少，因十一、二日作奏稿未尝治事也。二更，温《古文·词赋类》。睡稍能成寐。是日闻浙江萧山、诸暨、绍兴皆已失守，为之愤惋，杭州殆亦可危。世之祸变愈大，我之虚誉愈隆，责任愈重，实深忧愧。

十七日

早饭后，围棋一局，见客数次，习字一纸，清理文件。中饭后又围棋一局。因公事积阁太多，谢不见客，清理数时，差有头绪。是日辰巳两时，登城查阅一切。灯下，仍阅公文。至二更，诵东坡及温、李七律。三更睡，稍能成寐，五更醒。

十八日

早饭后见客七次，李少山、陈心泉、马雨农、梅小岩、李申夫、王柱堂、程太翁。又雪琴来久谈，及至午正方散，已倦甚矣。围棋一局。中饭，请钱君便饭。旋围棋一局，清理文件。申正与少荃议运漕防守之法。夜清理文件，自批陈湜一禀，写多礼堂信一件。连日疮痒，如有芒刺者。本日，开方服归芍地黄汤，而参以吉林参一钱。夜，痒略好，而彻夜仍不成寐。

十九日

早饭后围棋一局，写左季高信、李辅堂信，清理文件，见客六次，鲍春霆、王柱堂、吴竹庄坐谈颇久。中饭后围棋一局，习字一纸，清理文件，见客一次。刘仲良庶常秉璋，庐江人，李少荃之门生，气象峥嵘，志意沉着，美才也。将进京散馆，来此辞行。清理文件，至酉初止。与少荃商救援江苏之法。因钱苕甫鼎铭来此请兵，情词深痛，不得不思有以应之也。夜清理文件，至二更毕。前十二、三、四数日积压之件，清厘已完，而本日新事，尚有未了者。二更后温《古文·传志类下》。睡后，颇能成寐，或服地黄之故耶？

廿日

早饭后围棋一局。旋见客二次，清理文件。吴竹庄来久谈，渠请募兵六千，赴江苏上海一带救援，盖因钱苕甫求兵甚切也。余以新兵恐难得力，未许。午刻，雪琴来，嘱代改折稿，因即为核改定。习字一纸。中饭后，围棋一局。接陈舫仙禀，知运漕于十三、十四、十五水陆接仗获胜，即将来禀批发，又加派淮扬水师阳见利一营，雪琴亦派陈发翔一营前往。清理文件颇多。酉正写对联三付。酉初，陈虎臣来，久坐。夜清理文件。二更后，阅《古文·奏议类》。睡颇成寐，四更未醒。身上虽痒，而不似前此之若有芒刺者，殆服药有验耳。是日巳刻，出外拜刘仲良一次。

附　记

遵保道府一折

保留李粮道一片

改安庆仍为省城一折

调周弢甫六人一片

覆奏朱镇不能赴衢一折

柯小泉之母请旌一片

派万、李署司道一折

刘芳贵讼案一片
左寺堂自行奏事一折会江西抚衔

廿一日

早饭后清理文件，围棋一局，习字一纸。钱莳甫来，久谈，语次声泪俱下，叩头乞师，情词哀迫，余愧无以应之。见客数次。清理文件。黄麓西将湘潭东征局自去年八月起至本年七月止收支数目开清册，细心查阅一遍，中饭后查毕。作信稿复麓西，言渠清册与省城清折不符，黄南坡五月一禀与八月一禀又不符云云，申刻毕。清理文件，写对联数付。傍夕至少荃处一谈。夜清理文件，二更毕。温古文董仲舒《贤良策》。睡不甚成寐。疮痒殊甚。

廿二日

早饭后围棋一局，清理文件，习字一纸，见客四次，雪琴坐颇久。中饭后，筱甫来，坐极久。清理文件，至傍夕毕。至少荃处，与钱莳甫久谈，渠请兵甚切，余以非二月不能筹出一支兵速赴上海。夜改谢恩折稿二件。又代九弟作谢折，尚未完毕。睡稍成寐，四更末醒。

廿三日

早饭后，作温弟予谥谢折一件，代九弟作谢折毕，围棋一局，见客四次，代作鲍春霆谢赏搬指等物恩一折，未毕。中饭后，筱甫来鬯谈甚久。旋将春霆折作毕。久不作四六，兹连改五折，遂觉劳甚。写对联六对，颇为称意。筱甫移入公馆来住，因与久谈。夜清理文件。二更后，温苏诗。睡不成寐。连日服药，身上奇痒略愈，而不能安寝如故。

廿四日

早饭后清理文件。写家信，澄沅一件、夫人一件。前季弟买一詹姓女子，初十日在船一见，未有成议。旋韩正国在外访一陈姓女子，湖北人，订纳为余妾，约本日接入公馆。申刻接入。貌尚庄重。习字一纸。中饭后，陈妾入室行礼。旋清理文件甚多。酉刻，与筱甫鬯谈。筱甫颇习夷务，所言亦晓鬯事理。核改信稿数件。夜清理文件，写零字颇多，写扇一柄。

附　记

刘昭文号琴舫　谢宝镠号立夫
谭钟麟号文卿　黄锡彤号晓岱
龚显章号云浦

廿五日

早饭后见客三次，衙门堂期也。旋与黎寿民围棋一局，雪琴来久谈。文又石新授江西臬司，将赴江西，自湖北来，久谈。中饭后，写周子佩信一件，又核改信稿五件，清理文件。曹西垣自长沙来，久坐。至发甫处，与之鬯谈。习字一纸。夜写零字颇多。悟孙过庭《书谱》稍得王大令之法。二更三点睡，稍能成寐。近日常彻夜不寐，本夜犹心气凝定耳。

廿六日

早饭后见客二次。李眉生、穆海航自湖北来，鬯谈。巳正出城，拜文又石、廉舫、雪琴中丞，午正归。江南五母舅来，年六十八岁，越二千里来此，喜精神尚健。中饭后见客四次，清理文件，习字一纸。阅京报，知刘霞仙以三品顶戴署理四川布政使。至李少筌、周发甫二处鬯谈。夜清理文件。又至发甫处一谈。二更三点睡，稍得成寐。

廿七日

早饭后清理文件，围棋一局。午刻雪琴来，与之久谈。旋在位假寐片刻。是日，请文又石中饭，雪琴、少筌、簏轩同饭。饭后清理文件，见客二次。酉刻，与发甫暨华世兄久谈，略论乐律之不可不通，以其与文章、兵事相为表里。夜习零字颇多。温《诗》《七月》、《鸱鸮》、《东山》、《文王》、《大明》、《绵》等篇。二更三点睡，略能成寐，或二日服生地之效。

廿八日

早饭后与黎寿民围棋一局，清理文件，见客一次，至发甫处叙谈。巳刻莫子偲来，又与发甫处久谈。又见客二次，黄家驹、陈虎臣。中饭后见客二次，洪琴西坐最久。申正清理文件，写挂屏六幅、扁四付。夜清理文件极多。二更三点睡，略能成寐。是日午正，习字一纸。坐次确睡，即有成寐之意。或日内服生地之功耶？

廿九日

早饭后围棋一局。旋见客二次，清理文件。至癸甫处叟谈。中饭请客，癸甫及李眉生、曹西垣等，申正散。清理文件，至夜二更方毕。傍夕写挂屏三幅，与少荃一叙，二更后温《古文·奏议类》。

十一月

初一日

早饭后，见客甚多，坐见者五起，立见者廿余起，皆贺望朔者，已刻毕。清理文件，习字一纸。中饭后，围棋一局。与周弢甫久谈，洪琴西来鬯谈，申正去。清理文件，至傍夕毕。夜与弢甫谈。旋温《贤良策》第三首《尚德缓刑书》。二更三点睡，颇能成寐，至五更醒。

初二日

早饭后清理文件。旋出门拜李眉生、穆海航、曹西垣，又至子弹局、火药局一看，又至北城看贡院基址。向来安徽与江苏合闱乡试，既有长江之险，难于远行，又以号舍之少，难于录遗，故上江深以乡试为苦。余意欲令上下分闱考试，故于五月奏折内略一及之。本日，看定北门、东门之间可为贡院基址，惜高下不甚平耳。午刻三刻归。雪琴来，久坐。未刻中饭后，围棋一局，清理文件，见客一次。申刻后，陈心泉、李芋仙来久谈。傍夕清理文件，至二更止。温《诗经》《正月》、《十月之交》等篇。三点睡。颇能成寐。或是弢甫开方，服生地之效。四更末醒，不复成寐矣。

初三日

是日恭逢先妣江太夫人冥诞，办祭席，黎明行礼。余向在营中从未办家中祭祀，此次因江南五舅母言，特叩冥寿，故治具行九叩礼，旋母舅行礼，敬答拜而已。早饭后清理文件，写希庵信一件，见客四次，雪琴在此久坐，习字一纸。中饭时，请黄冠伯、李芋仙、洪琴西便饭。饭后，清理文件。吴竹庄来，久谈。申正，写挂屏三幅。傍夕，与少荃久谈。夜至叕甫处久谈，清理文件，二更二点温《孟子》数章。睡略成寐，四更末醒。

初四日

早饭后见客二次，清理文件。旋出门至城外送雪琴之行，雪琴则已移营，先赴下游矣。巳正归。方子白、张廉卿来，久坐。中饭后清理文件，见客二次。写家信，季洪一件，澄、沅一件，夫人一件。写对联十付，中有娄云庆求书二付，粗为称意。傍夕，至洪琴西处一坐，方子白处一坐。夜清理文件，至叕甫处一坐。二更四点睡，不甚成寐。

初五日

早饭后见客三次，以衙门堂期也。旋又见客二次，吴竹庄坐颇久。毕保厘，湖北蕲水人，庚申庶常，将进京散馆，来此一见。清理文件。午刻至叕甫处一谈，莫子偲、李眉生、穆海航均在坐。中饭后围棋一局。旋清理文件。写扁对数事、挂屏二幅，每幅百余字。夜再至叕甫处一谈。叕甫为余看脉，言癣疾多年，其故在血热，其风邪入气化之中，不宜服温补之品，宜服滋阴凉血之剂，参茸俱不宜服，惟珍珠当有效验云云。温《孟子》数章。二更三点睡，三、四更颇成寐，五更醒。是日接家信，十月十六所发，澄弟一件、纪泽一件、夫人一件。

初六日

早饭后围棋一局，清理文件，见客二次，至叕甫处一坐，习字一纸。阅《瀛寰志略》中南洋、越南、暹罗、缅甸、南掌诸国，南洋诸岛。中饭后，清理文件。陈虎臣来，久坐。因约洪琴西亦来鬯谈，申正三刻去。写挂屏二幅，未毕，已曛黑矣。至少荃处一叙。夜清理文件，二更毕。温《诗经》《正月》、《十月之交》、《雨无正》、《小旻》、《小宛》、《小弁》、《巧言》诸篇，若有所会者。日内作书，思偃笔多用之于横，抽笔多用之于竖。竖法宜努、抽并用，横法宜勒、偃并用；又首贵有俊拔之气，后贵有自然之势。又养生之道，当于"眠、食"二字悉心体验。食即平日饭菜，但食之甘美，即胜于珍药矣。眠亦不在多寝，但实得神凝梦甜，即片刻，亦足摄生矣。又思治世之道，专以致贤养民为本。其风气之正与否，则丝毫皆推本于一己之身与心，一举一动，一语一默，人皆化之，以成风气。故为人上者，专重修养，以下之效之者速而且广也。

初七日

早饭后围棋一局。旋请李眉生来邑谈,又见客三次。午刻,洪琴西来邑谈。未刻,请毕东屏、程伯敷、方子白、张廉卿等便饭。习字一纸。饭后,清理文件,至发甫处久谈,写挂屏一幅。傍夕,与少荃谈,闻三河之贼已遁,为之欣慰。夜清理文件甚多,至二更二点毕。写零字数纸。下身痒甚,愁恼之至。睡后,尤奇痒异常,几至通夕不能成寐。

初八日

早饭后与发甫围棋一局。因遍身作痒,不耐治事,又观发甫与程颖芝围棋三局,尚斋之父也。张廉卿来,与之论古文之法,全在气字上用工夫。陈心泉来谈贡院事。廉卿未初去。中饭后与发甫围棋一局,写毛寄云信一件,毕东屏来久坐。傍夕清理文件,至夜二更毕。朗诵七律诗数十首。睡后,痒不止。因本日未甚用心,不至如昨日之奇痒耳。

初九日

早饭后,曹西垣来久坐。陈虎臣来,吴竹庄来,并有事商谈。清理文件,习字一纸,核改折稿二件。中饭,将左季高援浙折改毕。与发甫围棋一局,写对联数付。傍夕至少荃处邑谈。午刻,写雪琴信一件。夜清理文件颇多,至二更二点毕。三点后睡,不甚成寐。而遍身之痒略愈,盖本日服发甫之方药,皆生地、连翘、防风等苦凉之品,或足以医血热之症也。是日与虎臣谈修己治人之道,止勤于邦,俭于家,言忠信,行笃敬四语,终身用之,有不能尽,不在多,亦不在深。二更后,与发甫邑谈近世贤者,如林文忠、周文忠、邓嶰筠之属,平日学行、襟怀甚悉。日内作书,常有长进,盖以每日临摹不间断之故。接季弟信,知沅弟于廿八日自长沙起行归矣。

初十日

早饭后见客三次,衙门堂期也。旋又见客二次。出门拜客二家,午初归。见客二次。中饭后,习字一纸,见客二次,写挂屏四幅,与张廉卿谈古文,围棋一局。傍夕至少荃处久谈。夜清理文件。二更三点睡,三更四点颇能成寐,至五更始醒,在近日为甘寝矣。发甫所开方中,有黄连,或清心热也。本日写季弟信二件、姚秋浦信一件。

十一日

早饭后见客三次，围棋一局，清理文件。午刻，洪琴西来，因留此便饭，至申初去。清理文件，傍夕毕。夜改信稿八件。二更后，温《孟子》，熟读"孔子登东山章"，若有所会。睡后，稍能成寐。是日写多礼堂信一件。夜写零字甚多。

十二日

早饭后围棋一局。旋见客三次，清理文件，习字一纸。至羧甫处闾谈。中饭后，清理文件，写扁对数件。傍夕，写左季高信一件。夜核折稿一件、信稿二件，将营中委员应保者略定一单。二更后，温《诗经》《小雅》、"变雅"诸篇。睡不甚成寐。遍身奇痒，深以为苦，较之道光廿五、六年初起癣疾之时，其苦似倍。羧甫为余制丸药，方有珍珠、麝香等物，本夜服十丸。南五舅父自枞阳归，本日至公馆。

十三日

早饭后与羧甫围棋一局。旋清理文件。见客一次，与陈心泉言，目下以稽查奸细为第一义，免致贼警之日，周章失措；又言一省风气系于督抚、司道及首府数人，此外官绅皆随风气为转移者也。羧甫将赴上海催饷，禀辞闾谈，余勉之以维持风教，勿自菲薄，引顾亭林《日知录》"匹夫之贱，与有责焉"一节以勖之。方子白、张廉卿来，谈文甚久。中饭后清理文件，与黎寿民围棋一局。核改信稿八件，至更初毕。清理文件颇多，二更二点毕。写陈舫仙信一件，因渠丁艰，请假回籍，强慰留之。睡后，颇能成寐，四更二点方醒，五更又成寐，在近日为甘寝矣。夜闻王福波物故。王名敬恩，丁酉举人，祁门训导，在余幕办书启年余矣。是日未刻习字一纸。

十四日

早饭后清理文件，与黎寿民围棋一局。旋习字一纸，至方子白、张廉卿处久坐。接奉廷寄四件，皆十月十六、十八、廿日在京所发者。中有谕旨一道，饬余兼办浙江军务，江苏、安徽、江西、浙江四省巡抚，皆归节制。权太重，位太高，虚望太隆，悚惶之至。又抄示奏片一件，不知何人所奏。中有云，载垣等明正典刑，人心欣悦云云。骇悉赞襄政务怡亲王等俱已正法，不知是何日事，又不知犯何罪，虔罹此大戮也！写家信，澄、沅一件，甚长，季弟一件。中饭后，毕东屏来辞行，久坐。少荃来，道京城政本之地，不知近有他变否，为之悚仄忧皇。写对联数付。傍夕，至少荃、小泉处一谈。夜，清理文件，核改折稿一件。三更睡，稍稍成寐，四更二点醒。思陆放翁谓得寿如得富贵，初不知其所以然，便跻高年。余近浪得虚名，亦不知其所以然，便获美誉。古之得虚名，而值时艰者，往往不克保其终。思此，不胜大惧。将具奏折，辞谢大权，不敢节制四省，恐蹈覆悚负乘之咎也。

十五日

早，各员弁贺望，至巳刻止。清理文件，与方子白、张廉卿久谈。午刻出门，至王福波处吊丧。渠在余处办书启将近一年，昨一病不起，家无人照料丧事，故往吊之。旋至忠义局一叙，午正三刻归。洪琴西来，久坐至申刻。余写对联挂屏数幅。少荃亦来，余对客挥毫，至晡时毕。夜清理文件，至二更毕，核对所写各折件，将以明日拜发。昨日，所奉廷寄八件、谕旨二件，事理重大，细绎一遍，另写目录，以备省记。二更四点至上房，温古文一篇。三更一点睡，五更痒甚，不复成寐矣。

十六日

早饭后清理文件，至方子白、张廉卿处一坐。拜发奏报，计折六件、片四件、保举二案，凡三单。写在季高信一件，习字一纸，会客一次。中饭后围棋一局。写希庵信一件，写挂屏四幅，与少荃鬯谈。傍夕又至少荃、尚斋处一谈。灯后清理文件，至二更毕。倦甚，目光眵昏，不能作字看书，走寻方子白一谈。三点睡，不能成寐。彻夜大雨至晓。念鲍军不能拔营进剿宁国，稍分浙贼之势，左军亦难成行。浙事糜烂，外无救援，殆无幸矣。余奉命兼办浙江军务，坐视其阽危而莫之救，愧负之至。日内与张廉卿屡谈，渠学问又已大进，而余志学廿年，至今毫无进步，耄已及矣。是夜，写郭意城信一件。

十七日

早饭后围棋一局。旋清理文件，习字一纸，至方子白、张廉卿处鬯谈。写官制军信一件，甚长，中饭后毕。又围棋一局，写季高信一件。是日，雨竟日不止，天不甚寒冷，而气象愁惨。念浙江群贼丛集，为之忧灼。清理文件，至酉正毕。少荃来，与之邕谈。因本日见阎丹初与李申夫书，有云赞襄政务王大臣八人中，载垣、端华、肃顺并拿问，余五人逐出枢垣，服皇太后之英断，为自古帝王所仅见，相与钦悚久之。夜写零字甚多，温刘向"奏议"数篇。二更三点睡，不甚成寐。疮癣奇痒，不可耐，几于身无完肤，良以为苦。

十八日

早饭后围棋一局。旋清理文件。方子白、张廉卿来，久谈。习字一纸。曹光汉、陈虎臣先后便衣来，坐颇久。中饭，写左季高信一件、多礼堂信一件。清理文件，至酉初毕。旋至方子白、张廉卿处一坐。夜核改信稿数件，温"奏议类"四篇。《邹阳狱中上梁王书》，千古传诵，余究不知其深处。太史公以邹阳与鲁仲连并列，余亦不知其所以相合之故。是日接左季高信，言浙江宁波未失，杭州解围，为之少慰。巳午间下雪，夜寒甚。自三更至五更初，颇能成寐。旋梦魇，醒后不复成寐。

十九日

早饭后围棋一局。旋清理文件，习字一纸。见客二次，莫子偲久坐。自写改元谕旨一道发刻，又写功牌发刻。中饭后，清理文件，写扁一、对联数付。酉刻至少荃处久谈。夜写零楷字颇多，二更温《奏议类》三篇。三点睡，不甚成寐。癣痒殊甚，搔落白发极多，五更二点醒。是夜，作函谕纪泽儿，即交潘文质带去，派潘送江五母舅归家也。

廿日

早饭后见客三次。旋清理文件，习字一纸。出城送江母舅上船，归，至中丞公馆。明日冬至，拜牌设幄次于此也。巳正归。钱调甫来，久坐。至方子白、张廉卿处一叙。中饭后，清理文件。倦极，思睡。阅《说文斠诠》"马部"、"鹿部"、"犬部"。至床上小睡。灯后，写雪琴信一件，因本日奉到廷寄二件、谕旨一件，廷寄中信苗沛霖事，饬恭录知照雪琴也。二更后，温《古文·奏议类》中三篇。三点后爬痒，至四点即已成寐，至四更末始醒。盖极痒之时强忍之，停手不爬，忍之须臾，即得甘寝矣。是日，瑞雪封瓦，约二寸许。

廿一日

早，五更三点起，至公馆拜牌，学政及善后局诸君先到，礼毕，即黎明矣。归寓后，文武员弁来贺冬者极多。巳正应酬毕，至少荃处少叙。又见客三次。中饭后清理文件，习字一纸，至廉卿处少叙。夜温《治安策》。二更三点睡，不甚成寐。本日冬至，天气晴明，或主明年贼氛少减。

廿二日

早饭后清理文件。接廷寄一道，仍为苗沛霖事，末及金安清事，因至少荃处，请其作复奏查王薛金一折。与黎寿民围棋一局。接九弟在长沙所发信，及郭意城、黄南坡等信。张仲远寄周弢甫一信，余拆阅，内言京师近事，皇太后垂帘听政，以恭亲王为议政王，拿问载垣、端华、肃顺等三人，肃顺斩决，载垣、端华赐自尽，穆荫发军台，景寿、杜翰、匡源、焦祐瀛革职。另用桂良、周祖培、宝鋆、曹毓瑛为军机大臣，始知前日廷寄中所抄折片中语之端末矣，因与幕中诸人纵论时事。旋请莫子偲、方子白、张廉卿、洪琴西、李眉仙、穆海杭等中饭，至申初散。申正清理文件。傍夕，少荃来，纵谈。夜写零字颇多，温《古文·奏议类》二篇。二更三点睡，三更二点尚未成寐，爬搔不止，四更稍成寐。

廿三日

早饭后清理文件。曹西垣来久坐。至张廉卿处久坐，渠将以今日回家也。旋见客三次。核改折稿一件，复奏余不能兼统浙江军务，请饬左京堂专办浙事，至酉刻改毕。夜，核改查办江浙各大员劣迹一折，未及改毕。睡后，颇能甘寝，仅搔痒一次，五更二点始醒。

廿四日

早饭后清理文件，见客四次。核改折稿，久而不就。写家信与澄、沅二弟。午正，洪琴四来久谈，未正去。改折稿，至傍夕始毕。夜作一片稿，约五百余字，二更三点毕。四点睡，不甚成寐，三更三点后酣寝，五更醒。二日因作折，将公事抛荒未断。古人有兼人之材，余不特不能兼人，亦一日兼治数事，尚有未逮甚矣，余之钝也。

廿五日

早饭后见客二次，清理文件。兵部火票递到恭理丧仪五大臣咨文，大行皇帝颁赏遗念衣物。木箱一个，内冠一顶，系红丝结顶，青狐胲袍一件，表一件，玉搬指一件，中镂空，止刻"嘉庆御用"四字。木箱外用牛皮包一层，毡包一层，内用毡一层。犹记道光卅年二月初十日在出入贤良门外颁赏宣宗成皇帝遗念衣物，诸王、大臣皆得赏件，余得春绸大衫一件、玉佩一件。当时群臣在桥南叩头谢恩，或言遗念衣物，大内赐出者，太监多以赝物易之，真御用之物，不可多得。此次所赐衣冠殆真为文宗显皇帝御用之件，不似太监所易赝物。鼎湖龙去，遗剑依然，昌胜感怆！设案恭陈，望阙叩谢。旋与程尚斋、柯小泉等议参奏江浙一案是否平允，斟酌久之。又作片稿，调常州六人。又细核昨夜片稿，令洪琴西缮写，以其宜密也。与少荃久谈。中饭后习字一纸，清理文件颇多。傍夕发报折二件、片三件。夜清理文件，至二更一点毕，毕三日内所积阁者也。旋温《古文·论著类》。阅胜克斋奏请皇太后垂帘听政，请于近支宗室王中派人辅政，皆识时之至言。

廿六日

早饭后围棋一局。旋清理文件，见客三次，习字一纸。至少荃处久谈。李眉生新般来寓，与之邕叙。剃头一次。中饭后，清理文件。酉初，李眉生来久谈，至更初去。温《古文·奏议类》数首。二更三点睡。是夜不甚作痒，略能成寐。接希庵信，寄奏稿一件、告示一件，皆气盛言宜，可佩可喜。

廿七日

早饭后围棋一局。旋清理文件，见客二次。写信，希庵一件，颇长。习字一纸。未初，请眉生与少荃、尚斋、小泉诸君便饭，申初散。清理文件。酉初，贺宏勋带浏阳精于古乐者邱庆籲等六人来。邱系谷士先生之子；六人者，皆承谷士之教，讲求古乐。带来乐器，琴一、瑟一、凤箫一、洞箫一、匏一、埙一、篪一、笙一。因令奏乐，以鼓节之。音节清雅，穆然令人想三代之盛。古昔圣王修己治人之术，其精者全存乎乐，而后世之独缺者，乃首在乐。余因古人治兵之道，作诗之法，皆与音乐相通，而懵然不知，深以为耻。思寻访谷士先生之徒党，相与讲求一二。故招集六人者自浏阳来皖。儿子纪泽粗晓音律，明年当令其来营，究心兹事。更初散去。清理文件颇多。二更后，温古文《贾山》、《赵充国》数首。三更睡，三点成寐，五更醒。

廿八日

早饭后清理文件。旋核改信稿十余件，习字一纸。陈心泉来久坐，马学使来，任星元来，并久谈。中饭后，洪琴西来久谈，写对联、挂屏十余件。傍夕至少荃处一谈。夜清理文件。二更，温《古文·奏义类》，苏东坡《上皇帝书》。三更二点成寐，五更醒。是日接家信，十一月初六所发，澄弟一件、沅弟一件、夫人一件、纪泽一件。沅甫信言鼎三侄面上有青筋，殊为悬系。午刻，阅九江寄来探报，知宁波于十一月初九日失守，浙事殆不可为。又寄到京钞，知载垣、端华、肃顺拿问之案，许彭寿奏请查办党援。谕旨将陈孚恩、黄宗汉革职，永不叙用，刘昆、成琦、德克津泰、富绩革职，阅之悚畏。

廿九日

早饭后围棋一局。旋清理文件。万篪轩来，久坐。又见客二次，习字一纸。中饭后围棋一局，清理文件，写雪琴信一件，至多荃处久谈。遍身奇痒，甚不耐烦。傍夕，洪琴西来。灯后，少荃来谈，商调陈俊臣带勇赴江苏事件。二更倦甚，不能作事。因鲍春霆为转运事，寸心为之郁屈。

十二月

初一日

早，各文武员弁贺朔，凡见客十余次，巳初毕。出外拜客，至甘子大、马雨农处，午初归。雪琴自下游芜湖等处归来，鬯叙。旋习字一纸。中饭，请子大与杨朴庵、高蕙生、李师实便饭，申正方散。已倦甚，不能作事矣。与少荃、眉生等鬯谈。夜清理文件颇多。二更三点，与少荃议江苏添兵事宜。五点睡，不能成寐。腿上癣痒殊甚，用竹揩摩，少愈。是日接沅弟信，不愿往上海，恐归他人调遣，不能尽合机宜，从违两难。

初二日

早饭后清理文件，围棋一局。旋见客六次，雪琴与陈心泉谈最久。中饭后又屡见客，应酬甚疲。朱定藩自上海回，细问沪上情形。阅上海各信件，内有季君梅信，寄《仙九先生年谱》一本、《感遇录》一本、《外集》二本，律赋与试贴也。请余为幕志铭，系季师临终遗嘱。咸丰九年，季师寄余信，亦以墓志为托。阅各书，倦甚。傍夕至少荃处一谈。夜，清理文件。二更后，疮痒殊甚，深以为苦。三更睡、四更后又极痒，不可耐。夜写左寄高信一件、汪瀚信一件。

初三日

早饭后清理文件。出门至河下拜雪琴。旋至西门看厘卡，并周视卡外长濠。归寓，已午初矣。见客二次。中饭后清理文件。雪琴来，久谈。申刻，又清理新到文件，灯后始毕。旋写陈舫仙信一件。二更后，温《书·无逸》及《古文·奏议类》数篇。是日午正改信稿数件。傍夕接信，严州另股贼偷越，忽窜入屯溪。恐直犯婺源、景德镇，忧灼无已。夜闻上海抚藩解来银六万两，团练局搭解一万，殊为可感。

初四日

早饭后会客三次。旋清理文件。写家信，澄、沅两弟一件，沅弟密信一件。写未毕，雪琴来，久谈。中饭后，洪琴西来谈。旋将沅信写毕。又写夫人信一件，是日寄家信，件数极多，另开一单，亲自检点包封，申刻发。与程颖芝太翁围棋二局。旋清理文件。莫子偲、洪琴西来谈。夜，灯后，琴西复来，与之言风俗移人，凡人才皆随风气而转移，虽贤者不能自拔于风尚之外。因言余老，无能有所树立，但不欲开坏风气，导天下以恶习耳。旋清理文件颇多，至二更四点毕。睡后，四更成寐。是日接奉廷寄二道，一因陈玉章、王履谦奏绍兴失守，饬催左宗棠进兵，一因宋晋奏，饬筹五省会剿。

初五日

早饭后见客二次，衙门期也。接廷寄一件，因王履谦奏绍兴失守，革职拏问，交余查办。出门至城外看六营合操，巳正归。清理文件。雪琴来久谈，因与至少荃处一叙。中饭后，甘子大、隋龙渊来，观渠二人围棋一局，余又与甘一局。申刻阅各处来信甚多。酉刻，代雪琴核改稿。夜清理文件极多。三更睡，不甚成寐。

初六日

早饭后清理文件，见客二次，核改信稿。与程颖芝围棋二局，又见甘子大与程二局，写信与雪琴。中饭后，见客一次。清理文件，至傍夕毕。与少荃、眉生诸人鬯谈。夜再清文件，中有批护九江关蔡道之案，沉吟久之而后下笔，二更后毕。倦甚。温陶诗，似有所得。三更睡，癣痒殊甚，爬落白皮极多。日内思家运太隆，虚名太大，物极必衰，理有固然，为之悚皇无已。读陶诗《饮酒》诸篇，为之心折。

初七日

早饭后清理文件。旋见客四次。有翰林院庶吉士范鸿谟，杭州人，自上海来此，为浙请兵，述及杭城被围四十余日，与各路水息不通。十一月初七日，王雪轩中丞有信出城，言杭城六十万人无米可食，已饿毙三万人，请薛中丞代为陈奏，一日有米，一日坚宁，米尽则亡云云，实为耳不忍闻。习字一纸。中饭后，写信与左季高，催其进兵援浙。见客二次，申正清理文件。傍夕，洪琴西来，久谈。请理文件，至二更毕。温陶诗《饮酒》诸篇。夜念浙中浩劫，去年死人十三万之多，今年围困杭城中者多至六十万人，生灵何辜，降此大戾？天欲杀之，则如勿生。忧伤之至，弥深愧负！

初八日

早饭后清理文件，见客一次。旋与甘子大围棋一局，又观甘与程颖芝围棋一局。见客二次。核改信稿。复江苏绅士庞宝生等公函。请范庶常、钱调甫等便饭。饭后，再改信稿三件。傍夕与少荃等鬯谈。夜清理文件，二更毕。阅《津逮秘书》中东城题跋一种。三点睡，颇能成寐。癣不甚痒，在近日为仅见者。

初九日

早饭后清理文件。旋见客二次，又甘子大来鬯谈。习字一纸。核改乔鹤侪信稿，至未刻毕。中饭后清理文件。接袁午桥、毛寄云等信，均极有关系者。傍夕至少荃处鬯谈。夜清理文件，二更毕。温苏诗。倦甚，早睡，颇能成寐。戈什哈自徽州回，闻老湘营不甚得力，为之焦灼。幸已借民间之米二千石，搬入城内，或足以资固守。

初十日

早饭后见客三次。旋清理文件，汤小秋世兄来，马学使来久坐，习字一纸。中饭后写作梅信，又写郭意城信，灯上始毕。接江军门书，中有浙江告急帛书二封：一、王中丞十一月廿二日所发，但有"鹄俟大援"数字，盖用关防；一、水师参将黄忠十一月廿五日所发。余将原帛书寄左帅处，自写一信催之，二更尽发。又接唐桂生信，徽州三面被围，独西门尚可通接济云云，为之忧灼无已。清理文件，至二更四点毕。念浙江、徽州事急如此，而鲍春霆在青阳，闻来拒之贼亦复不少，实深焦虑。

十一日

早饭后清理文件。旋至少荃、眉生处一叙。与程颖芝围棋一局，又观程与甘子大围棋一局。雪琴来久叙，首县来少叙。习字一纸。请雪琴便中饭。饭后，送之至少荃处久坐。清理文件，至更初始毕，写阎丹初信一。温杜诗五律数十首，若有所会。是日观姚秋浦与李少荃信，知徽州郡城危急，南城羡已为贼占据，忧危之至，绕室旁皇，恐皖南、江西自此多故矣。

十二日

早饭后清理文件。旋见客二次，罗少村来，久坐，谈李希庵在湖北颇多掣肘。上海委员张傅解银三万来。接周弢甫信，知杭州省城于十一月七八日失守，王中丞殉节。浙省自九月廿六日被围，王中丞即登陴固守。城中兵民六十万人，十一月初已饿死三万余人，乃效死弗去，内变不生，延至廿八日，乃以食尽而破。坚守之功，浩劫之惨，闻之伤心酸鼻。旋至少荃处鬯谈。写信与左季翁。中饭后清理文件，至夜二更三点方毕。早睡，不甚成寐。念浙中贼多如故，徽州又危急如此，天意茫茫，莫知所届，忧皇无已！是夕，接廷寄二件，十一月十二日所发。又系廷寄一件、谕旨三道，系十一月十一日所发，因余十月十四日发折批回也。

十三日

早饭后清理文件。至眉生处，请渠与申夫写信，邀尹杏农来此作奏。旋见客三次，清理文件。午刻，万簴轩、罗少村来，先后久坐。洪琴西久坐。申刻，核改毛寄云信稿，又自写三页。傍夕至少荃处一谈。夜清理文件颇多，二更三点毕。读杜诗五言律，若有所得。左腿癣痒，抓烂后又痛甚，行坐不便，至以为苦。睡不甚成寐，时有呻吟之声。

十四日

早饭后清理文件。旋见客二次，写家信，澄、沅一件，纪泽一件。将所分文宗显皇帝遗念衣冠、搬指、表四件，用黄木箱盛寄家，派赵清益以东征局提饷之便送至家。改信稿三件。午正与甘子大围棋一局。中饭后闻徽州老湘营于初八日获一胜仗，为之少慰。清理文件，至傍夕毕。夜写季弟信一，写李希庵信一。倦甚，又以癣痒之故，寸心郁郁。十一月廿四日送信回家，至今未还营，甚为悬系。

十五日

早饭后，文武员弁贺望者十余起，至巳正方毕。旋清理文件，核改折稿。午初倦甚，小睡。折差张镇湘、余长贵自京回，七月廿八遣去者也。李芋仙写信至宝名堂买廿四史，该贾仅寄《唐书》一套作样书，将银四百扣留，而全书却未带来，可恶可恨。又赍回坐名敕书一道，即设香案望阙叩头祗领。申夫来，久谈。中饭后，核改折稿二件，至二更毕。清理文件。二更点睡。本日腹泄二次，因服周弢甫所寄丸药中有牛黄也。巳刻接九弟家信一次，未刻又接家信一次，内澄弟一、沅弟一、夫人一件，附黄纸刻疏式，纪泽一件。是日大雪，约四寸许。

十六日

早饭后清理文件。旋改浙江失守自请议处折稿。见客四次。中饭后，洪琴西来鬯谈。写周弢甫信、彭雪琴信。中饭后，核改信稿，写对联五付。与少荃、尚斋等论皖南军情。夜清理文件，二更毕。温杜公五律。接家信，澄侯二件、纪泽一件。睡，三更登床，不成寐，四更稍在寐，五更腹泄。

十七日

早饭后清理文件。隋龙渊来商放饷事，余议以五万发无为、运漕各营，以三万发鲍军各营，以一万发内江水师，以一万发淮扬水师，下留三万余，分发城内各营及徽、休买米之用。今冬过年，竟不甚艰窘，亦初念所不料者也。见客四次。派张葆至上海押解何根云。前督进京，面嘱一切。午刻倦甚，小睡。请勒少仲、甘子大、魏召亭、罗少村便饭，申初散。围棋一局，清理文件。夜清理文件，二更毕。写雪琴信。是日申刻发报折二件、片一件，附雪琴折一件。酉刻接廷寄二件，又接登极喜诏。睡，颇能成寐。四更腹泄。

十八日

早饭后清理文件。旋见客三次，写官帅信一，至少荃处久谈，寄雪琴零信二次，洪琴西来鬯谈。中饭后发报二折、三片，清理文件，至万寿宫一阅，将以明早行接诏礼。雪琴来，与之鬯谈至夜。清理文件，至二更毕。睡后，三更成寐，四更起腹泄，五更不成寐。因明早行礼，常常思念也。

十九日

黎明，与雪琴同至万寿宫迎接喜诏，辰初归寓。饭后，与雪琴、少荃等鬯谈，巳初，雪琴归去。旋见客二次，写左季高信。中饭后清理文件，阅章学诚《校雠通义》，深惬余心。申正与李眉生、洪琴西鬯谈至曛黑。夜阅《文史通义》，清理文件。三更睡，三点起腹泄一次，四更成寐，五更起腹泄一次。是日天气寒甚，若不胜者。接左季高信，渠派四千人救援徽州，约廿四、五可到，为之少慰。

廿日

早饭后清理文件。因腹泄，困甚。见客三次。午初封印行礼。又见客二次。陈雪庐与洪琴西坐颇久。中饭后，腹中坠重如常，欲泄，及就厕则又不能痛快，不知丸药中有牛黄而致此与？抑腹中自有积滞，须一宣泄与？将公事停阁，置之不办。至少荃、眉生处鬯谈。傍夕见客二次。夜阅《文史通义》。腹中重坠，因与尚斋围棋一局。二更四点睡，三更三点腹泄一次，四更成寐，五更二点醒。

廿一日

早饭后，因腹胀有病，不见客，亦不治事。与程颖芝围棋二局，与少荃、眉生等鬯谈，王明山来少叙。冯竹渔自广东购寄千里镜二具，在楼上试验，果为精绝，看半里许之人物如在户庭咫尺之间。其铜铁、树木等，一经洋人琢磨成器，遂亦精曜夺目。因思天下凡物加倍磨治，皆能变换本质，别生精彩，何况人之于学？但能日新又新，百倍其功，一何患不变化气质，超凡入圣？余志学有年，而因循悠忽，回思十五年前之志识，今依然故我也，为之悚惕无已。中饭后腹胀，仍不能治事。与李眉生、莫子偲、洪琴西等鬯谈。申刻清理文件。酉刻见客，吴贞阶久谈。夜清理文件，至二更毕。三点睡，三、四更皆得酣睡，在近日最为难得者。是日早间腹泄二次，有血，有似痢疾。未刻一次，无之。灯初一次，更好。五更一次，水泄极多，幸不甚困惫耳。是日接奉廷寄二件、谕旨一件，系余十一月十六日发报奉到批回同来者。

廿二日

早饭后清理文件。旋至眉生处鬯谈。见客四次，李笔峰改名龙璋，周荇农均来久谈。中饭后，勒少仲、杨朴庵来，谈颇久。清理文件约六刻许。莫子偲、穆海航来看病，㘩谈，语次有讥讽祁春浦，过于激厉，退而悔之。夜，清理文件甚多，二更毕。腹胀，不复能作事。三更睡，即成寐，至五更一点方睡，在近年未尝得此甘寝也。腹泄之病已止，癣痒亦略愈。是日接家信，澄、沅各一件，纪泽一件，系在县城所发。

廿三日

早饭后清理文件，见客二次，写左季高信一件。旋出门拜客四家，午正归。与少荃、尚斋等㘩谈。中饭后见客一次，清理文件颇多。傍夕与程伯敷等谈。夜清理文件，核改信稿八件。二更后，温《老子》上经。

廿四日

早饭后清理文件。写家信，澄、沅一件，夫人一件。见客三次。中饭后清理文件，核改信稿八件。夜清理文件，打到甚多，至二更二点毕。温《古文·奏议类》陆宣公二首。是日酉刻温苏诗，朗诵颇久，有声出金石之乐。因思古人文章，所以与天地不敝者，实赖气以昌之，声以永之，故读书不能求之声气二者之间，徒糟魄耳。

廿五日

早饭后，堂期见客三次。旋清理文件，写希庵信一件。申夫来久坐，㘩谈，午正去。徐子苓毅甫来久坐，未初去。请周荇农、陶仲瑜便饭，申末方散，倦甚。夜至眉生处，阅周荇农所买赵松雪字三种、画一种，皆赝物也，审视久之，未见其可。清理文件至二更四点毕，而本日所到之文，尚未打到。夜写李芋仙信一件。

廿六日

早饭后清理文件，写左季高信一。接朱云岩信，知十九日潜口获一胜仗。廿二日万安街一仗，几濒于危，唐桂生不往救应，尤为可恶。因与少荃、尚斋等久论徽事，深以为虑。核改信稿二件。出门至河干拜周荇农，并看盐河横濠，午正归。中饭后清理文件，改信稿三件。傍夕，至梅生处一谈。夜清理文件颇多，至二更四点毕。睡颇成寐。

廿七日

早饭后清理文件，批唐桂生禀，严责之。至李眉生处㘭叙。写刘印渠、蒋芗泉信。见客二次。中饭后，至少荃、眉生处㘭谈。清理文件。接奉廷寄一道、谕旨一道，系因十一月廿五日之折奉到批回同来者。与少荃㘭叙下游事宜。雪大异常，手寒墨冻，不能作事。因背诵苏诗数十首，声调铿锵，自以为适。夜清理文件毕。复诵各家七律。睡后癣痒，不能成寐。

廿八日

早饭后，拟赴黄皮夹彭雪琴水营，两月前所约定也。因雪大深，竟不能去，一面写信告知，一面与少荃、眉生约定，派人至城外踩看路径。申夫来，毅然不顾单骑，冒雪独去。余与少荃等遂不能成行也。写鲍春霆信一件、王柱堂信一件。清理文件。雪大手寒，竟日围炉。中饭后清理文件约一时许。至少荃、眉生处㘭谈。雪大迥异寻常，咸丰五年腊尾在南康舟次，雪厚类此，而不如今年之骤满也。房中炉火太大，两眼皆红，癣亦奇痒。夜间不能作事，因小睡片时。二更后，风弥紧，雪弥盛，念徽州军营之苦，忧灼无已。

廿九日

早起出房，雪封，无路可出。饭后至少荃、眉生处，亦无路可行。清理文件。巳刻至眉生处久谈。与柯小泉围棋一局。午初，申夫自黄皮夹归，匹马驰骤于雪深三尺之中，殊不可及。陈虎臣来，久谈。言外间饥民甚多，思所以赈之。因令各营煮饭，从除日起放赈。徐毅甫子苓来，议庐州内应之事，谈甚久。中饭后，清理文件。隋龙渊来小坐。傍夕，至眉生处久谈。夜清理文件，更初毕。雪亦止矣，凡三日两夜，至是始停。平地深逾三尺，山阿及人家天井则四、五尺不等，十年来所未见也。阅《文选·杂拟》。古人措辞之深秀，实非唐以后人所可及。特气有骞翥骏迈者，亦有不尽然者，或不免为辞所累耳。若以颜、谢、鲍、谢之辞而运之以子云、退之之气，岂不更可贵哉！癣痒殊甚，彻底不甚成寐，深以为苦。

卅日

早饭后，雪止开霁。见客三次。传团总七人、忠义局七人、营官六人，商定放赈之法。分作城内七团、城外三团，除日每人一碗饭，元日每人一碗饭、一百钱，初二日每人一碗饭。派人分投放散。与柯小泉围棋一局。午刻剃头一次。雪琴来，与之㘭叙。旋小睡片刻。请幕府诸君中饭，申正散。旋见客七、八次，皆辞岁者。傍夕与雪琴㘭谈，批朱云岩小禀，又与雪琴谈。二更三点睡，不甚成寐。

日記

同治元年

正 月

初一日

早起,赴万寿宫拜牌,辰初行礼毕,归公馆,各文武来贺。辰正早饭。饭毕,又见客数次。早间大雾,辰刻放晴,巳初阴,巳正定晴。出外贺年,未初归公馆。天寒,至各处小坐。酉刻清理文件,雪琴来久谈。夜核改信稿,复江军门信一件。二更温《古文·奏议类》。三更睡,癣痒,竟夕爬搔,不能成寐。念养生之道莫大于眠食,眠不必甘寝鼾睡而后为佳,但能淡然无欲,旷然无累,闭目存神,虽不成寐,亦尚足以摄生。余多年不获美睡,当于此加之意而已。

初二日

早请客,先吃饭一碗。旋至眉生处小坐。辰正客来,即雪琴、少荃、子偲、海航、梅生诸人,巳正散。与柯小泉围棋一局,周荇农来久谈,清理文件。午刻与李眉生谈诗,极佩杜牧之之俊伟。未正至万簏轩处赴席。簏轩已病,少荃、申夫代为东家。筵宴过盛,灯后方散,归来倦甚。方子白来久谈。写零字颇多。二更后温《古文·奏议类》。傍夕,折差王廷贵归来,即八月廿七日遣递恭慰大孝一折者也。夜登床,癣痒殊甚,三更后成寐。是日为酒食所困。余向来每日三饭,皆有一定时刻,本日失时,便尔大不适矣。

附 记

李朝斌　喻俊明　任星元　丁泗滨

初三日

是日拟赴黄陂夹为雪琴贺年。早饭后,雪琴来面订,渠即先归。余约少荃、申夫、眉生同去。辰正起行，至东门外，积雪甚厚，无路可行，轿夫苦之。行五里许，即有大堤，堤上雪为风扫去，易于行，走廿里至黄陂夹。雪琴款接殷勤，供张甚盛。未初中饭。饭后，雪琴与申夫、少荃等出外拜各营官，余在家少睡，与眉生㘞叙。傍夕与雪琴诸人谈，夜亦㘞谈。二更后阅《古文·奏议类》。睡后，左腿爬坡，痛甚，彻夜不甚成寐。

初四日

早起，与雪琴谈。旋少荃、申夫等皆起。早饭后至雪琴幕府，与诸友谈。坐舢板拜各营官，换坐长龙回家。午初至安庆公馆，见客三次。写家信一封。中饭后清理文件，接信，知徽休两军于七六日在岩寺街获胜，粮路已通，为之欣慰。清理文件。申正，季弟自枞阳来贺年。渠于初二起程，中途搁浅，风雪苦寒，三日始到，谈至一更四点。二更清理文件，三点毕。睡后，彻夜不能成寐，而癣不甚痒。

初五日

早饭后见客三次，衙门期也。旋至眉生处坐，与少荃、虎臣等㘞谈。午初清理文件。中饭办席，与季弟同饮。与柯小泉围棋一局。见客数次。与季弟㘞谈。申正清理文件。傍夕少荃来㘞谈。一更四点后，清理文件。二更三点睡。癣痒，不甚成寐。是日接奉廷寄二道、谕旨一道，沈幼丹放江西巡抚，李辅堂放江西藩司。

初六日

早饭后清理文件。勒少仲来小叙，洪琴西来久谈，陈虎臣、徐毅甫来，均久坐。改信稿三件。中饭后与少荃，眉生㘞谈，清理文件。外出拜客数家，酉刻归。寒冷异常，懒于治事。夜清理文件，至二更二点未毕。温《古文·奏议类》。日来癣痒异常，遍身若有芒刺者然，数夜不能成寐。本日尤不耐烦，因服脾汤一帖，睡后竟能酣睡，至五更方醒，近数月所未尝有也。傍夕接左季高信，知刘克庵廿六日大获胜仗，在济岭、大鳙岭一带。

初七日

早饭后清理文件。旋至眉生处小坐，与筱泉围棋一局。见客四次，又洪琴西来谈一次，并带其友人吴绍烈缵先等来见。写文任吾、周寿山信，又写左季高信，申正写毕。清理文件。见客二次。傍夕至眉生处久谈。夜清理文件，至二更三点止，尚未完毕。睡后，三更癣痒殊甚，四更乃得甘寝。

初八日

是日为先祖星冈公冥诞，与季弟同备祭席行礼。饭后清理文件。与柯小泉围棋一局。与眉生论看地图之法。旋见客二次，又坐见者十余起。午正出城，至河下拜客，在周荇农处久坐。未初至马学使处赴席，申正归。改折稿一件，未毕。夜改一折一片，三更毕。睡颇成寐，五更醒，癣不甚痒。

初九日

早饭后核改一折二片，又自作近日军情片稿一件。见客五次。午正至李眉和处小坐。与程颖芝围棋一局，又观程与柯竹泉围棋一局，中饭，请程柯二君及杨朴庵、吴缵先、洪琴西便饭，申初散。写对联、挂屏七件。李芋仙来久谈。傍夕接廷寄三件、谕旨一件，知彭雪琴开皖抚缺，以兵部侍郎候补，希庵调皖抚，严渭春调鄂抚，郑元善升河南抚。夜改折稿一件，二更毕。清理文件，至三更止，尚未完毕。睡后，久不成寐，四更略成寐，五更复醒。

初十日

早饭后见客三次，衙门五十堂期也，旋又见他客四次，义观察泰暨洪琴西谈稍久。午正发报三折、四片。中饭后阅看公牍，渴睡昏昏。至眉生处，与莫子偲久谈。旋与季弟一谈。文件甚多，懒于清理。身若有病，不甚耐烦。傍夕与少荃一谈。夜不愿治事，与季弟闲谈，写零字太多，倒床小睡。二更三点睡，三更成寐。本日文件概未清理。前二日因办折奏，亦尚有未毕者，合之三日，积压不少矣。是日申刻接部文，颁到令箭十二支、令旗十二面、箭壶一个、架子一个、王命旗十道，缨杆俱全，牌十面，旗牌均有令字。清汉文旗，以蓝缯为之。方二尺许，缯粗与夏布无异。旗杆用小竹、油砾为之，下有铁脚，上有油纸帽缀缨，均极草减，盖近来官物类偷窳矣。令箭长五尺许，令旗黄缎为之，上用泥金写"江南钦差大臣、兵部尚书衔、两江总督"字样，上有黄绸方套一个、画龙黄油布套一个，略精整，不似王命旗之偷减。

十一日

辰起作恶，急欲呕吐，强忍得止，因不食早饭，亦不治事。饭后，季弟归去。绕室散步逍遥。辰正至眉生处一谈，与小泉围棋一局。旋清理文件，见客四次，写郭筠仙、意诚信。中饭吃素饭，全不吃菜，幸不果呕。饭后散步良久。申刻清理文件，至傍夕尚未毕。灯后，写零字数十。旋批江西布政详停止摊捐一案，头绪繁多，悉心研核，至三更批毕。余欲力戒州县不可取民财，须令州县有为善之乐，故必尽革摊捐之款，使州县旷然无累，而后可与之更新。此案到已一月，迟回审慎，今始批定。

十二日

早饭后清理文件，见客四次。旋至眉生处小坐，与柯筱泉围棋一局。写左季高信一件。中饭后见客甚多，立见者七八次，坐见者二次。清理文件。毛寄云中丞所寄筠仙拟内江洋税章程折稿，细阅数遍，不甚了了。傍夕又与少荃、尚斋等鬯谈。夜清理文件，至一更四点粗毕。倦甚，小睡。二更后阅上海地图，水道太多，殊难清晰。三点睡，不甚成寐，三更三点渐得甘寝。是日仍未食油荤。酉刻，接沅弟腊月十五日来信。

十三日

早饭后见客五次，申夫与吴缵先谈较久。旋清理文件，至眉生处，与筱泉围棋一局。中饭后见客三次，清理文件。傍夕至少荃处久谈。夜饭后又作呕吐，吐出清水数十口，作恶久之。唯在室中散步，逍遥至一更五点。清理文件，二更四点止，尚未完毕。睡不甚成寐。

十四日

早饭后见客三次。清理文件，写家信、沅甫一件、纪泽一件。泽儿寄会合诗一首来，颇有意境，因批圈寄回。信中属其熟读魏晋六朝中曹、阮、陶、谢、鲍、谢六家暨唐宋金朝李、杜、韩、白、苏、黄、陆、元八家之诗。与柯小泉围棋一局。中饭后写季弟信一，又写希庵信一。见客一次，与少荃等谈。清理文件。酉正，任祖父自京回，阅京报四十四本，多新政，颇慰人望。又至少荃、尚斋处鬯谈。夜清理文件至二更二点止，温杜诗数十首，三点睡，颇成寐。五更后醒，不复成寐矣。

十五日

早，各员弁贺望贺节，见客纷纷，至巳正未毕。雪琴亦自黄陂夹前来应酬，至午初止。倦甚，不复能见客，小睡片刻。清理文件。中饭后又见客二次。新到公牍甚多，略一翻阅，不能竟理。旋写扁、对联、条幅，至傍夕毕。浏阳诸生邱庆籥等来此，令吹笙笛等为乐，余与莫子偲、李申夫、眉生、穆海航等听之。月色如昼，万里无云，与客细论时事，不知今年果有转机否，二更散。阅《说文》虫部，蚰、蟲等部。四点睡，颇能成寐，五更醒。日内，思余近颇安逸，未尝点名、看操、查墙子，尽心于训练之事，又未尝阅生书，温经史，即书牍公文亦积压不少，深用自愧。又有室家之乐，不似往岁之躬尝艰苦，恐上行下效，风气日坏矣。

十六日

早饭后见客五次。有新任宁国府知府刘传祺自京来，庚戌庶常散馆，为刑部秋审处提调，坐谈稍久。至李眉生处久谈。与柯小泉围棋一局。清理文件。中饭后核改信稿约卅件，至傍夕毕。与尚斋论人才，条理清晰者，往往心地不甚质实。夜清理文件，至二更四点止，日内积压之件减去一半。睡颇能成寐。近来每三四更得甘寝，五更乃醒，癣痒亦略愈。

十七日

早饭后清理文件。辰正至李眉生处鬯谈。巳初接奉谕旨九道、廷寄一件。余以正月初一蒙恩，以两江总督协办大学士。沅弟以正月初四日蒙恩，补浙江按察使。无功无能，忝窃至此，实深惭惧。道喜之客甚多，直至未初，应酬粗毕。中饭后出城送周荇农之行，旋至东门看新葺之敬敷书院，酉初归寓。清理文件。傍夕与李眉生、方子白鬯谈。夜清理文件，至三更止。睡不甚成寐。日内盼望上海信息殷忧迫切，不知何以久无确音。

十八日

早饭后清理文件。旋至眉生处鬯谈。与筱泉围棋一局。见客十余次。潘馥自上海来，携有吴晓帆、潘季玉信函，问及洋人与长毛交战事，叙谈良久。赵惠甫自湖北来，亦与久谈。中饭后写左季高信一件，核改信稿数件。见客七八次，周荇农、李勉亭谈颇久。写沅弟信一件。傍夕与少荃、眉生等一谈。夜清理文件。李辅堂信中手折十余条，逐一批发，三更尚未完毕。睡后，三更三点成寐，五更初醒，癣痒少愈。

十九日

早饭后清理文件。旋加信四处，各一二片。辰初三刻开印行礼。礼毕，寓内文武来贺，外客皆辞谢。旋至眉生处邕谈，与小泉围棋一局。出门拜客一家。归，雪琴来久叙。午刻小睡。未初请客，学使与司道数人便饭，雪琴亦在坐，申正散。倦甚，不能作事。酉正，与眉生、伯符、尚斋、小泉诸人议余得协办应否辞让，商酌良久。夜清理文件。旋改复奏江浙军务折稿，至三更毕。是日申正酉初，写对联条幅八件、扁二付。夜不能成寐，似因用心太过之故。

廿日

早饭后见客三次，衙门期也。旋清理文件，改徽州战事折稿，又青阳战事片稿。午正，洪琴西来邕谈，观余午饭。饭后，改信稿三件。申刻少荃来，邕谈一时许。余亦至眉生等处，详论应否疏辞协办之命，众议以为宜受协办，而坚辞节制四省之权，不可同时并辞，近于矫情钓誉，灯时定计。夜作谢恩一件，又作密片一件，三更毕。睡不成寐，似因用心太过之故。

廿一日

早饭后清理文件。旋至眉生处，与筱泉围棋，尚未终局，接周弢甫信，买洋船一只，湾泊城下，欲余登船阅看定夺。其价已议定五万五千金。一委员朱筱山别驾押坐来皖，因与朱同登舟一看，无一物不工致。其用火激水转轮之处，仓卒不能得其要领。少荃、申夫、眉生等亦均往阅看。午初归，倦甚，小睡。未初请客，潘馥、刘传祺等便饭，申初三刻散去。折弁杨龙章自京师回，查阅京信。清理文件。与眉生、小泉等邕谈一次，又与尚斋论徽州平粜米一次。夜清理文件，至二更三点粗毕，而连日所到地方公牍，多未打到。睡颇能成寐。

廿二日

早饭后清理文件。旋至眉生处小坐，与筱泉围棋一局。作夹片，言上海借洋兵助守事。见客二次，刘养素自江西来，坐颇久。中饭后见客二次，蒋嘉槭，号莼卿，系余请来作折奏者，坐颇久。清理文件。剃头一次。倦甚，傍夕小睡。夜阅杜牧之诗，写零字颇多。积压之件懒漫不欲清厘。是日酉刻发报三折、三片、一清单，中有谢恩折，行九叩首礼拜发。夜接奉廷寄一件。

廿三日

早饭后清理文件。见客三次。写倭艮峰信一件、吴竹如信一件。与柯小泉围棋一局。中饭后清理文件，见客二次，陈虎臣谈稍久，改信稿二件，傍夕与柯小泉、李眉生等商明日题试书院甄别，因令幕府各拟一题，余择其一。写挂屏八幅。夜温《庄子》、《胠箧》、《达生》等篇。二更三点睡，甚能成寐，亦可喜也。

廿四日

早饭后写家信，澄弟一件、夫人一件。因报喜者索钱甚多，寄银百两。旋出门至杨朴庵处小坐。旋至忠义局观考试。敬敷书院举贡生监均准予考，四书题《古之贤士，何独不然，乐其道而忘人之势》，诗题《翰墨场中老伏波》。与首府陈心泉约点名后，在彼少候，而余到时，渠不少候，殊为恼怒。旋出城至李少荃处道喜，渠本日新移居营盘也。又至河下拜刘养素、蒋莼卿，午初归。至李眉生处小坐。清理文件，雪琴来久坐。中饭后习字一纸，见客二次。莫邵亭来，因同至眉生处，畅谈约一时许，灯后归。程伯出示洪稚存《上成亲王书》，即嘉庆己未获咎发遣新疆者。当时直声震于天下，今观之，亦无甚触忌讳之处。夜清理文件，至二更四点毕。是日早，接奉廷寄，催令迅速奏事，知两宫皇太后盼望奏报，殷拳迫切，读之且感且悚。

廿五日

早饭后见客三次，衙门期也。首府陈心泉，恶其失信，未与相见。旋至眉生处小叙。陈虎臣、洪琴西、钱调甫、杨朴庵等四次会晤，皆叙谈良久，已未初矣。请刘养素、蒋莼卿等便饭，申正散。倦甚，不能作事，复至眉生处。天气北风严寒。夜清理文件，写零字甚多。阅长江通商章程十二条，通共章程五条，不甚了了。清理文件。温元遗山诗。三更睡，颇能成寐。陈妾日内患病，本日服药略愈。

廿六日

早饭后清理文件。旋见客四次，万簏轩坐颇久。与柯小泉围棋一局。中饭后作书复毛寄云，论夷税事件。写扁二件。将毛信稿细酌，至三更始行作毕，共约二千字。是日午刻，定刻门牌之式、团册之式，颇为用心。下半日稽核夷务，尤费钻索之功。用心太过，夜睡不能成寐。是日接奉廷寄一件。

廿七日

早饭后清理文件。因昨日用心太过，不敢办事。少荃来久谈，旋与同至柯小泉处一谈。会客二次。旋与尚斋围棋一局。午刻写希庵信一，核改信稿二件。中饭后倦甚，小睡。旋写对联八付。傍夕阅工匠修葺屋宇。夜清理文件，二更后温杜牧之律诗。三点后睡，酣眠至五更方醒，深以为慰。近日积压公牍甚多，又各处请代作谢恩折者，至八起之多，未能核改。又应行复奏之折数件，未能起草。昨日偶而用心太过，本日已昏倦，不能治事。精神之疲弱如此，责任之艰大如彼，殆无不踣之理，实深焦灼，不知何术可补救一二也。是日接奉廷寄一件，系因江浦、浦口克复，饬令进攻金陵。

廿八日

早饭后清理文件。旋至眉生处小坐，与柯小泉围棋一局。见客五次。将日内所到部文打到。中饭后又打到百余件。夜又打到百余件，尚未完毕。下半日见客三次，习字一纸。二更倦甚，即在位次小睡。三点后至上房。疮痒殊甚，手上诸疮作疼，颇以为苦。睡后，尚能成寐。是日酉刻至外一行，观长夫所修葺之客馆。傍夕接家信，系正月初五六澄弟等寄来者。

廿九日

早饭后清理文件。旋至眉生处，与筱泉围棋一局。习字一张，见客五次，刘养素坐颇久。午正程颖芝来，与围棋一局。中饭后见客三次，丁日昌坐稍久。手上诸疮作疼，懒于治事。清理文件，至傍夕毕。夜倦甚，倒床小睡。二更后阅白香山诗。旋清理文件，三点毕。睡颇能成寐。是日接奉廷寄一件，系正月十八日所发者。

卅日

早饭后清理文件。旋见客四次。写左季高信一件。与眉生㘭谈。与筱泉围棋一局。作复奏折，至灯初毕，约千七百字。旋清理文件，朗吟韩诗数十首。二更三点睡，因本日用心太过，彻夜不能成寐。

二 月

初一日

早间，各文武贺朔，至巳正方毕。与柯筱泉围棋一局。蒋莼卿搬入公馆。少荃来，罄叙一切。午正因说话太多，倦甚。清理文件。午饭后，又见客三次。审内修葺东北厅屋三间，余签押房将移于此，频往看视，亦因神怠不能治事，故聊尔逍遥也。责任艰大，才智不称，精力日疲，可忧之至。夜清理文件。季弟信，言收降卒三千，请立大营，踌躇久之，不敢定计。公牍中所刻余官衔，字数太多，因删去十四字，令其另刻。戏题一绝云："官儿尽大有何荣？字数太多看不清。删去几条重刻过，留将他日写铭旌。"温韩诗十余首。二更三点睡，酣眠至五更方醒，美睡也。

初二日

早饭后清理文件。至眉生处罄谈。与筱泉围棋一局。写官制军信一件。万篪轩来久谈，与之面定厘卡坐支章程。中饭后清理文件，写季弟信一件。旋写扁一方，写对联八付，戏仿近人孙曼生笔意。写毕，与眉生论古人作之法，至灯时散。夜清理文件，二更毕。喉痛似有微热，因高声诵《诗经》各篇。三点睡，至四更三点方醒。近日每得美睡，虽两臂两手疮痛，而亦忘之，岂身体日佳耶？

初三日

早饭后清理文件。旋至眉生处谈。与筱围棋一局。见客一次，万篪轩、李申夫本日始履任，来谢也。巳正杨朴庵来。前考书院卷，请朴庵代为阅看，至是始阅毕送来，因与同阅数卷，评定甲乙，令人写榜，未初写毕。留朴庵在此便饭。

饭后，喉痛殊甚。至眉生处小叙，仍尔不怿。申正登床竟睡，至晡方起，喉痛略愈。夜清理文件。写姚秋浦信一件。二更后喉痛，不能作事。三点睡，颇能成寐，至五更一点方醒。是日辰刻，行接诏礼，三跪九叩。因昨夜接奉十二月初八日上文宗显皇帝尊谥诏书也。午刻接奉廷寄一件。

初四日

早饭后清理文件。旋写家信一封。与柯小泉围棋一局。出门拜客，万篪轩、李申夫两处道贺，至城外李少荃营，又至韩正国营、程学启营、李济元营、滕嗣林营，归寓已未初矣。中饭后喉痛，请潘姓医视。旋至上房小睡，喉痛不止。见客一次，赵惠甫坐颇久。酉刻后静坐，不作一事，喉痛略愈。夜清理文件，至二更二点毕。温杜诗五律，久读"用拙存吾道"二章。三点睡，甚能成寐。是日接信，鲍春霆放浙提督，又知沅弟正月廿三日已至省城矣。

初五日

早饭后清理文件。见客二次，衙门期也。旋至眉生处，与筱泉围棋一局。接奉廷寄一件、谕旨六件，系因余正月十日发报批回，而原折竟未接到，殊不可解。谕旨屡次褒嘉，读之悚惧异常。写许仙屏信一件，约千余字。中饭后核改折稿三件，检点明日折差进京应备诸物，清理文件，至晡时毕。夜核改信稿四件，清理文件，至二更毕。温杜诗五律。上床时，右脚疮疼殊甚，呻吟不止。三更成寐，黎明方醒。本日喉痛已愈，服归脾汤一帖。

初六日

早饭后拜发题本，即登极贺表也。旋清理文件，写周子佩信一封，派曹恒德进京。接奉廷寄一件、谕旨二件，即昨日应接之批折，乃笑军机处分作两日发还矣。与筱泉围棋一局。见客三次。清理文件。中饭后接张胜禄禀，言望城冈地太敞，河太窄，不便扎营。闻刘连捷已于初四日拔营，心以为忧，因手批止之，不知赶得及否，焦灼之至，恐沅弟将到未到之际而营中疏失也。清理文件，皆地方事，连日积压未画到者，至二更三点止，尚未完毕。夜写季弟信一件。是日巳刻核改谢恩折二件。

初七日

早饭后清理文件。右脚偶尔疼痛，屈伸不能自由。至李眉生处久坐。旋见客四次。陈庆长系江苏候补知府，由浙江省城贼中逃出来，谈最久。写左季高信一件。中饭后，闻左左调张㮏园军，分二千人扎马金街，心以为虑。又写张凯章信一件。洪琴西来久坐。至眉生处久坐，与筱泉围棋一局。旋清理文件。夜复清理良久，至二更毕。接奉廷寄一件，催沅甫弟赴上海。睡甚能成寐。上床至四更方醒，五更又酣寝矣。老境中忽多美睡，岂顽健耶？抑昏惰耶？

初八日

早饭后清理文件。旋见客四次，雪琴来谈颇久。与柯筱泉围棋一局。凯章自湘乡来，与之久谈，即留在公馆住。清理各谢恩折共八件，校对一过，初十日将专差送京。清理文件，习字一纸。中饭后，与眉生、纯卿等一谈，与凯章久谈。清理文件。夜写信，沈幼丹一件、李辅堂一件，写零字颇多，温古文二首。睡后，三更成寐，将明乃醒。接季弟信，知李与吾陆兵于初二日获一胜仗。

初九日

早饭后清理文件。旋见客五次，周寿山来久坐，罗少村、陈虎臣、刘养素坐亦久。午初出城接李希庵中丞，在厘金局等候甚久，申初始到。旋进城同至余寓，因与凯章、少荃同席，傍夕散。夜与希庵谈至三更，希即在余公馆内住宿。睡后，不甚成寐，似因说话太多之故。

初十日

早饭后拜发万寿折。希庵与我同行三跪九叩礼。此次折差共赍谢恩折八个，又万寿折六个，余一、希庵一、雪琴一、马学使一、鲍军门江军门各一也。旋见客二次。巳刻出门拜希庵，午刻归。见客二次。中饭后至李眉生处坐，与筱泉围棋一局。略清文件，不暇细看，盖将改折稿也写零字颇多。倦甚，小睡。天气转寒，大风震瓦。盖将改折稿二件，二更三点毕。清理文件，三更睡。

十一日

早饭后清理文件。旋改折稿一、片稿一。与柯小泉围棋一局。巳正，希庵来鬯谈，至酉初方去。余因说话太多，倦甚，因在室中散步逍遥。夜清理文件。三日之内积压之事已多，至二更四点尚未完毕。睡不甚成寐。

十二日

早饭后清理文件。旋以忠义局第六案一折，请陈虎臣来帮同校对。校毕，发报二折、三片、一单。见客五次，又立见者六次。至李眉生处小坐。习字一纸。倦甚小睡。中饭，请养素、张凯章。饭后，至眉生处坐。陈作梅来，旋希庵来久坐，至夜二更始去。清理文件。三更睡。昨日春雪，本日阴寒，至未刻后晴霁矣。

十三日

早饭后清理文件。习字一纸。与柯小泉围棋一局。见客五次。阅《文献通考·兵考》一卷。雪琴来久谈，未初来，申初去。希庵来邕谈。申正，雪琴复来，共谈至一更四点始散。清理文件，温苏诗数首。本日渴睡殊甚，午正昏昏睡去，二更复思睡，倒床乃不甚成寐。前日写一扁，本日悬挂，乃甚不称意，盖三字中，两字作竖势，一字作横势，不能自成一律也。因悟作字之道，全以笔阵为主，若直以取势，横以出力，当少胜矣。

十四日

早饭后写家信一件、官中深堂信一件。旋出门拜客，至希庵处久坐，又至马学使、李少荃处，至谷米局看湖北协济之谷，每石掀簸，得八斗八七升不等，午正归。见客二次。中饭后，与筱泉围棋一局，清理文件。申刻写对联十余付。傍夕，陈作梅来谈，至二更方散。写袁午桥信一件，约八百字。三更睡，不甚成寐。日内应复之信，经幕友具稿者，久未核定，废阁甚多，殊以为愧。

十五日

黎明，九弟自家来营。各文武贺望，兼九弟初到，应酬纷纷，直至午刻少息。核改信稿四件。中饭后，与九弟久谈。写左季高信。见客二次，赵惠甫坐颇久，希庵来久坐。写唐义渠、阎丹初信一。陪希庵谈至二更方散，又与沅弟谈至二更四点。睡不甚成寐。近日疮癣少愈，不甚痛痒，不知何故，岂湿气已尽除耶？

十六日

早起，与九弟邕谈。饭后见客七次，围棋一局，核改信稿三件。中饭后清理文件。写信，季弟一、雪琴一、多礼堂一片。剃头一次。王甥冠圭兴韺来久坐。灯后，九弟归，邕谈至三更止。睡不甚成寐。日内因希庵、沅弟新到，应酬较繁，说话甚多，公事多废阁不办。

十七日

早起，与九弟谈。饭后，朱铁桥来，陈作梅来，与之邕谈。希庵旋来，久谈竟日，直至灯后方去，沅弟陪之久坐，余亦时陪时未陪，上半日见客四次，内少荃坐较久，留之便饭。下半日，小睡半时许。灯上，希庵去后，与九弟邕谈至二更五点方散。因九弟有事求可、功求成之念，不免代天主张，与之言老庄自然之趣，嘱其游心虚静之域。

十八日

早饭后，与九弟邕谈圣贤成己成物、立人达人之道，言统带兵勇，不可存沽恩市德之意。旋见客三次，清理文件。巳刻与筱泉围棋一局。又与蒋莼卿等论次青之非。小睡片时。午初清理文件。中饭后又略为清理。沅弟申初来，希庵申正来谈，至二更方散。清理文件。三更睡。日内积压事件甚多，几不可爬疏矣。本日接家信，泽儿颇以年长学浅为惧，或进善之机耶？

十九日

早饭后，江苏委员厉学潮来，解饷八万两。少荃启行之途费有着，快慰之至。旋见客六次。清理文件。与筱泉围棋一局。午初，九弟来邕谈，至灯后方散。清理文件，二更四点尚未完毕。睡颇成寐。是日，风大作寒，俗所谓观音暴者。莫子偲自大通归，赠余以武英殿聚珍板《水经注》一部，亦余所购求而不得者。

廿日

是日堂期，早饭后见客四次。旋出门拜客。至九弟处，午初归。与柯小泉围棋一局。口唇微烂作痛。清理文件。中饭后，代希庵改折稿一件，又自改折稿一件。灯后，改谢恩折稿二件，二更三点毕。用心太过，睡不甚成寐。

廿一日

早饭后清理文件。旋接家信，季弟妇邓宜人于初七日弃世。又接郭云仙、意城等信，言之甚详。九弟来，论季弟家事。旋见客三次。写季弟信一件。接奉廷寄二件。接沈幼丹信，言事甚详。中饭后，九弟仍鬯谈一切，至申初始去。略清文件。杨朴庵送书院课卷来，一谈，傍夕希庵来，谈至二更散。清理文件。三更睡，甚能成寐。

廿二日

早饭后清理文件。旋作参李次青片奏一件。巳初，与沅弟同出东门城外，看新到之七营，午初二刻归。与柯小泉等一谈，清理文件，见客一次。中饭，请陈作梅、吴彤云、周寿山便饭。饭后，写沈幼丹信。九弟与少荃来鬯谈，至二更方散。清理文件。二更三点睡，颇能成寐。四更后，忽患头痛，起坐片时。是日拜发三折、一片。

廿三日

早饭后清理文件。旋与柯小泉围棋一局。见客三次，内见隋观察时，词色太厉，令人难堪，退而悔之。写左季高信一件，阅《文献通考》。渴睡殊甚。巳正三刻，希庵来久谈，午正沅弟来，两人皆作竟日之谈，希庵至傍晚方去，沅弟至二更方去。沅弟极服生卓识迈伦，余平日见其大雅不群，亦料其必有过人之识，特未深谈耳。清理文件。说话太多，疲倦殊甚，治事片刻，已不耐烦矣。城门人来，误传陈湜、萧孚泗皆来，余以其为前敌统领，恐其因败溃而到此，寸心怦怦不宁。后闻其派哨官来此，惊缝始定。

廿四日

早饭后清理文件，写家信一件。旋围棋一局，沅弟来久谈。写季弟信一，又写澄弟信一，张仲远来久谈，午初出城，至九弟舟次送行。弟将至下游，进兵攻巢县也。未初归。中饭后，见客二次。倦甚小睡。清理文件。赵惠甫来久谈。傍夕至李眉生处一谈。夜核改信稿五件。二更后，温元遗山诗。三点，渴睡殊甚，倒床熟睡，此近来之佳状也。

附　记

宋阶和，唐萍洲荐
章寿麟

首府县查街太密

廿五日

早饭后，堂期见客二次。旋清理文件。见客五次，张仲远、彭杏南坐最久，与柯小泉围棋一局。中饭后清理文件，因积压太多，稍一廓清，尚未完毕。徐毅甫来久谈。希庵于酉正来，二更后始去，所言多正论。旋又清厘文件少许。四点睡，又得酣寝。累年不能成寐之病，今春忽得痊愈，连宵多得美睡，殊不可解，岂俗所谓时好运好、百病皆除耶？抑忧勤变为逸豫，清明变为昏浊，为衰耗之征耶？

廿六日

早饭后清理文件，写刘印渠信一封。旋出门拜张仲远，又至希庵处久坐二时，午正始归。见客四次。中饭后围棋一局，清理文件，习字一纸。倦甚，不能多治事。见客二次。接奉谕旨一件、廷寄一件，系因余二月初日一折还附发者。傍夕清理文件，至夜二更止。温《古文·辞赋类》，二更四点睡。

廿七日

早饭后清理文件。旋至城外看亲兵营操演，巳正归。见客四次，吴桐云与杨利叔、蒋寅昉坐最久。未初请张曜、孙仲远中饭，申刻散。甫送客后，希庵来久谈，更初去。清理文件。二更四点睡。日内公事多积压未清，而书籍久未入目，纷纷应酬，日不暇给，实可愧耻。本日，吴桐云送诗古文三册，殷殷请教，殊惭无以答其意。

廿八日

早饭后清理文件。旋见客二次。希庵约余同至黄溢夹拜雪琴，辰刻起行，巳刻到。与雪、希鬯谈。午正小睡。中饭后又鬯谈。申刻，代雪琴改折稿二件，傍夕小睡。腹胀，腹泄。二更后，江苏有绅士钱鼎铭、潘馥复来请援，带火轮船，将潜载少荃之兵直赴上海。随后更有轮船六号续至。每次七船，计可载三千人，将分作三次迎接少荃之兵。余以少荃之兵，日内已订定由巢县、和、含陆路东下，今若遽改为舟行，则大拂兵通之心；若不由舟行，则大拂江苏绅民之心，踌躇久之，不能自决。二更五点睡，腹痛，不甚能寐。

廿九日

早饭，与希庵及江苏绅士钱鼎铭、潘馥、委员厉学潮同饭。饭后，自雪琴处归，巳刻到家。与幕友程尚斋、柯小泉等鬯谈。旋围棋一局。少荃来，与之言江苏官绅殷殷请援之意，有甚于蹈水火者之求救。其雇洋船来接官兵，用银至十八万之多，万不可辜其望，拂其情，决计由水路东下，径赴上海。旋见客四次，张仲远坐颇久。未刻请少荃便饭，作梅与其弟继苓、幼苓陪之。饭后，见客二次，洪琴西谈颇久。本日因吃菜略多，疲困殊甚，腹胀不止，将两日公事略一翻阅，不能清理。阅何子贞《峨眉瓦屋游诗草》。傍夕，希庵来，少荃亦来，谈及少荃所部诸将优劣，一更四点散。余倦甚，不能治事。又阅何子贞诗毕。阅魏默深所著《道德经注》。二更三点睡，甚能成寐。

三 月

初一日

早起,因腹胀,谢不见客。饭后接左季高信,知大股贼围遂安,将由婺源、白沙关以犯江西,因札调张凯章军扼防婺源、白沙关。复左季高信一信,写凯章信一。与小泉围棋一局。雪琴来久谈,即在余寓拜发谢恩折,申初去。少荃来久坐。清理文件。酉正与幕友久谈。夜温《项羽本纪》,未毕。

初二日

早饭后清理文件。旋与幕客久谈。因李次青来一贺禀,文辞极工,言及前此参折不少留情,寸心怦怦,觉有不安。与筱泉围棋一局。至方子白房中一坐。渠近来日夜读书,观其功课单,系今文《尚书》《庄子》《史记》、韩文、杜诗数种,甚得要领,心窃韪之。旋见客三次,又见各营官。昨日闻贼破历口,本日又闻至桦根岭,心以为忧。中饭后清理文件。李少荃来谈二时许。酉时希庵来,一更四点去。清理文件,二更四点毕。睡后,至三更四点始成寐。

初三日

早饭后,清理文件。旋见客四次,与柯小泉围棋一局,与眉生等久谈,写对联二付。又见客二次。写沅、季信,并地图专人送去。中饭后清理文件,有厘金局详文二件,到已月余,亲批发之。见客二次。洋船之来接少荃一军者,本日又到二只。汤寿铭来解盐院衙门公费银万五千两,余拟以一万协济袁午帅。何根云制军信来,并附寄亲供。一朝迷误,万事瓦裂,亦可悯也。清理文卷积阁之件,至傍夕粗毕。夜打到数十件。温《项羽本纪》,二更四点毕。是日思为督抚之道，即与师道无异。其训饬属员殷殷之意，即与人为善之意，孔子所谓"诲人不倦"也；其广咨忠益，以身作则，即取人为善之意，孔子所谓"为之不厌"也。为将帅者之于偏裨亦如此，为父兄者之于子弟亦如此，为帝王者之于臣工亦如此，皆以君道而兼师道，故曰"作之君，作之师"，又曰"民生于三事之如一"，皆此义尔。

初四日

早饭后写澄弟信一封。旋出门拜客，至少荃处久谈，至希庵处久谈，午正归。见客二次。中饭后见客四次。写左季高信一。清理文件。申正，少荃来久谈。傍夕，希庵来谈，至一更三点去。清理文件。温《项羽本纪》。日来纷纷见客，不能悉心治事，又不能温读熟书，气浮而神浊，殊为愧厉。

初五日

早饭后清理文件。见客三次，衙门期也。旋与柯筱泉围棋一局，又见客三次，习字一纸。午后见客二次。洪琴西、李申夫坐皆久。中饭后见客，皆立谈，未坐。作复奏御史朱潮一折，请钦派大员至广东抽厘完饷，至二更三点作毕。

初六日

早饭后清理文件，核改折片共五件。辰刻点林字营千人之名，约半时许毕。下棋一局。中饭后清理文件，见客二次，坐对四付。希庵来，少荃亦来，同坐至二更方去。清理文件，至二更四点粗毕。接信，闻成大吉援颖之师初二日小挫一次，为之焦灼。

初七日

早饭后，出城至洋船一看。亲兵营韩正国八百人坐一船，周良才五百人坐一船，开字营程学启千三百人坐一船。看毕，吩咐一番。渠等即于辰刻、巳刻开行。归，至希庵公馆一叙。巳正归，清理文件，核改折稿一件。见客六次。雪琴自黄皮夹来一谈。未刻请徐毅甫、方存之等便饭，申正散。少荃来辞行，邕谈一切。旋至眉生处，遇吴彤云、周寿山，一叙。倦甚，梳头小睡。夜清理文件，温杜诗五律，朗诵数十首。

初八日

早饭后清理文件，写季弟信一件、九弟信一件，与筱泉围棋一局，与陈虎臣等久谈。发报折三件、片四件，又代人递谢恩折三件。写左季高信一件。中饭后清理文件，核改信稿五件。申刻剃头。希庵来久谈，至二更去。清理文件，温《项羽本纪》。渴睡殊甚。

初九日

早饭后清理文件。旋与筱泉围棋一局。习字一纸。见客四次，潘鼎新谈较久。阅丛书《今世说》《宋四六话》。中饭后，添李辅堂信三页，阅丛书《中广名将传》。见客二次，杨利叔、张仲远谈最久。复雪琴信，清理文件。夜清理各咨札稿，温《项羽本纪》《萧相国世家》。渴睡殊甚。睡后，竟夕不醒。是夕闻颍州解围，欢慰无已。从此，安徽吏治军政渐可统于一尊，不至两路梗塞，政出多门矣。本年春晴已久，昨今两日，风雨严寒，本日雨尤大，不知少荃一军附洋船赴上海者，途次平安否？

初十日

早饭后见客二次，衙门期也。陈虎臣来谈。与筱泉围棋一局。与眉生久谈。闻方子白读书之声甚勤，至其房少坐。陈作梅来久谈。写沈幼丹信，未毕。申甫来久谈。中饭后见客二次。将幼丹信写毕，约千余字。清理文件。申刻希庵来久谈，至二更二点方去。余说话太多，困倦殊甚，倒床即已成寐，至黎明方醒。自以每日为应酬所困，公私废阁，深以为愧。

十一日

早饭后清理文件，陈艾虎臣来久坐。旋至眉生处一谈，与筱泉围棋一局，习字一纸，写左季高信一件，见客一次，写郭云仙信一件。云仙信来已廿日，其言甚长，一论长沙编纂《忠义录》之体例，一论上海洋税宜归汉口。余倩赵惠甫作稿复之，又自添数页。中饭后清理文件，见客二次。莫子偲赠余《元和郡县志》一部，余答以陈刻《通鉴》。夜清理文件，核改信稿，至二更止。温《曹参世家》。是日申刻倦甚，小睡。傍夕又小睡。说话较少，夜间治事尚不疲乏。

十二日

早饭后清理文件。出城阅林字营操,巳刻至希庵处久谈,午刻归。方存之、洪琴西来久谈。未初请吴竹庄、黄昌岐、王柱堂来便饭,申刻散。与赵惠甫谈。清理文件。夜核改信稿四件,二更后温杜诗五律,倦甚。至尚斋、眉生等处一谈。

十三日

早饭后清理文件。接家信,二月廿四日所发,澄侯一件、纪泽一件。见客三次。下棋一局。改抵征详文一批。巳正二刻,希庵来久谈。中饭后,渠即在余处坐睡片响。申初写对联一付。见客二次。酉刻出城至洋船送淮勇树字、铭字两营之行,傍夕归。写沅、季二弟信一件,清理文件,夜初更毕。温杜诗五律。渴睡殊甚,二更三点睡,倒床即已成寐。是日派吴竹庄至江阴,看常、阴、沙洲可办团否,又令黄镇翼升附轮舟先至上海一行,察看下游情形。

附　记

趋王　　襄王

沃王张洛刑<small>捻首</small>　　导王陈仁荣<small>四眼狗部下</small>

遵王赖文光<small>狗部</small>　　扶王陈学礼<small>狗部</small>

启王梁成富<small>狗部</small>　　祐王蓝□□

敬王林大居<small>刑部,又正秋僚,逞千岁</small>

畏王秦日南<small>刑部,副秋,昌千岁</small>

章王林绍璋　　干王洪仁玕

对王洪春元<small>猛千岁</small>　　辅王杨辅清<small>戚千岁</small>

侍王李世贤

保王童容海<small>石达开部下,由广西、江西至汀州、铅山、浙江至上海</small>

爱王黄崇发<small>吉千岁,刑部,又副秋僚</small>

奉王古隆贤

护王陈坤书<small>元年二月,救援江北</small>

勇王洪仁达<small>王次元</small>

匡王赖文河

顾王吴汝孝前在巢县，副千岁

卫王杨雄清咸千岁

赞王蒙得恩

□王何雅秀十一年守桐城，开禀奏作雅林，元年二月廿三日战戮

直王□□□

十四日

早饭后清理文件。旋写一信与纪泽儿。与筱泉围棋一局。见客七次，内雪琴与吴子序坐稍久。午正至希庵处送行，即在渠处中饭，申刻归。见客三次。张仲远坐最久。旋清理文件。接奉廷寄三道。与眉生少叙。傍夕，作梅与希庵先后来，二更二点去。略清文件。睡后，颇能成寐。

十五日

早饭后，出城送希庵之行，辰刻归。见客三次。与筱泉围棋一局。写沈幼丹信一件。中饭后写沅弟信一、毛寄云信一。吴子序来久坐，约二时许。清理文件。傍夕与眉生久谈。夜清理文件，二更后温苏诗七律。睡后，不甚成寐。

附　记

送张仲远

拜吴子序

写少荃信，银二万

送周世兄银

上洋船看

十六日

早饭后清理文件。旋见客六次，与筱泉围棋一局，写折扇一柄。接少荃上海来信，知渠于初十日到上海；沪上中外各军，于初六、七日，大获胜仗，为之少慰。温《古文·传志类》《楚元王世家》、《梁孝王世家》、《五宗世家》，中饭后，未正温毕。见客二次，写左季高信一件，写对联十余付，倦甚。傍夕，至眉生处一谈，万篪轩、勒少仲在坐。夜清理文件，二更三点毕。渴睡殊甚，三、四更成寐，五更仍醒。

十七日

早饭后清理文件。写杨节母碑额，久不作篆，生涩殊甚，乃知天下万事贵熟也。见客三次，写李少荃信，围棋一局，习字一纸。中饭后写沅甫信。前闻洋船过芜湖来者，言十三日三山夹火光烛天，心以季弟营盘为忧。本日，沅弟寄到季十三日一信，乃为之慰喜。申初出外拜客。又至河下看洋船，送春字营、鼎字营赴沪，酉初二刻归。清理文件。傍夕高吟黄山谷七律。夜将科房所呈批稿簿清理一过，稍清月余积阁之件。余既抄选十八家之诗，虽存他乐不请之怀，未免足己自封之陋。乃近日意思尤为简约，五古拟专读陶潜、谢朓两家，七古拟专读韩愈、苏轼两家，五律专读杜甫，七律专读黄庭坚，七绝专读陆游。以一二家为主，而他家则参观互证，庶几用志不纷。然老境侵寻，亦只能长吟以自娱，不能抗乎以入古矣。

十八日

早饭后清理文件。旋见客二次。与柯小泉围棋一局。核改信稿十余件，习字一纸。洪琴西来，久坐时许，戏言余有扑面相法，谓初次一见，即略知其人之梗概也。中饭后见客三次，子序谈最久。又与子序围棋一局，申末去。写对联十付。篆一联赠方存之云："敛气乃宏才学识，高文待续方刘姚。"傍夕高吟山谷七律。夜清理文件，二更三点结。昨数日疲倦殊甚，昨夜服归脾一帖，本日神气较正，然则药物不可尽信，亦不可尽不信也。

十九日

早饭后清理文件。旋见客四次。与眉生等咨谈。核改信稿八件。中饭，请吴子序、蔡芥舟、甘子大、曾祺便饭，申初毕。清理文件，写沅甫信未毕。存之、琴西来久谈。旋写沅信毕，又写雪琴信。昨闻青阳克复之信，尚未深信，果已克复，为之一慰。夜清理文件，二更三点毕。睡颇成寐。

廿日

早饭后见客二次，衙门期也。旋马学使来会。清理文件。围棋一局。写季弟信一、左季高信一、沈幼丹信一。与眉生等久谈，困倦殊甚。拟作奏疏，困倦不克执笔。中饭后，温《古文·传志类》中廉蔺、平原、信陵诸篇。欧阳定果来。

接沅弟信，知望城冈十五日获一胜仗。与邓守之论篆隶之法。夜清理文件，二更后温七古诗廿余首。

廿一日

早饭后清理文件。旋围棋一局。见客一次，与李眉生、穆海航等鬯谈。温"传志类"中《刺客传》、《田窦传》，习字一纸。中饭后清理文件。接少荃信，言上海事颇详。写沅弟信一件。夜清理文件，眉生来少谈，二更三点清理毕。睡颇成寐。是日，接奉廷寄二件、谕旨三件，是因余二月廿二日之折批回者。

廿二日

早饭后清理文件。旋与小泉围棋一局。见客四次，万簏轩坐最久。将作折稿而久未下笔，写澄侯信一件、毛寄云信一件。中饭后作奏折，至二更始毕。中至眉生处，与子偲、受山等鬯谈。作希庵信一件。二更后清理文件，至四点毕。腹痛，不甚成寐，亦因用心太过之故。是日构思之际，写零字甚多。二更，接奉廷寄一件。

廿三日

早饭后清理文件。旋与柯小泉围棋一局。出门拜客三家，在周寿山处坐甚久，午初归。见客三次，杨畏斋谈颇久。中饭后与吴予序围棋一局。雪琴来久谈。申正后核改折稿二件。灯后作片稿一片，核改片稿一件，清理文件，二更三点毕。是日接奉廷寄一件，催杨军门回营。又接禀报，知雍家镇于十九日攻破矣。

廿四日

早饭后清理文件，旋写李少荃信一件、沅甫弟信一件。围棋一局。见客三次。写澄弟信一件。午刻与甘子大围棋一局。大雨如注，自辰至午未息。中饭后见客三次。至城外洋船上一看，庆字营淮勇赴上海，又有鼎字一哨、林字二哨。酉刻归，写左季高信一件。夜清理文件，倦甚，二更三点毕。是日接沅弟信，于廿日克复巢县、含山两处。夜接季弟信，克复繁昌县城。酉刻发报折三件、片一件、清单一件。夜接奉廷寄二件。

廿五日

早起，至万寿宫行礼，是日为今上万寿圣诞也。卯正归寓。饭后见客三次，旋又见客二次，吴竹庄自上海回，与之久谈。竹庄十四日自皖赴沪，昨日归来，去来各仅二日，在沪尚住六七日，甚矣，洋船之神速也！与筱泉围棋一局。清理文件，颇形困倦。闻石埭克复，下半日又闻太平克复。写季弟信一件。与邓守之、洪琴西、方存之等谈。倦甚，不能作事，因写对联八付以寄兴。午刻习字一纸。傍夕小睡。夜清理文件，二更毕。温杜公五律，倦甚，岂以昨二日用心稍过之故耶？

廿六日

早饭后清理文件，与筱泉围棋一局。旋见客五次，申夫坐较久。习字一纸，写沅甫信一件。中饭后倦甚，小睡。坐见之客五次，内子序谈最久。围棋一局，写左季高信一件。夜写零字甚多，清理文件，至二更三点毕。睡至三更后成寐，四更腹泄。

廿七日

早饭后清理文件。旋见客二次。与筱泉围棋一局。接信，闻和州克复。与眉生等鬯谈。写沅甫信一件、季洪信一件。中饭，请程钰廷曙、吴炳昆、李朝斌便饭，申初三刻毕，倦甚。略清文件，习字一纸。杨畏斋来久谈，傍夕方去。接信，知赵景贤守湖州，三月三日尚坚守无恙，可钦可怜，愧不能速派劲旅往救，绕室徬徨，不知所以为计。夜清理文件，二更四点毕。

廿八日

早饭后点升字前、左两营之名千人，辰正毕。清理文件。旋接九弟信，知玉溪口、西梁山俱已攻克。与筱泉围棋一局。与眉生等久谈。见客三次，倦甚。习字一纸。手疮臀疮殊增烦恼，遂不能多作事。写希庵信一件。中饭后，意思萧索。申刻，至眉生处鬯谈。傍夕小睡。夜清理文件，二更毕。旋闻盐河有抢劫盐船之案，拿获四人。首县来见。本日身体不轻爽，懒于治事。酉初写对联六付。睡时闻甚，幸尚能成寐耳。

廿九日

早饭后清理文件。旋与筱泉围棋一局。写沅弟信一件。与眉生等久谈。见客三次。读《墨子》数篇。疮痛不能多作事。中饭后习字一纸。接奉廷寄二件、谕旨一件。清理文件，至申正毕。程伯敷以旬日连克七州县四要隘为诗称贺，余作七绝四首答之。写对联六首。夜选元遗山七绝。清理文件。二更四点，不甚成寐。夜写沅信又一件。是日接澄弟三月初八、十二两信。

卅日

早饭后清理文件。旋与筱泉围棋一局。旋写少荃信一件。见客六次。写季高信。中饭后又写少荃信一件。见客数次。出外拜客数家。至洋船送林字营之行。夜清理文件，二更四点毕，劳倦殊甚。是日未正剃头一次。陈氏妾吐血二卅口，病颇重。

四 月

初一日

早起,各文武贺朔,至巳初方毕。旋与筱泉围棋一局。见客二次,申甫坐颇久。倦甚,小睡不成寐。阅施愚山诗。中饭后复小睡,成寐。写季弟信一件。遍身疮癣,且痛且痒,又与去年秋冬相类,至以为苦。至蒋莼卿处一谈。旋与周寿山鬯谈。夜改折稿二件,阅李太白七言。是日接纪泽廿二日长沙信。傍夕清理本日文件。

初二日

黎明饭后,点熊字、恒字二营之名,至辰正毕。清理文件,见客三次,黄翼升坐颇久。与筱泉围棋一局。旋清理文件。倦甚,小睡片刻。中饭后见客四次,吴子序坐最久,与之围棋一局。申正后写对联六付。因读李太白、杜子美各六篇,悟作书之道亦须先有惊心动魄之处,乃能渐入正果,若一向由灵妙处着意,终不免描头画角伎俩。酉正清理文件。傍夕至眉生处一叙。夜改克复巢、和、含山折稿一件。二更后温李诗,二点清理文件,四点毕。三更睡,倦极。是日晡时,写沅弟信一。夜写希庵信一。

初三日

早饭后清理文件,写季弟信一件,与筱泉围棋一局。见客四次,周寿山谈颇久。写李筱泉信一件。中饭后见客三次。习字一纸,清理文件。疮疾大作,痛痒交加。晡时,与尚斋、筱泉、伯敷鬯谈。夜作片稿一件,核改折稿一件,二更三点毕。清理文件。三更睡,不甚成寐。是日接奉廷寄一件、谕旨一件,又总理各国事务衙门夹板一件，内恭亲王暨军机公信一封，言洋人助剿事。

附　记　　桐城匪人

疏长庚东　　王鸾旂南
潘寿春西　　姚廷弼北

初四日

早饭后清理文件。旋写纪泽儿信一件。与筱泉围棋一局。雪琴来久坐，又见客二次。雪琴午正归去。中饭后写沅甫信一件，言由采石南渡，妙处四端，险处二端。清理文件。发报四折、一片、一清单，又代人递谢恩折二件。接左季高信，知伪侍王一股业经击退。夜核信稿十件，温东坡七古廿首。三更睡，颇能成寐。是日酉刻亦假寐半时许。

初五日

早饭后见客二次。旋与筱泉围棋一局。写沅甫信一件。又与程颖芝围棋一局。孙庆恒来久坐。中饭后写沈幼丹信一件，清理文件。申正将科房呈稿呈批清厘一番，积阁又十日矣。傍夕至尚斋等处闲谈。夜清理文件，二更毕。倦甚，不能治事，假寐少歇。三更睡，颇能成寐。

初六日

早饭后清理文件。旋出西门观杨占彪、阳华坤两营操演。其收队之法，系学多将军隆阿者，极为稳快。其法仍用四方阵，面均向外。前者向敌，且战且退；后者面向归路，防贼抄尾；左者排列枪炮，防贼包左；右者排列枪炮，防贼抄右；收归者皆在方阵之中空处行走。如左前隅之第一排打枪甫毕，即缩入中空处走归；左后隅之末排站队，左前隅第二排打枪毕，又缩入中空处走归；左后隅之末排站队，第三排亦然，第四五等排亦然，右前隅之一、二、三、四等排亦然。行走一廿里始终有四方阵，排列不乱，实收队时，万全无弊之良法也。

巳正归，与筱泉围棋一局。子序来久谈，午正去，小睡片刻。中饭后写沅弟信，又写袁午桥密信，清理文件。至眉生处闲谈。旋写对联七付。傍夕小睡。夜清理文件，温太白七古。睡甚成寐。是日接廷寄一件。

初七日

早饭后清理文件，旋出门至谷米局、火药局一看。旋至忠义局圈谈。归与筱泉围棋一局。见客二次，又立见者四次。小睡片刻。请吴子序、杨畏斋便饭。饭毕，与子序围棋一局，畏斋仍留久谈。申刻清理文件，酉正毕。至幕府程尚斋等处一谈。小睡片刻。夜温杜公七律。三更睡。是日住房铺地板，糊墙壁，终日未得安生。接澄侯三月十九信，知祖父母墓已修成矣。

初八日

早饭后清理文件，写扇一柄，围棋一局。见客三次，吴竹庄坐较久，谈及刘幼蟠于本日病故，惋惜久之。复沅弟信一。午初倦甚，小睡。中饭后见客二次，陈舫仙坐颇久。本日风雨阴寒，殊不似四月气象，余近日渴睡甚多，不似往年之竟夕不寐。每逢节气，辄服归脾汤三帖。本日值立夏节，渴睡尤甚。接澄弟信，谓脾胃甚好之故，岂果服药之功耶？抑昏倦颓放，暮景不能自振耶？清理文件。傍夕小睡。夜阅《苕溪渔隐丛话》。二更后复小睡，三更入上房，倒床酣卧，黎明方醒。是日早刻写挽联一付、对联四付。

初九日

早饭后清理文件。旋写季弟信一，与筱泉围棋一局，潘伊卿来久坐。午刻核改复恭亲王信稿，至申初改毕。见客一次。至李眉生处久坐圈谈。写对联六付，清理文件。傍夕小睡。夜清理文件，温阮、陶二家诗。三更睡，甚能成寐。

初十日

早饭后接见司道。旋出城看熊字营操演，巳刻归。与筱泉围棋一局。习字一纸，写希闇信，未毕。约陈湜、潘鸿焘来吃便饭，未正散。将希闇信写毕。折差曾恒德自京归来，阅京信及各报本。清理文件。接少荃上海来信，言夷务事颇详。旋阅护军抬枪、小枪两队将发往熊字营为教师者。酉初写扁字及对联，再阅京报，略知近事。傍夕，眉生来久谈。夜清理文件，至二更三点毕。

本日见许仙屏与沅弟信中多见到语，如云为治首务爱民，爱民必先察吏，察吏要在知人，知人必慎于听言。魏叔子以孟子所言"仁术"，"术"字最有道理。爱而知其恶，恶而知其美，即"术"字之的解也。又言蹈道则为君子，违之则

242

为小人。观人当就行事上勘察，不在虚声与言论。当以精己识为先，访人言为后。毕阅历有得之语。

十一日

早饭后清理文件。旋与柯筱泉围棋一局。吴竹庄来，坐颇久。写沅弟信。涉阅广东新刻丛书两种，一曰《海山仙馆丛书》，凡五十六种，潘仕成辑刻。一曰《粤雅堂丛书》，凡一百廿一种，伍崇曜辑刻。二者皆冯竹渔新赠也。又涉阅《正谊堂丛书》，凡五十六种，张清恪公辑刻，吴竹庄所赠也。因取《正谊堂》中清恪公所辑《程子》廿篇读之，至晡时读毕。凡十卷，取《论语》廿篇之意，编采二程粹言，略分门类，颇为精当。写沅弟信一件。申刻调恒字营八队来此操演枪炮，约一时许毕。夜阅张清恪公所辑《朱子》七篇，每篇各分上下，仿《孟子》七篇之意。张公盖以程配孔，以朱配孟也。读一卷，未毕。倦甚，因阅陶诗。三更睡，倒庄即成寐张。是日又写扁字廿余个。静中，细思古今亿万年无有穷期，人生其间，数十寒暑仅须臾耳。大地数万里不可纪极，人于其中寝处游息，昼仅一室耳，夜仅一榻耳。古人书籍，近人著述，浩如烟海，人生目光之所能及者不过九牛之一毛耳。事变万端，美名百途，人生才力之所能办者，不过太仓之一粒耳。知天之长而吾所历者短，则遇忧患横逆之来，当少忍以待其定；知地之大而吾所居者小，则遇荣利争夺之境，当退让以守其雌；知书籍之多而吾所见者寡，则不敢以一得自喜，而当思择善而约守之；知事变之多而吾所办者少，则不敢以功名自矜，而当思举贤而共图之。夫如是，则自私自满之见可渐渐蠲除矣。

十二日

早饭后清理文件。旋与柯小泉围棋一局。见客四次。写沅弟信一件，习字一纸。中饭后核改信稿，清理文件。与洪琴西论《易经》有圣人之道四，而朱子专重"以卜筮者尚其占"一句，似未的当。因言古人说经，多断章取义，以意逆志，不必定符本义。傍夕小睡。夜清理文件。三更后温《古文·辞赋类》。三更睡。是日接奉廷寄二件。

十三日

早饭后清理文件。旋与柯小泉围棋一局，见客五次，写幼丹信一件、季高一件，阅冯焯诗稿。焯，代州人，字稚华。其七世祖如京官广东左布政使，六世祖雍玉以进士官至同知，五世祖光裕以举人官至湖南巡抚，四世祖祁官编修，曾祖均弼以举人荫生，官至湖北按察使，祖咸以举人官浙江知县。焯为潜山县天堂巡检，又署屯溪巡检。刻诗四卷，清稳不俗。昨和余诗八首，今日问之程伯敷，始知其人。因取其诗披阅数十首，兼阅其曾祖及祖刻诗，乃知其世家渊源有自也。午正睡半时许。中饭后清理文件，习字一纸。申刻与琴西少谈。旋温《霍光传》，至二更毕。核改折稿二件、片稿一件，清理文件。三更睡，甚能成寐。

细思为政之道，得人、治事二者并重。得人不外四事，曰广收、慎用、勤教、严绳。治事不外四端，曰经分、纶合、详思、约守。操斯八述以往，其无所失矣。

十四日

早饭后清理文件。旋写澄侯弟信一件，又写季洪弟信一件，与柯小泉围棋一局。徐毅甫来久谈。渠善医，因请为余诊脉。据称，六脉虚弱，宜服补剂。又因陈氏妾吐血，不能吃饭，请其诊视，午初去。寓西一厅，稍为修葺，前往看视，遂与洪琴西久谈。中饭后清理文件，习字一纸，改折稿一件。杨畏斋来久谈。皖南道程琢堂送诗四册，略翻阅数十首。傍夕与李眉生、程尚斋等鬯谈。夜清理文件，二更毕。温《古文简本》，三更睡。倦极，却不甚成寐。是日接奉廷寄一件。

十五日

早饭后见客十余次，皆文武贺望者，巳刻华。旋与柯小泉围棋一局。写陈季收信一件、沅弟信一件，倦甚。阅《余忠宣公文集》。午刻小睡。折差王宏升自京师回，即二月初十日派去送谢恩折八件暨万寿折各件者。中饭后见客二次，清理文件。至李眉生处小坐鬯谈。改信稿十余件。傍夕眉生来，又久谈。夜清理文件，二更毕。温《古文简本》，倦甚。三更睡，幸能成寐。是日巳刻习定一纸。

十六日

早饭后清理文件。旋与筱泉围棋一局。写沅弟信一件、雪琴信一件。见客二次，周弢甫坐最久，备述上海各事。旋清理文件，即上海带来者。习字一纸。午刻小睡半时许。中饭后见客五次，周缦云侍御学浚来谈最久。写对联六付，清理文件颇多，写《余忠宣公传》百余字。雪琴处砻石一方，其幕友胡湘林数催余写字发刻。余因写宋文宪所撰《余忠宣公传》，将刻之以广流传，劝忠义也。灯下，又写数十字，清理文件，至二更毕。温《李广传》。三更睡。

十七日

早饭后清理文件。旋见客四次，周弢甫、邓弥之坐最久。与筱泉围棋一局。写李希阉信，未毕。午刻小睡。中饭后将希信写毕，旋赵惠甫来久坐。接家信，澄弟一件、泽儿一件，寄有《耐庵文存》，系贺耦庚先生所著，略一翻阅。清理文件，习字一纸。

定城内城外发赈章程。因冒滥者多，十六日发至四万四千人之众，后此断难为继，乃定为每人发小票一纸。十九日察看真正饥民，给与一票，廿二日持票领米。廿二日再加察看，给廿五日之米票，廿五日再加甄别，给廿八日之米票。每三日一发，上次给下次之票，庶渐渐免于冒滥。又定告示一纸，发京信十余件，皆同乡复信。夜清理文件，倦甚。温杜诗五律。接希庵信，知庐州于十五日克复。二更三点睡。

十八日

早饭后，出城看熊字营操演。雨大异常，火绳不燃，竟不克操毕。旋又进东门，出北门，看华蘅芳所作炸弹，放十余炮，皆无所见，巳刻归。与筱泉围棋一局。清理文件。陈虎臣来久坐。午正小睡。中饭后写希阉信一件，清理文件。弢甫来久谈。接汪梅村信，寄所为《水经注图》一卷、附录一卷，粗阅一过。夜清理文件，二更后温《李陵传》。睡甚能成寐。日内手上之疮全愈，惟尚红痒，或虞再翻耳。脚上之癣亦稍薄。又接家信，知夫人之病已愈，或果如星命家所称运气好时耶？

十九日

早饭后清理文件，写左季高信一件，与柯小泉围棋一局，见客三次。接家信，澄弟一件、纪泽一件，系三月廿九日所发。知纪鸿县试第一，并将五场诗文付来。旋又写季高信一件、凯章信一件。午正小睡。中饭后见客二次。清理文件甚多，习字一纸。夜温李陵、苏武传，二更后清理文件。接奉廷寄二件、谕旨六件，系因余三月廿四日奏折批回者。

廿日

早饭后见司道一次。出城看垣字营操演，约二时许，巳刻毕。拜周缦云、李壬叔、邓弥之，巳正归。与筱泉围棋一局。见客三次。午正小睡片刻。中饭后写少荃信，约千余字。见客一次。至李眉生处小坐。申夫来久谈。旋清理文件，写扇一柄。夜清理文件，一更四点毕。温杜、苏七古诗。二更四点睡。三更尽，烛花落，延烧衣物，几及房屋，惊起扑救，房中烟焰不熄。良久更睡。

廿一日

早饭后清理文件。旋见客三次，周缦云坐甚久。写沅弟信一件，旋接沅弟信，又添一页。改信稿四件。与筱泉围棋一局。午正小睡。中饭后清理文件，写晏彤甫信。见客一次。严仙舫信来，荐其内侄向师棣，果令器也，谈论甚久。旋写对联挽幛等。与幕友论进兵之方。清理文件，傍夕毕。夜写春霆信一件，甚长。清理文批各件，二更三点毕。

廿二日

早饭后清理文件。旋与筱泉围棋一局，见客二次，写沅弟信一件。劳倦殊甚。阅《韩非子》五篇。午刻小睡。中饭后见客二次，周弢甫坐甚久。清理文件。出城至河干送垣字营坐洋船至上海，归。傍夕与蒋纯卿等一谈。夜清理文件，二更后温谢朓诗。是日上午习字一纸，下午写《余忠宣公传》二百余字。申刻收回十九日所发米票，竟多假票二千三百余张，人心之坏，殊可痛恨。睡后，不甚成寐。

廿三日

早饭后，出城看熊字营操演，巳正归。与筱泉围棋一局，见客二次。午正小睡。略清理文件。中饭后写《余忠宣公传》，约六百余字。旋清理文件，写对联三付、扁二方，并挽幛之类。傍夕与洪琴西谈假米票之事，设法禁止，又与纯卿、尚斋等久谈。夜清理文件甚多，二更毕。温杜诗五律。是日午刻略阅《韩非子》。本日写字过多，眼蒙殊甚。三更后睡，尚能成寐。

附 记

牧云卿封典

严瀛清，饬知入邑志，交欧阳利
萧可卿，奠仪、挽联，交欧阳利
朱凤台生日补礼
寅皆师谢百金
澄弟、金权皆谢
京中问封荫事

廿四日

早饭后清理文件。写澄弟信一件。围棋一局。写黄南坡信一件。见客二次。写欧阳牧云信一件。与幕府诸君鬯谈。午正倦甚，小睡。中饭后习字一纸。殷甫来久谈。围棋一局。旋清理文件。接家信，系四月初十所发者。因季弟回信，早间偶忘寄去，又写信与纪泽，将季弟信由驲寄去。杨畏斋来久谈。傍夕向师棣来公馆住。又与洪琴西谈。夜清理文件，二更后温《古文简本》。三更睡，不甚成寐。

廿五日

早饭后清理文件。旋见客二次，衙门期也。与筱泉围棋一局。接雪琴信，知金柱关于廿一日酉刻克复。写雪琴信一件、沅弟信一件，写《余忠宣公传》，约六百余字。午刻小睡。中饭后见客二次。又写《余忠宣公传》，习字一纸，清理文件。接雪琴信，知芜湖、东梁山皆于廿一夜克复。与幕中诸客久谈。傍夕小睡。夜清理文件，温《萧望之传》。二更三点睡。倦甚。是日，接袁帅复信，备述与胜帅构衅始末。又接希阉复信，系余十八日专差去者。

廿六日

早饭后清理文件，与筱泉围棋一局，写袁午桥信五页、希庵信四页。见客四次，内有彭定澜，号恬舫，乙酉举人，乙未大挑，为弋阳教官八年。咸丰辛亥奉召进京，看万年吉地，今文宗之定陵，即彭所译也。在京前后三年余，又在徽军二年余。面貌类有道之士。今来安徽，为候补州县，与之久谈。午刻，阅江郑堂《汉学师承记》。中饭后见客二次。琴西来谈甚久。清理文件。赵惠甫送曲阜孔氏所刻戴东原各种，又借阅庄方耕宗伯《存与遗书》，因涉猎久之。旋与雪琴信一件。天气渐热，倦甚。傍夕思睡，已为蚊所苦矣。夜清理文件，二更温《萧望之传》毕。

廿七日

早饭后清理文件。见客三次。与筱泉围棋一局。写季弟信一件。与眉生等久谈。写凯章信一件。中饭后见客二次。钱子密来久谈，送其尊甫钱警石先生《泰吉文稿》。泰吉为香树先生之曾孙，衎石先生之弟，为海宁教官廿七年，又在海宁为山长九年，现避乱寓江西新建乡间，生平最喜校书，所校各本题识名曰《曝书杂记》，因粗为涉猎数十页。清理文件。酉刻与洪琴西谈。傍夕小睡。夜因新得戴氏《水经注》，将汪梅村《水经注图》校勘澧水、沅水、延江水、资水。二更后清理文件。是日巳刻习字一纸。

附 记

梅村修金
廉卿馆地
雨停来皖

廿八日

早饭后，至东城外看熊字营操演，巳初归。清理文件。与筱泉围棋一局。习字一纸。见客二次。阅戴氏《水经》中湘水、涟水、深水、钟水、耒水、洣水、漉水、浏水、灇水，与汪氏图一校。午刻与眉生等一叙。中饭后写沅弟信一件，清理文件，叕甫、惠甫来久谈。旋写扁对。傍夕与尚斋等鬯谈。夜温《班超传》，二更后清理文件，写册页五纸，洗澡一次。近日手上疮已大愈，下身癣亦薄，竟能洗澡，不甚痛痒，自去年四月以来未有如此佳境也。

廿九日

早饭后清理文件。旋与筱泉围棋一局，见客二次，写季弟信一件、沅弟信一件、雪琴信一件。阅《水经注》溱水、漓水、洭水，与汪图校对一过。中饭请客便饭。李壬叔、周缦云、钱子密、周叕甫、向伯常五人在座，未正散。清理文件甚多，内有李少泉咨到奏折数件。酉刻与幕府诸公鬯谈。夜写零字甚多，改信稿数件，清理文件，温《班超传》毕。天气渐热，睡不甚成寐。

五　月

初一日

早间，各文武员弁贺朔，至巳初应酬始毕。与柯筱泉围棋一局。清理文件。旋又见客三次。阅《水经·江水》，与汪图校对未毕。午正小睡。中饭后，写郭云仙信一件。见客三次。清理文件甚多，傍夕未毕。夜清理文件，改片稿一件，又改一折，未毕。是日接奉批折，系四月初四日所发者。计廷寄一件、明发谕旨一件，又谕旨一件，曾国荃从优议叙，曾贞幹赏迅勇巴图鲁名号。

初二日

早饭后清理文件。旋作折数行。与筱泉围棋一局。见客一次。改折至午初毕。写少荃信一件。出城至洋船送熊字营赴上海。未正中饭后，见客一次，改片稿一件，清理文件甚多。与李眉生等鬯谈，旋又与洪琴西久谈。傍夕小睡。夜改克复芜湖折稿，至二更四点毕。睡不甚成寐。是日接筠仙、寄云、幼丹、希庵各信。

初三日

早饭后清理文件。旋写沅弟信一。与筱泉围棋一局。见客四次。写左季高信一件。午正改片稿一件。中饭，留杨畏斋便饭。饭后，将本日应发之二折三片细校一过。清理文件，习字一纸，与李眉生等鬯谈，将昨日积阁之文件清理一过。傍夕发报。与洪琴西鬯谈。夜温放翁七绝。是日接多将军信，知四眼狗被苗党捆送胜帅大营，已槛送进京矣。

初四日

早饭后清理文件。旋见客，先后六次。与柯小泉围棋一局。写家信一件、希庵信一件。午正少睡片刻。中饭后习字一纸，见客二次，清理文件。至幕府与诸位鬯谈。清理文件，酉正粗毕。剃头一次。夜写零字颇多，写沅弟信一件，清理文件。洗澡一次。睡不甚成寐。陈氏妾本日吐血甚多，自午至夜，所吐以数碗计。夜间呻吟不止，病势殊甚。

初五日

早起，各员弁贺节，止见公馆以内者，余俱不见。旋饭后见客数次。与筱泉围棋一局。写雪琴信一件，清理文件，写幼丹信一件，长约千余字。习字一纸。中饭，请吴彤云便饭，与之鬯谈，申初散。阅《水经·江水》，与汪图校对一过。酉初又与吴彤云、洪琴西鬯谈。清理文件。夜将江西所详丁漕、所详永章细阅一过。二更后温古文数首。陈氏妾病日增，余虽倦，不得酣寝。

附 记

派黄翼升署江南提督

初六日

早饭后清理文件。与筱泉围棋一局。见客甚多，坐见者七次，立见者六次，殊困乏也。习字一纸。中饭后阅《水经注·江水》毕，与汪图校对，又校夷水、夏水约二时许。阅来文百余件，写鲍春霆信一件。夜倦甚。将温古文，而渴睡不止，即在座侧小睡，二更三点入内室。妾病未少愈。是日接家信，澄弟一件、经泽儿一件。

初七日

早饭后，出城看升字右、后两营操演。旋拜客二家，巳正二刻归。见客二次，与筱泉围棋一局，与幕府诸君鬯谈。眉生言及夷务，余以欲制夷人，不宜在关税之多寡、礼节之恭倨上着眼。即内地民人处处媚夷、艳夷而鄙华，借夷而压华，虽极可恨可恶，而远识者不宜在此等着眼。吾辈着眼之地，前乎此者，洋人十年八月入京，不伤毁我宗庙社稷，目下在上海、宁波等处助我攻剿发匪，二者皆有德于我。我中国不宜忘其大者而怨其小者。欲求自强之道，总以修政事、求贤才为急务，以学作炸炮、学造轮舟等具为下手工夫。但使彼之所长，我皆有之，顺则报德有其具，逆则报怨亦有其具。若在我者，挟持无具，则曲固罪也，直亦罪也，怨之罪也，德之亦罪也。内地之民，人人媚夷，吾固无能制之；人人仇夷，吾亦不能用之也。中饭后，写沅、季信一件。阅《水经》，与汪图校对潜水、涪水、梓潼水、阻水、南漳水、青衣水、延江水、油水、蕲水。清理文件，倦甚小睡。见客一次。接雪琴信，知九洑洲于初三日克复。向师棣作策对甚佳，与之久谈。夜清理文件。温《古文·序跋类》。

初八日

早饭后清理文件。旋见客一次，与筱泉围棋一局，写雪琴信一件。雪琴又有信来，言初三夜之所克者，非九洑洲也。又见客二次。将《水经》构对汪图，看沔水十五页。中饭后又看十页。旋清理文件。酉初，癸甫来久谈。旋接少泉上海来信及公牍各件，细看一遍。傍夕与幕府诸公鬯谈。夜接课卷廿余篇，盖初六日余出策题一道，拟告示一道，令忠义局及各员应课，至是始交卷也。粗阅一过。二更后清理文件，旋温《太史公自序》。倦甚，睡尚能成寐。

初九日

早饭后清理文件。旋见客六次。围棋一局。习字一纸。与眉生等鬯谈。午正小睡。阅《范文正公集·近名论》，与余之所见相符。中饭后阅《水经》，校汪图，凡十二页。清理文件甚多。见客二次。与洪琴西鬯谈。夜完沅、季信一件，温《臧洪传》，二更后清理文件。三点睡。是日接奉廷寄一件。

初十日

早饭后清理文件。旋见客五次。围棋一局。写沅季信一件、李少泉信一件。午正小睡片刻。中饭后写雪琴信一件，见客四次，清理文件，改信稿六件。与幕府诸公鬯谈。将茶引、茶捐、茶厘三票细核一过，将使皖南茶务定一画一章程，庶使官商两便，薄暮核毕。与万篪轩一谈。夜温《诸葛亮传》，清理文件。二更三点睡。是日接奉谕旨二件、廷寄一件，盖因余四月十五日之折批回者。

十一日

早饭后，出城送洋船之行，熊字营尚有两哨在此未去也，卯正归。见客二次。与甘子大围棋一局。旋又见客二次，申夫坐颇久。倦甚，会客时不免渴睡，傲漫之气积于中，不克自强如此，深用自愧。旋阅《水经注》，校汪图沔水毕，又校浕水、丹水、均水、漻水。倦甚，小睡半时许。中饭后至眉生处鬯谈。旋清理文件，至申正毕。酉刻核改告示稿、札稿，即昨日所定茶引章程也。傍夕与彤云、琴西鬯谈。夜改信稿四件，二更三点毕。三更睡。

附记　韦营之饷

鄂省三成，每月解四千两，约余二百金。

皖省七成，每月约须九千两。内安庆厘四千串；大通厘二成，约二千八百串；获港厘二成，约二千四百串；枞阳五家套，约二千串。

十二日

早饭后清理文件。旋与筱泉围棋一局，写季高信一件、希庵信一件，与眉生鬯谈。午正小睡片刻。中饭，请蔡少彭、赵炳麟、范次典便饭。饭后习字一纸。天热，倦甚。清理文件，申正毕。在竹床小睡片刻。将《余忠宣公传》写毕，约共千八百字。傍夕闻湖州失守。赵景贤竹生以一在籍绅士，苦守孤城，四面援绝，至半年之久，城陷身殉，自可痛悯。拟为一疏，历叙其贤行勋绩，而自请不能赴援之咎。与幕府诸友谈湖州事，因议增芜湖防兵。夜清理文件，至二更三点毕。睡，竟夕不寐，或因日间小睡及天热之咎。

十三日

早饭后清理文件。旋见客一次。围棋一局。写毛寄云信一件，写沅弟信一件。请莫子偲、吴彤云阅卷，即余初六日出题课委员者，共卷六十九本。见客三次。写黄南坡、赵玉班信一件。午刻小睡。未初，请子偲、彤云便饭。中饭后，倦甚，未能治事。申刻清理文件。旋写勒少仲挂屏四幅、对四付，与幕府李眉生等鬯谈。傍夕，与子偲、彤云久谈。夜写零字甚多，天热不愿治事。二更后温杜诗五律。洗澡一次。是日接奉廷寄二件。知郭云仙放苏松粮道。

十四日

早饭后清理文件。旋见客三次，与筱泉围棋一局，与子偲、彤云商取各卷。写纪泽信一件，改信稿十余件，清理文件。午正小睡片刻。中饭后，将各卷加批，取定八卷发出。清理本日文件。酉正与幕府诸公鬯谈。夜热甚，在院中露坐乘凉。二更后清理文件。三更睡，甚能成寐。

十五日

早饭前后,各文武贺朔,至巳初毕。旋围棋一局。又见客二次。至李眉生处鬯谈。写沅弟信一件,论人满天概之道甚详。写雪琴信一件。中饭后倦甚,小睡。申刻阅本日新到文件,改信稿四件,写挽联一、挽幛一、对联六付。傍夕与幕府鬯谈。夜热甚,在院中露坐小睡。二更后清理文件,至三点毕。是日阅官帅咨到折稿,欲令多礼堂援秦。核改折稿一件。

十六日

早饭后清理文件,与筱泉围棋一局。旋见客三次。热甚,在竹床久睡时许。巳正后,改折二件、片一件。中饭后作一密片,清理本日新到文件。见客三次。傍夕与幕府鬯谈。夜作密片,至三更毕。热极,不甚成寐。

十七日

早饭后清理文件。旋与筱泉围棋一局。与幕府诸君商本日应发折件,太多,改为两次拜发。又改折片一件。接奉廷寄一件。至别院小睡乘凉,热甚,懒于治事。中饭后,见客一次。小睡片刻。旋清理文件。核改江西所定丁漕减征永章,作一告示稿,至二更作毕。清理文件,二更四点毕。是日辰刻,出外拜客三家,巳刻归。申刻发报二折、三片。

十八日

早饭后至城隍庙烧香求雨。归寓,清理文件,与筱泉围棋一局。天气亢热,深以为苦。写官中堂信一件、雪琴信一件。在竹床上久睡。阅《古文尚书疏证》,至十四条止。中饭后又阅十五、十六条。旋清理文件,核改谢恩折四件、片稿三件。傍夕与幕府鬯谈。夜核对各折单,阅《疏证》第十七条。

十九日

早饭后清理文件,旋与筱泉围棋一局。天气热甚,不能办事,即在竹床久睡。阅《古文尚书疏证》十七,十八,十九,廿,廿一、二、三等条,申正阅毕。午刻写少泉信、雪琴信。见客四次,与陈虎臣论老庄自然之道。申刻清理文件颇多,至酉正方毕。热极,与幕府诸公久谈。写陈作梅信一件。夜大雨。亢旱之雨,得此甘霖,人心大快。改札稿一件,即定江西丁漕永章之札也,未毕。二更三点睡,雨后新凉,稍能成寐。是日发报二折、三片、一恤单、二保单。

廿日

早饭后见客二次。旋围棋一局。阅《古文尚书疏证》廿四、五、六、七条,卅一、二条。写希庵信一件。见客四次。写沅弟信一件、郭云仙信一件。中饭后见客二次,阅《尚书疏证》中四十九,五十,五十一、二条。清理文件,至酉初毕。核改信稿、札稿。夜清理文件,再改札稿,即江西丁漕永章一案也。是日,接家信,澄侯一件,极道纪鸿儿之佳;纪泽一件,言袁婿之劣,颇为可虑。

廿一日

早饭后清理文件。旋围棋一局。改丁漕永章之批二件,改信稿一件。见客五次。午刻出一策题,问老、庄、淮南、管、商、申、韩诸子,约三百余字。中饭后小睡。阅《书传补商》。旋清理文件。天气郁热。接澄侯在衡州发信一件。写毛寄云信一件。傍夕与幕府诸公邕谈。夜清理文件。洗澡一次。是日阅《尚书疏证》中五十三、四、五、六、七等条。

廿二日

早饭后清理文件,万簏轩来久谈。旋围棋一局。写沈幼丹信一件,约近千字。将丁漕永章一一核定,封发。阅《古文尚书疏证》五十八条至六十四条止,陆续看至更初毕。申刻清理文件。至幕府与陈伯敷久谈。酉刻写左季高信。傍夕与洪琴西邕谈。夜清理文件,温古文一首。是日大雨倾盆,竟日不息。久旱之后,得此膏泽,农民其少苏乎?

附 记　回信速复

李小泉	严谓春
姚秋浦	严仙舫

廿三日

早饭后清理文件,与筱泉围棋一局,写沅甫信一件、姚秋浦信一件。与幕府诸公久谈。午刻,出城接厚庵,渠新自家中来也,旋与同至余公馆。客去,中饭。饭后写希庵信一件、雪琴信一件,核改信稿二件,清理本日文件。出外拜杨厚庵,酉初归。见客一次。温杜诗七古,若有所会。夜写李筱泉信一件。是日眼蒙，右眼微红，不欲多办事。阅《古文尚书疏证》六十五、六两条。午刻接奉廷寄一件。

廿四日

早饭后清理文件。旋围棋一局，见客一次，周念慈来谈颇久。写家信与纪泽儿，写严渭春信一件。阅《古文尚书疏证》中六十八、九条。见客二次。与幕府诸君鬯谈。午刻小睡。未刻请客，杨厚庵、周念慈、马学使三人同席，申刻散。清理文件。阅《尚书疏证》。傍夕与幕府鬯谈。夜温《古文·序跋类》。

廿五日

早饭后见客一次。旋清理文件，与筱泉围棋一局。又见客三次，许雪门坐最久。写沅弟信一件，阅《尚书疏证》中六十九，七十，七十一、二、三、四条。倦甚，屡在竹床酣睡。中饭后，再阅《疏证》。与幕府久谈。清理文件。傍夕温杜、韩七古，高声朗诵。夜温《太史公自序》。是日接奉密寄谕旨一件，抄一份专人送希庵处。

附 记

复意诚信
寄鸿儿信，并银四百两，为印卷等用

廿六日

早饭后清理文件。旋围棋一局，见客先后五次，内李申夫坐最久。写沈幼丹信一件。接奉廷寄四件，内因余奏克复太平、芜湖批折寄谕一件，另有密谕三件。与幕府诸公鬯谈良久。中饭后阅《古文尚书疏证》中七十五、六条。清理文件，至傍夕方毕。廿一日出一策题，连日有交卷者，随到随看。夜阅希庵信，并渠廿三日密折稿，立言甚为得体。二更后，洗澡一次。是日夏至节。巳刻出城，拜周念慈观察。

廿七日

早饭后清理文件。旋围棋一局，见客二次。与纪鸿儿信一件、郭云仙意城一件、邓寅皆一件。午刻，陈虎臣来久谈。阅《古文尚书疏证》七十七、八、九条。中饭后，至李眉生处一谈。旋清理文件，写希庵信一件、厚庵信一件。本日公文甚多，酉正毕。傍夕温杜诗七古。夜，洪琴西来久谈。二更后清理文件。三点睡，倦甚。是日未刻，拜发疏件题本一，系七月十二日慈安皇太后之万寿贺表；奏匣一，系谢沅弟优叙、季弟勇号之恩；又鲍超营中谢折四件。日内因人才缺乏，印委各务，往往悬缺待人，思所以造就之法，拟每日接见州县佐杂三人，与之坐谈而教诲之。

廿八日

早饭后写小行书挂屏四幅，与筱泉围棋一局。旋见客数次。写沅甫信一件，阅《古文尚书疏证》中八十条。午刻与黎寿民久谈。旋小睡片刻。中饭后，至幕府鬯谈，吴彤云亦来谈。旋清理文件。倦甚，若不克自振者。接官帅等信，知山、陕事甚忙乱，多军断不能东，为之忾然。见客二次。改信稿三件。傍夕温杜诗。夜写零字稍多，倦极，不能治事。二更后，奄奄欲卧，不知何以疲困若此，殆老境侵寻耶？

廿九日

早饭后清理文件。旋围棋一局。写袁午桥密信一。见客二次，许瑶光坐甚久。雪琴自铜陵夹来久谈，午正去。写左季高信一。中饭后阅洪稚存《诗话》。接廷寄二件、谕旨一件，系因余行文户部，误将三月廿七日廷寄录去，中有交涉外国事须秘密者。奉旨将余交部议处。赵惠甫来久谈。清理文件颇多，至酉正毕。温杜诗七古。夜温《汉书·艺文志》。二更二点，洗澡一次。是日闻英吉利、法兰西二国将调五印度兵大举会剿，江浙人民从此殆蹂躏无唯类耳，为之喟叹！

卅日

早饭后清理文件。旋围棋一局。陈虎臣来久坐。阅洪稚存《诗话》。倦甚，在竹床久睡。午刻，至眉生处鬯谈。未初，请许雪门便饭，申初散。再阅《北江诗话》，清理文件。阅课卷，即廿一日所出之课题，阅至二更三点止，尚未完毕。夜，睡不甚成寐。

六 月

初一日

早间，各文武员弁贺朔，至巳刻方毕。围棋一局。与黎寿民久谈。小睡。雪琴来鬯谈。至蒋莼卿处，与之论复奏夷务事件。清理文件。见客三次。因久不接上海信，焦灼之至。午正小睡。中饭后清理文件，写希庵信一件，将各卷阅毕，请程伯敷帮同一阅。写对联十付。傍夕温七古，夜温古文。困倦异常，竟不能作一事，竹床零睡，动辄成寐。二更三点至内室，亦彻夜酣眠，不知果心肾之易交与？抑颓散不能自振与？

初二日

早饭后清理文件，与筱泉围棋一局。旋见客四次。久不接上海信，悬系之至。本日辰刻，接少荃十一、十六日二次信，但知青浦再为贼占，而又无实在打仗信息，尤为焦灼，坐卧不安。写沅甫信一，计七页。本日传候补人员言南、金茹晋、周甫文三人，令其手写履历，久候不能写毕，俟至中饭以后，始传入，与三人坐谈良久，申初散。清理文件甚多。续到少荃一信、韩正国一禀，知上海于廿一日大获胜仗，为之喜慰。见客一次。清理文件，至酉正毕。与幕府诸君鬯谈时事。夜清理文件，写册页二开。是日，部文中见蒋琦龄所陈时政十二事，约计万余言，多可见之施行，文笔亦雅健畅达。末条请崇宋学而抑汉学，似与各条不类。

初三日

早饭后清理文件，见客一次。出城拜彭雪琴，值渠新修余忠宣公幕告成致祭,余适过其地,因与同行二跪六叩礼。旋至雪琴船上久坐。归寓,清理文件。雪琴旋来鬯谈。传见候补班杨明顺、桂中行及江苏知县赵秉镕三人。午刻至幕府小叙。午正三刻小睡、中饭后见客一次。旋清理文件,写册页四开,见客二次。因上海解来浙江败将贵廷芳等二人,奉旨查办,无处收押,与臬司商,另置房层,以作监禁。傍夕剃头一次。夜清理文件。二更后温《艺文志》毕。

初四日

早饭后见客三次。旋围棋一局。清理文件,写澄侯信一件,作安徽署缺各员折稿。见候补班刘星炳、赵光缙、陈泳三人,旋又见客一次。至幕友处一谈。中饭后作江督不能兼办夷务复奏折稿,至二更四点毕。申刻见客一次。酉初至幕府一谈。清理本日新到文件。是日所作二折,觉用心太过,神情昏倦,行路若畏颠坠者然。

初五日

早饭后见司道一次。旋见客三次。清理文件。围棋一局。传见州县刘兆彭、沈懋德、宋尧金三人。改片稿二件。至幕府一谈。中饭后清理文件,将二日积压之件清理一次,酉正毕。与李眉生鬯谈。夜将江西丁漕减征告示再改一次,因沈中丞言宜专收银不可收钱也,写沈信一件。二更三点,睡后倦甚,天气溽暑,殊困人耳。

初六日

早饭后清理文件。旋见客五次,写李少荃信一件。巳刻传见州县龙舜臣、陈德明、王寿祺三人。写希庵信一件。中饭后,加少荃信三页,阅本日新到文件,旋核改信稿约廿件。至幕府一谈。夜又改信稿四件。温《古文·序跋类》。倦极,早睡。是日发报军务二折、三片、一清单,地方二折、一片、一清单。辰刻,围棋一局。

初七日

早饭后清理文件。旋围棋一局,见客一次。倦甚思睡,因取《渔隐丛话》,阅杜工部二卷、韩退之二卷。写九弟信一。传见州县禄廉、冯元霁、徐树钊三人。午刻见客一次。小睡半时。中饭后清理文件,习字一纸。接上海各信。清理文件，至傍夕未毕。夜又检点核改，至二更三点始毕。

初八日

早饭后清理文件。旋见客三次。围棋一局，阅《渔隐丛话》，倦甚。传见储赓芸、程燠、胡锦三人。午刻，陈虎臣来久坐，习字一纸。中饭后写沅弟信一、希庵信一。阅《渔隐丛话》。倦甚，若不克自持者。与莫子偲、李眉生鬯谈。傍夕与马昂谈相法，清理本日文件。夜阅《渔隐丛话》，二更后洗澡一次。日间，溽暑困人，余向畏暑，故日内精力不克自振。

初九日

早饭后清理文件。旋见客三次，围棋一局。写沅弟信一封，专人送去，左季高信一件。习字一纸，传见佐杂董海清、王焜、杨光祖三人。至幕府一叙。午刻小睡。中饭后清理文件，写严仙舫信。酉刻写对联十付。戌刻温东坡七古，眉生来谈。夜写零字颇多，清理文件。

附记

谓春信添一页，言四事

初十日

早饭后见客二次，衙门期也。旋围棋一局。吴竹庄来久谈。清理文件，写沅弟信一件。传见佐杂陈正常、周溶、谢持谷三人。至幕府一叙。阅《文献通考·职官考》。中饭后清理文件，赵惠甫来久坐，习字一纸。天热异常，竹床乘凉，不能多作事。余所买威林密轮船在汉口下来，言明装火药五千斤赴沪，乃洋人贪带茶叶，不肯装药，竟将委员逐出，不准在船，凶猛如此，殊可虑也。傍夕接廷寄一件、恭亲王信一件。夜热甚，不能办事，洗澡一次。温古文二首。

十一日

早饭后清理文件，见客二次，围棋一局。出门拜客，一吊刘幼蟠之丧，一至马雨农学使处，并拜莫子偲，借其案头之《辛稼轩集》。归，写杨军门信一件，见客一次，传见佐杂周庆熊、吴壎、杨葆翼三人，阅稼轩词。中饭后阅《稼轩集》，清理文件，至李眉生处小坐。天热非常，有销金烁石之象。酉刻以后，徘徊庭院，少却暑气，竟不能作一事，甚矣，余之惫也。夜洗澡一次。三更后，始略成寐。

十二日

是日，为先太夫人忌日，至是见背十年，余之别母则廿余年矣。饭后，写沅弟信一件，清理文件，见客二次。围棋一局。写季高信一件、李少荃信一件。巳刻，传见佐杂金大荣、胡绍文、朱云龙三人。至幕府与诸君一谈，吴彤云在坐。午正小睡五刻许。中饭后见客二次。阅本日新到文件，阅《文献通考·官数三公》至酉初止，清理文件。傍夕高吟"大江东去"数过。热甚，夜间不作事，二更四点睡。

十三日

早饭后清理文件，见客四次。围棋一局。写希庵信一件。至幕府鬯谈。午刻小睡。中饭后阅《文献通考》《职官》、《三公》、《官属宰相》篇。清理文件，核改复恭亲王信稿。傍夕，身体不爽，有似伤暑者然，至二更尽未愈。

十四日

早饭后清理文件。腹泄数次。写澄侯信一件，围棋一局，写沅甫信一件。接奉廷寄一件、谕旨四件。写恭亲王信四页。阅《文献通考·门下省》。传见宋阶和、袁鸣璠、邓瑞品三人。中饭后至幕府鬯谈，莫子偲在坐。清理本日文件甚多，又核批等件，戌初未毕。夜又清理文件，至二更毕。洗澡一次。接左季高信，论夷务甚为有见。

十五日

早饭后，见客十余次，盖文武员弁贺朔望者，巳初毕。旋围棋一局。至幕府一谈。传见佐杂贺宏勋、张更新、庞怀典三人。阅《文献通考·门下省》。渴睡殊甚。写希庵信一件。中饭后清理文件。申正阅《门下省》篇，至灯初阅毕。清理文件。受暑渐病，身不爽快。是日接奉批折，是五月十九所发者。

十六日

早饭后清理文件，见客一次。围棋一局。写沈幼丹信一、彭雪琴信一，阅

《文献通考·中书省》篇。传见高列三、查宝信、廖宇庆三人。午刻小睡。中饭后与吴肜云久谈。旋至幕府与尚斋、伯敷等久谈。清理文件。酉初再阅《尚书省》篇，未毕。晡时剃头一次。夜在院乘凉。清理文件。日内天气奇热，余每令人摇扇，终日不停。而二日以来，傍夕至二更，大不爽快，岂老年腠理已疏，为扇风所伤耶？二更四点睡，久不成寐。日内应奏之事甚多，因畏热不能举笔起草。

十七日

早饭后清理文件。围棋一局。见客一次。写左季高信一件。传见姚光国、邵钧、陈珂三人。赵蕙甫来久坐。阅《尚书省》篇。中饭后，至幕府鬯谈。清理本日文件。酉刻再阅《尚书省》篇。史士良来久坐，戌刻莫子偲来坐，夜，琴西来久坐。是日暑热异常，二更后，身体不爽快，至三更未愈。积阁事件甚多，不能清理，至以为愧。

十八日

早饭后清理文件。史士良来久谈，围棋一局，见客一次。写沅甫信一件。传见张燧、许景隆、曾秀莹三人。午初，阅《文献通考·尚书省门》，至未初毕。至幕府鬯谈，吴肜云等来鬯谈。申刻清理文件，至酉初毕。热甚，在庭院乘凉。夜温《古文·序跋类》二首。洗澡一次。奇热，久不能睡，至四更始成寐。

十九日

早饭后清理文件，围棋一局，见客三次。阅《通考·御史台门》。巳刻传见吴振声、韦运煌、程远三人。午正阅《御史台门》毕。中饭后至幕府鬯谈。清理本日文件。阅《学士院门》，至傍夕止。是日炎热异常，竟日几不能治事，勉阅《通考》，汗下如雨。竟夜未能登床，即在竹床上睡，不甚成寐。

廿日

早饭后见司道一次，旋出门拜史士良。归，清理文件。围棋一局。写沅甫信一件，阅《通考·学士院门》末附"诸阁职"。传见倪人在、靳学洙、沈道万三人。小睡片刻。中饭后至幕府鬯谈，见客一次，清理本日文件，赵惠甫来久谈。酉刻阅《通考·诸卿门》。傍夕与眉生鬯谈。夜核改信稿四件。天气稍凉，为之小纾。

廿一日

早饭后清理文件。见客一次。围棋一局。至幕府一谈。拟作一折，因琐事关白者多，未能动笔。传见张锺澍、郝同变、刘溶三人。午刻少睡。中饭后见客一次，候补道许厚如自李世忠处而来，与之久谈。清理本日文件。申正作折。傍夕，洪琴西、莫子偲来谈。折件至二更四点脱稿。夜，不甚成寐。是日闻宁国府城于十四夜克复，为之欣慰。

附 记

发二折、三片
官信　　彭信
沅信

廿二日

早饭后清理文件。见客一次。围棋一局。史士良、马学使来久坐。改片稿一件，作片稿一件，传见张葆、黄丽中、延龄三人。午刻清理文伯。中饭后，与吴彤云、洪琴西一谈。阅本日文件。见客一次。写信，沅甫一件、雪琴一件、希庵一件。判科房稿件。傍夕改片稿一件，至幕府与尚斋等邕谈。夜阅各文件，至二更三点毕。日内积阁之文，本日稍为廓清。

廿三日

早饭后清理文件。旋见客一次。围棋一局。写沅弟信，约千余字，中言盐务颇详。传见忠义局陈艾、汪瀚、柯华辅三人。罗少村来久谈。中饭后见客一次。阅本日文件，阅《通考》《卫尉卿》、《太仆》、《宗正》，酉初毕。至幕府邕谈。陈氏妾久病不愈，两日内全不吃饭。其父知医理，请之诊视。病已沉笃，据云非药力所能痊。夜阅批稿数十件。二更三点至上房，竟夕不能成寐，室中呻吟声不止。

廿四日

早饭后清理文件。旋见客一次。围棋一局。写澄弟信一件。传见方觐宸、徐子苓、曹翰田三人。赵惠甫来叕谈。巳正阅《通考》《鸿胪卿》、《司农卿》、《太府卿》、《秘书监》。未初请客便饭,史士良、罗少村等数人,申初毕。至幕府叕谈。阅本日文件。热甚,汗下不止。清改批稿各件,酉正毕。温读杜诗七古。傍夕,隋龙渊来久谈。夜阅文数件。洗澡一次。温《宦者传论》。

廿五日

早饭后见客二次,衙门期也。旋围棋一局。又见客三次,传见王恩锡、赵世暹、周成三人。写左季高信。午刻见客一次。炎暑异常,劳倦殊甚。午刻小睡。中饭后,至幕府叕谈。清理本日文件,酉初毕。阅批稿各件,戌初毕。诵东坡词。夜,倦极思睡。洪琴西来叕谈。旋在竹床久睡,委顿不克自强,殊以为愧。

廿六日

早饭后清理文件。围棋一局。见客二次。写李少泉信。传见许恩培、江有兰,杨文粹三人。见客又二次。阅《通考》《殿中监》、《少府监》、《将作监》、《国子监》、《军器监》、《都水使者》。午正少睡。中饭后至幕府叕谈。清理本日文件,又阅各批件。酉正见客一次。傍夕,散步庭除,未能治事。夜改信稿三件,二更后,温《古文·序跋类》四首。

廿七日

早饭后见客一次。旋围棋一局。写郭舜民信一,专人至东台,一为省视。又见客二次,传见查贵辅、章邦元、汪士珍三人。阅《通考》《内侍省》、《枢密院》。中饭后,至幕府叕叙,阅《通考·将军总叙》,清理文件,核各批稿。傍夕入内室一坐。夜温"序跋类"欧阳公各篇。洗澡一次。

廿八日

早饭后清理文件。旋见客一次。围棋一局。写左季高信一件。见客二次。传见程焜、陈达、吴彬三人。阅《通考》《十六卫》、《三衙》。中饭后至幕府久谈。阅本日文件,申正毕。阅《通考》《大将军》、《都督》等篇。是日接家信,知纪鸿见于六月十五日院试,十八日取第五名入学。傍夕在庭院乘凉,念国家之事,不胜郁郁。夜核改信稿数件。温古文欧文"序跋类"。

廿九日

早饭后清理文件。旋围棋一局，写沅弟信一件。阅《通考》《中郎将》、《节度使》等篇。传见程光国、戴鸿恩、章遇鸿三人。自六月初二日传见州、县、佐杂、教官、绅士，本日见毕。旋又见客一次，阅《通考·东宫官》篇未毕。中饭后至幕府鬯谈。旋清理本日文件，见客一次。接鲍春霆克复宁国之牍，并言伪保王童容海带众六万投诚之事。料理各事，傍夕粗毕。吴彤云来久坐，至一更四点去。改信稿数件。洗澡一次。

卅日

早，清理文件。饭后，料理杂务。旋围棋一局。作复奏查办江西蠲缓折，至未初作毕。中饭后，至幕府鬯谈。作请豁江西奏摊各款一片，至二更四点毕。颇觉用心太苦。天热殊甚，是夜不入内室，即在书房就寝，竟夕不能成寐。

七 月

初一日

早，因昨日辛苦，本日事又极多，谢不见客。饭后清理文件，旋作密片一件，围棋一局，写沅浦弟信一件。巳正，改克复宁国折稿一件，未刻毕。核各清单。中饭后至幕府鬯谈，阅本日新到文件。申刻作片稿一件。傍夕清理文件。剃头一次。接廷寄一件，系六月六日发折之批回。夜热甚，久在庭院乘凉。清理文件。二更二点，洗澡一次。睡至四更，尚不成寐。

初二日

早饭后清理文件。旋围棋一局。见客三次，改折稿一件，写沅信一件，改片稿一件。午刻出外，至舟上吊祭张胜禄镇军，未刻归。中饭后至幕府鬯谈。旋核对各折各片各单，清理本日文件。申正封折，因有密片，当面守封。酉刻发报，共计折四件、片七件、清单三件。又清理科房各批稿。傍夕倦甚，至上房小睡。夜核改批件，温曾子固序跋三首。

初三日

早饭后清理文件。旋围棋一局，见客三次，阅《通考》《东宫官属》、《六院四辖》、《宫观使》。中饭后，至幕府鬯谈，阅本日新到文件。阅《通考·司隶校尉》篇。酉刻清理文件。夜又清数件。温曾、王序跋四首。

初四日

早饭后清理文件。史士良来久坐。旋围棋一局。写岳父信一件。莫子偲、吴彤云来，帮看经解各卷，未刻毕。写澄侯信一件。陈虎臣来久坐。中饭后，华蘅芳、徐寿所作火轮船之机来此试演。其法以火蒸水，气贯入筒，筒中三窍，闭前二窍，则气入前窍，其机自退，而轮行上弦；闭后二窍，则气入后窍，其机自进，而轮行下弦。火愈大，则气愈盛，机之进退如飞，轮行亦如飞。约试演一时。窃喜洋人之智巧，我中国人亦能为之，彼不能傲我以其所不知矣。申正写希庵信一件。闻希阉近日病颇重，至扶杖出入，深以为虑。倦甚，小睡。清理文件。夜又清理文件，温《文献通考》各序。是日接奉廷寄一件。

初五日

早饭后见客二次，衙门期也。旋围棋一局，阅《通考》《转运使》以下，至《州佑》止，未初毕。中饭后，至幕府鬯谈。旋阅本日文件。酉刻，批阅课卷，至二更批毕。清理文件。是日阴雨，凉冷异常，有似八月风景，虽于蝗虫之害少可减除，而亦恐于秋收有伤。巳刻写沅弟信一件。

初六日

早饭后清理文件。旋见客二次，围棋一局，阅《通考》《京尹》、《郡守》、《县令》等卷。中饭后至幕府小坐，万簏轩来久谈，清理本日文件。出一策题，约三百字。天气甚凉，可着厚棉。意思散漫，精神不振，申酉间不能作一事。戌初，定信成官银号清单之式。夜，清理文件，倦怠尤甚，风雨作寒亦尤甚，未至二更三点即已睡矣。

初七日

早饭后清理文件。旋围棋一局。见客一次，史士良久谈。写季弟信一件、希庵信一件。陈虎臣来久坐。清理文件。中饭后至幕府，遇申夫，久谈。申刻阅本日文件，核改信稿四件。酉刻阅《通考·文散官》。夜阅《武散官》。复清检新到文件，温"序跋""序跋类"二首。

初八日

早饭后清理文件。旋围棋一局，甘子大来，又与之围棋一局。阅《通考·散官禄秩》。天气阴雨，久不开霁，二伏着凉，深恐有碍秋收，焦灼之至。写少荃信一件。中饭后，至幕府鬯谈。见客二次，皆久谈。阅本日文件甚多，傍夕又清理信件。夜核改批札，二更后温《古文·序跋类》。

初九日

早饭后清理文件。与程朴生围棋一局，又观其与柯筱泉围棋一局。见客一次。阅《通考》《禄秩》、《官品》。中饭后至幕府久谈。旋阅本日文件，极少。倦甚，至上房歇息。酉刻接信，知希庵中丞之母萧太夫人于六月十六日病故，希庵于七月初六日闻讣，咨请代奏开缺，奔丧回籍，并请派员接办抚署公事。余因定仿照胡文忠八年丁忧，官督帅兼署抚篆之例，咨令起程，以后派员赍篆赶省兼署。灯后，写信一件唁之。旋又清理文件，二更三点毕。腹胀不能安眠。

初十日

早饭后清理文件。与程石洲围棋一局，又观程与柯一局。旋改折稿二件，阅《通考·官品》。见客二次。中饭后，至幕府鬯谈。作片稿一件，阅《明史·职官志》。傍夕小睡。戌正，发报三折、二片，正折系报李中丞丁忧也。灯下，写希庵信一件。旋查本月饷银出入，手自登记。二更后，温"序跋类"一首。阴雨十日，本日晴霁，方以为喜，而飞蝗蔽天，深以为虑。

十一日

早饭后清理文件。旋与筱泉转棋一局。见客一次。阅《明史·职官志》"六部"、"都察院"，写沅、季信一件。午刻，刘南二来久坐。中饭后至幕府一叙，阅本日文件，将七月各稿、批清厘一次。傍夕出门，至万寿官一阅，以明日系慈安皇太后万寿，须行礼也。夜清理文件。温"序跋类"三首。洗澡一次。公馆内有一高亭，将倾圮矣，本日拆去，万雀失所依栖，覆巢毁卵纷纷，可怜。接家信二次，系泽儿六月廿四、六两次发者。

十二日

黎明，至万寿宫拜牌。是日为慈安皇太后圣节，学使及万臬司皆因病未到。礼毕回寓。饭后围棋一局。见客二次，阅《明史·职官志》卅页。中饭后至幕府鬯谈。阅本日文件，习字一纸，又清理积阁文件，写欧阳定果信一件。傍夕，隋龙渊来久谈。灯后，温"序跋类"三首。

十三日

早饭后，点湘后左右两营之名，至辰正毕。旋清理文件，与柯小泉围棋一局。阅《明史·职官志》，直至未初，中惟见客一次。中饭后至幕府鬯谈，习字一纸，再与程石洲围棋一局。阅本日文件颇多，戌初始毕。夜清理批札稿。二更后温《古文·序跋类》，是日毕。申刻以后，北风细雨，有似深秋。入夜，风尤大，殊有碍于秋收，为之大惧。

十四日

早饭后清理文件，写沅弟信一封。与筱泉围棋一局。见客二次，写纪泽信一件，史士良来久坐。午刻，因纪泽儿问《吴都赋》有"殷坻颓于前"等句，详细答之，又将其诗批点示之。中饭后，至幕府鬯谈。料理寄家谢澄弟及朱金权等件，鹿茸、衣料等物，申刻派人回家。清理本日文件。天寒大雨，心忧秋成之不可恃，闷闷久之。阅《明史》数页。至内室小坐。夜清理文件，阅《明史·职官志》毕。本日自酉至亥，因近来事有不如意者，方寸郁塞殊甚，亦足见器量不闳，养气之不深也。

十五日

早，见各文武贺朔望者，至巳刻毕。与柯筱泉围棋一局，又观筱泉与程石洲一局。阅《皇朝文献通考·职官类》，倦甚。见客二次。中饭后，至幕府鬯谈。旋阅本日文件颇多。接郭云仙信，内有示稿、奏稿等。倦甚，在庭院散步逍遥。剃头一次。夜清理文件，二更后温江式《文字表》。四更后，凉冷异常，深以秋成为忧。

十六日

早饭后清理文件，写沅弟信。与程石洲围棋一局，又观渠与筱泉一局。写郭意诚信一、左季高信一。阅《皇朝通考·职官类》三卷。中饭后，至幕府鬯谈。习字一纸，写少荃信一封，清理本日文件甚多。酉初，李筱泉来谈，至曛黑始去。灯后，将本日文件阅毕。二更后，倦甚，不能作字，诵谢朓诗数首。

十七日

早饭后清理文件。旋接吴彤云信。系十六夜四更所写，因疟病垂危，以书托余照料后事，大约刻其诗六集及周恤妻子，及衣棺不必丰美等语。余览之大骇，即至其寓诊视，其病虽重，尚不至遽有它变，神气尚完，心力亦足，因再三劝慰静养。归，见客四次，与程朴生围棋一局。阅《皇朝通考·职官》。中饭后至幕府曵谈，阅本日文件，习字一纸，清理批札各稿件。傍夕温阮步兵诗。莫子偲洪、琴西来谈。夜改鲍春霆来文、各批。温《古文·奏议类》三首。

十八日

早饭后，见客一次，清理文件。旋与程石洲围棋二局。陈虎臣、李筱泉来久坐。阅《皇朝通考·职官》毕。中饭后至幕府久谈。习字一纸，阅本日文件极少，见客三次。倦甚，懒于治事。写希庵信一件。眼红不敢多看字。傍夕，李筱泉来谈，至二更一点去。日内，闻吴彤云大廷之病日增沉重，深以为虑。

十九日

早饭后，点护军营勇之名，辰正毕。旋见客三次。与程朴生石洲围棋一局。阅《通典·兵类》。午正又见客一次。中饭，请李筱泉便饭，至申正散，清理本日新到文件。至幕府一叙。傍夕困甚，盖天气甚热，而又陪客太久，饮食太过之咎。夜清理文件。二更后极倦，意不能作一事。

廿日

早饭后清理文件。司道来见一次，雪琴来久叙，马学使来晤叙一次。与程石洲围棋一局。阅《通典·兵》一卷，写沅弟信一封。中饭后又阅《通典·兵类》，清理本日文件，阅批札各稿。奇热异常，殊为难耐，至眉生处小坐，大雨如注，约一时许，夜间稍凉。翻阅《武备志》之《战略考》。洗澡一次。是日接希庵咨，知渠已补授钦差大臣，请余代奏谢恩，并请辞谢，另简大员接受关防。未刻，袁午桥派游击邱荣解送金安清前来，听候讯办。

廿一日

早饭后清理文件。见客二次，改折一件。旋出门拜客，勒少仲、李筱泉、段镜湖三家，巳刻归。与筱泉围棋一局。作片一件。雪琴来久谈。饭后，同至幕府一叙。旋清理本日文件，阅《通典·兵类》廿页。酉刻发报三折、二片、一清单。热甚，汗出不止，至内室小坐。傍夕，莫子偲来小叙。夜改批札各稿，阅陈秋舫《诗比兴笺》。

廿二日

早饭后清理文件。见客一次，勒少仲、万篪轩坐谈片刻。与柯筱泉围棋一局。阅《通典·兵类》。午刻，杨朴庵来久谈。热极，不能治事。写希庵信一件、作梅信一件。中饭后，阅本日文件。极热，汗出不止，再阅《通典》数页。赵惠甫来久坐。至各处闲行，而暑气难避，应办之事俱置不能办。灯后，在庭院露卧，令人挥扇。二更后，清理批札各稿。是日接奉廷寄一件。

附 记

| 三营制 | 五计谋料敌 | 间谍 | 向导 | 诡诈 | 四营规爱民 | 一始计规画大局 | 七攻战 | 二选将 | 八防守守城 | 守垒 | 守险 | 安营 | 六教练 | 九器械 | 十粮饷 | 十一水师 | 十二马队 |

廿三日

早饭后见客一次。旋清理文件，与筱泉围棋一局，又观筱泉与石洲围棋一局。雪琴来久谈，阅《通典·兵类》十五页，写沈幼丹信九页，申刻始毕。清理本日文件，再阅《通典》数页。奇热异常，汗下如雨。傍夕至幕府久谈。灯后，在庭院小睡，令人摇扇。二更后，清理批札各稿。读《孙子》"鸷鸟之疾，至于毁折者，节也"句，悟作字之法，亦有所谓节者，无势则节不紧，无节则势不长。

廿四日

早饭后清理文件。李筱泉来久坐。出城拜彭雪琴，巳刻归。写澄弟信一件。表弟彭毓橘来久谈，雪琴来久谈。写欧阳筱岑信一件，中饭后写毕。阅《通典·兵类》。奇热，汗下如雨。申刻，大雨倾盆，至内室小坐。夜与彭腾七久谈，在幕府坐良久。接少荃信。月余不接上海信，方以为虑，兹得信，幸尚平安。阅新闻纸，知何根云于六月初七日正法，不知确否？为惆怅悚惧久之。

廿五日

早饭后见客二次，衙门期也。旋勒少促来久谈。清理文件，与筱泉围棋一局，写沅弟信一件、左季高信一件，阅《通典·兵类》数页。中饭后习字一纸。旋摆列棋势片刻。阅本日文件，未毕。陈虎臣来久谈。又阅文件，毕。傍夕至幕府一谈。李筱泉来，谈至二更二点始去。阅批札各稿。四点睡。

廿六日

早饭后清理文件。旋见客二次，与程石洲围棋一局，清理文件。巳刻，首县来久坐。阅陈秋舫《诗比兴笺》。午正小睡。中饭后核改晏同甫信稿，旋改各信，至十余件，阅本日文件。傍夕至幕府鬯谈。夜，阅改批札各稿，二更三点毕。睡不甚成寐。

廿七日

早饭后清理文件。旋出门拜客三家。史士良本日起行，赴宁波道之任，前往送行，因过马雨农、吴彤云两处。巳刻与程朴生围棋一局。旋又见客三次，申甫坐甚久。阅《通典》十余页。中饭后阅本日文件，改劳辛皆信稿，至傍夕方毕。至幕府鬯谈。夜核改批札各稿，劳倦殊甚。二更后良诵李义山、杜牧之七律诗。本日凉冷殊甚，可着棉衣，大有碍于收成。宿松县有禀报水灾、虫灾，将恐各县相继而至，忧灼之至。军士无米可食，非细故也。

廿八日

早饭后客二次，写许仙屏信一件。与程石洲围棋一局，又观其与筱泉一局。见客二次，唐鹤九自庐州来，谈甚久。写九弟信一件，阅《通典》数页。中饭后清理文件，改信稿数件。傍夕至幕府一谈。夜，李筱泉来久谈，至二更去。至庭院观星，有彗星见于前星右枢之间，心以为忧。前廿四夜，见一小星逼近北极，微有光芒，心窃骇之。廿六夜，见此星移动数尺，距帝星仅尺许，光芒渐大，直射帝星，因呼洪琴西来同看。廿七夜阴云，不见。本夜见之，又移数尺，已过前星之外矣。因请周志甫来同看，志甫以为彗也。幸光芒尚小，或不为灾。三更睡，不能成寐。

廿九日

早起清理文件。旋与程石洲围棋一局，写晏彤甫信一件。折弁自京归，系贺七月十二日万寿者。初六日自京起程，由宿迁、临淮一路行走，故至皖尚不甚迟。阅京报多本，清理文件。见客二次，唐鹤九谈甚久。改折稿一件、黄翼升谢恩折、信稿数件。中饭后阅本日文件，未毕。赵惠来久谈，旋叶介唐与唐鹤九来，马谷山方伯来，谈尤久。将本日文件阅毕，改信稿数件，改批札各稿。傍夕至幕府鬯谈。夜加京信四页，皆托以事。将批札各稿阅毕。是日，因明日折弁进京，料理各琐事。傍夕，袁午桥专人来，信中言其病断难支持。接纪泽儿信，寄所作《拟庄》三首，颇能善谈名理，亦略通训诂奇字之学。

八 月

初一日

早起,各文武员弁贺朔,见客十余次,辰正毕。旋拜发贺表,贺两宫皇太后徽号,礼成,行三跪九叩礼。又见客二次,与程石洲围棋一局。写沅弟信一件,阅五、六两个月京报,将谕旨中有交余查办事件,一一钞出,以部文有到有不到也。阅金眉生条陈两淮农田水利事宜。中饭后阅本日文件。旋清理科房批稿各簿,未毕。傍夕至幕府闼谈。夜清理批札各件,未毕。眼蒙殊甚,似太劳苦,因不复治事而朗吟杜牧之诗数章。是日大雨,竟日阴寒异常,大有碍于收获,实切隐忧。

初二日

早饭后见客三次,方伯坐甚久。旋围棋一局。又见客三次。说话太多,倦甚,阅《通典》,不甚耐烦,不能入矣。中饭后,陈作梅、陈虎臣来,各久谈时许。阅本日文件,傍夕方毕。申刻作告示,令四乡捕蝗,自行写刻。晡时,至幕府与眉生久谈。夜阅批札各稿。眼蒙殊甚,不敢多治事。读《诗比兴笺》中瘐信、江淹各篇。希庵中丞昨日已到集贤关,本日因雨泥尚未进城。余与城中各官,皆预备往吊也。阴雨作寒,有似秋末气象,大有碍于收获,忧灼之至。

附 记

赵寄筱岑信
要谢秋水集
批泽《拟庄》

初三日

早饭后清理文件。见客三次。与柯小泉围棋一局。阅《通典·兵类》八页。巳正,希庵进城。即至其寓吊之,鬯谈二时许,未刻归。请唐鹤九、叶介唐便饭,申刻散。清理文件,接少荃上海信,知周弢甫在沪沦逝。老年一膺荐牍,遽被参劾,抑郁潦倒以死。悠悠毁淮,竟足杀人,良可怜伤。办公至晡,未毕。与幕府诸君鬯谈。夜略清文件,眼蒙不能作字。连日阴雨作寒,大损收获。是日微雨,二更后,霖淫竟夕,至睡不断,实堪忧焦。

初四日

早饭后清理文件。旋写纪泽信,批改其《拟庄》三首。见客三次,与柯小泉围棋一局。写沅弟信。午初至希庵处,因留便饭。渠于是早接奉廷寄,不准回籍,赏银八百两治丧,饬地方官妥为照料。君恩极隆,而希庵迫思奔丧,拟具折自行陈情,观其病势,亦须回家静养,乃可痊愈。申刻归。见客四次,清理文件,至晡未毕。莫子偲来,同在幕府鬯谈。夜阅批札各稿,二更三点未毕。因眼蒙早睡。是日卯辰间,大雨如注,巳刻放晴,为之稍慰,幸秋收之或无损也。夜观彗星,已出紫微垣外十余丈,光芒甚小,远射织女。是日接奉廷寄一件。

附记

周国凯与李文才争斗

初五日

早饭后见客二次,衙门堂期也。旋又见客二次。至内室小坐。写李少荃信一件。午刻出门,拜马谷山署方伯。至希庵处久坐,未刻归。饭后,李筱泉来久坐,清理文件。申刻,莫子偲来久坐。改咨札各稿。傍夕至幕府鬯谈。夜阅科房各稿件,未毕。是日天气大晴。夜见彗星在贯索之北三尺许,光芒甚小,不及二尺。辰刻与柯小泉围棋一局。申刻接奉廷寄一件。

附记

多隆阿一军,不必赴江南,宜驻南阳,一、保鄂,一、清豫之西路,一、使粤捻不得续入奏,一、京阳所关。 七月十九日旨:多归曾调派。廿四日旨:多归曾调度。

　　里下河宜防六月十八寄旨，潘片奏　十九日旨又饬保里下河　少荃一奏一咨　红丹船不能来，李奏劳咨　僧预防清江浦　六月十四日，因都兴阿奏寄谕　不防忠侍洪而防辅古陈

　　镇江暂不可战　沪上不可离李

　　派员接陈由立事，郑已函止

　　李世忠事　六月初四日密寄　七月初八日廷寄，因兼及粤厘事

　　奏拨江西漕折

初六日

早饭后清理文件。旋见客二次，围棋一局。辰刻见客二次，阅《通典》数页，写对联六付。巳正见客一次，申夫来久坐。午初马方伯来，亦久坐。又阅《通典》数页。中饭后，清理本日文件，阅《通典》。申刻阅批札各稿。酉刻剃头一次。至希庵处小坐时许，夜清理文件。温《古文·诏令类》。是夜，彗星光尤小，已入贯索之内，渐次南行，再一二日，当抵天市垣矣。

初七日

早饭后见客二次，清理文件。与程石洲围棋一局。旋又见客二次。阅《通典》数页。午刻，至幕府鬯谈。又阅《通典》。中饭后清理文件，又改批札信稿各件。赵惠甫来久坐。天气甚热，蚊虫亦多，不胜其扰，即不复治事，傍夕至内室小坐。夜仍改各批稿，二更后阅谢朓诗，渴睡殊甚。是日巳刻写沅弟信一件。夜，阴云密布，彗星不见。

初八日

早饭后，点义从营之名。旋见客二次，与程石洲围棋一局。阅《通典》。巳刻见客二次。午初，至幕府鬯谈时许。中饭后至内室小坐。清理本日文件，天气热甚，欲料理诸务，而郁蒸为患，又蚊虫极多，不耐久坐。酉初下雨。至希庵处一坐，与商定渠陈情一疏，灯后归。清理文件，写厚信一件。二更后温陶诗。四更后，阴寒殊甚。时晴时雨，乍热乍寒，既有伤于秋收，而军行多病，尤以为苦，深以为忧。是夜，因云不见彗星。

初九日

早饭后见客二次，旋验看文武官二员。与程石洲围棋一局，又观渠与柯筱泉一局。见客二次。拟作复奏军务折稿，构思未就，罗伯宜来，久谈一时许。中饭后至幕府久谈，清理本日文件。申刻作折稿，至二更三点止，未毕。傍夕至程伯敷处小叙。是夜腹痛，体中不快。

初十日

早饭后见客二次，衙门堂期也。旋与程石洲围棋一局。作昨日之折，午正未毕。中饭后清理本日文件甚多。旋又作折，至酉初始毕。见客一次，至幕府久谈。夜清理两日内批札各件。是日体中不快，又右手背上酸疼，至夜尤甚，不能握笔矣。是夜，彗星在天市垣内巴蜀二星之上。

十一日

早饭后见客一次，围棋一局。清理文件。改折稿一件、片稿二件。出门拜客二家。在希庵处中饭。下半日见客三次，清理本日文件。傍夕至幕府久谈。夜核批札稿，手疼殊甚。

十二日

早饭后，手疼不能作字，医者以为风湿，非肿毒也。与程石洲围棋一局。旋至幕府久坐，与李筱泉围棋二局。午初，手贴膏药。阅《通典》。中饭后见客一次。清理本日文件，至酉初止。至幕府久谈。夜核批札稿。手疼略愈，尚不能作字。是夜，在天市垣梁楚二星之西，巴蜀二星之东，微茫，不甚可辨。

十三日

早饭后清理文件，与柯小泉围棋一局。见客五次。写沅弟信一件、少荃信一件，又见客三次。中饭后，李筱泉来，坐颇久，吴子登来。阅本日文件甚多，至酉初毕。罗伯宜来久谈。夜核批札各稿，二更四点毕。是日手疼已愈，因手背贴膏药，尚不甚能写字。

十四日

早饭后清理文件。旋见客数次，未坐，又见马学使等四次，皆坐谈也。与柯筱泉围棋一局。写沅弟信一件、左季高信一件。至幕府一谈。中饭后热甚，阅本日文件甚多。申正出门，至邵世兄家，即蕙西之子，自上海逃难来此，奉其母与其弟妹共四人来此相依，因于署傍觅屋数间居之。旋至李筱泉、希庵二外，酉正归。郭云仙亲家来，与之曼谈，至二更止。清理批札各稿。四点睡，不甚成寐。

十五日

早饭后清理文件。是日，贺节者多，皆谢不见。云仙来曼谈。辰刻写沅甫信一件，阅《通典·兵类》。巳正核科房批札各稿。未刻，请郭云仙、黄鹤汀、罗伯宜、左孟莘中饭，申正毕。清本日新到文件，阅《通典·兵类》毕。天气燥热，心绪烦闷。夜核批札各稿。二更后，筠仙自外归，曼谈至四点。睡不甚成寐。

附 记

专札粮道，每月提解四万
批西藩司五千串以上之卡，初一通报

十六日

早饭后见客三次，与程石洲围棋一局。巳刻又见客一次。倦甚，若有病者。天热郁燥异常，不能作事。中饭后至幕府久谈。又与柯小泉围棋一局，又自作棋势。竟日不愿作字，与疟疾之象相似。夜与支仙曼谈，二更四点散。略清文件，以本日公事极少也。

十七日

早饭后见客二次，旋与程石洲围棋一局。与云仙久谈二时许。见客二次。写沅甫信一件、凯章信一件。中饭后阅本日文件。申刻至幕府曼谈。旋阅批札各稿，未毕。傍夕至希庵处曼谈，一更四点归。核批札稿。是日闻沅弟左手酸疼，殆亦风湿之咎，心为虑之。

十八日

早饭后见客一次，清理文件。旋出门考验武职游击蓝教，江西送来，例应送部引见者也。下河拜客黄锥汀，与之久谈。云仙尚在船上，本日即将搬至岸上。

巳正归。围棋二局。见客三次。中饭后清理本日文件，至幕府鬯谈半时许。改信稿数件，尚有二稿未改毕。傍夕，云仙归，与之鬯谈至二更四点。本日应了之事，遂未完毕。

十九日

早饭后清理文件。旋围棋二局。见客二次，与筠仙鬯谈。写左季高信一件，核改信稿数件。中饭后至幕府鬯谈，清理本日文件。李竹屋来久谈，核改各批札稿。傍夕至幕府，与竹屋鬯谈。夜核批札稿及科房各稿。二更后，温阮嗣宗诗。是日奇热异常，郁蒸难耐。夜，大雨倾盆，稍散烦襟。近日公事不甚认真，人客颇多，志趣较前散漫，大约吏事、军事、饷事、文事，每日须以精心果力，独造幽奥，直凑单微，以求进境。一日无进境，则日日渐退矣。以后每日留心吏事，须从勤见僚属、多问外事下手；留心军事，须从教训将领、屡阅操练下手；留心饷事，须从慎择卡员、比较入数下手；留心文事，须从恬吟声调、广徵古训下手。每日午前于吏事、军事加意；午后于饷事加意；灯后于文事加意。以一缕精心，运用于幽微之境，纵不日进，或可免于退乎？

附记

上半日：见客，审貌听言　作折核保单　点名看操　写亲笔信　看书　习字

下半日：阅本日文件　改信稿　核批札稿　查记银钱帐目

夜间：温诗、古文　核批札稿　查应奏事目

廿日

早饭后见客二次。旋与黄荷汀、程石洲围棋二局。见客又二次，写挂屏二付。中饭后见客一次，清理本日文件。天气奇热，因入内室久睡。酉刻核信稿。傍夕至幕府李竹屋外鬯谈。夜核批札稿信稿，二更三点粗毕。

廿一日

早饭后清理文件。旋见客二次，写沅甫信一封，围棋一局。午正在竹床小睡，未正请吴子登等中饭。奇热不可耐，满坐汗下如雨。中饭后，清理本日文件。申刻与竹屋笔谈良久。傍夕至希庵处谈。夜与云仙处谈。

附 记

胡宝善卅八岁，江苏吴县人，辛亥举人，取教习，学正，取内阁中书，由助教截取同知，分发浙江，季在宁绍办捐。失守后，道台张札令至闽请兵，措资与粤东，晏札留粤办厘。

江承绪湖北江夏人，卅二岁，捐从九，分发浙江，屡保知县，加同知衔。在宁绍办捐。失守后，措资至广乐。晏札留粤办厘。

廿二日

早饭后，出门至西门外点马队之名。归后，见客一次，围棋一局，又观柯小泉与程石洲一局。又见客二次，与云仙久谈。中饭后至幕府，与李竹屋圜谈。清理本日文件。傍夕，云仙归，久谈。夜接廷寄四件，系七月廿四，廿六、七、八等日所发。其件系余六月廿二、七月初二、初十日三次折件批回。又一件，因官帅奏多军入陕而谕及也。七月初二日所奏请豁江西摊捐款二百余万，不交部议，而特旨允准，读之感激无已。自古以来，孰有似我朝之宽仁者？二更四点睡。是日凉冷殊甚，萧然有秋意矣。

廿三日

早饭后清理文件。旋见客二次，与程石洲围棋一局，写信三件。未初至希庵处中饭，与云仙、铁桥同席，申刻归，清理文件，至戌初毕。与李竹屋圜谈。夜清理批札各稿，二更三点毕。是日接奉七月廿五日廷寄一件，又接谕旨，僧王节制直隶、山东、山西、河南四省督抚提镇，并调度苏皖之徐、宿、蒙、毫各军。

廿四日

早饭后清理文件。旋围棋一局。见客二次，写澄侯信一件、沅甫信一件、鲍春霆信一件。午刻见客二次。中饭后见客一次。与李竹屋圜谈。见客一次。阅本日新到件极多，傍夕始毕。夜核批札稿，与云仙久谈。是日闻韩正国于八月十四日在上海伤亡，锐志自立，可悯可惜。

廿五日

早饭后见客二次，衙门期也。旋围棋一局，写了少荃信一件。中饭后见客一次，清理本日文件。申正至李竹屋处圜谈，傍夕始散。夜作一折稿，至二更三点未毕。核改批札各稿。是夕接廷寄一件，希庵常假百日，俟唐训方到皖署理抚篆，再行起程；又饬俟李续宜假满旋皖，接受钦差大臣关防，袁甲三再行回籍。

廿六日

早饭后清理文件。旋与程朴生围棋一局，又观人一局。见客一次。作折稿数行。与云仙午刻至希庵处一谈。未刻请客便饭。申刻清理本日文件。傍夕至幕府一谈。夜将折稿作毕。二更后核批札稿，朗吟《九辩》。

廿七日

早饭后，与程朴生围棋二局。旋见客，郭雨三之胞弟用中与其子阶自东台来，谈最久。阶字慕徐，其业师为扬州刘孟瞻文淇之子，经学已有师法矣。旋见客二次，清理文件。中饭后，与云仙鬯谈，阅本日新到文件，阅郭阶所著《周易汉读考》及丁拓唐寄来说经各种。至幕府与李眉生等鬯谈。因接舒墨林禀，知凯章即思回湘，深为忧虑。旋作折稿一件，至二更三点毕。核批札各稿。

廿八日

早饭后清理文件。写挽幛字二幅，与程朴生围棋一局，见客二次，作折片一件。中饭后见客二次。出门吊周军门天培、福观察咸之丧，新自宁国捡寻忠骨，扶榇来此。旋至希庵署内一谈。申正清理本日文件。傍夕与云仙、竹屋等鬯谈。夜作夹片一件，二更后核咨札各稿，疲乏殊甚。老境已至，不耐劳苦久思矣。

廿九日

早饭后围棋一局。旋清理文件，作片稿一件，见客二次。与沈贤绍言抽厘之法，勤以防偷漏，和以安商旅。午刻闻姚秋浦之丧，深以为忧。姚自去年五月署皖南道，至今年余，无日不在艰危困苦之中，兹以疫病，四月不起，可胜悲怆。中饭后至幕府鬯谈，旋与竹屋久谈。清理本日文件。酉刻催写各折片，至二更始写毕拜发。夜核批扎各稿。与云仙久谈。日内共作二折三片，用心较多，不胜其乏。甚矣，吾衰矣！是日发报，共三折、四片。

卅日

早饭后，与柯小泉围棋一局。旋清理文件，见客一次，写沅弟信一件、左季高信一件。中饭后至幕府鬯谈，清理本日文件，见客二次，写对联二付。傍夕，接奉廷寄二件，一系因余八月十二日之折批回，一系抄示御史吴焯之奏。夜与云仙鬯谈，阅严秋农《先器识而后文艺论》。严名咸，仙舫通政之子，乐园廉访之孙，年十八中咸丰丁巳举人，今仅廿三岁，而史事烂熟，识见远大，洵吾乡英俟也。夜清理文件。二更后，眼蒙不能作事。

附 记

写旬帐
送吴行，送礼
写官信
添杨信

闰八月

初一日

早起。因昨夜不甚爽快,未见各贺朔之客。饭后围棋一局。旋见客三次。加杨厚庵密信三页,写官帅信六页。中饭后清理文件,阅本日新到各文。出门拜客二家,至希庵处久坐。归,至程伯敷房中久坐,与莫子偲谈。夜核批札各稿,二更四点毕。

附记

阅各清供

亲审刘青云案

左信

李信

派杨光祖住焦山接各文书

清核科房积件

初二日

早饭后清理文件,与柯小泉围棋一局。旋见客六次,颇觉疲乏。中饭后与李竹屋鬯谈,约一时半之久,一面阅本日文件,至申正毕。核批札各稿,傍夕未毕。夜再核办,二更毕。温《古文·诏令类》。二更四点睡。思每日应办之事,积阁甚多,当于清早单开本日应了之件,日内了之,如农家早起分派本日之事,无本日不了者,庶积压较少。

初三日

早饭后清理文件。旋围棋一局,与云仙久谈,见客三次,吴肜云坐最久。阅刘青云一案各卷。中饭后,再阅是卷。申刻传集人证,亲自审讯。至酉正止,未审得端倪。瑞州营外季两次当堂装作疯癫,殊属可疑。旋传委员刘光彭来商论此事。阅本日文件。傍夕至竹屋处一谈。夜清理文件。二更后与云仙鬯谈。是日因说话太多,神气疲乏。余自卅时即不能多说话,说至数十句便气不接续,神尤困倦。今已廿余年,故态不改,亦不加甚,故知身体之强弱,千态万变,未中可以一事之偶强而遽信为寿征,一事之偶弱而遽信为败征也。

初四日

早饭后围棋一局。旋见客五次,写澄侯信一件、沅甫信一件。未刻请客吃便饭。申刻清理本日文件,核改各信稿及批札各稿,核科房各件。与云仙谈,莫子偲在坐。傍夕至竹屋处鬯谈。夜核科房各件,二更后温《孟子》《庄子》。四更四点睡。

初五日

早饭后见客二次,衙门期也。巳刻与郭舜民等谈,送渠叔侄二人赴定远寻雨三尸骸。围棋一局。写季高信一、少泉信一。午刻见客一次。中饭后见客一次。清理文件,核批杨稿,核科房各稿。闻伍华瀚大病,误服大黄至斤余之多,殆必不起,可伤可惜。又闻希庵本日吐血数口,尤以为虑,因即命驾至希庵公馆看视。初更归,核办各批札。蒋之纯有一信与张铼渠,商议苗沛霖事,因逐条之批复。二更后,云仙来久谈。三点倦甚,早睡。是日申初至尚斋处坐谈,又与竹屋一谈。接家信,八月初所发。

初六日

早饭后清理文件。旋与柯竹泉围棋二局,见客二次,写左季高信一件。接上海李少荃信及各文件,又接澄、沅二弟两处信。中饭后至幕府鬯谈。旋清理本日文件,未毕。酉刻写挂屏对联颇多。灯后,再阅本日文件,核批札各稿,是日翻阅《衍石斋记事续稿》。二更三点睡。右户酸疼,贴一膏药,恐从此右手长有病痛矣。

初七日

早饭后见客三次。旋与柯竹泉围棋一局,又观渠与程世兄一局,尚斋之子,名锦和也。写对联、挂屏十余件。又见客二次,李申夫坐颇久。中饭后见客二次,阅本日文件。接左季高信二件,言林福祥、米兴朝已正法矣。核批札各稿。至幕府一谈。夜阅郝兰皋《尔雅义疏》。傍夕闻鲍春霆病重,深以为虑。夜清理文件。二更后,意思困倦。日内因各军患病,忧心如惔。又因江西厘金全无起色,至为焦虑。竟日绕屋徬徨,不能作事。

附 记

写少荃信

云敷本职

添营头

吴助绅接兵有功

寄定果信

写沅信

抄左信二

报霆病,令寄药

曾有升 都司　　王载驷　　刘步瀛 守备

彭星占 现带溥字三营,在毛有铭统下

何忠才 都司

黄家□ 守备　　李达聪 守备

初八日

早饭后清理文件。旋见客四次。围棋二局。巳正又见客三次,倦甚,不能说话。午刻小睡。阅王而农《庄子解》,未刻至希庵处便饭,申刻归。阅本日六件。酉刻至幕府一谈。傍夕与云仙㘬谈。夜添晏彤甫信一页,清理文件,二更四点毕。

附 记

吴清如,崇明书院

札宋国永办谷二万担

初九日

早饭后清理文件。旋围棋一局。朱铁桥来拜云仙,即在此早饭。见客四次,又立见者五次。写挂屏二付、对联三付,纂联赠郭云仙云:"好人半自苦中来,莫图便益;世事多因忙里错,且更从容。"未刻请客,莫子偲、李申夫等,送郭云仙往上海之行,申刻散。写少荃信一封。酉刻,出城送云仙至上海,在舟次一谈,归寓已灯初矣。清理本日新到文件甚多,至二更四点始毕。

初十日

早饭后见客二次,衙门期也。旋写沅浦信一件,围棋一局。午刻,申夫、虎臣来久坐。巳刻至甘子大处看病,渠自宁国染疫疾而归,途次发狂,已七日不食,余与久谈,尚清楚也。旋拜学政一次。午正,又见客一次。中饭后阅本日文件。申刻至竹屋处㘰谈。日旰,因各处疫病太多,忧灼之至,绕室徬徨,意绪无憀。夜改折稿一件,约改三百余字,二更三点毕。核批札稿。

十一日

早饭后清理文件。旋见客二次。围棋一局。写对联颇多。桐城方植之、戴存庄、苏厚子、文铏甫诸贤六人,乱后渴葬,余于五月出钱,令桐人甘绍盘玉亭买地葬之,顷已葬毕。本日写碑六纸,将镌立坟上。又臧牧庵忠壮营将士在桐殉难,亦写一碑,识其葬处。午正写毕。中饭后至幕府一谈。旋清理文件。酉刻作夹片一件。傍夕至幕府㘰谈。因皖南疾疫太多,心胆俱碎。拟切实奏明,请简派在京大臣来南,与余会办诸务,以挽厄运而分责任。夜作夹片一件,约六百字,二更三点毕。旋核批札各稿。接少荃信,知苏贼十余万来攻鲍军,寸心如焚,终夜不能成寐。

廿日

早饭后清理文件。旋见客二次,又立见者四次,与筱泉围棋一局,写昨日碑之款。午刻发报一折、二片。本日因忧念皖南各军之病者,尚不能治事。中饭后至竹屋处一谈,阅本日文件甚多,见客二次。傍夕至希庵处一叙,灯后归。核批札各稿。二更后温《古文简编》。是夜睡稍成寐。

附 记

阅金安清卷
写凯章信
写左信,抄少泉信
催咨回刘青云案
写意诚信
写寄云信

十三日

早饭后清理文件。围棋一局,见客四次。写凯章信一、季高信一。中饭后,申夫来,言刘青云案略已定矣。阅本日文件,酉初毕。至幕府一叙。核批札稿,未毕。夜核至二更三点始毕,科房各积件亦粗了矣。温《孟子》数章。数日未接宁国信,不知春霆病势何如,深以为虑。思作书之法,古人师欧、李、柳、黄,今人师邓、郑、刘、王。

附 记

写官师信,言吴干臣事
写马起升扁对
写家信

十四日

早饭后清理文件。旋见客二次,围棋一局。写澄侯信。魏荛人来久坐。阅金安清卷。中饭后,闻甘子大之病甚重,心以为忧。又阅本日文件,至幕府一叙。王少岩来久谈,言隋龙渊丁父忧。写官帅信一件。傍夕,风雨凄其,意绪无聊,自至内室摆棋势以自遣。夜闻甘子大已逝,殊为伤感。作书与少仲处分后事,清理文件,核刘青云一案咨稿、江西局务申饬札稿。三更睡,竟夕不甚成寐。天气渐寒矣。

十五日

早起。文武员弁贺望,辰刻毕。出门吊甘子大之丧。又至粮台随龙渊处,渠于昨日闻讣,丁外艰也。又至希庵处久谈,巳正归。围棋一局,见客二次。写毛寄云信。中饭后清理本日文件,写郭意臣信。至幕府一谈。闻许世兄病危,旋报已故。世兄名敬身,吉斋座师之子,由杭州避乱移寓泰州,顷来皖相访者也。意绪甚劣,不复能作事。夜核批札各稿,三更三点毕。

附记

十九日折差　　赵清益　　李长年
廿四日折差　　李鼎荣　　满万无
参议宁州局杜前令林
吴促仙说龚耀伦事

十六日

早饭后清理文件。见客二次,围棋一局。写少泉信一、云仙信一。中饭后写沅甫信一。至万篦轩家道喜,渠第三子完婚,取夏憩亭之女。归,清理本日文件。至幕府㘖谈。请程伯敷诊脉夜核批札稿,二更后温古文《解嘲》、《进学解》等篇。是日未刻,写扇一柄、横披一幅。

附记

复季君梅信
复吴竹如信
复蒋寅昉信
复欧凌云信

十七日

早饭后清理文件,与筱泉围棋一局。出门吊许世兄,吊甘子大,又至希庵处久坐,巳刻归。见客三次,核改信稿数件。中饭后至幕府一叙,莫子偲来久谈。清理文件,核咨札批稿。夜阅程春海侍郎遗集《南雷文定》。久不闻鲍春霆病状,寸心歉而且惧。

十八日

早饭后清理文件。旋出门,至北城外送许世兄出殡。归,围棋一局,见客二次。阅惠定宇《易汉学》，习字一纸。接奉初九日廷寄，系余八月九所发之报批回者。中饭后写挂屏七幅，清理本日文件，至幕府一谈。夜写零字颇多。撰联挽希庵之母，久而未成。二更四点睡。

十九日

早饭后清理文件。旋围棋一局，见客五次，马学政坐颇久。作就李母挽联，写之。又写祭帐大字四幅并款。写鲍春霆信，习字一纸。中饭后至幕府一谈。清理本日文件，写沅弟信，约六百字。见客一次。副都统明兴极陈黑龙江西兵病亡之多，因定遣之回旗。傍夕又至幕府郐谈。夜核批札稿。二更二点后，温苏诗七古。

附 记

黄鸣铎 寿州人
朱宗鼎 寿州人，扬州左军守备

廿日

早饭后清理文件。旋见客二次，衙门期也。又见客四次，有扬州营守备朱家鼎，状极魁梧可爱。写左季高信一件。中饭后清理本日文件，写挂屏三幅。陈作梅来久坐，至幕府久谈。傍夕至希庵外一叙，更初归。温《古文·传志类》。是日巳刻围棋一局，习字一纸，写团扇一柄。

附 记

李鼎荣至倭宅送信
程迪昌咨回江西
司道薪水定单
颍州全守到任
希庵与余请封事
查覃恩诏条

廿一日

早饭后清理文件。旋见客一次，围棋一局。接奉廷寄，言会剿亳州捻巢及苗沛霖事，绎读良久，作函与希庵一商。见客二次，罗伯宜坐最久。中饭后写沅弟信一件，清阅本日文件，至幕府鬯谈。开余史弟及希庵请封清单。傍夕写告示一张。夜核批札各稿，二更后温李义山七律。眼蒙殊甚，戴老花镜二层，从此老境侵寻，殆不复能于灯下读书矣。

附 记

五河县知县沈汝椿报：
参将李奎
游击时发成
都司郑秉忠
三队共约千名，原驻五河
总兵朱元兴，带队一千数百名，八月底驻五河
队马金枝、许方平，共带降众七、八百名，前驻双沟镇，现移五河
以上皆李世忠豫胜营之部下

廿二日

早饭后清理文件。旋见客二次，围棋二局。巳刻见客一次，习字一纸。午刻申夫来谈片刻。旋至希庵处便饭，申刻归。见客二次，阅本日新到文件，核批札各稿。傍夕至幕府鬯谈。夜温《古文·论著类》，亦读《洪范》。阅吴子序所著《今文尚书说》中《洪范》、《召诰》、《微子》、《盘庚》诸篇。近日癣疾大发，颇为难耐。本夜尚能成寐，至四更末即醒，或以夜太长之故耶。

廿三日

早饭后清理文件。拟出门送希庵，而渠已于五更下河矣。围棋一局。旋出城接唐中丞，巳正到，在城外公所叙谈。午刻，渠同来余公馆鬯谈，即在此中饭，约万臬司等来陪，申刻散。阅本日新到文件，写晏同甫信、吴竹如信。傍夕至幕府鬯谈。夜核批札各稿。二更四点睡。眼蒙殊甚。五更醒，不复成寐，盖老境不耐长夜也。

附 记　　廿四日来文

杨庆琛禀三月十日洋船洗枪毙命一案

镇江关详洋人于五月十七日在仪徵老虎头地方枪伤船户任启顺，至十九日身死，另是一案。廿五日据薛咨

周家圩港洋人，与广勇起衅，六月十一、十四等日洋人捉去广勇三名，烧船三只，另是一案。李于八月卅日会奏

姚浚昌禀泗源沟接济贼匪一案

丹徒令田祚禀附近并无开设洋行一案

廿四日

早饭后清理文件。拜发题本，系十月初十慈禧皇太后万寿贺本也。旋写周子佩信一件，开单遣折差李鼎荣进京。出门拜唐中丞。归，写纪泽信一件、沅甫信一件，见客四次。中饭后至幕府一谈。旋阅本日文件。申刻写挂屏二付八幅，约四百字。傍夕写云仙信一片。是日巳刻围棋一局。夜，唐中丞来久谈，二更二点去。核批札各稿。三更睡，五更醒，睡味殊未足也。

廿五日

早饭后清理文件，见司道、府县二次。旋围棋一局，写左季高信一件。接上海李少荃信。折差自京回，接京信各件。见客一次。甲午顺天同年徐渭生，名维城，将之官贵州，过此一晤，呈所为诗集，略一翻阅。未刻，请马方伯等中饭，申刻散。莫子偲来久坐，赠诗二章。阅本日文件，未毕。傍夕至幕府一坐。夜，阅七月下旬、八月京报，清阅本日文件，核批札各稿。二更三点后，温《孟子·梁惠王上》。三更醒，不甚成寐。

附记

批朱云岩奏

写少荃信

先将折稿前半发缮

至唐中丞署道喜

作折

遣发黑龙江马队回旗一片

廿六日

早饭后清理文件。旋见客四次。围棋一局，写李少荃信。午刻至唐中丞署，

贺渠本日接印，未刻归。中饭后至幕府鬯谈，阅本日新到文件，作复奏折。酉刻，义渠来久谈。灯后作折，至二更四点毕。接鲍春霆信，知霆字四副营与峰字营于廿日在新河庄小挫，宁国府仅隔五十里，可危之至。竟夕不能成寐，忧心如焚。

附记

马方伯交三名，寿合阜
胡玉坦运同衔，候补同知
沈镰同知衔，候补知县
谢永泰知州衔，候补知县
写信与厚庵，留李质堂，并调淮扬两营上来
写信复沅弟
石清吉不能去
铅小枪子，抬枪子　　大炮群子　　帐棚

廿七日

早饭后清理文件。接沅甫弟信，知伪忠王大股援贼扑金陵营垒。廿日已年一次，趋重季弟江边一路。粮道所关，新集之营恐难坚守，深以为忧，寸心如焚。旋作近日军情一片，围棋一局，见客二次。念金陵、宁国两处危急，焦灼不可言状。因占二卦：金陵卦，遇否之涣；宁国卦，遇屯之益，与幕友鬯谈。行坐不安。午后写沅弟信一件、厚庵信一件。中饭后见客三次，清理本日文件。酉刻发报二折四片。至幕府鬯谈，核批札各稿。夜，因忧劳过甚，不复办事，仅写沅弟一片、竹庄一片。令喻吉三派百人至江滨，助季弟守垒。阅辛稼轩词。二更三点睡，颇成寐，惟常醒耳。

附记

抄寄希庵
廿七日一折
僧王一信一咨
僧王与蒋札
喻李守池州

万守湖口

孙守影饶

刘守吴城、都昌

如果宁国失，则朱退守徽，唐守祁门

廿八日

早饭后见客三次。接九弟廿一夜信、廿三日巳刻信，尚属支持得住，为之少慰。未刻，又接廿三夜一信，粮道可危，寸心如割。因派护军二百人去助守江滨之垒，湘后营二百人去助守雨花台之垒。写沅弟信二件，见客四次，围棋一局。中饭后至幕府一叙，清理本日文件甚多。旁皇绕屋，焦灼万状。再与筱泉围棋一局，以纾其无聊之绪。见客五次。夜接雪琴、春霆信，宁国愈形危急。改僧王信稿，写左季高信，竟夕不克成寐，四更末即披衣起坐。

廿九日

早饭后，写李济清信一件，朱云岩、唐桂生信一件，核咨札稿二件，见客二次。因心中惦念金陵大营，故多谢客不见。与希庵信一件。至幕府小倒。中饭后清理本日文件。巳刻围棋一局。未刻见客一次。申刻写座右铭一通。俞鹤皋寄陈宣纸，画三寸格，求作擘窠书。因心绪恶劣，百字之中，错写两行。酉刻至城外试验炸弹、炸炮，冯竹渔新自广东买来者。将寄至全陵一用，故亲往一试，果能落地炸裂，火光大然。灯时归。本日不接沅弟信，恐文报已断，粮路已梗，忧灼之至，不能作字，请竹屋来鬯谈。二更三点睡，三四更成寐。

九 月

初一日

早饭后，因心绪不佳，停止各文武贺朔。辰正，接奉廷寄二件，一言马方伯暂统临淮之军，一言余前奏请派新信大臣，温旨慰劳。言疾疫流行，非余一人之咎，或者朝政阙失，上干天怒，君臣当痛自刻责云云。读之感激涕零。旋见客三次，围棋一局，又立见之客多次。写少荃信一件、沅弟信一件。午刻接沅弟廿四夜信，尚能固守。中饭后，接凯章信，知宁国之城守已固，为之稍慰。见客二次。清理本日文件，核批札各稿，写挂屏四幅。剃头一次。傍夕，至幕府一谈。夜改信稿二件，约四百字。二更三点阅陈硕甫《诗疏》。

初二日

早饭后清理文件。旋与筱泉围棋一局，见客四次。接沅弟廿六日信，金陵已稳守七日夜，为之少慰。又闻贼以炸炮炸弹打入营内，为之惊心动魄。接厚庵信，渠力疾至金柱关，而兵船太单，深以为忧，心绪作恶。午刻又与柯竹泉围棋一局，写九弟信一件。中饭后，至幕府邕谈，见客二次，清理本日文件，念及水师如挫，全局决裂，忧心如焚，绕室徬徨，不能自主。改信札稿数件。至内银钱所一叙。夜，与竹屋笔谈良久。二更后翻阅《诗人徵略》，稍以自遣。二更三点至后院虔祷。睡尚成寐。

初三日

早饭后清理文件。写沅弟信一件、沈幼丹信一件，各五百余字。与柯竹泉围棋二局。出门拜客，送隋龙渊之行，吊勒少仲之母丧，又拜李葆斋。归，中饭后见客一次。清阅本日文件，至幕府久谈。申刻后，接对联十余付。夜写册页，阅《诗人征略》。是日接沅弟之信，金陵大营至廿七日已坚守八日夜，此后应可保全，惟无大枝劲旅从外夹击，终恐不易解围。

初四日

早饭后清理文件。旋写澄侯一件，见客三次，写沅弟信一件，围棋二局。中饭，请李葆斋、钱子密等便饭。阅本日新到文件，因群子解营者太少，与申夫力求另造群子之法。接蒋芗泉公文，知伪侍王于十四日由浙江来援金陵。沅弟现支忠逆一股，竭蹶之至，焉能再支侍逆一股！忧灼莫名。因函商少泉派程学启来助弟坚守；又函商季高派蒋芗泉防剿宁国，腾出鲍军，援救金陵。作季高信一件、芗泉信一件。傍夕至幕府一谈。倦甚，不能作事。三更睡，颇能成寐。是日写五信，每信约五百字。

附记

王可陞号峰臣　周万倬号汉卿

初五日

早饭后见客二次，衙门期也，立见之客又四次。写厚庵、竹庄信各一件，沅弟信一件。围棋二局。近五日，每日接沅弟信，本日午刻不接沅信，悬系之至。中饭后清理本日文件，至幕府鬯谈。绕室旁皇，莫知所以为计。不知沅弟所以无信来者，本身受伤乎？抑全军决裂乎？写宣纸对数付。晡时，忧灼万状。夜约竹屋、申夫、眉生来一谈，至二更三点去。睡不能成寐，竟夜候沅弟廿九日信，竟无音耗，寸心如焚。

附记

三河尖九十里，固始县六十里，李家集廿五里，叶家集十五里，开城集分路往右手一百四十里，霍山县。共三百卅里，又二百七十里至英山县。

三河尖九十里，固始县六十里，石婆店九十里，朱福巷八十里，落儿岭。共三百廿里。又五十里卡防岭八十里，界岭八十里，全家铺四十里，英山县。从落儿岭一路行走，较之从霍山行走近卅里。

初六日

早饭后清理文件，写少荃信一件、沅弟信一件，下棋二局。湘后营之勇自金陵归，接沅弟廿九日信，为之少慰。见客二次，唐中丞在此久坐。中饭后至幕府久谈，遇莫子偲，鬯叙。渠劝我刻《通鉴》目录，补胡刻之未备，允之。阅本日文件甚多。申正写挂屏六幅。接雪琴信，言下游金陵大营、宁国大营及芜湖、金柱关，皆已稳固，为之少慰。傍夕至幕府久谈。夜清理文件。二更后，诵东坡七古，一舒忧郁。昨日忧灼之至，恐沅弟身或受伤。本日接信，沅果于廿八日被洋枪子飘入唇上，受有微伤，出血颇多。足见天伦血脉感触，息息相通。

初七日

早饭后清理文件，写沅弟信一件、季高信一件。围棋一局。见客二次。接九弟初一日信，尚属平安。旋又接初二日信，极言吉后营危险之状，阅之快灼难名。中饭后清理本日文件极多。至幕府与竹屋鬯谈。见客二次。酉刻，念沅弟营中危险，忧系莫释。又写一信与沅，派曾恒德送去。左季高言伪侍王并未赴南京，为之少慰，亦由曾恒德往告之。傍夕，又至幕府一谈。至邵世兄处看病。夜，念沅弟处危险万状，忧心如焚，至内室摆列棋势，绕屋徬徨。三更睡，不能成寐，至五更成寐，又得噩梦。不知我澄弟夫妇平安否？

附记

写左信
写沅信
看城，看应添炮之处
看新到洋炮
办折子

初八日

早饭后清理文件。旋出城周遭阅视，唯东北一隅未经履勘，以其外有菱湖，易于置守也。巳刻归，围棋一局，见客二次，写左季高信一件、沅甫信一件。中饭后，唐中丞与吴彤云、叶介唐来久谈，议救援金陵并皖北设防之事。阅本日文件。心绪慌乱，看文书不能仔细矣。因闻金陵大营群子与皮纸缺乏，焦灼之至，绕屋徬徨，不知为计。因寄信一件与沈幼丹，请其由陆路运子药至九江，而雇洋船拖带至金陵。夜又写官中堂信一件，亦请其用洋船拖火药前往金陵。接沅弟初三、四日信，危险之至，忧灼无已。与李眉生议从九江雇洋船至芜湖，载升字营往援金陵。核批札各稿。二更三点出查街道，拿犯夜者二人、门牌与人数不合者五人。

初九日

早饭后清理文件。见客，立见者六次，坐见者三次。围棋二局，写希庵信一件、沅弟信一件。中饭后，至幕府一叙，见客一次，清理文件，写挂屏三幅。傍夕，吴彤云来久谈，夜定始走。疲乏殊甚，因昨夕不能成寐，本日又说话太多也。未刻，周芳明自金陵归，接九弟初六日信，局势稍稳，为之一慰。睡稍成寐，四更五点醒，近日常态如此。

初十日

早饭后清理文件，见客二次，衙门期也。旋写沅弟信一件，围棋一局，写挂屏一幅，见客二次。接九弟初五日二信，知初五早大获胜仗，为之一慰。至幕府鬯谈。午刻核改折稿。未刻，请叶介唐、吴彤云、吴缵先便饭，申初散。昨日深虑金陵子药缺乏，本日闻装成之子药已于昨日酉刻附轮船拖带东下矣。阅本日文件。酉刻至幕府一谈。正折作毕。

至唐中丞处鬯叙。夜又核改夹片一件，清核批札各稿，尚有未毕者。二更四点睡，不甚成寐，五更后尤不能安枕，盖老境侵寻然耳。

附 记

郑玉轩名□□，广东

邓士林虎臣保其带三千人

郑奠虎臣力称之

刘煦号筱伯，丁酉拔贡

刘体重梅坪之子　　钟秀说

石赞清号襄臣，戊戌进士。贵州。现任顺天府尹

王治覃零陵人，孝廉方正，保知县

谢肇修东安人，廪生

上二人介唐说

十一日

早饭后清理文件。旋写希庵信一件、沅弟信一件。见客甚多，立见者七次，坐见者六次。至幕府一谈。中饭后清理本日文件。皇皇如不自主，坐卧不安，至竹屋处一叙，寸心慌乱，恐有它变。傍夕接信，知宁国县城于初六日失守，深以徽州、旌德二城为虑。是夜与申夫㴱谈，二更一点去。核批札稿。彻夜不能成寐。、

十二日

早饭后清理文件。旋作折片一件，围棋二局。见客，立见者五次，坐见者三次。写沅弟信一件。午刻至善后局看熟铁群子，又至子弹局，亲旧二局现皆打造群子。又至抚署拜其幕友，未刻归。中饭后至幕府㴱叙，阅本日文件，发报汇奏近日军情，写蒋芗泉信一件，批朱云岩小禀一件，写对联八付。夜写云仙信一件、少泉信一件，核批札各稿。是夜，睡颇酣畅，直至五更方醒，近日所仅见者。本日接朱云岩信，渠守旌德，唐守徽州，似尚略有把握。

十三日

早饭后清理文件。旋见客，立见者四次，坐见者四次。围棋一局。写季勉林信一件、沅弟信一件。中饭后至幕府㴱谈。旋与陈虎臣谈，清理本日文件。见客一次，本日接左季高信，知伪侍王实已赴金陵，又未接沅弟信，忧灼之至。又因沈中丞奏截留江西漕折，银两每月少此四万，士卒更苦，焦虑无已。写挂屏一付。傍夕，申夫来㴱谈，二更二点去。核咨札各稿。睡尚成寐。五更醒，追思坐起，不能少待，此老态也。

附　记

家信附沅信二件
专喻勇至鲍处
专强勇至金陵
止调李世忠

十四日

早饭后清理文件，写鲍春霆信一件。围棋一局。见客二次。已刻登城，看演放炮位，周围一试，约步行七里，肩舆五里，午刻归。写家信一件，又写沅弟信一件。中饭后至幕府鬯谈，清理本日文件。申正写挂屏四付、对联二付。本日早接沅弟初十日信，守事似有把握，为之少慰。然以江西抚、藩二人似有处处与我为难之意，寸心郁郁不自得。因思日内以金陵、宁国危险之伏，忧灼过度。又以江西诸事掣肘，闷损不堪。皆由平日于养气上欠工夫，故不能不动心。欲求养气，不外"自反而缩，行慊于心"两句；欲求行慊于心，不外"清、慎、勤"三字。因将此三字多缀数语，为之疏解。"清"字曰名利两淡，寡欲清心，一介不苟，鬼伏神钦；"慎"字曰战战兢兢，死而后已，行有不得，反求诸己；"勤"字曰手眼俱到，心力交瘁，困知勉行，夜以继日。此十二语者，吾当守之终身。遇大忧患、大拂逆之时，庶几免于尤悔耳。夜阅《梅伯言诗文集》，核批札各稿。二更三点将睡，疲困殊甚，幸尚成寐。五更醒，从此为常态矣。

附 记

专送左信并题本，鲍、蒋同打小丹阳

十五日

早间，各文武员弁贺朔，见客十余次，至已刻毕。围棋二局。写左季高信、沅甫信，各五百字。中饭后见客二次，至幕府久谈，阅本日文件。酉刻写对联六付。傍夕再至幕府一谈。夜阅《顾亭林年谱》。倦甚，至内室假寐。二更三点出外。阅沅甫与吴竹庄信，恐贼势趋重宁国，因调梁美材三营、周万倬四营去助鲍军。自写春霆信一缄，又作咨札稿，三更办毕。

十六日

早饭后清理文件，围棋一局。见客二次，唐中丞来谈颇久。写沅弟信、沈幼丹信、李少泉信和一件，约千四百字。中饭后至幕府鬯谈。阅本日文件，写对联八付。傍夕至邵世兄处。夜核批札信稿。越惠甫来一叙。三更睡，颇能成寐，五更醒。是日闻黎寿民病甚重，深为悬虑。

附 记

与上海商之件
李朝三营回，即令赖、陈赴沪
白齐文宜在上下打，不宜入濠
竹庄暂不能赴宁波
借在皖火药

十七日

早饭后清理文件。旋见客三次，围棋二局。接李少荃信，知已克复嘉定，不能拨程学启来援金陵，而拟派洋人带常胜军之白齐文来援金陵。旋写沅弟信一件，甚长。接沅弟十二夜信，知十二日未刻贼所掘之地道二处皆穿，幸得保全，欣慰之余，弥觉忧悚，恶贼之多且悍也。接奉九月八日廷寄一件。是夜又接初九日廷寄一件。中饭后至幕府豳谈良久。李昭庆自上海归，久谈。清理文件未毕，傍夕，罗伯宜自金柱关归，与谈极久。夜再阅本日文件，二更毕。阅咨札稿。冯敬亭，名桂芬，寄投《邠庐初稿》二册，共"议"四十二篇。粗读十数篇，虽多难见之施行，然自是名儒之论。

十八日

早饭后清理文件。旋见客，立见者十余次，坐见者二次。写沅弟信一件、左季高信一件。午刻，万籁轩来久坐。中饭后阅本日文件，至幕府豳谈。旋又将本日文件阅毕，写对联七付。夜写杨厚庵信一件，核改咨札信稿。二更三更入室，阅《梅伯言诗文集》。三更睡，五更醒，展转不能成寐，盖寸心为金陵、宁国之贼忧悸者十分之八，而因僚属不知顺、恩怨愤懑者亦十之二、三。实则处大乱之世，余所遇之僚属尚不十分傲慢无理，而鄙怀忿恚若此。甚矣，余之隘也！余天性褊激、痛自刻责惩治者者有年，而有触即发，仍不可遏，殆将终身不改矣，愧悚何已！是日接沅弟十四日信，尚属平安。

附 记

柳寿田还翎顶
欧阳定果家信

筠仙家信

十九日

早饭后清理文件。旋见客一次，围棋一局。写沅弟信一件、希庵信一件。午刻阅《文献通考》汉南北军之制。中饭后至幕府闲谈。旋阅本日文件。见客一次，陈虎臣谈极多。又阅本日文件，至晡未毕，灯后始毕。核批札各稿。二更末温《诗经·周南》。是日接沅弟十三日二信、十四日一信、十五日一信，均尚平安，为之一慰。

附 记

录旬报三纸
写少荃信
意城信
午桥信

廿日

早饭后见客二次，衙门堂期也。旋与柯筱泉围棋一局，写少荃信一件、意城信一件、沅弟信一件，三共千余字。午刻，马学使来，围棋一局。中饭后至幕府闲谈，阅本日新到文件。周芳明自金陵归，接沅弟十六七信，尚属平安。中有伪文数件，知贼之来援金陵，曾于五、六月大会二次，集议全局，并有刊刻《会议辑略》一书，伪忠王亲为之序。乃知贼中处心积虑以求逞于我，而我或轻心深入，率意浪战，其尚未至溃败决裂，实天幸也。酉刻将粮台近三次旬报单清查誊写一过。接廷寄一道、恭亲王信一件。夜核批札信稿，至二更三点毕。入内室，温《古文简本》。三更睡，尚能成寐，五更醒。

附 记

再止调李世忠军

廿一日

早饭后清理文件。旋改唐鹤九等信稿，与柯小泉围棋二局。见客一次，又立见者数次。写九弟信一件，劝其俟贼放围去后，即以追为退，改由东坝进兵。午刻阅《通考·兵志》。中饭后至幕府鬯谈。阅本日文件，晏彤甫寄广东前后参劳辛皆各折及渠自办一疏，阅之久而未毕。傍夕至内银钱所一谈。夜阅《梅伯言文集》，叹其钻研之久、工力之深。写零字甚多。二更后诵《古文·辞赋类》。三点后入内室，又温《古文·论著类》，三更睡。是日未接沅弟来信，不知十七以后平安否。

附记

再催湖北用洋船拖火药

札李昭庞庆至芜湖一行，照料五营操演筑垒

令李子真抄冯敬亭议、苏辛词

逢三阅各局军实

写信与邓寅皆

周成南 游击，蒋之纯请　　甘　晋

沈宝成 总兵，朱云岩请　　姚体备

郭明鳌 提督，杨厚庵请　　黎福畴

张运桂 总兵，张凯章请

黄庆 提督，尚未报来

伍华瀚 知府

廿二日

早饭后清理文件。旋围棋一局，见客三次，写沅弟信一件、云仙信一件，添少荃信一页，写竹庄信一件。唐中丞、李申夫先后来久谈。中饭后至幕府一叙。接吴竹庄信，知十八日水陆于金柱关大获胜仗，夺贼炮船、马匹，为之欣慰。阅本日文件，核二日批札各稿，夜改信稿四件，将各处芜湖图一对。本日所收吴竹庄、周万倬报仗之禀，地名俱不可寻。与幕府诸人鬯谈。二更三点入内室。温《古文·论著类》，读《原毁》《伯夷颂》《获麟解》《龙杂说》诸道，岸然想见古人独立千古，确乎不拔之象。本日与昨日皆未接金陵沅弟来信，心为悬悬，行坐不安。三更睡，颇能成寐。五更后展转忧灼，莫知天意竟复何如。

附记

札鹤九办团止

函官公调吴廷华
杨、葛与沅信

廿三日

早饭后清理文件,见客二次。旋出外阅看炮车,广东所解来者。围棋一局,写季高信一、沅弟信一。左孟辛来久坐。中饭后至幕府鬯谈,清理本日文件。罗伯宜来坐极久。晡时,核批札稿数件。夜核江西藩司厘务一批,约四百字。本日风雨甚大,念军中将士之苦与金陵危险之状,寸心如焚。二更三点入内室,阅《出师表》诸篇。三更睡,颇成寐。四更末醒,闻风雨之声,深虑营中之危苦,难于持久。

廿四日

早饭后清理文件。旋拜发长至贺表。见客二次。围棋一局。写邓寅皆信一件、澄侯信一件、沅甫信一件。见客一次。中饭后至幕府鬯谈,阅本日文件。申刻至城外登威林密洋船一阅。归,写挂屏二幅。傍夕至李竹屋处谈。夜核批札稿,至二更四点毕。入内室,温《古文简本》数首。三更睡,不甚成寐。本日接沅弟十九日二信、廿日一信,为之少慰。然风雨交加,夜黑如磐,深以防守为虑。本日接袁午桥信,内寄苗沛霖与僧王各禀稿,于余及希庵楚军各事痛加诋毁,阅之诧叹!

廿五日

早饭后清理文件,见客二次,旋围棋一局。写沈幼丹信一件、沅甫信一件,作折稿二百字。至冯竹渔寓吊丧,其父于三月死于伊犁,其庶母、弟妹均在伊犁,茕茕无依。渠又无资可挟以奔丧,万里迎接眷属,哀痛迥寻常。中饭后再作折,阅本日文件,见客一次。酉刻将折作毕,约千余字。写挂屏四幅。傍夕至幕府鬯谈。夜核批札稿,至二更三点毕。四点入内室,倦甚,不复能温书矣。是日未接沅弟信,寸心悬悬。午刻,天稍开霁,为之少慰。晡时阴雨如故,念金陵将士昼夜苦守,忧系无已。日内因江西藩司有意掣肘,心为忿恚。然细思古人办事,掣肘之处,拂逆之端,世世有之。人人不免恶其拂逆,而必欲顺从,设法以诛锄异已者,权臣之行径也;听其拂逆而动心忍性,委曲求全,且以无敌国外患而亡为虑者,圣贤之用心也。吾正可借人之拂逆以磨励我之德性,其庶几乎!

廿六日

早饭后清理文件。旋闻黎寿民福畴死于泾县，怆恻之至。围棋一局。写官秀相信一件，写沅弟信一件，又写李少泉信一件。午刻，罗伯宜来谈极久，深叹黎寿民之敦厚而早逝为可惜。中饭后至幕府与李眉生鬯谈，清理本日文件极多。酉刻写挂屏二幅。夜阅《梅伯言诗文集》。略核批札稿，二更三点即睡。是日接沅弟廿一日信，尚属平安。惟廿三、四、五、六等日连夜风雨深黑，不知能坚守恙否，心为悬悬。

廿七日

早饭后清理文件，见客三次，写沅弟信，围棋一局。因念金陵大营被围已久，总不放心，绕室徬徨。接奉廷寄一件，将江西漕折准本省悉数留用，心为不怿。中饭后至幕府鬯谈，清理本日文件。申刻，寸心焦灼，皇皇如有所失，因再与柯筱泉围棋一局。

酉刻盛四自金陵归，具言守御严密，实可放心，为之大慰。夜写零字甚多，核批札稿。阅《梅伯言集》《姚惜抱集》，叹其读书之多，火候之熟，良不可及。吾年已老，精力已衰，平生好文之癖殆不复能自达其志矣。

廿八日

早饭后清理文件，见客二次，围棋一局，写沅甫弟信一件。天气骤冷，苦不可耐。午刻，陈虎臣来鬯谈。将沅弟芜太保案删核。中饭后，唐中丞来鬯谈，阅本日文件，至幕府久谈。本日未接沅弟信，忧系无已，摆列棋势，以自排遣。晡时，接沅甫廿四日信，守局平稳，为之一慰。又接周万晫禀，知廿五日攻剿太平府，大获胜仗。从此，中段稍松，或亦可为金陵抽釜底之薪。夜写零字颇多，核改保案一单，二更三点毕。核改批札稿。三更睡，尚能成寐。是日午刻接奉廷寄一件。霏微见雪数点。

廿九日

早饭后清理文件，写黄南坡信一件。围棋一局。写沅弟信一件，见客二次。午刻，罗伯宜来久坐，写希庵信一件。中饭后，至幕府一叙。旋出外至黎寿民家吊丧，又至唐中丞处一坐，申刻归。清理本日文件，核科房批札各稿。夜又核批札稿，至二更始毕，倦甚。朗诵东坡七古诗。二更三点入内室，早睡。是日未接沅弟信，心为悬悬。接雪琴及吴竹庄等信，报廿一日官围等处胜仗，为之少慰。接张凯章信，病势甚重，为之大感，因批令速来安庆，回籍养病。

卅日

早饭后清理文件。旋见客二次，李质堂坐甚久。写沅弟信一件，接奉廷寄一件。寸心忧闷异常，不解何故。中饭后至幕府一谈。旋见客二次，阅本日文件。傍夕接鲍春霆信，知廿一日似有小挫之象，焦灼万状，绕室徬徨。夜写一信与义渠中丞，商拨何绍彩一军赴皖南，又写一信与春霆，嘱其不必速战。唐义渠来，谈至二更四点始去。是夕忧心殷殷，不能成寐。

十 月

初一日

早起,因心绪不佳,停止各文武贺朔。又昨夕腹泄,早饭时呕吐,亦不能应酬也。旋清理文件,写鲍春霆信一件、沅甫信一件。围棋一局。见客二次。中饭后又见客二次,潭信絮谈甚久。清本日文件。至幕府鬯谈。旋写对联五付。本日未接沅甫信,悬系之至。夜核批札稿,至二更毕。李竹屋来久谈。二更三点睡,尚能成寐。

附 记

厚庵信
提漕咨
官帅信

初二日

早饭后清理文件。旋见客三次。围棋一局,立见之客又七次。写沅甫弟信一件,改信稿三件。中饭后,至幕府一叙,见客一次,阅本日文件。出城至盐河看黄南坡所铸大炮者,解金陵者共五尊,内万三千斤者一尊、万斤者二尊、六千斤二尊。又至韩正国船上看,悯其志盛而殉难也,申刻归。因两日不接沅弟信,旁皇忧灼,若无所措,摆列棋势以自遣。傍夕接沅弟廿三,廿六、七日三信,为之少慰。夜核批札各稿,倦甚。是日未刻习字一纸,久不摹帖,手又生矣。

初三日

早饭后清理文件。旋见客二次,围棋一局。写沅甫信一件,改江西提漕咨稿一件，改信稿数件。中饭后，至幕府鬯谈。旋见客二次，陈虎臣谈最久。阅本日文件颇多。傍夕，惦念宁国军事，忧灼殊甚。夜阅孙观察长绂与眉生一信，心绪为之郁抑，阅《梅伯言文体》，核批札各稿。大风雨雪，念前敌防守之苦，寸心欲碎。是日辰刻接奉廷寄一件。接沅弟廿八日信，尚属平安，为之一慰。

附 记

复左信
与鲍信
澄信
沅信
核保单

初四日

早饭后清理文件。旋写信，沅弟一件、纪泽一件、左季帅一件、鲍春霆一件。围棋一局，见客一次，又立见者四次。至幕府鬯谈。午正至马学使处赴宴，酉初散。归，接上海信，知九月廿三日大获胜仗，杀毙淹毙之贼实有万余，听王授首，为之一慰。清理本日文件，核批札各稿。二更三点入内室，温古文数首。三更睡，二点成寐，四更二点即醒，盖本日闻江西抚藩于此间大形龃龉，心为不怿。又因军事忧灼太久，心血亏损，故展转不能成寐。

初五日

早饭后清理文件。旋见客二次，衙门堂期也，又见客三次。围棋一局。写沅弟信一件，又写少荃信，未毕。请客便饭，唐中丞、马学使、周缦云、朱星槎四人，申初散。清理本日文件，至黄昏毕。与幕府诸公鬯谈。灯后，将少荃信写毕，核批札各稿，核季洪芜湖保单，核春霆春阳保单，未毕。三更睡，五更醒。是日接沅弟信，金陵守局稳固，为之欣慰。闻春霆廿一日之仗伤亡千人，又为之忧灼无已。

附 记　十二日奏事单

金柱关战守情形一折
颖西剿捻一折
鲍青阳保案一折　一单

沅芜太保案一折　　一单
谕旨饬奖励，并言病故者未扣一片
厘金不可归地方一片
近日军情一片

初六日

早饭后清理文件。旋写沅弟信一件，围棋一局。见客，立见者五次，坐见者三次，陈心泉、吴光霁坐甚久。写少荃信一件、鲍春霆信一件。中饭后至幕府鬯谈。剃头一次。阅本日文件，至酉刻毕。日内因江西官场于余处啧有烦言，甚为忿恚，或竟日纠缠于心，未能稍释，甚矣，褊衷之难化也！心火上炎，右牙疼痛不可忍，深以为苦，又因宁国鲍军不稳，尤增忧灼，寸心憧憧不宁。夜改颖西剿捻折一件，核鲍营保单毕。

初七日

早饭后清理文件。旋围棋二局，写沅弟信一件。牙疼殊甚。改信稿二件，添夏古彝信三页。午刻见客一次，小睡半时。未初至幕府一谈。旋至唐中丞处中饭，酉初归。接阅本日文件，未毕，灯后阅毕。核批札各稿，二更三点粗毕。入内室，温谢宣城诗。是日接沅弟初三日信，尚属平安。惟久未接鲍春霆信，心甚悬悬。

初八日

早饭后清理文件。旋见客三次，围棋一局。写沅弟信一件，核改信稿二件。午刻见客一次。中饭后至幕府一叙，阅本日文件极少。入内室小睡片刻。酉刻至竹屋处鬯谈。阅吴彤云所为古文，渠欲我批改也。夜又阅十余篇。是日未接沅弟信。夜接春霆信，大致似尚平稳。

初九日

早饭后清理文件。旋见客一次，又立见者四次。围棋一局。写沅甫信一件、希庵信一件。接家信，系九月廿日所发。中饭后，至幕府鬯谈，旋与陈虎臣、汪澄溪鬯叙。阅本日文件，写对联六付。阅《吴彤云文集》，加批数处，夜又为之写扇一柄，核批札各稿。二更四点睡，竟夕不能成寐，盖因江西抚藩有意掣肘，褊衷为之不平，又因本日接吴竹庄信，宁国之贼有上犯三山南陵之意，而沅弟两日无来信，尤为郁郁也。

初十日

早饭。黎明至怀宁县学宫庆贺万寿。是日为慈禧皇太后圣节也，卯正礼毕。早饭后见客二次，围棋二局。又立见之客三次。写沅甫信一件，核批札稿数件。天雨淋漓，深以金陵、宁国军事为虑。午正小睡片刻。请吴月溪、潘伊卿便饭，未正散，旋核改金柱关胜仗折，阅本日文件，改信稿三件。傍夕，宾客以余明日生日或来庆贺，因入内室避之。灯后作奏片二件，各三百余字，又改折稿二件。二更后写信一封，与吴竹庄信一件。四点入内室，阅王而农所注张子《正蒙》，于尽性知命之旨，略有所会。盖尽其所可知者，于己，性也；听其不可知者，于天，命也。《易·系辞》"尺蠖之屈"八句，尽性也；"过此以往"四句，知命也。农夫之服田力穑，勤者有秋，惰者歉收，性也；为稼汤世，终归燋烂，命也。爱人、治人、礼人，性也；爱之而不亲，治之而不治，礼之而不答，命也。圣人之不可及处，在尽性以至于命。尽性犹下学之事，至于命则上达矣。当尽性之时，功力已至十分，而效验或有应有不应，圣人于此淡然泊然。若知之若不知之，若着力若不着力，此中消息最难体验。若于性分当尽之事，百倍其功以赴之，而俟命之学，则以淡如泊如为宗，庶几其近道乎！

十一日

是日为余五十二生日，谢不见客，本署之人一概谢却。唐中丞于是日起程赴临淮，亦未出城送行。再核改折稿，写沅甫信，围棋二局，写左季高信。接吴竹庄初八夜信、鲍春霆初六七信，知湾沚之贼窜过清弋江之西岸，将据西河，断我饷道，鲍军孤悬贼中，深为可虑，焦灼万分。幸接沅弟信，初五日获大胜仗，伪忠王等已退，金陵将解围矣，为之一慰。中饭后，寸心忧灼更甚。阅本日文件，阅郝兰皋《尔雅义疏》。酉刻写祭帐四幅。夜阅郝疏《尔雅》，温杜牧之、苏子瞻七律。二更三点入内室，早睡，尚能成寐。是日竟日未见一客。夜间，向伯常来谈极久。接奉廷寄一件。

十二日

早饭后清理文件。旋见客，坐见者六次，立见者七次。写沅弟信一件，发报，共四折二片二清单。中饭后改信稿三件，旋出城至河干吊深宝成、伍华瀚之丧，又拜客二处，西刻归寓。吴彤云来久谈。灯后去。李竹屋来久谈，二更三点去。是日未见宁国信，而水师王朝治自三山来，闻清弋江西岸之贼已退，为之少慰。

十三日

早饭后清理文件。旋见客，坐见者三次，立见者四次。写沅甫信一件，约五百字。围棋一局。中饭后清理本日文件，至幕府鬯谈。江西咨文中有不惬于余心者，阅之愤郁不平，至内室摆列棋势以自遣。写郭意城信一件。夜，李竹屋来久坐。客去，愤郁弥甚。二更后，申夫来久谈，五点去。是日巳刻写对联三付，下款十余付，皆送竹屋者。近日心绪之恶，襟怀之隘，可耻可鄙甚矣！变化气质之难也！

十四日

早饭后清理文件，旋见客，坐见者三次，立见者二次。写沅弟信一件、纪泽儿信一件，添晏彤甫信一片，写李少荃信件。中饭，请李竹屋、李申夫、眉生便饭。巳刻围棋一局。中饭后阅本日文件。接鲍春霆初十日二信，一专差来，一发驲递，极言粮路将断，军情紧急，为之忧灼无已。又以江西掣肘之一事萦绕心中，展转愤郁，至内室摆列棋势。夜，罗伯宜来鬯谈，二更二点去。旋阅段《说文》。四点睡，尚能成寐，五更醒。近日五更无不醒者。

十五日

是日因心绪恶劣，停止各文武贺朔望。早饭后清理文件。旋围棋一局，旋见客二次，写沅甫信一件、季高信一件。午刻又见客一次。中饭后接李少荃、郭云仙等信。阅本日文件甚多，添陈季牧信一页。酉刻至幕府鬯谈。夜阅批札稿。申夫来久谈，二更四点去。入内室，阅段氏《说文》。三更睡，尚能成寐。是日未接沅弟信，接吴竹庄信，知鲍军甚危急也。

十六日

早饭后，全丹阶太守来，鬯谈时许。旋清理文件，围棋一局。陈心泉来久谈。写沅弟信一件、季弟信一件。又见客二次。中饭后至幕府一谈，旋阅本日文件。不接宁国信息，心中忧闷。又江西诸事制肘，方寸萦绕不释。见客二次。傍夕写李少荃信，灯后写毕。又写欧阳定果信。阅段氏《说文》。三更睡，四更三点即醒。褊衷，犹自郁愤不已。

十七日

早饭后清理文件，旋写沅弟信一件，见客二次，围棋一局。阅段氏《说文》。午刻，柳星桥庶吉士来，久谈时许。柳名熙春，长沙人，闰八月初一日出京，由山东、河南、颍州而来，将回湘一行，再入京散馆也。中饭后至幕府鬯谈，阅本日文件，核批札各稿。傍夕至内室摆列棋势以自遣。夜阅段氏《说文》。二更三点睡，四更五点醒，颇能成寐。是日早饭呕吐，胃气不和，盖因日内肝郁之故。接春霆信，言清弋江营垒业经扎定，为之少慰。

十八日

早饭后清理文件。旋见客二次。凯章自宁国来，言府城必可固守。余观其病亦尚非不起之症。为之少慰。写沅弟信一件，又见客二次。午刻至河干送甘子大灵柩，又至柳庶常处一坐。中饭后至幕府一叙，徐石泉来久坐，阅本日文件，又见客二次，核批札各稿。与柯小泉围棋一局。因幕客说及江西掣肘之端，寸心郁郁久之。写对联五付。夜接沈幼丹信，有思挽回前事之意。将批札各稿核毕。改复恭亲王信，未毕。入内室阅《梅伯言文集》，三更睡。

十九日

早饭后清理文件。旋见客九次，内坐见者四次，立见者五次。围棋一局。写沅弟信一件、希庵信一件。午正请客吃中饭，申初散。阅本日文件。傍夕至幕府一谈。夜与凯章久谈。核批札各稿。二更后接沅弟信，言及江西掣肘之事，触余恚怒，又为郁郁久之，至于耳热心颤，甚矣，余之隘也！二更三点入内室，核改与恭亲王信稿，至三更三点毕。竟夕不能成寐。

廿日

早饭后清理文件。旋见客四次，围棋一局，与凯章久谈，改僧王信稿。中饭后至幕府鬯谈。旋又见客二次，阅本日文件，写沅弟信一件，是日大雨倾盆，竟日不息，深以宁国军事为虑。夜写吴干臣信一件，核批札各稿。二更后，核凯章徽州保单，至三更未毕。睡尚成寐。

廿一日

早饭后清理文件。旋见李朝斌及太湖水师新营官、哨官。核科房批札各稿，至午正二刻核毕。中又见客二次。中饭后至幕府一叙，阅本日文件，写对联五付。作黎寿民挽联，久而不成，灯后始成，秉烛书之。核批札信稿，倦甚。二更温杜牧之诗。三更入内室，阅刘长卿五律。睡不甚成寐。是日大风如吼，夜间大雨如注。接奉廷寄一件、谕旨一件。

廿二日

早饭后清理文件。旋写左季高信。见客，坐见者二次，立见者三次。围棋一局。午刻至黎寿民处吊丧。昨夜纂一挽联，旋又作一联，以其太鲜丽，未书也。联云："湘妃白眼随愁长，有德配远道相从，一曲鸾飞，不得见夫婿鞭丝帽影；谢朓青山带病看，叹使君到官遽逝，千年鹤返，可还记宣州城郭人民。"中饭后至幕府鬯谈，阅本日文件，核改李藩司批一件，未毕，更初改毕。又核批札稿颇多。二更三点入内室，核张凯章保单毕。是日闻朱云岩于十五日打一败仗，旌德危急，为之忧系无已。夜接廷寄一件。睡后，思"劳、谦"二字之道，精力虽止八分，却要用到十分，权势虽有十分，只可使出五分，庶几近之。

廿三日

早饭后清理文件。旋见客，坐见者三次，立见者四次。写沅弟信一件、官中堂信一件。围棋二局。中饭后至幕府鬯谈，阅本日文件，核徽州一案保单，又核水师保单未毕。接滕嗣林禀，言霆营只一二日米粮，又接春霆十九日禀，危急之至，寸心如灼。请申夫来鬯谈。夜批唐义训禀。与幕友议唐、王两军出乌泥关以救旌德。写王钤峰信。因宁国、旌德万紧，旁皇不知所为。二更四点睡，幸尚成寐。

廿四日

早饭后清理文件，围棋一局。曾莘田、王氏两甥从金陵来，与之久谈，令来公馆小住旬日。午刻见客二次。中饭后至幕府鬯谈，写纪泽信一件，写沅弟信一件，阅本日文件。与莘田及两甥久谈。接沅弟两信，知季弟病势甚重，忧系之至。接李世忠三咨，知贼匪北渡九洑洲，十分吃重。又大雨如注，念鲍军陆运米粮，必不能动，寸心如焚。傍夕与两甥等久谈。夜改金陵解围详细战状折稿，又核定奖单、恤单，二更后核批札各稿。四点入内室，三更睡。是日接奉廷寄一件。

廿五日

早饭后清理文件，见司道一次。围棋一局。写沈幼丹信一件，写沅弟信一件。见客，坐见者一次，立见者六次。中饭后至幕府鬯谈。旋见客一次，阅本日文件，核杨彭保单。与莘田并两甥鬯谈。夜核批札各稿。牙疼殊甚。又与两甥鬯谈。是日上半日晴霁。又闻鲍营陆运尚通，为之少慰。下半日阴霾。接沅弟信，言季病略愈。又派拨千人北渡，守西梁山、玉溪口，亦足慰也。

附 记

近日军情片
调寿州正阳兵一片

廿六日

早饭后清理文件。旋围棋一局。写沅弟信一件、吴竹庄信一件、李少荃信一件。见客三次，与莘田及两甥一谈。中饭后作片稿三件，约千六、七百字，直至二更四点方毕。未刻至幕府鬯谈。申刻阅本日文件。是日有哨官粟维善廿三日过三山，言霆营陆运之米，每日可运二、三百石，为之少慰。又闻季弟之病稍愈，尤慰幸也。

廿七日

早饭后清理文件，旋至幕府小叙，围棋一局，写沅弟信一件。见客三次，又立见者三次。中饭，薄具酒肴，请莘田与两甥一宴。中饭后见客，刘开生等坐甚久，申夫亦来一叙。阅本日文件，发报五折、四片、三清单，核咨札各稿，傍夕毕。夜将上三旬银钱清单汇誊一遍，又誊发报折片单。二更三点入内室，阅王而农先生《通鉴论》数首，论先主、武侯、鲁子敬诸人者。是日接沅弟廿二日信，知季弟病已平稳，为之大慰。夜接朱云岩廿二日禀，知旌德业已解围，尤为欣慰。

廿八日

早饭后清理文件。旋围棋二局，写官帅信一件、沅甫信一件，见客二次，中饭后又见客二次，至幕府鬯谈。阅本日文件，核批札各稿，改信稿数件。天气阴雨，念前敌陆运艰难，忧灼之至。夜温韩诗七古。二更三点入内室，阅王而农

《通鉴论》杨仪、孙资诸篇。是日接李世忠咨，九洑洲贼势浩大，深以为虑。

附记

  义中 欧阳胜美廿一至安庆

  义右 董家祥廿三至安庆

  义左 何有能廿一日至湖北

  以上义渠新招，带赴临淮

  襄阳 舒保兰斯明飞虎三营 马队 金国琛六营留三

  随州兼防小林店 欧阳正墉六营

  孝感小河司 穆正春马步八营

  花凌河马队

  应山兼防三关 周凤山七营

  麻城两路口 梁作揖五营

  督标 杨朝林六营

  抚标 王桐柏六营

  赵既发毅健六营

  以上共五十二营内马队三营

  以上官秀帅十月十六日折中布置情形。其赵既发系严中丞之信，想尚未成军

廿九日

早饭后清理文件。旋围棋一局。见客，坐见者三次，立见者三次。写沅弟信一件，核改信稿数件。中饭后接沅弟信，知贼于廿四日渡江，冲过九洑洲、江浦李营，直上犯和州一带，为之骇叹忧愤。写吴竹庄信一件、沅弟一件，办公牍数件。调萧军门庆衍防剿庐州、张树声等守无为州。午刻写希庵信一件。酉刻阅本日文件，至更初始毕。写严中丞信五页，核批札各稿。二更四点入内室，阅《通鉴论》何晏等篇。是日闻贼窜江北之信，又闻季弟病重、宁国粮路未通，为之忧灼，不能成寐。

十一月

初一日

早饭后，各员弁贺朔，至巳初毕。写沅、季信，派人送辽参九钱与两弟用，以季弟伤寒病重也。写左季高信一件，写蒋之纯信一件，围棋二局。折弁李鼎荣等自京师回。中饭后出外拜客二家。归，阅本日文件。至幕府一谈，徐石泉来，又与鬯谈。围棋一局。阅京报数十本，夜再阅之，始毕。核批札各稿。二更三点入内室，阅《通鉴论》数首。是日折弁带回盐政敕书。下游宁国、江浦等处，本日无来信。

初二日

是日冬至节，黎明，借圣庙为万寿宫，率属行礼。归后，各文武员弁庆贺，至辰正毕。天寒大雪。清理文件。围棋一局。写沅弟信一件、雪琴信一件，改吴竹庄信一件。闻和州、含山两城失守，焦灼迥异寻常。改公牍数件。调兵分守庐巢。写唐鹤九信一件。中饭后请刘开生、方□□便饭。饭后至幕府一谈，阅本日文件，核批札各稿。傍夕又至幕府鬯谈。夜写零字甚多。阅段《说文》数页。是日上半日大雪，下半日大雨，二更未止，焦愤实深。

初三日

是日恭逢先妣江太夫人七十八冥寿，因心绪恶劣，未办祭祀。早饭后见客三次，清理文件，围棋一局，写沅弟信一件、彭雪琴信一件，至幕府鬯谈。上半日晴霁，气象极好，下半日复阴森愁惨。中饭后接沅弟二信、吴竹庄二信，知九洑洲北渡之贼日多，深为焦虑。牙疼殊甚，寸心如煎，因入内室摆列棋势以自娱。

批沅弟廿八日一信。傍夕又至幕府㘯谈，写吴竹庄信一件。二更，接庐州府庐江县禀，知巢县于廿八已刻失守，弥增焦灼。亲批庐江来禀。又令解大炮等于吴竹庄，解子药、银两于庐江县。二更四点睡，幸尚成寐，五更醒。

初四日

早饭后清理文件，立见客六次，坐见二次，写沅甫信一件、纪泽信一件，围棋一局，写吴竹庄信一件。中饭后至幕府一谈。由东门登城，周历北门一带，至西门下城，至城外看盐河一带，傍夕归。阅本日文件。灯后，问含山来差，知含、巢实于廿七、八日失守。核批札各稿，倦甚，不能治事。二更四点睡，四更四点醒，五更后，牙疼殊甚。

初五日

早饭后清理文件。是日因牙疼，巳刻方起。旋见客一次，围棋一局，写沅甫信一件、官帅信一件，雪琴信添二片。中饭后至幕府㘯谈。阅本日文件。见客，立见者二次，坐见者二次，傍夕又至幕府一谈。夜写毛寄云信一件。接吴竹庄初一夜信，知树字五营业由白茆嘴渡江守无为州，为之少慰。阅《通鉴论》数首。

初六日

是日牙疼，仍晏起。早饭后见客三次，围棋一局，写沅弟信一件、李少荃信一件。中饭后见客一次，至幕府久谈，阅本日文件。牙痛殊甚，不能治事，再围棋一局。夜核批札各稿，温《古文·书牍类》，二更末阅《痛鉴论》。是夜闻无为州有兵入守，为之一慰。

初七日

黎明起，仍照往日之常。早饭后清理文件。旋至幕府议萧、毛两军应驻之地；与张凤藻议定，令驻舒城。围棋一局，写沅弟信一件。见客三次，涂阆仙坐最久。核札稿数件。中饭后闻贼窜太平，悉闷之坐。牙疼弥甚，行坐不安，与刘开生围棋一局。傍夕又至幕府㘯谈。夜核批札稿颇多。二更三点阅《通鉴论》三首。牙疼异常，登床后，弥觉疼不可忍，至三更四点略愈，成寐更许。

初八日

早饭后清理文件。旋见客，立见者七次，坐见者三次，李雨亭谈最久。写沅甫信一件、吴竹庄信一件。中饭后见客,坐见者二次,立见者二次,陆光祖谈最久。添萧衍庆信二页,阅本日文件。出门看盐河濠沟,酉初归。至幕府咨谈。夜核批杞各件。二更写左季高信一件。三点入内室,阅《通鉴论》。本日未接沅弟信,不知下游事势。又夜接贼入黟县之信,寸心忧灼。

初九日

早饭后清理文件。旋见客,坐见者五次,立见者二次。围棋一局。写沅弟信一件、希庵信一件。中饭后至幕府咨谈,阅本日文件,核信稿数件。傍夕又至幕府咨谈,写扁、对数件。夜核批札稿。二更后,改信稿一件。三点入内室早睡。本日接沅弟信,季弟已大解一次,病势可保平安,为之大慰。

初十日

早饭后清理文件,旋见客二次,卯正拜发元旦题本。又见客一次,与柯竹泉围棋二局,又见客二次。写沅甫信一件、吴竹庄信一件。中饭后至幕府咨谈,见客一次,杨朴庵来久谈。阅本日文件,又见客一次。阅本日文件至一更四点毕,改折稿一件。二更三点入内室,拟改陈步高等定罪折,未能下笔。三更睡。

十一日

早饭后清理文件。旋见客一次。按沅弟信,知季弟病势反复。为之忧悸,急占一卦,遇剥之谦,似尚无碍。写沅弟信一件,与柯小泉、程石洲围棋二局。旋闻祁门于初七日失守,实深忧愤。作陈步高等定罪一折。中饭后至幕府咨谈,见客三次。占祁门一卦,遇观之晋。阅本日文件,未毕。江达川方伯来久谈。至夕,又至幕府一谈,核批札各稿。二更后写零字甚多,阅浙江蔡氪璠禀,具详包村义士杀贼始末。

十二日

早饭后清理文件。旋围棋一局,见客四次,江方伯坐最久。写沅弟信一件。邓小芸来久坐。中饭后阅本日文件,至幕府咨谈。阅新制之坐劈山炮,不甚合式。发报三折、三片、二清单,核改各札稿。傍夕与葛亦山久谈。夜核各批稿。二更后写零字颇多,阅《通鉴论》数首,写郭意城信一件。

十三日

早饭后见客二次。旋清理文件，围棋一局。写沅弟信一封。又见客二次。出门拜客，至城外河下一坐，归途看盐河濠沟。中饭后至幕府鬯谈，阅本日文件，批朱、唐禀二件。剃头一次。傍夕至幕府又一谈。夜阅本日文件毕，写雪琴信一件，倦甚。阅《通鉴论》数首。三更睡，不甚成寐。昨日闻祁门失守之信，本日闻季弟病重之信，忧灼之至，牙疼殊甚。

十四日

早饭后清理文件。旋见客八次，内坐见者一次。写沅弟信一件。围棋一局。写澄弟信一件。中饭，请客五人，午正三刻入度，申初散。接信，知祁门之贼已退，欣慰之至。至幕府鬯谈，阅本日文件。傍夕与葛亦山久谈。夜清核批札各件。巳刻核科房批稿。二更再与亦山一谈，写零字甚多。三点入内室，温《古文·论著类》。三更睡，颇能成寐，五更醒。

附 记

解无为州子药
解金陵洋枪
四家硝磺定议

十五日

早起，各员弁贺望，至辰正毕。清理文件，与柯竹泉、程石舟围棋二局，见客二次。写沅甫信一件。至幕府一谈。中饭后清理本日文件，写对联十一付、扁一悬。傍夕又至幕府一谈。夜清核批札各稿。二更与葛羊山久谈。四点睡，五更一点睡，尚能成寐。本日未接沅弟信，不知季弟之病何如，心为悬悬。惟闻王可陞已在黄麻渡扎稳，鲍军粮路可通，为之一慰。

十六日

早饭后清理文件。旋见客二次，围棋一局，写沅弟信一件。派人解洋枪二百支并洋药等件至沅弟处。出城看盐河濠沟，又至东门宝塔下看濠。拟将西南隅贼所修月城拆去，改修盐河濠傍之城，用丈量月城，凡一百四十一丈。盐河应修之地，凡一百八十六丈。归，请邓小芸、陈泰初、程鄂南等便饭，申初散。见客三次，清理本日文件，至幕府畅谈。傍夕与葛羍山谈，申夫、雨亭来久谈。核批札各稿，二更三点毕。阅《通鉴论》。三更睡。二日未接沅弟信，忧灼之至。

十七日

早饭后清理文件。旋见客，坐见者三次，立见者二次。接沅弟十一日三信。知季弟病尚沉重。沅亦愤郁不平，词旨戆激。写复信一件。甚长。旋见客。坐见者一次，立见者三次。中饭后，万簏轩来一谈，清理本日文件，下对联款十余付，至幕府一叙。将盐河城工算明，赋与各营。陈舫仙来久谈。夜与葛亦山谈，核批札各稿，二更后倦甚，改信稿二件。三更睡，四更四点醒，牙疼殊甚。

十八日

早饭后清理文件。接沅弟三信，知季弟之病十分沉重，似已万无转机，不胜感痛。写沅弟信一件。见客六次，坐见者一次。牙疼殊甚，余客均辞不见。中饭后至幕府畅谈。悉闷无聊，与程石舟围棋一局，合上半日与筱泉对奕，凡三局矣。清理本日文件。写李幼泉信一件，问萧、毛二军进兵应在巢湖以南乎，以北乎。傍夕与幕府共谈此事，灯后传熟于庐、巢之人，细询进兵之路，佥谓宜走巢湖之南，因定计办函牍告各处。傍夕又接沅弟十五日信，季弟十四日略轻。写左季高信一件。核改信札稿数件。牙疼殊甚，加以眼蒙，批稿多不能核。是日接奉批折金陵击退援贼一案，沅弟蒙恩赉黄马褂袍料、翎管、搬指等物，季弟蒙恩以知府用。

十九日

早饭后清理文件。旋见客，立见者五次，坐见者一次，陆光祖来久谈。添沈幼丹信三页，写沅弟信一件。午刻见客三次，陈舫仙坐稍久。与筱泉围棋一局。中饭后至幕府一谈，批朱云岩、唐桂生片禀，清理本日文件。傍夕又至幕府久坐。牙疼殊甚，心绪作恶，因命人吹笛以散烦襟。夜核批札各稿，至二更毕。写李希庵信一件。三点入内室，阅《古文·论辩类》。三更睡，颇能成寐。

廿日

早饭后，接见司道。牙疼殊甚。旋又见客二次，清理文件，写沅弟信一件。

围棋一局。巳正，英吉利总税务司赫德来见，议安庆、大通、芜湖新添三口之事。午初，余出城至船上回拜。中饭后至幕府鬯谈。昨日今日未接沅弟信，不知季病何如，忧灼之至，旁皇无聊，与徐石泉围棋二局。阅本日文件甚多，晡时未毕。又至幕府一谈。夜将本日文书阅毕。接吴竹庄等信，知芜湖甚为吃重，因为一信复之。牙疼殊甚，不能作事。二更三点睡，尚能成寐。

廿一日

早饭后见客二次，又坐见者一次。清理文件，写沅弟信。出城至西门看修城之法。归，至李雨亭处鬯谈。中饭后见客二次与筱泉围棋一局。清理本日文件，核批札各稿。傍夕至幕府鬯谈。夜将三次旬报银钱折誊清，核批稿。二更后温七言古诗。三更睡。

廿二日

黎明起，接沅弟信，知季弟于十八日卯刻溘逝，恸哉！饭后，定计自往金陵一行，一以慰视沅弟，一以接季弟之灵榇。写沅弟信一件、澄弟信一件。见客数次，吊唁之客尚多不能见者，伤感之至，不能治事。中饭后徐石泉来，勉与围棋。阅本日文件，核改批札各稿。傍夕与葛芊山鬯谈，齿疼殊甚。夜不克治事，至内室摆列棋势以自遣。二更后略阅公牍，未毕。是日始闻季弟之讣。斋戒不茹荤，拟斋七日，照温甫弟丧之例。

廿三日

早饭后接沅弟信，知季弟灵柩定于廿四日登舟来皖，余若东去，必在中途错过，遂决计不赴金陵。写沅弟信，专潘文质送去，兼以止刘连捷一军不赴无为州。见客五次，坐见者三次。写澄弟信一件。核改信稿三件。中饭后见客二次，阅本日文件，写少荃信未毕，写对联六付。夜写少荃信，至二更毕。核批札各稿，三点毕。入内室，略阅李诗。三更睡。

廿四日

早饭后写沅甫信一件、纪泽信一件、筠仙信一件，添少泉信一页。旋与柯筱泉围棋一局。令葛芊山赴金陵一行。见客六次。中饭后阅本日文件，改折稿一件。接鲍春霆信，知渠丁母艰，正值军心涣散之时，而渠思奔丧回籍，忧灼之至。因调朱云岩出守青阳，保泾县、南陵之后路。又闻鲍军纷纷逃散，寸长心如焚。夜坐，无聊之至，与程石舟围棋二局。写朱云岩信一件，清理批札各稿。二更三点入内室，摆列棋势以自遣。三更睡。彻夜不能成寐。

廿五日

早饭后见客二次，衙门期也。清理文件，写沅弟信一封、鲍春霆一封、左季高一封。午刻出城看西门外新城。旋至湖南会馆一看，将收拾为季弟停柩之所。中饭后与柯筱泉围棋一局，阅本日文件，见客二次，写易开俊、吴廷华信一件，核改批札各稿。夜改折一件，约千余字。二更三点入内室，阅太白七古。三更睡，五更醒。

廿六日

早饭后清理文件，旋见客二次，湖北恩施贡生杨炳轩来，谈颇久，呈诗一首，笔尚清超。围棋一局。写沅甫信一件。折差胡达尊等自京回，阅京报十月各本。中饭后愁闷殊甚，与柯竹泉围棋二局。倪豹岑来久坐。申刻阅本日文件，见左帅报严州克复，则以为喜。又见刘克庵不能来景、婺一带，则以为戚。傍夕以徽、宁两防同危，忧灼之至。夜核改查办金安清之案奏折一件。二更后，核批札各稿，改杨彭信稿。三更睡，尚能成寐。五更醒后，复小睡片刻。

廿七日

早饭后清理文件。旋将金安清应赔款项至幕府核算，将折稿酌改数次乃定。围棋一局，见客一次，写沅弟信一件。中饭后核改信稿，阅本日文件。傍夕发报一次。夜核批札各稿，改信稿数件。三更睡，五更醒。偶思作字之法，亦有所谓阳德之美、阴德之美。

余所得之意象为"阳德之美"者四端：曰直，曰觫，曰勒，曰努；为"阴德之美"者四端：曰馘，曰偃，曰绵，曰远。兼此八者，庶几其为成体之书。在我者以八德自勖，又于古人中择八家以为法，曰欧、虞、李、黄、邓、刘、郑、王。

廿八日

早饭后清理文件。旋见客一次。郭远堂前辈柏荫以壬辰翰林，因库案革职，旋赏主事，回籍掌教鳌峰书院近廿年。本年奉召进京引见，奉旨发至余营差委，本日来谈颇久。与柯竹泉、程石舟围棋二局。写沅弟信一件、李勉亭信一件。中饭后牙疼异常，又至幕府与何竹泉围棋一局，阅本日文件。傍夕又至幕府啰谈。夜写零字甚多。二更三点入内室，阅《通鉴论》汉武、李陵等数篇。是日倦怠颇甚，办事极少。闻季弟之讣，斋戒七日，今已满矣。流光如驶，可惧可伤。

附记

叶凤来案
蔡国祥派充总兵
密考折
调隋龙渊片

廿九日

早饭后清理文件。写沅弟信、沈幼丹信一件、左季高信一件，与柯竹泉围棋二局，写希庵信一件。中饭后至幕府啰谈。旋写季弟铭旌。初回房时，闻满室檀香。意为戈什哈等焚之，备写铭旌时致其诚敬之道，既而问之，并未焚香，亦足异也。旋写对联三付、挂屏一付，阅本日文件。观鲍春霆廿六日自升字营所发之信，知三山、繁昌等处粮路均恐为贼所断，忧灼之至，绕室旁皇。夜核批札各稿。旋与程尚斋围棋一局，又观程与柯一局。日内，公私忧迫，俀焉如不终日。固由治心素欠工夫，亦足见末世当大任，为人生之大不幸也。阅《通鉴论》赵充国、贡禹、匡衡数首。

十二月

初一日

早饭后,各文武贺朔者,以新有期服适之。旋见客二次,围棋二局,写沅弟信一件、毛寄云信一件、杨厚庵信一件。中饭后至幕府鬯谈,与屠晋卿围棋二局,阅本日文件。大雪盈六寸许,念鲍营饷路将断,而雪大如此,勇丁恐遂溃散,忧念无已。夜核批札各稿,写零字颇多。潘文质自金陵回,接沅弟廿六日信,语太激励,为之不怿。

初二日

早饭后清理文件。旋见客二次,围棋二局,写沅弟信一封、郭意城信一件。中饭后见客二次。至幕府鬯谈,阅本日文件,核科房批稿簿。是日天气晴霁,心为少舒。又闻吴竹庄、周汉卿廿七日有石硊之捷,水师有官圩之捷,易开俊、吴廷华廿六日有泾县、黄村之捷,为之一慰,而终以鲍军为虑。夜阅陈硕甫《诗说》。三更睡。

初三日

早饭后见客二次。旋围棋二局,写沅弟信一件。午刻,陈虎臣兄弟来久坐。天又大雪,念鲍军饷道已绝,为之大虑。中饭后至幕府鬯谈,阅本日文件,核改吴城厘稿局批稿。傍夕与向伯常一谈。闻泾县廿七日败战之信,尤为忧恐。夜清核各稿。二更后阅《古文·哀祭类》。三点入内室,阅古文十余篇。三更睡。

初四日

早饭后清理文件。旋写澄侯信一件,见客三次。有湖南同知王承顺自金陵归。前于冬月初九日过此，解火药五万斤至沅甫营中，十六日抵金陵，十八日眼见季弟之逝，廿七日自金陵归来。沅弟营中有该员所解之火药，又有十三日轮船拖到之火药五万斤，从此当不患无军火矣。旋出门笔客二家，在善后局倪豹岑处坐颇久，午刻归。与柯筱泉围棋二局。中饭后至幕府邕谈。观钱子密家藏书画二种，一为其高高祖母陈太夫人画册，凡十帧。内一帧画一黑犬，一帧画一蝶未入花丛时，一帧画一蛤、一蟹、二小鱼，一帧花篮，一帧古柏，一帧梅花仙女，一帧修篁茂林，一帧梅、杨梅、枇杷、二桃，一帧喜雀，一帧萝卜、白菜，皆清华名贵，秀绝人寰。每帧有其夫钱纶光廉江先生题诗二句。乾隆卅一年，其子文端公陈群进呈御览。高宗于每帧题七绝一首御题一跋于后，发还。文端公及其予侍郎汝诚各作十诗，恭和元韵，而汝诚详跋于后，以志庆幸。逮乾隆四十七年，文端与侍郎皆没，而高宗因阅钱所画鸟、犬，偶忆陈太夫人原册，遣人回浙取至京师，再呈御览。高宗再题七律一首，长跋一帧，仍归钱氏。信名迹奇遇也！其一种为直庐向寝图，图文端公早朝，先至其母陈太夫人所问安之象，为王肇基所绘，亦非俗笔。旋阅本日文件，核批札各稿。傍夕又至幕府一谈。夜核颖州、霍邱保案。二更三点入内室，温《诗经》。三更睡。

初五日

早饭后见客二次，衙门期也。旋清理文件。出门看修西门城濠，午刻归。马学使来久坐。陈白立来，详示一切。与柯小泉围棋一局。中饭后验看群子模一次，验看小劈山炮一次。江达川来久坐。牙疼，再围棋二局。至幕府一谈，阅本日文件。傍夕核批札各稿。夜温《诗经·葛覃》以下五章，三更睡。辰刻写沅弟信一件。

初六日

早饭后清理文件。旋与柯小泉围棋二局，见客二次，写对联数首，写沅信一件。中饭后，柯竹泉来，又与围棋一局。旋阅本日文件，核改批稿、科呈各稿。傍夕至幕府一谈。夜写零字甚多，倦甚。阅《毛诗疏·兔置》等五章。

附记

徐寿号雪村　　龚之棠号春海　　斯桂号鲁生
殷家隽号竹坞　　吴嘉善号子登

东局保折	希部保折
李营报仗折	复奏派蔡国祥等折
病故汇恤折并单	伍宏鉴片
隋藏珠片	

初七日

早饭后清理文件。旋写沅弟信一件、李少荃信一件。见客二次，又立见者三次，与筱泉围棋一局。中饭后至幕府凼谈，见客一次，阅本日文件，写筠仙信一件，核批札各稿。夜与金陵各员弁商画一九洑洲图。旋核东征局保案单。二更后核批札各稿，温《诗》《鹊巢》、《采蘩》二章。三更睡。四日未接金陵信，深为悬系。本日酉刻又接青阳失守之信，心绪作恶，牙疼殊甚。

附记

堵王黄文金	孝王胡鼎文
佑王李远继	跟王蓝仁德
西王洪□□	襄王刘官方
纳王郜□□	慕王谭□□
听王□□□	奉王古隆贤
匡王赖文鸿	

初八日

早饭后清理文件。旋见客二次。至江达川处久坐，至东门外看新修之卡，至学使处一谈，午刻归。写沅弟信一件，写对联八付，中饭后至幕府一谈。旋阅本日文件。申正与柯竹泉围棋一局，又观柯与李壬叔一局。夜核批札各稿。二更后温《诗·草虫》等三章，写朱云岩信一件。是夕闻季弟灵榇距省不过廿里。

初九日

早饭后略清文件。旋出城至宝塔下接季弟之灵榇，登舟抚棺恸哭。舟至盐河，接柩登岸。满城文武官绅皆至河干迎接。用六十四人大举昇入西门，至湖南会馆暂为安置。各官绅皆来行礼。余于申刻行家奠礼。写沅弟信一件，接澄弟及纪泽家信，接廷寄二道，阅本日文件。夜闻朱云岩已弃旌德不守，为之不怡。详批唐桂生小禀。作挽联一付挽季弟。改复奏派人管轮船一折。三更睡，不甚成寐。

初十日

早饭后清理文件。来吊季樵之客颇多。旋与李壬叔围棋二局。接廷寄一道，见客数次。中饭后见客二次。写沅弟信一件、希庵信一件，阅本日文件，核改李世忠屡战折稿。夜又改一折二片。二更三点睡，五更醒。

十一日

早饭后清理文件。旋来上祭之客颇多，先后共八起。写左季高信一件、沅弟信一件，核对各折稿。与柯竹泉围棋一局。中饭后见客二次，阅本日文件。葛羍山自金陵回，与之㲹谈。傍夕疲倦殊甚。夜改东征局保案折稿。二更四点睡，四更点醒。五更后又少睡片刻。

十二日

早饭后清理文件。在季弟灵樵公馆内三宿，是日回本署。至西门外一看新城，巳正归。旋至幕府一谈，与柯小泉围棋一局，写沅弟信一件。中饭后见客二次，清阅本日文件。意绪萧瑟，又至幕府一谈。李善兰来，与同围棋一局。夜温《诗·羔羊之皮》等六章，二更三点毕。是日未刻发报一次，复恭亲王之信，随报发去。

十三日

早饭后清理文件。旋见客，坐见者六次，立见者三次，写沅弟信一件。中饭后至幕府㲹谈，阅本日文件，核批札各稿。傍夕又至幕府一谈。夜核改批札稿，二更后温《诗》《何彼秾矣》、《驺虞》、《柏舟》，三更睡。

十四日

早饭后清理文件。旋见客，立见者四次，写纪泽信一件，与柯竹泉围棋二局。折弁赵清益等自京归来。见客，坐见者二次，立见者三次。中饭后至幕府㲹谈。旋阅本日文件，未毕，李壬叔来，再围棋一局。至夜一更三点，始将本日文件阅毕，阅核批札各稿。二更后温《诗》《绿衣》、《燕燕》、《日月》。早睡。

十五日

文武贺朔望者，因有弟丧，概谢不见。旋金眉生来见，久谈。写沅弟信一件，与柯筱泉围棋一局，写对联六付。中饭后至幕府鬯谈，江达川来久坐，阅本日文件。竟日大雨，心绪作恶，摆列棋势以自遣。傍夕与葛亦山久谈。夜写零字甚多，作季弟墓志，未成。三更睡。是日辰刻至季弟公馆，指示漆棺之法。

十六日

早饭后清理文件。旋作季弟墓志。巳刻与柯竹泉围棋二局。阅龚之棠所作枪炮，亦用自来火，而机较结实。中饭后至幕府一谈，阅本日文件。复作墓志，至夜二更作毕。久不作文，机轴极生，句法亦多不合。江方伯申刻来久谈。三更睡，五更醒。

十七日

早饭后清理文件。旋至季弟公馆，看漆棺之当否。核改信稿甚多，写沅弟信一件。见客三次，周开铭坐颇久。中饭后至幕府鬯谈，阅本日文件，核改科房批稿。酉刻与柯小泉围棋一局，写对联三付。夜核定十九日行礼单。接奉廷寄二件。阅惜抱轩古文。二更三点入内室，阅韩文三首。三更睡。

十八日

早饭后清理文件。旋见客三次，新署合肥桂令、潜山王令谈颇久。围棋一局，核批札稿。万簃轩来久坐。中饭后，徐石泉来久坐。复围棋二局，阅本日文件。武明良来见，谈颇久。至幕府一谈。傍夕至季弟停榇公馆。夜写沅甫信一件，核批札稿，阅《古文·传志类下》，二更三点睡。

十九日

是日为季弟开吊。黎明行告祭礼。竟日客来纷纷，至酉刻稍息。与程四世兄围棋三局，尚斋之子也。夜写希庵信一件，阅韩文三首，二更四点睡。辛苦太甚，不能成寐。四更少睡，五更复醒。是日黎明行告祭礼，酉刻行祖饯礼及丧事应行之礼，俱未敢忽。

廿日

五更起，行题主礼。礼毕，黎明行遣奠礼。饭后发引出西门。巳刻至盐河安厝船上，奠酒祭江毕。余至厘局更衣，看新修之城，未满一月，业已竣工，登城周历一遍。归时方午初，倦甚。清理文件。中饭后至幕府鬯谈。旋清阅昨今两日文件，傍夕毕。表弟江龙三病势甚重，派盛四送之归。夜将季弟墓志删改一过。温《古文·传志类下》，写沅弟信一件。三更睡。是日因朱品隆不应来此，愠怒良久，然后与之一见。

廿一日

早饭后清理文件。巳刻封印行礼。旋见客三次，坐见者一次，写左季高信一件，核改批信稿、各谢恩折稿。中饭后至幕府鬯谈。旋见客四次，又立见者三次。温《诗》《终风》、《击鼓》、《凯风》。夜温《古文·传志类下》。将所作季弟墓志，请钱警石先生一阅，渠指出数处，有是处，亦有不尽是处。三更睡，尚能成寐。

廿二日

早饭后清理文件。旋见客一次。出门拜客，谢十九日来吊之客，满城及城外走遍，午刻归。钱警石先生来久谈。又见客，坐见者二次，立见者二次。中饭后清理文件，至幕府鬯谈，阅本日文件，写澄弟信未毕，与程世兄围棋三局。夜将澄信写毕，核批札各稿。二更后核定折稿二件，温《诗经》二章。

廿三日

早饭后清理文件。旋见客九次，内坐见者三次。写澄侯信，添二页。与柯小泉围棋一局。中饭后柯竹泉来，又围棋二局，阅本日文件，酉刻毕。至幕府鬯谈。夜核改京信稿，温《诗经》五章。三更睡，不甚成寐。

廿四日

早饭后清理文件。旋见客八次，程朴生坐颇久，围棋二局，写纪泽信一件。中饭后见客四次，姚浚昌、莫子偲二人谈颇久。清理本日文件。日内因服熟肉蒸肉，倦甚思睡。又因本日闻毛竹丹东关之挫，心为悬系，意绪作恶，小睡时许。

巳刻写京信，添许仙屏三页、周子佩二页。夜，心绪无聊，入内室摆棋势以自遣。核批札各稿，阅严可均《说文校议》。

廿五日

早饭后见客二次，衙门期也。旋清理文件，与程朴生围棋二局，写沅弟信一件。陈虎臣来久坐，又见客二次。中饭请喻吉三、郑阳和等便饭，以其修城有功而甚速也。中饭后阅本日文件颇多。旋至幕府鬯谈。徐石泉来久叙，渠将以明日归湘，因与围棋一局，傍夕归去。夜，张练渠来久谈，核批札各稿，核改信稿五件，核东征局保单。二更四点入内室，阅惜抱文数首。三更睡，甚能成寐。

廿六日

早饭后清理文件。旋见客一次，与程石洲围棋二局，写李少荃信一件，见客二次。中饭后至幕府鬯谈，李勉亭来久谈。阅本日文件。核改折稿一件，约改千五百字，至三更毕。接奉廷寄二件。

附记

誊旬报单三
誊发折单二
参王金鼎曹贵

廿七日

早饭后清理文件，见客一次，方元徵等坐颇久。旋改折片稿二件。午刻写沅弟信一件，见客三次。中饭后至幕府一叙。莫子偲作季弟哀词一首。旋与李壬叔围棋二局，见客二次，阅本日文件甚多。傍夕小睡，夜核对折片，共七折、四片、三清单，核批札各稿，二更三点毕。倦甚，早睡，不甚成寐。

廿八日

早饭后清理文件。旋习字一纸。出门拜客三家，钱警石、杨朴庵两君处皆久坐，午正归。中饭后至幕府一叙。旋警石先生来鬯谈，李勉亭来久坐。阅本日文件，核科房各稿，未毕，至夜方毕。又核批札稿。二更四点睡，尚未成寐。

附 记

勉亭商事
高、史、袁　　婺杨尚好　　散卡均送景镇转远局
山内设厘金局，派缵先　　唐撤

廿九日

早饭后清理文件。旋出城吊彭星占之丧。归后，见客二次。写沅弟信，未毕。柯竹泉来，围棋一局。马学使来久谈，赵岵存来久谈。中饭后至幕府一叙，阅本日文件，写沅弟信毕，写希庵信一件。夜核批札稿未毕，温《诗·泉水》三篇。二更三点睡，四更五点醒。

卅日

早饭后清理文件。旋见客三次，写沅弟信一件，与程四世兄围棋三局。中饭，请赵岵存便饭，坐无他客，与之邕谈，未正散。申刻至幕府一叙。阅本日文件，写毛寄云信一封。傍夕入内室一坐。夜写澄侯信一封，核批札各稿，誊十一月下旬、十二月上旬银钱所报单。温《诗经·静女》以下三篇。三更睡。光景似箭，冉冉又过一年，念德业之不进，愧位名之久窃。此后，当于"勤、俭、谨、信"四字之外，加以"忍"字、"浑"字，痛自箴砭，以求益炳烛之明作补牢之计。

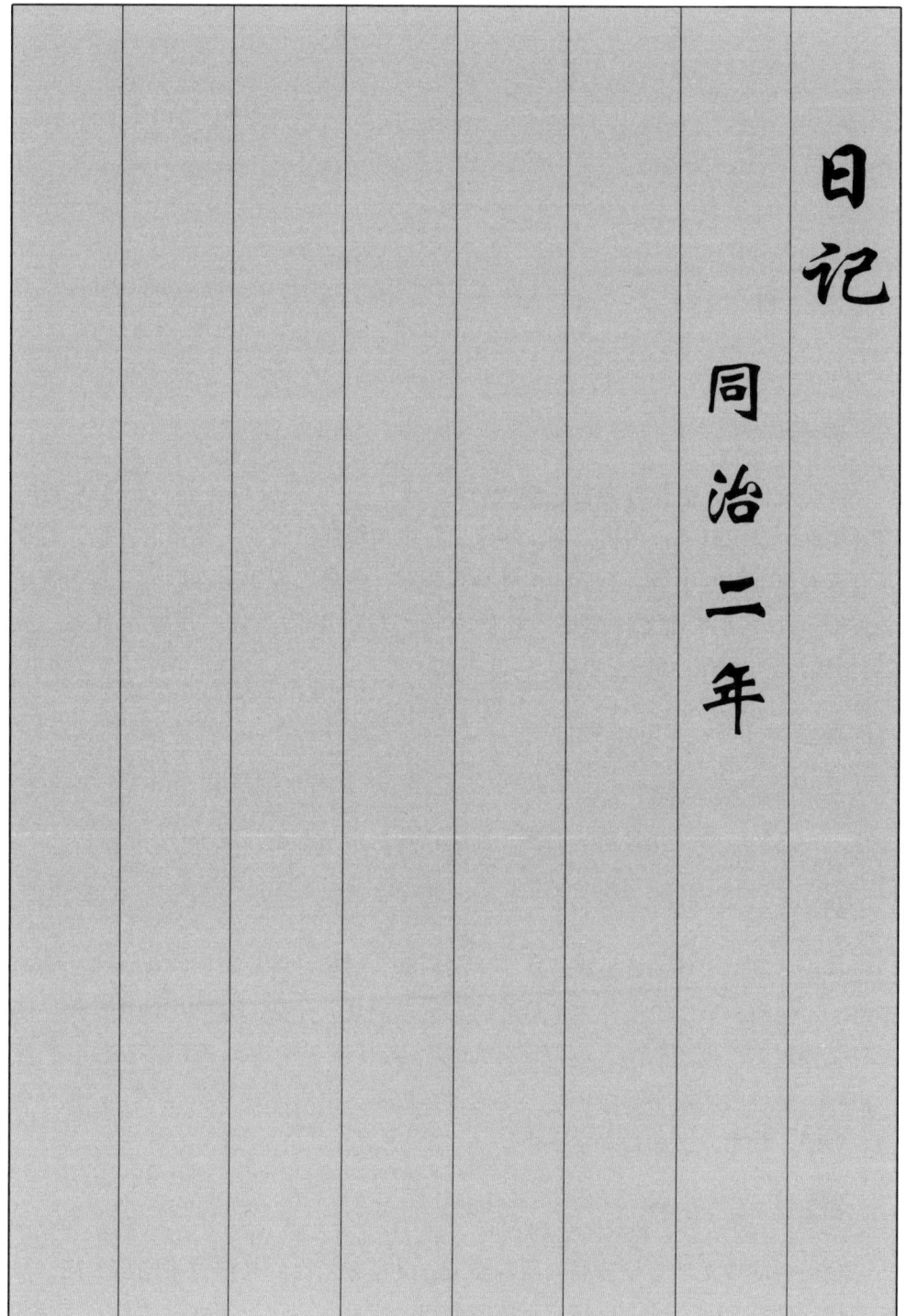

日記

同治二年

正 月

初一日

黎明至学宫，借作万寿宫，望阙行礼。归后，文武员弁来贺，至巳刻方毕。清理文件，李壬叔来，围棋二局。将十二月中旬银钱折誊写。至幕府一谈，旋请幕府五人与李勉亭中饭。饭后，出外拜客数家，藩臬二处少坐。归后，写彭杏南表弟信一件，阅本日文件颇多，灯后方毕。写沅弟信一件，写零字甚多，温《诗·柏舟》以下三章。三更睡。

附 记

李营捆盐之事应参

东台之案应参，并参新淦旧案，江阴杀陆、常州杀赵二案

初二日

早饭后清理文件。旋见客二次。出门拜客，惟杨朴庵、赵岵存处久坐，余俱亲拜。午初归，见客二次。中饭后习字二纸。旋与方元徵、刘开生围棋二局。阅本日文件甚多，夜始阅毕。旋写零字颇多，温《诗·桑中》篇以下三篇。二更三点睡。是日巳刻接奉廷寄一件。申刻接军机咨，由内颁年终赏福字、荷包、银钱、钱锞、食物，又如赏寿字一个。

初三日

早饭后清理文件。见五局两所各委员，又见客二次。与柯竹泉围棋二局，写沅弟信一件，习字一纸。中饭后至幕府闲谈。旋见客一次，阅本日文件，写对联

六付、挂屏四幅。傍夕倦甚，小睡。夜温《诗·蟋蟀》以下四篇，又写沅弟信一件。二更后又小睡，三点入内室。日内牙疼，或用心太过，酣睡太少之故。本日小睡二次，牙疼略愈。

初四日

早饭后清理文件。旋习字一纸，写挂屏四幅、对联二付，写澄侯信一件，与柯竹泉围棋二局。午刻后又见客二次。中饭后至幕府鬯谈。旋见客，兵部郎中朱允成久坐。阅本日文件甚多。夜核改批札稿。二更后温《诗·淇奥》下三篇。三更睡，倦甚。近日常见得人多不是，郁郁不平，毋乃明于责人，而暗于责己乎？

初五日

早饭后清理文件。旋习字一纸，写对联五付，写霞仙信一件。见客三次，又立见者二次。中饭后至幕府畅谈。旋见客一次，与刘开生、方元徵等围棋二局，又见诸客。围棋一局，牙疼殊甚，借此消遣。阅本日文件，傍夕毕。夜核批札稿，温《诗经·氓》以下五篇。牙疼殊甚，不能安枕，盖牵掣右边头疼也。三更三点始略成寐，而醒时疼痛不止，至次早犹不少息。

初六日

因牙疼晏起，辰刻始早饭。饭后见客五次，又立见者二次。写李少荃信一件，习字一纸，写对联五付。出门拜客数家。午刻至万簏轩家赴宴，申刻散。归，阅本日文件极少。至幕府鬯谈。傍夕略核批札稿。是日牙疼尚剧，不能治事，在万宅亦不能多食。酉刻，马学使送一方，曰盐水锭。灯后，口含一锭，噙之良久，吐出津液甚多，良得少愈。写严渭春、官秀峰信，共六页。温《诗有狐》以下四篇。二更三点入内室，牙疼已愈，遂得酣睡。

初七日

早起微晏。饭后清理文件，习字一纸。见客三次，又立见者一次，与柯竹泉围棋一局，又见竹泉与开生一局，见客二次。王璪鲁园，杯宁人，由进士、户部出为衡州知府，退居数年，今八十矣，新自河南避乱归，来此久谈。中饭后又见客一次，至幕府鬯谈。阅本日文件，核改批札各稿。傍夕又至幕府一谈。夜改信

333

稿数件，写沅弟信一件。二更后阅《孙琴西诗集》，温《诗经·君子阳阳》下二章。是日牙疼已愈，身觉轻健。

初八日

早饭后清理文件。旋习字一纸，见客二次。浙江有蔡夅璠者，自称在萧山之包村曾立大功，杀贼数十万，呈节略一纸，近万言，去年十一月投入，未即批，旋去湖北。余批令有知之者送信，令其来见。本日来谒，语言虽多荒唐而颇有智略。渠曾陷贼中两月，因与谈及贼中消息。巳刻至东城外看丁道杰演炸炮。大小五炮，其弹在半空炸裂，不待落地而已开花矣。午刻归，见客三次。未刻至马学使处赴宴，申正归。阅本日文件，至幕府鬯谈。夜核改信稿数件并批札稿，二更温《诗经·中谷有蓷》下四篇。是日阴雨竟日。

初九日

早饭后清理文件。旋见客二次，又立见者二次。习字一纸，与柯竹泉围棋二局，核批札各稿。中饭后至幕府鬯谈，阅本日文件，申夫来久谈，写希庵信一件，温《诗经·大车》至《缁衣》三章。夜写沅弟信一件，改信稿十余件，阅黄委员所拟江西厘务批稿各件，未能阅毕。二更四点入内室。

初十日

早饭后见客二次，衙门期也。旋又见客二次，清理文件，又见客周德亶等三次，均久谈。习字一纸。午刻又见客陈虎臣等三次。午正至江方伯处赴宴，申刻散。归，阅本日文件，至幕府鬯谈。旋核批札稿，未毕，至夜核毕。作谢季弟追赠按察使恩折，未毕。是日早间闻鲍春霆于初六日在泾县大获胜仗，为之一慰。

附 记

伪慕王谭绍光闻十一月在常熟打死
伪昕王陈炳文
伪主将钱桂仁　　伪曹王黄金锐
伪相王陈清武　　伪朝将邓光明
伪泗王高□□　　伪主将张大洲待天义
焦天将黄良善　　伪首王范汝增

伪对王共春元洪亨福、亨我、亨穆

伪梯王练业坤

伪戴王黄呈忠侍王令其守金坛。求于江北赐一县之地安置家属，对王令其勿允。典与侍王亦不和。

十一日

早饭后清理文件。旋见客二次，又立见者二次。习字一纸，写澄侯弟信一封，将谢恩折稿作毕。午刻与方元徵、刘开生围棋二局。中饭后见客三次，邓伯昭、徐毅甫坐甚久。旋写沅弟信一封，又见蒋之纯一次，蔡奂璠来久坐。阅本日文件，傍夕毕。至幕府一叙。灯时，至邵世兄处一叙。夜核批札稿，改片稿二件。二更四点入内室。

十二日

早饭后清理文件。旋见客五次，又立见者二次，习字一纸。莫子偲来，在眉生处与之鬯谈。午正请司道便饭，申刻散。阅本日文伯极多，傍夕未毕。再至幕府一谈。酉刻与柯筱泉围棋一局。夜将本日文件阅毕，核批札各稿，温《诗·清人》篇。二更四点入内室，三更睡。是日发报一次，接奉朱批谕旨，即十二月廿七所发之折，奉到批回。

十三日

早饭后清理文件。旋见客三次，习字一纸。又见客一次，倪豹岑坐颇久。与柯竹泉围棋一局。写沅甫信一件。湖南知县汤煊来久坐。午正请客马学使等便饭，申刻散。阅本日文件。申正至谷米局阅周围新做墙垣，将为晒谷场。又至火药库阅附近新修之屋，酉正归。至幕府鬯谈。夜温《诗经·郑·羔裘》以下四章。二更三点后，阅《国史》《儒林》、《文苑》二传。

十四日

早饭后清理文件。旋习字一纸，写澄侯信一件、沅甫信一件。围棋一局。午刻写沈幼丹信一件。中饭后见客三次，至幕府鬯谈，倪豹岑在李眉生处谈颇久。阅本日文伯颇多。傍夕核判科房各稿。夜温《诗经·狡童》以下六篇，二更四点入内室。

十五日

早起，文武贺望者纷集，巳初毕。清理文件，习字一纸，写沅弟信一件，与程尚斋围棋一局、柯竹泉围棋二局。午刻阅《国史·循吏传》。中饭后至幕府一叙。旋见客二次，阅本日文件，写左季高信，约七百字。是日大雨如注，竟日不息，愁闷殊甚。傍夕至内室小睡。夜核批札各稿。温《诗经·扬之水》以下四篇，《郑风》温毕。

十六日

早饭后清理文件。旋见客二次，习字一纸，写李少荃信未毕。倦甚，不愿治事，因阅钱莘楣先生《声类》一书。此书分《释诂》《释言》《释训》《释语》《释天》《释地》《名号之异》等目，皆因声得义者，足见古人先有声音，后有文字。余前有意为是书而未果。钱氏此书亦未成之书，故未编入《潜研堂丛书》中。又阅江氏《古韵标准》，黄氏《南雷文定》，皆《粤雅丛书》中本地。午正请客莫子偲等便饭，申刻散。阅本日文件，将少荃信写毕。夜核批札稿至二更毕。温《诗经·鸡鸣》以下四篇。四点睡。傍夕至幕府邕叙片时。

十七日

早饭后清理文件。旋见客三次，倦于治事，与柯小泉围棋二局。又见客二次，江方伯坐颇久。中饭后至幕府一叙，清理文件，见客一次。核改江西厘务长札一件，至夜二更三点尚未改毕。自十四日下午即雨，十五、十六二日竟日大雨如注，本日雨雪交霏，气象阴森，寒气侵人，不知今年岁事如何，军事如何，为之惘然。夜接沅弟信，左臂疼痛，尤为悬系。

十八日

早饭后清理文件。旋见客三次，又立见者二次，与柯竹泉围棋二局。写沅弟信一封，共五页。午刻倪豹岑来久谈。中饭后至幕府邕谈。旋阅本日文件，核批札各稿。傍夕诵苏诗。夜将清查江西厘务长札改毕。二更后朗诵古文数首。本日左眼微红，早睡，幸能成寐。

十九日

早饭后清理文件。旋见客，坐见者二次，立见者二次。写毛寄云信一件、郭意臣信一件、李希庵信一件，温《诗·东方未明》以下三章。中饭后至幕府闲谈，清理本日文件。倦甚，不耐治事，温《诗》至"载驱薄薄"章止。眼红微疼。傍夕诵杜诗七古。夜因眼红不欲治事，而寸心歉甚，以积阁之事尚多也。略读《古文·传志类上》。二更三点入内室早睡。

附 记

四家　　　五左　　　六李沪　　　七　　　八
九李湘　　　十　　　一　　　二　　　三
曹屋冲送邓与否，听澄
马公塘必须葬季
罗家致赙四十金　　　元初姻伯

廿日

早饭后清理文件。旋见客二次，衙门期也，又见客四次。写沅弟信一件，极言忿怒与倔强之分。与柯竹泉围棋二局。旋与李少山等谈颇久，写对联六付。中饭后至幕府一谈，阅本日文件，核批札各稿。傍夕剃头一次。夜定江西厘卡月报略单、月报详折二式，至二更三点止，尚未完毕。眼红且蒙，不敢久治事。是日天气阴黯，气象愁惨，殊以为虑。家中人来，去腊每谷一石已买至二千余文，今年不知如何饥荒，尤为忧悸。

附 记

谢恩四折
王赣道案批
江西厘金全案并信
安徽阳站三案
李世忠代奏折
东台新淦二案折
叶凤来案折
密考全案带出
忠义十二、十三两案折

廿一日

早饭后清理文件，写澄侯信一件。巳初行开印礼。旋出门拜客五家，均会晤。在轿中，思古圣人之道莫大乎与人为善。以言诲人，是以善教人也；以德薰人，是以善养人也；皆与人为善之事也。然徒与人则我之善有限，故又贵取诸人以为善。人有善，则取以益我；我有善，则与以益人。连环相生，故善端无穷；彼此挹注，故善源不竭。君相之道，莫大乎此；师儒之道，亦莫大乎此。仲尼之学无常师，即取人为善也；无行不与，即与人为善也。为之不厌，即取人为善也；诲人不倦，即与人为善也。念吾忝窃高位，剧寇方张，大难莫平，惟有就吾之所见多教数人，因取人之所长还攻吾短，或者彭荡斯世之善机，因以挽回天地之生机乎！适访晤石埭杨德亨仲谦，因其誉我太过，遂与谈及一、二。午正归。中饭后至幕府邕谈。旋阅本日文件，写沅弟信一件，核批札各稿。傍夕又至幕府一谈。夜，定江西厘务月报单毕。因眼红作疼，不敢多治事，二更三点睡。

廿二日

早饭后清理文件。旋见客二次。阅《诗经·魏·葛屦》以下二章。与柯竹泉围棋一局，见客三次，江方伯、江澄溪二人坐甚久。中饭后至幕府一叙，见客三次，内坐见者一次，李壬叔来谈，围棋一局，方存之来久谈。申刻核改李辅堂复信稿，灯后始毕。核批札各稿，二更四点毕。三更睡。眼又加红。

廿三日

早饭后清理文件。旋见客二次，又立见者三次。核批札稿，写对联六付。午刻出门拜客两家。中饭后至幕府一谈。长沙黄晓岱锡彤来，皮筱舲寀瀚来，皆己未进士，黄编修，皮主事也，邕谈甚久。阅本日文件，核批札稿，陈虎臣来久谈。夜再清理各批稿。二更三点入内室。日内科简各务，将赴金陵一行。本日应清之事甚多，因见客耽阁。夜又以眼红，不敢多治事。在李壬叔处见陈香泉法帖，见其草书题画一首，飞舞变化，赏玩无已。惜余老年学书，不复能副吾意之所至耳。

廿四日

早饭后见客一次。旋至忠义局考试书院。大雨如注。试题《愿无伐善无施功》、《赋得疑义相与析》，得"陶"字。辰刻归。见客二次，陈纬文坐颇久，虎臣之世兄也。写纪泽儿信一件、沅弟信一件。马学使来留谈，陈子奉来见。中饭后至幕府一叙，江方伯来留谈，阅本日文件，赵惠甫来久谈，核批札各稿。夜又核札稿，改折稿数件，核安徽驿站批稿。三更睡。

廿五日

早饭后清理文件。旋见客二次，衙门期也，又见客二次。请陈心泉、邓小芸及幕府诸公阅书院课卷。出门拜客二家，黄晓岱、江达川二处谈皆久。归与屠晋卿围棋二局。中饭后见客二次，阅本日文件，核批札稿。夜核折稿三件。是日疲倦殊甚，一因昨日治事略繁，一因本日说话稍多，遂觉困乏不支，盖老境渐臻矣。竟日大雨如注，风迹最烈，忧思交集。二更三点睡，尚能成寐。

廿六日

早饭后清理文件。旋改折稿一件，接奉十九日廷寄。午刻围棋一局，刘开生等来一谈。中饭请黄晓岱、皮筱舲便饭。阅本日文件。江方伯来一叙，旋又见客二次，莫子偲来一谈。傍夕至幕府一叙。是日觉说话太多，困倦殊甚。夜核批札各稿，至二更四点，困乏极矣。比来每以说话微多，遂觉神气疲苶不支。甚矣，吾衰！身膺重任，大惧陨越，实深惴惴。

廿七日

早饭后清理文件。旋见客二次，莫善徵、赵惠甫谈颇久，虑臣来一谈。旋与陈纬文围棋二局，写沅甫信一件。中饭后至幕府一谈，与屠晋卿围棋一局。阅本日文件，写李少荃信一件、郭云仙信一件。万篪轩来久坐。眼红疼顿甚，夜间不能多治事。将明日出外应行料理之事略一清检。是日发报三折、三片。

廿八日

早饭后清理文件。旋见司道一次、学使一次，因余起程赴金陵，僚属皆来送行也。检点一切。巳刻出城，由西门登舟。折差黄齐昂、赵青云自京归，十二月廿三日出京，在山东沂州府郯县境内被捻匪杀伤，身带十余伤。胡心垿蔚之自吴城来见，谈颇久，是日即留在舟次共饭二顿。午初开船。将京信十余件、京报四十余本阅一过。中饭后核批札各稿。未正至黄皮夹湾泊，共行廿五里。天气晴明，风不甚逆。钱子密、柯小泉来小叙。旋核批札稿甚多。酉刻与筱泉围棋一局，写左季高信件，眼蒙未毕。酉正登岸小步，与筱泉、子密一叙，傍夕归舟。夜与胡蔚之谈吴城厘务，旋将左信写毕。眼红而疼，不敢多治事。

廿九日

早饭后清理文件。开船，天气放晴，东北风不甚大，折戗行走，凡行百一十里，未正即至池州。上半日因眼红不敢治事，默诵古诗，温《汉书·艺文志》。中饭后核批札稿，写叶介唐信一件。申刻换舢板至池州内河，约十里许，至青溪口。登高铼望池郡，东北自塞坝后，一片皆水，惟西路有旱路，贼或可来。又观青溪坝，工不甚坚实，恐湖水溃决，嘱各营少为减泄，以免溢决。灯时回大船。夜写尚斋信一件，与程石舟围棋二局，核改批札稿，发包封回省。

二 月

初一日

早起，文武贺朔。旋即开船，行五十里，巳刻至大通湾泊时许。至厘金局少坐，又至斐人杰营阅视形势。午刻仍登舟开行，又五十里，至土桥对岸之虾鱼夹湾泊。雪琴新立船厂在此。上半日温《诗经·园有桃》，至《伐檀》止。午后又温至《椒聊》止。未刻写沅弟信一件，清理文件。申刻与屠恶卿围棋二局。酉刻至船厂周视一过。夜核批札各稿，与幕府柯、钱二人久谈。夜，细思处人处事所以不当者，以其知之明也。若巨细周知，表里洞澈，则处之自有方术矣。吾之所以不能周知者，以不好问，不善问耳。

初二日

早起开船，行近廿里。东北风大，少为停泊。旋又行十里许，至无为州之大兴洲湾泊。申初即已住宿。早饭后温《诗经》"绸缪束薪"至《驷驖》止。写沅弟信一件、马学使信一件，与屠晋卿围棋二局。《诗经》温至申正毕。清理文件，核批札各稿。傍夕与筱泉、子密在岸上闲步。夜写零字甚多，写江方伯信一件，温《古文简本》。

初三日

早起开船，行卅里至荻港。旋又行六十里，至三山湾泊片刻。又行卅里，至芜湖住宿。早饭后清理文件，核批札各稿。至荻港见客三次。与柯小泉围棋一局，温《诗经》《小戎》、《蒹葭》、《终南》。午初雪琴来接，邕谈二时许，同行至三山。闻小淮窑奎潭之贼已为王可升击退，又闻西河之贼亦退，春霆已派人跟追三山以下。屡次见客。至芜湖，见客廿余次。傍夕登岸，至吴竹庄营内筵宴，至二更二点始毕。回船阅本日文件，内有恭亲王信，关系极大。三更睡。是日应酬太多，倦甚。

初四日

早饭后至芜湖县看城，遍历南北东三门。南以河为池，又有吴竹庄扎在南岸，不虑贼来扑攻。西以湖为池，又有周万倬扎在湖之西，亦易守御。惟东、北二门难守，共长四百五十三丈，非多添千余人难于设守。辰初回船。开行二、三余里，至裕溪口雪琴老营，应酬纷繁。已刻在舟次写家信，澄弟一件由驲排递，泽儿一片由专丁送。在雪琴处中饭。未正开船。与屠晋卿围棋二局。过西梁山时，陈桥洲之难民远跪求恤，自愧无以赈之。杨军门来迎接，与之久谈。灯后始至金柱关，杨军门辞归乌江老营。夜核批札各稿。自廿八日由省起行，连日天气放晴，本日太热，东北风稍劲，恐将变矣。

初五日

早起，因东北风起，恐大船难行，改坐长龙。开船后，风平浪静，行六十里，至乌江，在杨厚庵军门处中饭。未正复开船，行六十里至大胜关泊宿。是日在舟中写沅弟信二封、雪琴信一封。至大胜关，应酬甚繁。沅弟亦来，兄弟畅谈至二更后睡，幸能成寐。是日闻李世忠九洑洲各营及浦口营均被贼攻陷。北岸贼多，为之忧悸。

初六日

早饭后，由大胜关至沅弟雨花台营盘，凡行卅里。余坐亮轿，沅弟骑马，途次尚可共语。已刻至营，接见各营哨官，应酬颇久。兄弟畅谈。午刻，柯小泉、钱子密来。中饭后，兄弟久谈。念各营官去年辛苦异常，无以劳之，思每人给对联一付，下半日共写十七对。傍夕与柯小泉围棋一局。夜，兄弟对谈，至三更睡。昨日温《诗经·黄鸟》至《衡门》止，本日未温书。

初七日

早饭后清理文件。旋与沅弟出外拜各营官，凡拜七营。因扬厚庵来，遂与沅同归，与厚庵等久谈。与屠楷围棋一局。午初中饭。饭后写对联廿付，又围棋一局。夜与沅弟畅论执两用中之义。核批，核各稿，阅本日新到文件。连日天气燥热，本日酉刻转大北风，飞扬屋瓦，恐遂将久变矣。是日午刻接澄弟正月十七所发信，知王氏伯姊于十四日仙逝。姊生以嘉庆十三年戊寅十二月十三日，今五十六矣。道光十年于归王氏。姊婿王国九，号万程，即于十二年病疯瘵，卅余年不省人事，伯姊备历艰苦，贫穷抑郁。近年沅弟稍周济之，困而渐亨，不意遽尔沦逝。两月之内，连遭同气之戚，吾兄弟五人，姊妹四人，从此仅存其四。抚今追昔，触绪生悲。

初八日

早起，大风怒号，竟日不止。营内棚席皆坏，不能治事。饭后写对联七付。旋与柯小泉围棋二局，又观柯与薛君围棋二局，余亦与薛再一局。中饭后与沅弟鬯谈。申刻又围棋二局。夜与沅弟论观人之法，核批札各稿。二更睡。三更风息。

初九日

早饭后至各营拜访一次，巳刻归。围棋二局。陈舫仙、易晴苍来久谈，彭盛南自金柱关归，鬯谈。中饭后将对联四十余付下款，送各营官。又观薛君与人围棋一局。傍夕，萧信卿备席来同食。夜与沅弟鬯谈一切，二更后核批札各稿。说话太多，疲乏殊极。沅弟以高丽参少许嚼之即睡，幸能成寐，五更醒。

初十日

早饭后清理文件。旋与薛君围棋三局，又观其与人围棋二局。与彭盛南久谈。午刻至盛南营中赴席，渠与易晴苍、陈舫仙三人公请也，未正归。接省城三次包封，公牍甚多。写司道信一封、雪琴一封。再围棋一局。阅各公文。夜核改折稿一件，与沅弟、盛南表弟鬯谈，三更睡。是日接信，知陕西军务极紧，心以为忧。

十一日

早饭后，各营官送行，余于辰刻辞九弟营，拜会江滨各营，巳刻至舟次。在陈舫仙营中小饮片刻。各营官走送江干。会客四次。接奉廷寄一件。中饭后与沅弟鬯谈。旋与屠晋卿围棋二局。傍夕又与沅弟鬯谈。夜，办年终密考一单，三更睡，尚未办毕。

附记

北海碑　　油纸　　江西五经

十二日

早饭后清理文件。旋写尚斋、眉生信一件，希庵信一件，阅新到包封文件，与屠晋卿围棋二局，与沅弟鬯谈。中饭后办江西年终密考单，写零字甚多，与沅弟常常鬯谈。傍夕至幕府鬯谈。夜于办江西密考单，至二更粗毕。接奉廷寄一件。夜睡不能成寐。

十三日

早饭后清理文件，与沅弟鬯谈，将江西密考清单办毕，与屠晋卿围棋二局，写司道信一件。李少山来久谈。中饭后与沅弟鬯谈，与薛炳炜围棋一局，又观薛与屠晋卿一局。作年终密考折灯后始毕。又作一片，又各镇一单，三更毕。睡尚成寐。五更二点醒。本日拟去看九洑洲，因大风雨土，咫尺不辨，未能前往。

十四日

早饭后清理文件。旋写雪琴信一件、春霆信一件、澄侯家信一件。与屠晋卿、薛炳炜各围棋二局，又观渠二人一局。将密考折片及清单三件细核一过，写左季高信一件。中饭后与沅弟鬯谈。旋又围棋二局。看书吏包封密折并万寿折，改批札稿。夜与沅弟鬯谈。二更后写周子佩信一件，核改信稿二件。酉刻剃头一次。

十五日

早饭后清理文件。旋坐舢板至九洑洲一看。因天晴而风霾，全看不清，立于大胜关中洲之尾，仅见九洑洲贼垒之影而已。午刻归。往返凡卅余里。与薛炳围棋二局。旋即开船，行十里，至大胜关厘卡以上湾泊。遣折差杨长贵进京。中饭后与沅弟同去看三汊河各垒，酉刻归。往返亦卅余里。见道旁难民数万。本日被火焚烧芦席棚，数千家化为焦土，睹之伤心。又与薛炳炜围棋二局。接包封公牍颇多，阅至更初毕。与沅弟鬯谈一切。夜未治事，二更三点睡。

十六日

早饭后，与沅弟作别。旋坐长龙船长行，行六十里，未刻至乌江杨军门营盘。在舟中办公事颇多。与杨军门久谈时许。旋写以联十付。酉刻筵宴，宴未毕，闻金柱关危急，贼由渣家桥渡河，势极浩大。因催吴竹庄、周汉卿迅回芜湖。饭后回船，与薛炳炜围棋一局。接奉廷寄四件，写信一片与沅弟。念金柱关兵单贼众，竟夕忧悸，不克成寐。

十七日

早饭后，杨军门来，渠将赴金柱关料理战守事宜，余亦开船。南风颇甚，逆风逆水，竟日扯纤，仅行四十里，酉刻停泊于采石矶。在舟中写少荃信一封、云仙信一封、安庆司道信一封。午刻与屠恶卿围棋二局。未刻鲍春霆来，久谈一时许。申刻，温《诗·东门之池》以下四篇。夜改信稿五件，温《古文·序跋类》。昨日闻金柱关败仗之信，忧系无已。本日卯刻闻其转败为胜，为之少慰。午刻又闻渡渣家湾小河之贼业经败退，窜回河外矣。

十八日

黎明开船，行廿里至金柱关。写沅弟信一件。旋坐小船至金柱关小河之内，行六里至三汊河，入罗逢元、朱宽义陆营之内，又十里至龙山桥。因舟行甚迟，杨军门入梅塘嘴等处，余即在龙山桥返棹。旋登岸，至长胜营一看，见其濠墙草率，不甚坚固，又营内茅草丛杂，以为不怪。旋登山一望，见东西梁山、四合山等处历历在目，惜雾暗不见渣家湾。申刻至和字营便饭。饭后，至三汊河看对岸小墙。酉刻至金柱关宝塔一看，归船已曛黑矣。夜写朱南桂、罗逢元信一件。围棋二局。倦甚，不复能多治事。二更三点睡。

十九日

早饭时开船，北风吹雨，行廿里至东梁山。登岸一看，嘉字营濠墙草率之至，深以为虑。至西梁山一看，制字、严字两营，布置极好，因议拨熊武移守东梁山。吴竹庄、彭雪琴来久谈。旋与屠晋卿围棋三局。至裕溪口，应酬极多，与雪琴鬯谈。夜与春霆鬯谈，至三更未睡，倦甚。是日接省城包封三件，又接折差回，阅京信、京报等甚多，疲倦殊甚。睡不甚成寐。

廿日

早饭后清理文件。旋写沅弟信一封，见客数次，鲍春霆、萧为则谈颇久。写李梅生信一封，与屠恶卿围棋一局，又观屠与薛一局，写吴竹庄信一件。中饭后写对联十付。英吉利提督士迪佛立来见。士在上海已年余，将换班回国，特来相见。先至汉口，次至安庆，闻余巡阅沿江，又来芜湖等候。本日又自芜湖至裕溪口一晤也。接谈约一时许，呈出一单，言愿以英国之将领带中国之兵勇，剿灭发逆。单开：用中国兵勇万二百人，用英国头目提督一人、中军一人、副中军一人、总兵二人、帮办总兵二人、总理扎营、造炮台等事兵官一人、帮办一人、把总四人、官医一人、总管军火局兵官一人、帮办一人。其所管中国兵通万二百名中分为十七队，每队六百人，用英国头目参将一人、游击一人、都司六人、千总一人、把总十二人。十七队皆如此。又每二队公用官医一人。通共外国头目带兵官每月支年俸银五万八千一百八十两，中国兵勇口粮在外。言如此，即包管克复金陵、苏、浙。余答以须函商总理衙门定夺。语次，又出地图，令余指出长毛贼蔓延之处。申刻仍归芜湖，略赠以茶叶、火腿之类。旋与薛炳炜围棋二局，写对联十付。傍夕，雪琴言请恤事，词气过激，心为不怿。夜清理文件，写沈幼丹信五页，倦甚，二更三点睡。是日早间大雨，午后放晴。

附 记

南岸大调度一札

北岸进兵法告沅

李世忠事详奏

士提督事缄商恭王

保堪胜、谭胜达、王吉、彭楚汉、李承典

金逸亭事

廿一日

早饭后见客多次。旋自裕溪口起行，入内河行十五里雍家镇，登岸一看地势，又行廿五里至三汊河，登岸一看。毛竹丹自石涧埠前来迎接，因令毛坐余船同至运漕。申刻登岸，行十里至黄墩萧为则军门庆衍营内，望对岸铜城闸贼垒，相隔五里许。萧军门留陪酒席。本刻回至运漕已灯初矣。毛竹丹又来久谈。是日在舟中略清文件。夜与杏南一谈、雪琴久谈。二更三点睡，不甚成寐。

廿二日

早与彭杏南别。自运漕开船，行廿五里至黄落河。由右而上，至蠏子口东关以达巢县，由左而入，则至无为州。因令长龙船进无为州，而余改坐舢板，由黄落河之上半里许入一小河，将至石润埠毛竹丹营内一看。雪琴与毛竹丹同坐一舟入小河。行八里许，即芙蓉岭等处，发源下入黄落河，以归并于裕溪口者也。旋登陆行十里许，至毛竹丹营盘，周历阅视。王载驷元中营孤悬稍远，因令缩入近处。在毛观察处中饭后，与雪琴作别。陆行四十里，至无为州。是日共行八十余里。灯后清理公事，接正月廿四、二月初三等日家信。二更后与薛炳炜围棋二局，写沅弟信一件，三更睡。初更，风雨交作，入三更，雨尤大。

廿三日

早饭后入无为州城，由东门登城，周历北门，至西门下城，穿大街过，仍出东门。州城四面皆有护城河，河内又有濠沟。余看三面，似可放心，即不复至南门矣。旋出城登舟，开行四十里，出神塘河口，水道湾环，河窄岸高，水师不能施展。又行卅里，至泥汊河湾泊。在小舟上清理文件颇多。至泥汊回大船，见客数次。围棋二局。旋登岸至乡村散步二里许，灯初归。夜又清理文件，围棋二局。二更后与柯小泉、钱子密谈金宝圩练勇事，定为发七十天口粮，至三月底止，遣散归农。日内下棋太多，志荒而神困矣。

附记

问养素土工事

百岁酒

万籁轩留一片

保穆海航一片

曾爱堂　　　蔡家馨　　　邓小芸

廿四日

早饭后拟开船，因东风太大，泥汊小河之内不能出口，多人邪许约半时许，终不能开行出江，遂停泊守风一日。与薛炳炜、屠楷各围棋一局，又观渠二人一局。阅《龙威秘书》中数种，写家信一件、吴竹庄信一件、司道信一件。中饭后清理文件甚多。酉刻，黑暗不能治事，背诵杜牧之律诗。夜改折稿一件、信稿数件，倦甚，睡不成寐。出入大数久未清誊，本夜始将腊月下旬誊毕。

廿五日

早饭后，风微息，开船，顺风行十五里，至荻港。旋又拉纤行五十里，酉刻至丁家洲宿。在船共围棋六局，每局约二刻许。写左季高信一件、沈幼丹信一件、沅弟信一件，改折搞一件、片稿一件，清理文件颇多。傍夕登岸散步，与钱子密、柯小泉㘈谈。夜写晏彤甫信三页，旋温古文数首，二更三点睡。公牍有略费手者，多未清厘。此次拟趁在舟闲暇，悉数厘定，回省则应酬日繁，不能精心料理矣。

廿六日

早饭后清理文件。旋围棋二局。拟作一夹片，久未下笔，舟行风顺而小，行四十余里，中饭后至大通。刘养素来㘈谈。在大通湾泊一时许，见客甚多。申刻又开船，行卅里至王家套住宿，已更初矣。至幕府船一谈。未初起作夹片，至三更毕，约近千字。本日应酬颇多，疲乏殊甚。然三更后尚能成寐，较之昔年，每草一奏，数夕不眠，今似稍胜矣。

廿七日

卯刻开船，顺风共行百一十五里，灯时至黄溢夹住宿。上半日在柁楼上观览。旋清理文件，与薛炳炜围棋三局。中饭后发报三折、五片、三清单。本日接公牍甚多，又接二月初五、初十日两次家信，核批札各稿。夜，倦甚，诵陶诗以自怡，二更三点睡。昨日应酬及办事稍多，本日尚若不克支持。甚矣，吾老矣！

廿八日

卯刻开船时顺风，旋行三、四里许，雨大风止，船小停泊。派人回省接轿，将登陆也。旋又转大顺风，行四十里，午刻即到省城。大雨如注。见客极多，申刻方毕。酉刻至幕府㘈谈。夜与外甥王迪来谈家中琐事。是日辰刻、巳刻，在舟中将未了之事清厘完毕，到署后即不复治事。二更始将本日公牍略一翻阅，接家信，纪泽寄《闻人赋》一首，稍窥汉魏门径，欣慰之至。余尝以本朝诸儒精于训诂小学，而不解古人缀文之法，意欲以戴、钱、段、王之训诂为扬、马、班、张之文章。人事驰驱，有志未逮。若儿辈能成吾未竟之志，则幸矣。

廿九日

早饭后清理文件。旋见客廿一次，内坐见者九次，孙琴西谈最久。又大法国传教士罗安当等持恭亲王文一件来见，欲余寄信与江西沈中丞，言去年打毁天主教堂一案，请早为办结。倦甚，不愿再多见客，谢去数起。中饭后阅本日文件，并正月廿八日出门未经送阅之件略一翻阅。与薛炳炜围棋二局。酉刻又见客二次，因池州之贼上窜至张家滩等处，江方伯来商派兵渡江堵剿。傍夕又至幕府一谈。夜核改信稿数件，添李竹屋信三页。

卅日

早饭后清理文件，见客二次，写沅弟信一件、幼丹信一件。出门拜客三家，至河下回拜养素，午正归。见客三次。陈俊臣搬入公馆来住，与之鬯谈。中饭后至幕府一叙，围棋二局，见客三次。清理文件甚多，皆出门以后存署未经送阅之件，至更初粗毕。旋核批札各稿。二更后温《古文简本》。日内应酬繁多，神昏气乏，若不克支持者，然后知高官巨职足以损人之智而长人之傲也。

三 月

初一日

各文武贺朔，见客甚多，至巳刻始毕。旋至幕府一叙，核批札各稿，写少荃信四页，未毕。请养素、俊臣、琴西等中饭，未正毕。旋与屠晋卿围棋一局，又观屠与薛炳炜芳亭一局。写少荃信毕，又写云仙信一件，写沅弟信一件，阅本日新到文件。夜与陈俊臣谈良久，倦甚，温古文三、四首。送刘养素一联四屏。

初二日

早饭后清理文件。旋见客十一次，内坐见者五次。写养素信一封，写对联六付、横幅"温恭朝夕"四字与申夫，缀以跋语。中饭后至幕府鬯谈。旋与薛炳炜围棋二局，又观薛与屠一局。阅本日文件，又补阅二月初间未经送阅之件，至晡时未毕。傍夕至邵宅一看，见其书馆请一洪姓先生教位西二子、志甫一子、吴缵先一子。夜与俊臣鬯谈，写沅弟信一件，温《古文·论著类》。倦甚，奄奄欲睡，二更三点睡。连日天气阴雨，各路警信纷至，心为悬系不已。

附 记

长沙高脚牌告示
沅自请封
送燕菜
廉善子松峻

初三日

早饭后见客五次，申夫及五局委员坐颇久。清理文件，写左季高信一封、沈幼丹信一件。钱警石先生来鬯谈。中饭后至幕府一叙，黄晓岱来鬯谈。写对联七付，阅本日文件颇多，核批札各稿。傍夕与陈俊臣久谈。夜，倦甚，小睡。二更后核批札稿。是日闻贼已窜至江西彭泽县界，忧系无已。

初四日

早饭后见客四次。旋出门拜客三家，又至谷米局看新修之晒谷场，并看新修火药库五处，午刻归。与屠晋卿围棋二局。中饭后至幕府一叙，写纪泽儿信七页，教以作文之道。阅本日文件。傍夕改咨鲍春霆稿，至更初改毕。阅王少鹤《龙壁山房诗草》，至二更四点睡，尚未阅毕，本日从孙琴西处借得本也。连日阴雨晦黯。南岸贼犯湖口、饶、景，北岸贼犯庐江等处，均极危急，愁闷无已。

初五日

早饭后清理文件。见客三次，衙门期也。写郭意城信一件、李申夫信一件，与屠楷围棋一局，写对联十付。中饭后至幕府一叙，见客一次。阅本日文件，核批札各稿。傍夕至求阙斋散步良久，与向伯毕鬯谈。夜核科记批稿，二更后温《庄子》《马蹄》、《胠箧》、《骈拇》三篇。二更三点倦甚，早睡。

初六日

早饭后清理文件。旋见客二次，添毛寄云信五页，写沅弟信四页，赵惠甫来鬯谈，写李少荃信一件，与屠楷围棋一局。中饭后至邵宅一坐，见世宗宪皇帝所录《圣祖庭训格言》，近河督臣吴棠新刻者，借回阅看。阅本日文件，核批札各稿、科房批稿，阅《圣祖庭训》。傍夕至幕府一谈。夜阅《圣祖庭训》，核批札各稿。二更三点睡。连日阴雨泥泞，本日略见晴霁。闻南岸湖口守具已稳，北岸惟石涧埠尚不放心，余则渐臻稳固。夜写鲍春霆信一件。

附记

上海牙厘局解金陵银二万，交来员沈桂

初七日

早饭后清理文件。旋见客四次，方元徵、刘开生二人来，围棋二局。午初写对联五付、屏幅三件。中饭后见客三次，庐州府同知叶济川来，极言石清吉与诸营官不和,常坐绿呢大轿,危时将其家眷送至桐城山中,缓急殊不可恃等语,闻之不胜忧系。至幕府一叙。送吉林参五钱与杨朴庵同年,其子来谢,一叙。阅本日文件,又阅二月间积阁之件,盖在途时未经送阅者也。傍夕闻石涧埠营盘十分危急,忧惶无措。至幕府一谈。夜核批札各稿。二更四点入内室,徬徨展转,自愧调度之多乖也。是日将《圣祖庭训格言》读毕,恰吴仲仙送有十册,为之快慰。二月十二日所发之折,本日奉到朱批。

初八日

早饭后清理文件。旋见客三次,将二月间未经送阅之公事一概阅毕,约三百件。旋围棋二局,见客三次。午刻写对联五付。中饭后至幕府圐谈,阅本日文件。申刻写挂屏二幅,约百六十字。傍夕至俊臣处,与之圐谈。夜写沅弟信一件,鲍春霆、李济清信各一件,温《古文·论著类》《庄子》三首。昨又闻石涧埠危急之信,即飞调鲍军往援。本日接毛竹丹信,营中尚不慌乱。又加一信、一咨,催调鲍军。

附 记

铨字全军统领周宽世

中营营官:周宽众 同知	哨官:谢吉堂 游	李胜时 守
周秀万 守	熊惠堂 都	
左营营官:羊瀛 游击革	哨官:周永松 都	颜连玉 都
周锡福 守	蔡凤升 都	
右营营官:周贵濂 守备	哨官:李盛修 守	周胜发 千
康长青 千	黄仲翼 千	
前营营官:邓吉升 参将	哨官:萧胜发 参	刘玉衡 参
刘鼎富 都	谢廷瑞 游	
后营营官:杨复成 副将	哨官:徐百钧 都	彭胜德 副
龙桂林 参	龙玉堂 都	
老后营营官:周东益 参将	哨官:谢德隆 游	李尚宾 都
周才成 都	周文正 都	
新后营营官:洪良辉 都司	哨官:周桂成 都	谢凤云 都
李瑞四 守	周文正 都	

初九日

早饭后清理文件。旋见客二次，写希庵信一件，与屠晋卿围棋一局。出城看新到船只，又看西门崩坍之城。旋拜万簏轩，一叙。午刻看挂屏三幅。中饭后至幕府鬯谈，阅本日文件，核批札各稿。傍夕温杜诗。夜清理文件，与陈俊臣久谈。天气寒冷，风雨不止，气象颇似咸丰十年春间，心以为忧。

附 记

复恭王信
誊七次旬报

初十日

早饭后见客二次，衙门期也。旋又见客三次，与屠晋卿围棋二局，改折稿二件。午刻核房批稿，写对联四付、挂屏八幅，至未刻毕。中饭后至幕府鬯谈。旋阅本日文件，核批札各稿，清理琐事。夜与俊臣鬯谈，核批札各稿，二更后阅《王右军集》。是日淫雨竟日，天气愁暗阴寒。石涧埠营盘被围，初六以后并无信来，忧灼之至。接二月廿四日家信。专足甚快，二月初四在乌江发信，至是仅卅六日，往返五千余里。

十一日

早饭后清理文件，与屠楷围棋二局。旋见客四次，黄晓岱坐颇久。午刻改复恭王信稿。中饭后至幕府一谈，写对联二付、挂屏四幅，改折稿二件、信稿五件，阅本日文件，见客一次。夜改片稿一件，二更四点毕。是日接各信，知石涧埠营盘十分危急，幸沅弟派人来援，十一日可到，或可以救援。又得宿松县信，知湖北麻城之捻窜至蕲水，势将归并皖境，尤为忧灼。

十二日

早饭后清理文件。旋改昨夜一片，作为二片。见客五次，立见者三次。写沅弟信一件，料理本日发报五折、三片，又代人发谢恩折二件，又料理复恭亲王信，均于申刻拜发。与屠晋卿围棋一局。午刻写对联数付。中饭后至幕府鬯谈。旋见客四次，阅本日文件，再围棋一局。出城至周军门营盘送行。归，清理批札各稿,倦甚。连日阴雨泥泞,气象愁暗,本日早间云开日朗,以为必晴霁矣,不料巳午间小雨,旋即大雨连绵。愁闷之至,百事皆废。天意茫茫,不知浩劫何时始有转机。夜疲倦渴睡,竟不能作一事。二更二点即入内室,较常日略早。

十三日

早饭后清理文件,见客二次。旋围棋二局,又立见之客六次,写竺虔信三页、幼丹信五页。午刻写对联四付、挂屏四幅。中饭为陈俊臣、黄晓岱饯行,申初散席。阅本日文件,至幕中与眉生、筱泉畅谈,核批札各稿。夜为陈俊臣阅其《半解文稿》,略加评点,二更后温《庄子·达生》篇。是日淫雨如注,至午正少息,而天气愁黯,寸心忧灼。接九弟初九日信,知毛道初九日尚未失事。又接萧为则初八日信,知毛营火药极缺,殊为悬悬。

十四日

早饭后清理文件。旋出城至河下送陈俊臣。归,围棋二局,写沅弟信一件,见客二次。批纪泽《闻人赋》一首。午刻写家信一件。中饭后至内银钱所一坐,核批札各稿,阅本日文件。傍夕至幕府畅谈。夜清改信稿及各文件,二更后温《庄子》《山木》、《外物》二篇。是日天气阴暗,北风微雨。竟日不闻石涧埠消息,心为悬悬。

十五日

早饭后见客一次,衙门期也。其本日文武贺望者,概行谢绝不见。旋又立见者三次。清理文件,围棋二局,温《诗经·桧·羔裘》至《侯人》。午刻核批札各稿,写对联五首。中饭后至幕府鬯谈。旋出城看西门新坍缺口,由北门归。阅本日文件,穆海航寄到刘南云十一夜信,为之少慰。沅弟亦寄到南云初八夜红绸信。写王吉信一件,写申夫信一件。夜誊正月粮台三次旬报。渴睡沉沉,不知以日长而疲倦乎?抑精神昏惰乎?至内室小睡。二更二点出外,温《荀子·议兵》篇。是日阴黯寒森,与前数日相似。立夏只隔三日,而阴寒如此,气象与十年苏常失守时相等,思之惴栗。

十六日

早饭后清理文件。旋见客三次,围棋二局。旋又见客三次,写沅弟信一封,凡八页，写雪琴、杏南信一封，将沅弟信抄与二彭一阅。午刻见客一次，核批札各稿，写扁写廿余字。中饭后至幕府鬯谈。旋写挂屏三幅，每幅百余字。阅本日文件，温《鸤鸠》篇，誊二月分粮台三旬折报。傍夕又至幕府一谈。夜温《庄子·秋水》篇，又诵《古文·论著类》各篇，阅王阳明《告谕》《五种遗规》中所选者。是日闻上游捻匪尚在广济一带，石涧埠各营亦尚平稳，芜湖水师已在黄池，贼垒打破，三里埂之贼亦退，南岸大致已稳。惟徽、祁尚无来信，不知初五以后情形何如。天气阴寒如故，今年岁事可虑。

十七日

早起稍晏。近日好瞑，或日长体疲之故。早饭后清理文件，见客二次。旋与刘开生围棋一局，又观人一局，见客二次。写少荃信一件、云仙信一件。午刻核批札稿，写挂屏一幅。中饭后至幕府鬯谈，阅本日文件颇多。旋又阅批札各稿。倦甚，至邵世兄学堂小坐，又至内银钱所与幕府等处一坐。夜温古文《荀子·荣辱》篇。渴睡殊甚。日内深以饷绌为虑。本日闻九江新关可解六万，广东、赣州共解八万，为之一慰。

十八日

早饭后清理文件，见客四次，写沅弟信一件，围棋二局。写雪琴、杏南信一件，写郭意诚信一件，见客四次。午刻核批札各稿，写对联五付。中饭，请吴月溪、熊礼园等便饭，未正散。至幕府鬯谈，阅本日文件。见客五次，内申甫与幼荃坐颇久。傍夕改批札稿，至邵家一坐。灯后又改批稿。旋写零字甚多。二更后温《说难》篇，以《韩非子》与《史记》所删改对勘。是日应酬太繁，疲困殊甚。石涧埠等处俱无信息，心为悬悬。

十九日

早饭后清理文件。旋见客七次，围棋二局，写幼丹信一件。应酬太多，深以为苦。午刻写挂屏四幅、对一付。中饭后，孙琴西来久坐，阅本日文件。申正，倦甚。天气郁热，再与程石洲围棋二局。傍夕至幕府鬯谈。夜核批札各稿，阅人所上条呈军务，再读圣祖仁皇帝《庭训》。

附 记

李秉苑　　邓士林　　赵少魁

汪国英	王恩锡
施照	刘彤皆
萍乡湘东卡	萍乡芦溪卡
分宜昌山卡	义宁州卡
上顿渡卡	宜黄城卡
抚州分局	饶州分局
樟树分局	上高灰埠卡

廿日

早饭后见客三次，衙门期也。清理文件，申夫来久坐，写左季高信一件，写希庵信一件，围棋二局，见客二次。午刻核批札各稿，写对联五付、单条一幅。中饭后至幕府鬯谈。旋阅本日文件，温《诗经》《七月》、《鸱鸮》。傍夕至邵世兄处久坐。夜誊三月上旬、中旬报单。朱式云来，久谈至二更三点，即留此住宿。式云，啸山子，曾心斋之甥也，挺拔沉着，似可大有造就者。

廿一日

早饭后清理文件，见客四次，写沅弟信一封，围棋二局。旋又见客五次，皆坐见者。午刻核实房批稿，写对联五付。中饭后至幕府鬯谈。旋阅本日文件，又与李壬叔围棋二局，核改批札各稿。本日辰刻闻石涧埠于十七夜解围。申刻又闻大股上窜，围攻庐江。再至幕府，商鲍军究竟应援北岸，应援南岸。众意皆以为宜救北岸。旋又改咨札稿。夜核批稿颇多。

附 记

尧阶信	对联		
云亭信	对联	凤台一	云亭一子式尧
竹房一	挂屏六幅	高丽参一斤	袍褂料银
临三信	寄银二百		
云仙信	托买摹本缎	燕菜	
孔彰对	刘三爷奠银卅两		

筱舲程仪八十金

家信　　允吉书，只求先生点毕经书

事恒二品恤

挽联本未见

廿二日

早饭后清理文件。旋见客三次。温《诗经·东山》以下五篇，与屠晋卿围棋二局。午刻见客二次。写对联六付。中饭后见客二次。旋阅本日文件。申刻至幕府鬯谈。旋阅家信及外信多件，写沅弟信一件。傍夕又至幕府一谈。夜写零字甚多，写杏南信二页，二更后温《过秦论》。是日闻庐江之贼有窜桐城之意，为之焦灼。

廿三日

早饭后清理文件。旋见客二次。已刻见客三次，围棋二局，写李少荃信一封。午刻见客二次。中饭后至幕府鬯谈，欧阳凌云来久坐，阅本日文件，写江味根信三页，又与程朴生围棋二局，核批札各稿。夜又核各批稿。清厘积阅之件，至二更三点方毕。是日午刻写挂屏四幅。

廿四日

早饭后清理文件。旋写沅弟信一封，与程朴生围棋二局，见客三次，写澄弟信一封。温《诗经》《皇华》、《常棣》。午刻，王柏理来久坐，子寿之弟也。中饭后见客三次，阅本日文件，至幕府一叙，核批札各稿。欧阳凌云搬入公馆，与之鬯谈。夜核批札稿。阅段氏《六书音均表》，写严渭春信一件。是日闻苗沛霖复叛，为之忧悸。又阅李秀成伪文，知贼将由舒城、六安上窜英、霍、汉、黄，愈增焦灼。改折稿一半，未毕。

廿五日

是日恭逢万寿圣节，黎明至怀宁学官拜牌。早饭后见客二次，衙门期也。旋写彭杏南信一封，与屠晋卿围棋二局，见客五次。午刻改折稿，未刻改毕。至幕府鬯谈，阅本日文件，见客二次。闻莫子偲说，得唐人写本《说文》，凡木部一百八十字，系硬黄藏经纸所写，亦书籍所仅见也。再改折稿一件，酉正毕。倦甚，与欧阳凌云鬯谈家常事。夜阅段氏《音韵表》。疲乏已极，奄奄欲睡。是日接春霆信，仍未在王家套登岸。梗令如此，可恶之至！

廿六日

早饭后清理文件,见客一次,写沅弟信一封。与屠晋卿围棋一局、程太翁围棋二局。核改信稿并咨札稿。午刻核科房批稿,写对联九付。中饭后至幕府閒谈,见客二次,阅本日文件,核改恭王咨稿,改近日军情片稿。傍夕至幕府閒谈。夜再改片稿,二更毕。核批札各稿,疲乏殊甚。

廿七日

早饭后清理文件。旋见客三次,与屠晋卿围棋二局,温《诗经·伐木》篇。午刻核科房批稿,写挂屏四幅、对联一付。中饭后至幕府閒谈,写彭杏南信一件,阅本日文件颇多。酉刻至邵、洪二家一谈。夜写官、严信一件。闻伪忠王于廿一日已至舒城,锐意上犯湖北,忧灼之至。是日发报三折、三片。

廿八日

早饭后清理文件。旋见客四次,写申夫信一件,与屠晋卿围棋一局。拟调霆军攻打南岸,萧、毛救援湖北,与幕府及司道一商,多不以为然。午刻,司道首府来见,定计鲍仍留北岸。写对联五付,颇为称意。中饭后见客一次,至幕府閒谈。观警石先生所藏刘文正、梁文庄、于文襄诸人尺牍册页。旋阅本日文件,核批札各稿。傍夕又至幕府一谈。灯后,江方伯来一叙,核批札各件甚多,殊以为苦。是日接奉两次廷寄,沅弟蒙恩新授浙江巡抚,左季高升闽浙总督,兼署浙抚。

廿九日

早饭后写沅弟信一件,专人送谕旨前去。旋见客十余次,皆因沅弟开府道喜者。与程太翁围棋二局,写澄弟信一件。午后核科房批札稿,写对联九付。中饭后至幕府閒谈,阅本日文件颇多,批朱云崖小禀。夜倦极,小睡。旋温《古文·词赋类》《九辨》等篇。是日接奉廷寄二件。淫雨竟日不息,恐鲍春霆赴援六安,行军不便,忧灼无已。

卅日

早饭后清理文件。旋见客七次,又坐见者两次,阅朱兰坡所选《古文汇抄》，阅庄方耕宗伯《存与经说》。午刻核科房批札稿，写挂屏四幅。中饭后至幕府一谈。旋又见客二次，阅本日文件。申刻见客二次，莫子偲来久坐。渠新得唐人写本《说文》，仅木部下半一百八十义，自作《校勘记》，比较孙刻大徐本、祁刻小徐本，异同甚多，佳处不可胜数，大喜，以为天下之至宝也。核批札各稿。傍夕至邵宅一坐。夜与欧阳凌云久谈，清理文件。接奉廷寄一件、谕旨一件，知郭云仙新授两淮远使。

四 月

初一日

早饭后清理文件。旋骑马出城，出西门，入北门。本日贺朔各官，概谢不见。巳刻见客二次，围棋二局。阅莫子偲所为《说文木部校勘记》，阅黎庶昌所陈时务策。午刻核批札各稿，写挂屏四幅。请客吃便饭，钱警石太翁、莫子偲、孙琴西、徐毅甫、方存之、邓小芸，皆有行谊文学者也。未正阅本日文件。申刻至幕府咜谈，写沅甫弟信一件。傍夕核阅新到文件。夜批唐桂生二禀，唐有专丁来，知廿五日徽州又获大胜仗，黟县一律肃清，为之少慰。核批札稿数件。是日闻六安州守兵于廿五、六、七等日坚守无恙，要地不至疏失，欣幸无已。又闻希庵起程后复病，心为忧系。倩人占六壬课，言无虞也。

初二日

早饭后清理文件。旋写左季高信一件，围棋二局，又观人一局。见客二次，又坐见者六次。巳初二刻温《诗经·天保》篇。午初核批札稿，写对联九付。中饭后至幕府咜谈，温《采薇》篇。倦甚，小睡。阅本日文件甚多。酉刻见客三次。旋核批札各稿。二更后极倦，勉温古文二首，二更三点睡。日内因早起太早，寅正即兴，夜间至亥正二刻始睡，日中又未得少息，精神疲困，不克振作。天气稍热，本日汗透衣者三次，愈困愈难支。身当重任而衰惫若此，实深悚惧。

初三日

早饭后见五局委员。旋清理文件。见客三次，围棋二局。写沅弟信一封，见客二次。小睡片刻。巳初二刻温《诗经》《出车》、《杕杜》。午初核科批，写挂屏四幅、对联四付。中饭后至幕府㘽谈,阅本日文件,核批札各稿,改信稿数件。傍夕小睡。夜闻贼围六安甚急,全无退志,忧灼无已。批春霆一禀,又调彭、毛、刘至六安。二更后温《古文·论著类》。

初四日

早饭后写澄弟信一件,写沅弟信一件,与屠晋卿围棋二局,清理文件,见客二次。旋小睡片时。巳初二刻温《诗经》《鱼丽》、《南有嘉鱼》、《南山有台》。午刻核科房批稿,写挂屏四幅。中饭后至幕府㘽谈。旋阅本日文件,核批札各稿,写沈幼丹信一件。夜又添幼丹信四页,核各批稿,二更后温《古文·论著类》。是日大雨倾盆,竟日不息,念六安城墙恐有坍塌,又以鲍军不能速援,为之忧灼旁皇。又念年荒谷贵,加以水灾,不知天意如何,直恐人类尽矣,怃然长叹!

初五日

早饭后见客二次,衙门期也。旋清理文件。出门拜客,拜会者五处,亲拜者六处,巳正归。围棋二局。午刻核科房批稿,写对联六付。中饭后至幕府㘽谈。旋阅本日文件,核批札各稿。傍夕小睡片刻。灯后接信。六安业已解围,伪忠王窜往庐州,未上犯鄂境,为之一慰。核信稿批稿多件,二更后温《徙戎论》。夜接沅弟信,欲力辞浙抚一席,愿改武职云云。

初六日

早饭后清理文件,写沅弟信一封,见客二次,与屠晋卿围棋三局。巳正温《诗·蓼萧》篇。午刻见客二次。庄思永带来法帖多种,中有《三希堂贴》,又有宋拓《皇甫碑》,王虚舟跋,非真迹也。又有《大观帖》,王梦楼、姚姬传手迹,赏玩片时许。写对联十付。中饭后至幕府㘽谈,阅本日文件,写李少荃信一件、申夫信一件,调度诸军,办一长咨,又核批札各稿。傍夕小睡。灯后再核批札稿,二更温《原道》《原性》《原毁》等篇。自二月中旬后,日日愁闷。本日天气晴明,新闻六安解围、贼匪下窜之言,心中为之旷快。

初七日

早饭后清理文件。旋见客三次,围棋二局。温《诗》《蓼萧》、《湛露》、《彤弓》、《菁莪》。陈虎臣来久坐，旋与同至杨朴庵处看病。午正归，阅《三希堂帖》。中饭后至幕府郘谈，阅《三希堂帖》，阅本日文件。申正写沅弟信一件，阅戴东原《与彭尺木书》《孟子字义疏证》理十三条。灯后批朱云崖小禀，核批札各稿，二更后温《古文·论著类》韩文四首。

初八日

早饭后清理文件。旋见客二次，与程太翁、刘开生各围棋一局，又观渠二人一局，见客二次，温《诗经·六月》篇。午刻核科房各稿，写对联十一付。中饭后至幕府郘谈，见客三次。写沅弟信一封，阅本日文件颇多，看《孟子字义疏证》。傍夕小睡。夜批唐桂生小禀，又核各批，温"论著类"中柳文、欧文各二首。余少时读书，见先君子于日入之后灯上之前小睡片刻，夜即精神百倍。余近日亦思法之，日入后于竹床小睡，灯后治事，果觉清爽。余于起居饮食按时按刻，各有常度，一一皆法吾祖吾父之所为，庶冀不坠家风。

初九日

早饭后清理文件。旋见客二次，围棋二局，写希庵信一封，温《诗》《采芑》、《车攻》。午刻核科房批稿，写对联七付、大"寿"字五个。中饭后至幕府郘谈，阅《孟子字义疏证》，阅本日文件。酉刻倦甚，不愿作事。王香倬来久谈，又与程石洲围棋二局。夜写零字甚多，核批稿各件。二更后与李眉生、洪琴西谈唐鹤九事。鹤九以本日到省，余以庐州正在十分吃紧之际，咎其不应轻离汛地，故未与相见。是日接奉廷寄二件。

初十日

早饭后见客二次，衙门期也。围棋二局，清理文件，见客二次，温《诗》《吉日》、《鸿雁》、《夜如何其》、《沔水》。午刻核科房批稿，写对联七付。中饭后至幕府郘谈，欧阳小岑来久坐。申刻阅本日文件，核改折稿并各批稿，至二更毕。旋批唐桂生小禀。是日巳刻写沅弟信一件。

十一日

早饭后清理文件。旋见客二次，改折稿一件，与屠晋卿围棋二局，邓伯昭来久坐，温《诗经》《鹤鸣》、《祈父》、《白驹》。欧阳小岑搬至寓中，与之同饮久谈。邓伯昭又来一坐。阅本日文件，核批札各稿。酉刻改片稿一件。灯后与小岑一谈，核批札各稿，改禁止掳船之示稿。二更后倦甚，不愿作事，写零字颇多。是日未刻与小岑围棋一局。

十二日

早饭后清理文件，与小岑围棋一局。旋见客二次，与小岑久谈。巳刻温《诗》《黄鸟》、《我行其野》。午刻写对联七付。中饭后至幕府鬯谈。旋陪医人至内室看病，又与程石洲围棋二局。阅本日文件甚多，内有严渭春中丞信，中抄寄渠与司道论湖北军务一函，地势之熟，词气之谦，均不可及。又范伯崇长言一函，言川东买米，夔、万不必设局。酉刻核札各稿，发报六折、四片、一清单。郭远堂新授江苏五府粮道，来见，久坐。傍夕写告示百余字，灯下写毕。二更后温《通书》。三点睡。是夜未洗脚。

十三日

早饭后清理文件。旋见客三次，围棋二局，写沅弟信一件，又见客三次，内有举人陈锡周、贡生王榭仁、生员陈守和，皆杨得亨之所荐也。温《诗经·斯干》篇。中饭后至幕府鬯谈。旋见客，陈虎臣、赵惠甫均谈甚久。阅本日文件。申正申夫来久坐，酉正去。核批札各稿。戌刻莫子偲来，偶谈及转注一事。夜核各批稿，二更温《通书》毕。渴睡，不复能支，殆因日长未能小睡之故。

附 记

筠仙托容式甫买器物

十四日

早饭后清理文件。旋写澄弟信一件，围棋二局，见客四次，杜文澜小舫坐甚久，万篪轩坐亦久。午刻写扁一幅，写横幅一首，约二百字。中饭后至幕府鬯谈，阅本日文件。申正阅批札各稿。傍夕写彭杏南信。在竹床小睡。灯后与小岑一叙。旋温《诗》《无羊》、《节南山》篇。偶思大君以生杀予夺之权授之督抚将帅，犹东家以银钱货物授之店中众伙，若保举太滥，视大君之名器不甚爱惜，犹之贱售浪费，视东家之货财不甚爱惜也。介子推曰：窃人之财，犹谓之盗，况贪天之功以为己力乎！余则略改之曰：窃人之财，犹谓之盗，况假大君之名器以市一己之私恩乎！余忝居高位，惟此事不能力挽颓风，深为惭愧。天气渐热，余最畏热，不能多治事矣。

十五日

各文武员弁贺朔，见客十余次，至辰正毕。清理文件。旋杜小舫来谈颇久。巳初二刻，小睡约半时许。旋写左季高信，时至午正二刻毕。请客吃中饭。观刘开生与程颖芝围棋一局，饭后吾与开生一局。阅本日文件。申正至幕府鬯谈。酉刻核批札各稿。酉正二刻小睡。灯后与小岑鬯谈。旋温《诗·正月》篇。

十六日

早饭后，申夫来久谈，清理文件，写沅弟信一件，围棋二局。旋写少荃信一封。巳正小睡。午初核科房批稿。中饭后至幕府鬯谈，写宣纸小横卷子未毕，阅本日文件。申正写云仙信。酉刻，申夫来鬯谈一时许。傍夕小睡。夜核批札各稿颇多，至二更二点毕，温《古文·论著类》司马温公、苏老泉各一首。

十七日

早饭后清理文件。旋改信稿六件，与屠晋卿围棋二局，见客二次，陈虎臣坐颇久。午刻写对联六付、小手卷百余字。中饭后至幕府鬯谈。陈氏妾病势日笃，心绪作恶。程颖芝太翁来，与之围棋三局，阅本日文件。酉刻写毛寄云信，添四页。戌刻在竹床小睡。夜核批札稿，温《诗》《十月之交》、《雨无正》篇。

十八日

早饭后清理文件。旋见客二次，与屠晋卿、欧小岑围棋二局。旋又见客三次。午刻写对联七付。中饭后与小岑久谈，阅本日文件。旋至幕府一谈，核批札各稿，写意城信一封。见客一次。核厘金札稿示稿至二更，四稿核毕三件。是日接澄弟初三日自竹山坳发信，知希庵病尚未愈。是夜睡不成寐，为近日所罕见。

十九日

早饭后清理文件。旋写申夫信一封、沅弟信一封。见客，立见者六次，坐见者二次。围棋二局，又观屠晋卿与小岑一局。巳正二刻小睡。午刻写对联三付、挂屏二幅。中饭后至幕府一叙，阅本日文件，核批札各稿，将江西厘金密札核定。傍夕与晓岑㘚谈。旋小睡片刻。夜接少荃信，知昆山于十四日克复，欣慰无已。改沅弟辞浙抚折稿，未毕。二更四点睡，不甚成寐。是日早饭时，落门牙一个。十一年十月，因箸触齿动，摇摇已及年余，自是脱去，翻得相安。

附 记

万谢折片　　留黄南坡片
运司委李莲于三月十日解万两至雨花台
提九江关每月三万片

廿日

早饭后见客二次，衙门期也。杜文澜来久坐，与之围棋二局。旋改沅弟谢恩折毕。巳初小睡片刻。午刻作余谢恩折，代沅弟辞巡抚一席。中饭后至幕府㘚谈。申刻作折毕，阅本日文件，核批扎务稿。傍夕至邵宅看病，邵世兄患疫症，久未愈，也夜核各批稿。本日改沅弟折，中数句未妥，再四斟酌，迄未甚惬。是夕陈氏妾病甚笃。

附 记

改万自谢恩折　　申信
沅信　　　　　　京信
湖南委人解银一万、药四万至沅处廿一日答

廿一日

早饭后清理文件，再将昨夜折改妥。见客七次，李朝斌来谈颇久。看小岑与屠晋卿围棋一局，旋又自对一局。写沅弟信一封，江方伯来谈片刻。巳刻小睡，不及二刻。午刻写小屏二方，约百余字。中饭后至幕府㘚谈。旋阅本日文件，与子偲、小岑一谈。巳刻，改万篪轩请辞江苏藩司缺一片。酉刻改季弟赐谥建祠恩一折。灯后与小岑畅谈，改信稿三件，批扎稿数十件。二更四点睡，已觉困疲不支矣。

廿二日

早饭后清理文件，写申夫信一、周子佩信一，与屠晋卿围棋二局。旋见客二次，邓伯昭、罗少村谈颇久，阅《小旻》之诗。午刻拜发谢恩折，一谢沅弟浙抚之恩，具疏恭辞，一谢季予谥建祠之恩，又附万方伯辞藩藩一片，专曾德麟进京。中饭后至幕府閒谈。与程颖芝围棋三局。申刻阅本日文件甚多，写沅弟信一。傍夕小睡片刻。夜与小岑閒谈，阅何廉昉所集苏诗对联，因阅苏诗黄州一卷。是日淫雨竟日，彻夜不息，忧灼之至。皖南到处食人，人肉始买卅文一斤，近闻增至百廿文一斤，句容、二溧八十文一斤。荒乱如此，今年若再凶歉，苍生将无噍类矣！乱世而当大任，岂非人生之至不幸哉！

附　记

官信　　沈信　　苏松漕

廿三日

早饭后清理文件，见五局委员一次，温《诗·小宛》与屠晋卿围棋二局，又观屠与小岑一局。旋核沅弟保折，写对联三付。中饭后与小岑对奕二局，至幕府閒谈。申刻阅本日文件。旋又核沅营保单。傍夕小睡。夜接少荃信，知昆新克后，一进江阴、无锡，一进苏州，为之欣慰。复少荃信一件。二更后核批札各稿。三更睡。

廿四日

早饭后清理文件。旋见李镇朝斌，面定一切章程，遣之赴沪。旋见客四次，坐见者二次，写沈中丞信一件、澄弟信一封，与屠晋卿围棋一局。见赵惠甫，閒谈，阅冯景亭所拟减苏松太浮粮折子。中饭后与筱泉围棋一局，许信臣来，久坐二时许，阅本日文件甚多，至幕府一谈。酉刻核沅弟保单，至二更核毕。核批札各稿。三更睡。

附　记

改入二折、三片
欧信　　　删竹

廿五日

早饭后见客三次，衙门期也。旋清理文件。至城久河干拜许信臣，閒谈良久，巳正归。围棋二局，又观客围棋二局。午刻陈虎臣来久谈，清理文件。中饭后至幕府一谈，阅本日文件，核批札稿甚多，至二更始毕。内有刘克庵在徽劝捐抽茶税一案，江西藩司详一三副米一案，大费经营。二更后，改折稿一件，未毕。近日为棋所困，本日四局，费光阴至一时之久，妨正务矣，以后戒之。未刻写沅甫信一件。

附记

云信米事　　杏南信
附互　　　　清慎

廿六日

早饭后清理文件。旋见客四次，内工部主事叶毓祥坐稍久。新闻讣而不服衰麻，语涉及荒唐可怪也。围棋一局，改折稿毕，又核定一短折。午刻核科房批稿，写对联六付。小睡片刻。中饭后至幕府鬯谈。旋改近日军情及请饷一片，至晡时方毕。又在竹床小睡片刻。夜饭后，与小岑围棋一局。旋又核改片稿二件，二更三点毕。申刻写杏南信一件，阅本日文件。是日接奉廷寄二件。

廿七日

早饭后清理文件。旋见客，坐见者二次，立见者三次。与程颖芝围棋二局，又观程与小岑一局。温《诗经·小弁》。见客，坐见者三次，立见者四次。核科房批稿数件。中饭后至幕府鬯谈，阅本日文件，写官帅信一封、沅弟信一封，核批札各稿。陈氏妾病笃，医药琐语，入耳烦心。又因刘克庵在徽州办捐抽厘，心绪烦恼，不愿作事。夜与小岑围棋一局。旋写零字甚多。余近日于公事多延搁不办，又忧东南之乱方兴未艾，心绪极恶。本日发报，即请简大臣来南。于钦督两篆中分去一篆，责任稍轻。二更后与小岑鬯谈。

附记

江西十条批　　云二祥批

廿八日

早饭后清理文件。旋见客二次，杜小舫坐甚久。旋围棋二局，见客五次，坐见者二次，刘开生坐颇久。巳正核改黄莘农信稿，至未初毕。又与小岑围棋一局，至幕府一谈。申刻阅本日文件。酉刻核咨札批稿。夜阅老泉《乐论》等篇。二更三点洗澡一次。四点睡，天气甚热，四更尚未成寐。

附 记

沅信　　　　希信
意信说江事　介信说刘事
吉安卡员　　许湾卡员

廿九日

早饭后清理文件。旋见客三次，核改信稿。巳刻见客二次，杨畏斋坐最久。午刻核科批稿，改沅弟信一件。中饭后与晓岑围棋二局，写沅弟密信，邕论"勤、俭、志、谦、明、强"六字，写未毕。许信臣来，久谈约一时半。旋将沅信完毕，与洪琴西论皖南事，请其写信与缵先。戌刻至幕府一谈。接信，知含山已克，寿州亦有可解围之机。夜又与筱泉围棋一局。本日文件于酉刻阅毕。其批札各稿，则竟未核办，积阁甚多，对之不能了也。二更三点又与洪琴西谈祁门各事。说话太多，倦极，睡不成寐。三更四点稍寐。四更五点闻号哭之声，则陈氏妾病革，其母痛哭。余起入内室省视，遂已沦逝，时五月初一日寅初刻也。妾自辛酉十月入门，至是十九阅月矣。谨守规矩，不苟言笑。内室有前院后院，后院曾到过数次，前院则终未一至，足迹至厅堂帘前为止。自壬戌正月初三吐血后，常咳嗽不止，余早知其不久于世矣。料理各事，遂不复就寝。妾生以庚子十二月初四日辰刻，至是年廿四。

五　月

初一日

自五更起至黎明，差倦，辞不见客。饭后与筱岑围棋二局，疲困不能治一事。巳刻写澄弟信一封、郭意城信一封、李希庵信一封。午正在竹床小睡。中饭后又与小岑围棋一局，写郭云仙信一封，阅本日文件，核批札各稿极多，盖昨日应核之件并于一日也，晡时毕。夜又与小岑围棋一局，改信稿三件。睡不甚成寐。是日内室后事皆陈氏之母与兄嫂为之。申刻大敛。竟日闻其母号泣之声，心绪殊劣。

初二日

早饭后清理文件。旋见客二次，写沅弟信一封，围棋二局。巳刻见客二次。有谭秉钧者，自称新化布衣，献书，言其著作颇多，气象亦尚峥嵘，但欠沉着耳。倦甚，杂取《高僧传》阅之，在竹床小睡。中饭后至幕府圈谈，阅本日文件，核批札各稿，誊三月下旬报单。夜与小岑围棋一局，疲乏不能治事，何其惫也。

附　记

抄周诒朴信与云仙

初三日

早饭后清理文件，见五局委员一次。辰刻陈氏妾出殡，暂于龙庙停厝。旋围棋二局，写雪琴信一封。李善兰壬叔、杨岘见山来坐，携陈硕甫先生奂片一纸，知已由贼中逃出至沪，言将来皖，来年八十二岁，段茂堂之弟。东南之精于经学、小学者，岿然仅存矣！万篊轩、陈虎臣先后来坐久，写晏彤甫、李小泉信各一件。午正小睡。中饭后至幕府邕谈，阅本日文件极多，酉刻毕。疲甚，不欲多作事。夜与小岑围棋一局，二更后不复能作事。是日接沅弟信，知雨花台石垒及金陵南门外贼垒一概攻破。

初四日

早饭后清理文件。旋见客一次，又立见者三次。与晓岑围棋二局，写澄弟信一件、沅弟信一件，将江西厘金清查十条批细核，未毕。中饭后至幕府邕谈。旋阅本日文件。傍夕阅本日文件。夜又核江西厘金十条批稿，二更四点仅核一半。睡后，不甚成寐。

初五日

日内，身体疲乏，若有病者然，本日贺节之文武员弁概谢不见。早饭后与小岑围棋二局，写沅弟信一封，将江西局详十条再核一、二第。倦甚，在竹床小睡。中饭后请畏斋过节。旋又与小岑围棋二局，阅本日文件，又核江西厘金十条中之一、二条。夜饭后又与小岑围棋一局，又核批一条。三更睡。日来疲困，不克自振，荒于围棋。余素性畏热，每年初热时，困倦不自持，今年尚不甚热，不知何以惫困若此。

附　记

李信托硕甫事

初六日

早饭后清理文件。旋见客二次，写少荃信一件。巳刻倦甚，在竹床小睡。午刻，折弁自京归，杂阅京信、京报。中饭后至幕府一叙，阅本日文件，与小岑围棋一局。将江西清查案内十条核毕，又核批札稿颇多。改咨复官帅禁掳米船稿，约三百字。夜又与小岑围棋一局，改批稿数件。三更睡。是日大雨如注，时作时止，大为岁事之忧。又闻蒋、毛援寿之师不能解围，苗逆之势颇炽，焦灼之至。接京信，季弟得谥请毅，较温弟谥愍烈似更矜宠，且慰且愧；又接三次诰轴，四轴者两次，专请本身，一轴者一次；又接荫生执照，侄纪瑞一张，雪琴之子永钊一张。

附记

家中诰命九轴　　荫生执照一
希庵诰命　　　　荫生尚未咨请

初七日

早饭后清理文件。旋写沅弟信一件、雪琴信一件，见客四次，赵惠甫与邓伯昭坐颇外。中饭后至幕府鬯谈。旋写对联十二付，阅本日文件，核批札各稿。莫子偲来，将所得唐写本《说文·木部》重写一遍，将以刊刻，公诸同好。余与同至内银钱所，嘱为之精刻；其所为《校勘记》，将待陈硕甫先生来订定，而后发刻。又与同至邵家一坐，傍夕归。灯下，与小岑围棋二局，二更后略阅苏诗。倦甚，三点睡。是日接家中十八日信，知纪泽定以四月廿六日起程来营。

初八日

早饭后清理文件。旋见客四次，内坐见者一次。写左季高信，约八百字。罗少村来久坐，与小岑围棋一局。午刻核批札稿，写对联八付。中饭后再围棋一局，至幕府鬯谈，梅伯言之子绍箕来久谈。阅本日文件颇多。旋至小岑处鬯谈。酉正阅批札稿。傍夕小睡。夜核批札稿颇均匀，渴睡殊甚。二更后，添左季高信一页。早睡，倒床即得甘寝。

初九日

早饭后清理文件，见客二次，又立见者四次。将沅弟折稿批示一切，约三百字，写沅弟信一件。核定厘金江西批稿发去。午刻，莫子偲来久坐。中饭后至幕府鬯谈，袁铁庵来久坐。阅本日文件，写希庵信一件，与小岑围棋一局。核批札各稿，灯下核毕。至小岑处一谈。观人有抄册，抄余文颇多，自以无实而享盛名，忸怩不宁。二更四点睡，三更四点始得成寐。

初十日

早饭后见客二次，衙门期也。清理文件。旋见客，立见者五次。蔡奂璠自绍兴招包村之勇百六十余人来，与之久谈，议论离奇闪烁，然亦有微中者。与小岑围棋一局，王嵩龄来一坐，雪琴之幕友也。午刻，程颖芝来，围棋二局。中饭后至幕府一叙。邓守之之子解，字作卿，于本日寅正在公馆内去世，完白先生之孙也。余派人料理殓殡，未刻舁出。其父曾谆托我教训培植，余以公私繁冗，久未一省视，不知其一病不起，有负重托，殊为歉厌。阅本日文件。酷热疲倦，不愿治事。至小岑处一坐，核批札各稿。傍夕在竹床小睡。灯下写零字甚多，改折稿二件。二更四点睡，热甚，不能成寐，因至竹床睡。四更后乃登床，仍不能酣寝。老年畏热，衰态侵寻。是日写申夫信一件，令其禁贪抢贼赃。

附 记

金丙珪银寄湖北
许仙屏银寄京

十一日

早饭后清理文件。见客四次，梅世兄坐颇久，又蔡夑璠引其友蔡春园等来见，鬯谈一切，殊少实际。与小岑围棋一局。温《诗》《巧言》、《何人斯》。热甚，移至求阙斋一坐。核批札稿。中饭后至幕府鬯谈，阅《会试题名录》，知许仙屏中第四十名进士，为之欣慰。本日新到文件甚少，顷刻阅毕。温《巷伯》篇。剃头一次。酉刻核批稿甚多。傍夕朗诵七言律诗。夜饭后与小岑围棋一局，二更后改近日军情片稿。

十二日

早饭后清理文件。旋见客二次。温《诗经》《谷风》、《蓼莪》、《大东》三篇。巳刻，万篪轩来久坐。小睡片刻。午刻写对联三付、挂屏在幅。热甚，不复能多写。中饭后，至幕府一叙。旋与小岑围棋一局，阅本日文件甚多，至小岑处一叙。核批札各稿。天热殊甚。余性畏热，遂若无处可以栖身者。傍夕朗诵苏诗，在竹床小睡。夜饭后与小岑围棋一局，二更后清理文件。至庭院小睡，二更三点后尚不愿登床，热气逼人。三更后改在求阙斋一宿，不能成寐。念世事艰大如此，而吾精力衰惫，不能治事，深用惴惴。是日发报二折、三片。

十三日

早饭后清理文件。旋温《诗经》《四月》、《北山》、《无将》、《大车》、《小明》。热甚。见客二次，何小宋坐颇久，杨畏斋来久坐，与小岑围棋一局。午刻热甚，小睡，中饭后尤热。阅本日文件甚多。极热，至内室竹床小睡，核批札稿。傍夕又在庭院小睡。又至幕府一谈，江达川来小叙。灯后，与小岑围棋一局，核改信札各稿。酷热，不能治事。三更始睡，竟夕不甚成寐。

十四日

是日酷热异常。早饭后，候选道丁杰请余与司道出城看礮炮，共放廿余炮，惟第一炮落地开花，而又恰中植旗之处，余或不落地而开花，或不中植旗之处。辰刻归，与刘开生围棋一局，又观刘与小岑一局。写澄弟信一件、沅弟信一件，温《诗·鼓钟》篇。小睡约一时许。中饭后与小岑围棋一局，阅本日文件。热甚，竟日睡于竹床，令人摇扇。见客一次。傍夕核批札稿。夜睡竹床，竟夕汗不止，亦不甚成寐。始在庭院睡，三更后移入内室，五更后又移出阶外。畏热疲惫如此，岂复堪任艰巨，为之忧然。

十五日

早饭后见司道一次，旋又见客三次，立见者二次。清理文件。奇热异常，竟不能作一字。接家信甚多，澄弟二次，沅弟三次。除阅家信外，几至一无所事。与屠晋卿围棋二局。竟日睡于竹床，令人摇扇。中饭后又与小岑围棋一局。阳凌云自金陵归，王昂六自家乡来，均在此久谈。阅本日文件。酷热，不复能治事，在于竹床久睡而已。傍夕核批札各稿。夜与小岑邕谈。接奉廷寄，系四月廿七日所奏奉到批回者。二更三点洗澡一次，即在庭院露宿三更三点移入室内。风雨倏至，稍得清凉，为之少快。

附 记

纪鸿科考

十六日

早饭后清理文件。旋见客，立见者三次，坐见者三次，方存之、孙琴西坐上颇久。接杨杏农信，寄诗、古文各一本，略一翻阅。写九弟信一封，与小岑围棋一局。天气热甚，竟日在竹床小睡，令人摇扇。中饭后又围棋一局。申刻阅本日文件。酉刻又围棋一局。是日批稿甚多，竟至积阁不能核阅。傍夕至幕府邕谈。

灯后，在竹床小睡甚久，二更三点入内室睡。是夕少得清凉，为之稍快。

十七日

早饭后清理文件。旋见客二次，刘小钺与郭舜民坐颇久。写沈幼丹信五页。与程颖芝围棋三局，又观小岑与程二局。午刻薛令来一叙，以桐城繁剧难任，求即卸事。阅欧阳碉东诗。中饭后又与小岑围棋一局，阅本日文件颇多，阅邓湘皋古文。小睡时许。酉刻核各批稿信稿，昨日积阁之件并核毕。傍夕至幕府一谈。夜与小岑鬯叙时许，温《古文·论著类》毕，温"词赋类"前数首。

附记

意城事说夏令

十八日

早饭后清理文件，见客三次，又坐见者二次。写郭意城信，写纪鸿儿信，与小岑围棋二局。午刻，涂朗轩来久谈。中饭后阅本日文件，温《诗经》《楚茨》、《信南山》。倦甚，在于内室小睡。傍夕阅朱子题跋，《津逮秘书》中之一种也。至幕府一叙。夜又与小岑围棋一局，二更后阅朱子题跋。倦甚，奄奄欲睡。

十九日

早饭后见客三次，又坐见者三次，写希庵信一件。午刻阅东坡题跋，与程希辕围棋二局，又观程与小岑二局。中饭后见客一次，阅山谷题跋，阅本日文件。与小岑围棋二局。温《诗经》《甫田》、《大田》，核改批札稿。傍夕至幕府一谈。夜温《古文·词赋类》，读《离骚经》未毕。天气甚热，睡不成寐。是日闻水师攻破草鞋夹各贼垒。

廿日

早饭后清理文件。旋见客三次，衙门期也。旋见一州温世京，广东嘉应人，己酉举人，气象和厚，由海道解饷七万至上海来皖，良为可感，与之久谈。旋与屠晋卿围棋一局，又观屠与程颖芝一局。又见客四次，内坐见者二次，写雪琴信一件。午刻核霆营保举单。中饭后又与小岑围棋一局。旋核保单约一时许，毕，阅本日文件颇多，约二时许毕，核批札稿。傍夕至幕府一叙。是日闻温世京说轮船过九洑时，见该洲业已克复，不知信否。夜与小岑畅谈。天气酷热，不能多治事也。旋温《离骚经》毕。二更三点洗澡一次。三更睡，热甚，不甚成寐。

附　记

颍西保案　　　杂保各案

廿一日

早饭后清理文件。旋见客三次，蔡叟璠茗斋谈甚久。又李壬叔带来二人，一张斯桂，浙江萧山人，工于制造洋器之法；一张文虎，江苏南汇人，精于算法，兼通经学、小学，为阮文达公所器赏。旋写沅弟信八页，又见客一次，与小岑围棋一局。热甚，小睡。中饭后，又与小岑围棋一局。旋阅本日文件，温《诗》《瞻彼洛矣》、《裳裳者华》，核批札各稿。接沅弟与雪琴信，报九洑洲克复之喜，知我军苦攻六昼五夜，虽杀贼二三万，而官军伤亡二千余人，可敬也。傍夕至幕府一谈。夜热甚，不能治事，即在庭院竹床小睡。三更后登床，不甚成寐，五更仍至竹床一睡。是日将陈氏妾葬于茅岭冲山中，系怀宁西北乡，在安庆城西十五里，命巡捕成天麒经纪其事。

廿二日

早饭后清理文件。旋见客五次，又坐见者四次，蔡利宾坐颇久，即包村之蔡春园，蔡叟璠招之偕来者也。与屠晋卿围棋一局。马学使来久坐，写沅弟信一件，温《诗》《桑扈》、《鸳鸯》、《頍弁》、《车舝》。中饭后与小岑畅谈，阅本日文件，又与晋卿围棋一局。热甚，若无处可以避暑自存者，在于竹床小睡。核批札各稿。傍夕至幕府一叙。夜在庭院睡至二更三点，又在阶上睡至三更一点，始入房就寝。极热，不甚成寐。

廿三日

早饭后清理文件。旋见客三次，又立见者四次。与小岑围棋二局，写沅弟信一封，温《诗经》《青蝇》、《宾之初筵》。在竹床久睡。中饭后又围棋一局。热甚，在于竹床久睡。阅本日文件。旋又熟睡，令人摇扇。日入后，清理批札各稿，写少荃信，杨畏斋来，二更后始将李信写毕。温《古文·辞赋类》。二更四点在庭院乘凉，三更后始入内室。

廿四日

早饭后清理文件。旋见客四次，又立见者二次。写澄弟信一件，围棋一局。热甚，在竹床久睡。首县来此一谈。中饭后又围棋一局，阅本日文件。天气酷热，不复能治一事，竟日小睡竹床。邓小芸送其叔父湘皋先生书各种，内有《沅湘耆旧集》二百卷。余因取王而农、郭皆庵、陶密庵诸家一阅。傍夕至幕府一叙。夜又围棋一局。二更后阅批札各稿。三更，畏热不敢入内室，即在庭院久睡。四更后登床，犹不敢掩帐也。

廿五日

早饭后见客二次，衙门期也。清理文件。旋与小岑围棋一局，写沅弟信一封。天气奇热。有石床者，系贼首居此时所置，久弃不用。本日在石床久睡。中饭后又围棋一局，阅李文正公诗，阅白香山诗。申刻，天转西北风，稍有凉意，酉刻甚凉。连日郁蒸之气，为之稍解。外间望雨甚殷，犹以不得雨为觖望。酉正至幕府鬯谈。灯下，又在竹床久睡。二更后改折稿二件、片稿一件，核批札各稿。三更睡，微凉，稍成寐矣。

廿六日

早饭后清理文件。旋见客二次，又立见者三次。畏热殊甚。本日早间稍凉，亦在石床久睡，令人摇扇。巳刻与小岑围棋二局，阅《白香山诗集》。中饭后，改克复九洑洲折稿。阅本日文件，内有礼部议复从祀圣庙一疏，毛亨、吕枏二人议准，颜芝、杨继盛、刘向、郑众、卢植议驳，断制谨严。奇热异常。傍夕至幕府鬯谈。灯后，与小岑鬯谈。二更后改片稿二件，一近日军情，一举劾江西卡员，三更改毕。热甚，即在庭院久睡，三更三点入内室，亦不成寐。是日申刻写信一片，与沅弟寄银一万为犒赏克九洑洲之资，寄洋枪二百杆与鲍营。

廿七日

早饭后，忽作呕吐。余向有此病，每数月或半年辄发一次，大约浮热滞于上焦，饮食尚未消化，而后之饮食继至，故烦满而作呕。每次禁腥荤，节饮食，即可痊愈。因病不愿见客，不能治事，与程颖芝围棋三局，又观程与小岑一局。竟日在石床上小睡，令人摇扇，阅《津逮秘书》中之《六一诗话》、《后山诗话》、

《彦周诗话》、《吕居仁诗话》。中饭后与小岑围棋一局，又阅《津逮秘书》中各零种。发报四折、四片、二清单。接奉廷寄，即十二日发折奉到批回者。阅本日文件，核批札各稿。傍夕至幕府一谈。夜，病势未痊，仍在庭院竹床久睡，至三更二点始入内室登床睡，亦不甚成寐，古人云：其为人也多暇日者，其出人也不远矣。余身当大任，而月余以来竟日暇逸不事事，公私废阁，实深惭惧。惟当迅速投劾去位，冀免愆尤耳！

廿八日

早饭后清理文件。旋见客四次。闻王朝治言鲍春霆在紫金山业合围矣。在竹床上久睡。病尚未痊，疲乏殊甚。阅放翁题跋。与小岑围棋一局。旋温《诗经》《鱼藻》、《采菽》、《角弓》，至未刻毕。阅本日文件。申刻又围棋一局，将放翁题跋阅毕。核批札稿。傍夕至幕府一谈。夜在庭院久睡，倦甚。又与小岑围棋一局。在庭院睡至三更始入内室。

廿九日

早饭后清理文件。旋见客三次，写沅弟信一封。呕吐之病虽愈，而上焦若格格不自得者，仍在竹床久卧。阅魏鹤山题跋，与小岑围棋一局。午刻核科房批稿。中饭后，热甚，若不克自持者，旋食西瓜一个。阅本日文件。温《诗》"有菀者柳"、《都人士》、《采绿》等篇。吃绿豆粥一碗。天气忽转北风，酷暑少退。剃头一次。围棋一局。至幕府一叙，万篪轩在幕中会晤。夜温《九歌》《九辩》。是日接奉廷寄二件。

卅日

早饭后清理文件。旋见客二次，与屠晋卿围棋一局，又观渠与小岑一局。写左季高信一件。柯竹泉来，小叙片刻，围棋一局。温《诗经》《黍苗》、《隰桑》。午刻在竹床久睡。中饭后接奉廷寄一件，阅本日文件，核改信稿。温《诗》《白华》、《绵蛮》、《瓠叶》、《渐渐之石》。热甚，在石床一睡。傍夕至幕府一谈。夜在庭院久睡。二更后核批札各稿，三更毕。是日吃绿豆三次，西瓜一次。胸膈间若微有停滞者，殊不爽快。

六 月

初一日

早间,因病谢不见客。早饭后,拜发万寿题本,贺七月十二日慈安皇太后万寿。又有沅弟、雪琴、春霆贺折,同时拜发。旋将皮小舫、李筱仙、朱久香各京信自添数行,又写许仙屏信一件,添厉伯苻、刘馨室信各数页。温《诗》《苕之华》、《何草不黄》,与小岑围棋一局。午刻写希庵信一件,小睡半时许。中饭后阅本日文件,温《诗》《文王》、《大明》。旋至石床上小睡。看人在后院种竹约七、八十竿。傍夕,杨畏斋来久谈,二更去。约李眉生来久谈,商派人至许湾办厘事。三点将睡,小岑来谈颇久。是日闻纪泽已于廿八日至九江矣。

初二日

早饭后清理文件。旋见客三次,又立见者五次。接奉廷寄谕旨,饬将苏松太仓浮粮折衷议减具奏,读之欢汴感激!与小岑围棋一局。巳刻骤雨,大慰云霓之望。刘开生、方元徵来久坐。午刻,纪泽到此,女婿袁榆生、外甥王叶亭同来,又有三客同来,应酬说话颇多。中饭后,陈作梅来鬯谈,阅本日文件。天气复热,神思昏倦。傍夕至幕府鬯谈。灯后,与泽儿闲话。旋核批稿,二更三点后核札稿。睡后,不甚成寐。以本日公私事多,稍疲惫也。

初三日

早饭后清理文件,见五局委员一次。又见客,坐见者一次,立见者三次,写沅弟信一件,与小岑围棋一局。旋在竹床久睡。中饭后温《诗·绵》一篇,阅本日文件。又在竹床久睡,病体迄未痊愈,若不克自持者,疲惫已甚。午饭即不能多食，请陈岱三看脉、开方，亦未服之也。傍夕至幕府一谈。夜与小岑久叙。是日，自申刻以后未治一事，公私废阁，惭悚无已。

初四日

早饭后清理文件。旋见客三次，又坐见者一次，写澄弟信一件，与小岑围棋一局、程颖芝围棋一局，温《诗》《棫朴》、《旱麓》。在竹床久睡。中饭，粗备酒席，新到女婿、外甥及诸客同吃。余小坐，即另席吃饭，以尚禁油荤也。阅本日文件。奇热，在于石床久睡。酉正温《思齐》之诗，阅核批札稿。傍夕至幕府鬯谈。夜与小岑久谈。在庭院久睡。二更后，与纪泽谈学问大端。三点后，定义宁州茶落地税一案。三更睡，不甚成寐。

初五日

早饭后见客二次，衙门期也。旋清理文件，改信稿数件。与小岑围棋一局。天气奇热，在于竹床小睡极久。午刻，郭慕徐来一谈。中饭后极热，有铄金流石之象。阅本日文件。在于内室石床久睡，至酉正，温《诗·皇矣》篇，未毕。傍夕至幕府一叙。起更后，在庭院露睡，直到二更三点始入室内清理公牍。

初六日

早饭后清理文件。旋见客二次，写彭杏南信一件、沅弟信一件，改雪琴信一件，与小岑围棋一局。在竹床久睡。午刻核科房批稿。中饭后，酷热异常，汗出如雨。旋阅本日文件。在石床上久睡。酉刻温《诗·皇矣》毕、《灵台》篇。傍夕与纪泽闲话，至幕府一叙。夜与小岑围棋一局，二更后在庭院露睡，三更后入内室，酷热犹未已也。

初七日

早饭后清理文件。旋见客一次，写申夫信一件，与小岑围棋一局。天气奇热，不能治事。巳刻，陈作梅来，鬯谈二时许。中饭后热极。阅本日文件。在石床久睡，石亦薰蒸如新被火煅者然。申正又与小岑围棋一局，汗下如雨。酉刻，温《诗》《下武》、《文王有声》。傍夕与泽儿闲话。夜热极，在庭院久睡。二更后核批札稿。四点在庭院睡，四更入内室就寝，竟夕不能成寐。盖天气之热，为近数年所无，而余亦年老惫甚矣！

初八日

早饭后见客二次，清理文件。旋写沅弟信一件，与小岑围棋一局。在竹床久睡，热甚。温《诗·生民》篇。中饭后在石床一睡。阅本日文件极少，温《生民》篇毕、《行苇》篇。酉初出外拜客三家，至在外江干纳凉，傍夕归。在庭院久睡。接信，知寿州于六月初四夜被陷，毛牧维翼殉节，深为愤惋。二更后接廷寄二件，清理文件。三点在庭院露睡，三更移入内室，因亢热不能成寐，四更三点后出庭院露睡，直至天明。

初九日

早饭后清理文件，李壬叔来久坐，围棋二局。张凤翙来，与论寿州先后补救各事宜。闻城中纷纷言有虎在西门、金保门外，攫食小孩，并闻在城内市人哗惊。虽未必果为虎，而城市谣传如此，亦必有野兽阑入城关，非佳象也。派滕嗣林、刘士衡至城外一查，云有物如巨狗，初八日四更攫食小孩，未死，城内之连夜哗惊，则尚未查得实据。至幕府一谈。午刻温《诗·既醉》。中饭后阅本日文件，改咨札稿，见客二次。在竹床久睡，温《诗·凫鹥》。酉刻，身体不爽快。夜与小岑围棋一局。二更后，体中不佳弥甚。闻学使马雨农之母于本日未刻病故。

初十日

中饭后清理文件，见客二次，又立见者一次。旋改杨厚庵信稿一件，写沅弟信一件，与程颖芝围棋一局，又观程与小岑一局。在竹床久睡。中饭后，亢热非常，在石床久睡。旋阅本日文件颇多。申刻转北风，欲雨不雨。出外至马学使外吊唁，与莫子偲久谈，酉刻归。核批札各稿。灯后，与小岑围棋一局。二更后清理批札各件，三更毕。天气甚凉憎，亦未得佳睡。

十一日

早饭后见客二次，又坐见者一次。清理文件，改折稿一件、片稿二件，与小岑围棋一局，改金陵围城并报寿州失守一折，未毕。中饭后又围棋一局。作梅来久谈，渠新丧长子，相对黯然。作梅善人，而家运极坏，有人所难堪者。阅本日文件，旋又改折，至日晡毕，约千六、七百字。至幕府一谈。夜又改一折至二更四更毕，殊形劳乏，幸本日不甚热耳。

十二日

早饭后清理文件。旋见客二次，写少荃信一件、沅弟信一件。杨畏斋来久坐，围棋一局。午刻核科房批稿。中饭后围棋一局，阅本日文件。见四川骆制军公牍，知石达开业已捕获正法。温《诗经》《假乐》、《笃公刘》。热甚。申正转北风，作欲雨之势，下雨甫动檐滴而止。傍夕至幕府一谈。夜又围棋一局，核批札稿，至二更三点毕。是日恭遇先妣江太夫人忌辰，营中亦未设祭。亥刻发报四折、三片。

附 记

沈信	南岳批
黄庆案交吴大安	彭尚安案
左盐咨	七旬报
何铣案诒朴周	希信

十三日

早饭后清理文件。旋见客三次，又立见者二次。写沈幼丹信一件，约千余字。与小岑围棋一局。王明山军门来一叙。午刻核科房批稿，又批修南岳庙禀。中饭后，又围棋一局。接奉廷寄及恭邸信件，阅本日文件。申正温《诗》《洞酌》、《卷阿》。傍夕，天气渐凉。夜与小岑围棋一局，核批稿十余件，温《离骚》、《九辩》。夜，甚凉。天气亢旱而夜凉特甚，恐大有碍于岁事矣。

十四日

早饭后清理文件。旋写澄弟信一、希庵信一、王瑞臣甥信一，与小岑围棋一局，核改广信盐厘咨。见客二次。中饭后又围棋一局，阅本日文件，温《诗经》《民劳》、《板》，核批札稿。至幕府一谈。傍夕请郭舜民叔侄便饭。倦甚，小睡。二更二点出外查夜，三更归。

十五日

早饭后清理文件。文武员弁贺朔者甚多，至辰刻应酬毕。巳刻至马学使处公祭。归，与小岑围棋一局，旋温《诗经·荡》篇，中饭后温毕。阅本日文件。温《诗·抑》篇。酉刻核批札稿未毕，至幕府一谈。夜核批札稿毕，与纪泽论古人行文造句用字之法。二更三点睡。是日大雨竟日，巳午间至申刻时作时止，雨大甚大，清晨及入夜极大，天明后始息。

附 记

印渠信

俊臣信 寄徕银

晓岱信　　复奏次青事　　德安卡员

河口卡员

专差进京 希乡、希荫

参彭尚安

王治覃送交叶　　甄廖

札调甘储张

查贵辅入营

十六日

早饭后清理文件。旋见客二次，改信稿数件，围棋一局。午刻在竹床小睡。中饭后阅本日文件，温《诗·桑柔》未毕。申正核批札各稿。酉正，莫子偲来久谈。灯后，又与小岑围棋一局，温《诗·桑柔》，二更三点毕。是日接家信，知蕙妹病体已愈。

十七日

早饭后清理文件。旋见客二次，又立见者一次，李壬叔、张啸山、张鲁生来，围棋一局，又观张与李一局。巳刻见客二次。说话稍多，业已倦矣，温《诗·云汉》。午正小睡。中饭后与小岑围棋一局，温《诗·崧高》未毕，阅本日文件甚多。旋核批札稿，至酉正末未毕，至幕府一谈。灯后，与小岑一谈，核批札稿毕，写沅弟信一件，与纪泽论及家事。二更三点睡，目蒙神疲。

附 记

改沅折并写二日　　办饬知五日

写少荃信　　　　筠仙信

王明山到任

十八日

早饭后清理文件。旋见客二次，又立见者二次，改信稿数件。巳刻见客二次，围棋一局，温《诗·崧高》。巳正小睡。午初改李世忠信稿一件。中饭后温《诗·烝民》，阅本日文件，核批札稿甚多，酉正毕。旋写扁字十余个，剃头一次。傍夕至幕府一谈。夜又与小岑围棋一局，温《烝民》篇毕。倦甚，二更三点睡。申刻添刘印渠信三页。

十九日

早饭后见客十次，内王治覃坐颇久。巳刻，孙琴西、方宗诚先后来鬯谈，劳倦甚矣。清理文件，与小岑围棋一局。午刻小睡半时许。中饭后又与小岑围棋一局，为沅弟改一折稿，阅本日文件。申正核批札各稿。旋又改折稿。傍夕至幕府一谈。夜又围棋一局，改折稿至三更始毕。天气甚热，睡不甚成寐。

廿日

早饭后见客二次，衙门期也。程颖芝来，围棋二局，又观渠与小岑一局。清理文件，写云仙信一封。午刻热甚，小睡。中饭后与小岑围棋一局，温《诗·韩奕》未毕，阅本日文件，核批札稿。傍夕写对联五付。夜写沅弟信一封。阅邵位西古文一册多，道光中年，位西未官京朝以前所为，其道光廿三年及咸丰年间所为，存者十无一、二，盖杭州失守，位西之著述散佚殆尽矣。为沅弟料理折件，二更始毕。

廿一日

早饭后清理文件。出外拜客二家，送郭远堂之行，至江方伯处一叙。归来，热甚。见客，葛英一次，写少荃信未毕。刘开生来，与之围棋一局，又观刘与程颖芝二局，为时颇久，散时已午初矣。甚矣，棋之废日力荒正务也！在石床小睡。将少荃信写毕。中饭后温《诗·韩奕》毕，阅本日文件，核批札各稿，酉未毕。温《诗·江汉》，至夜温毕。二更三点睡，眼蒙殊甚，几不能视。

383

廿二日

早饭后清理文件。旋见客二次,又立见者八次。核批稿数件,围棋一局,改信稿四件,温《诗经·常武》篇。中饭后,陈虎臣来久谈,阅本日文件,核批札各稿。傍夕倦甚。夜与小岑围棋一局,旋又至小岑处一叙。倦乏已极,体中又小不适矣。

廿三日

早饭后清理文件,见客三次,又立见者六次,写希庵信一件,围棋一局。疲倦殊甚,饭食少减。写沅甫弟信一件。巳正小睡颇久。午初温《诗·瞻卬》。中饭后阅本日文件极少,温《诗·召旻》,又围棋一局。申刻核批札各稿。傍夕至幕府一谈。夜改马学使之母挽联。旋温《古文·词赋类》。二更,困乏尤甚,与纪泽话家常事。是日闻鲍春霆病势不轻,又闻申夫一军十七日小挫,湖口贼势浩大,又闻寿州援师蒋、毛不和,以致无功,为之愤郁忧灼。

廿四日

早饭后清理文件。旋见客二次,写澄弟信一件,围棋一局。改江军门信一件,约四百字。巳正小睡。午初温《诗·清庙》,写挽联一付。中饭后再围棋一局,阅本日文件,核批札各稿,温《诗》《维天之命》、《维清》。酉正至幕府一谈。夜,倦甚,考核各字义。二更与纪泽论小学。二点后出外查夜,至三更归。睡不甚成寐。

廿五日

早饭后见客二次,衙门期也。旋出门至学使处作吊。至杨朴庵处看病,观其安闲淡定、视死如归,不愧学道君子之自然;病则十分沉重,无可挽回矣!至火药局看新造之牛碾,巳正归。与小岑围棋一局,写意城信一件。午初温《诗·烈文》。中饭后再围棋一局,温《诗》《天作》、《昊天有成命》、《我将》,阅本日文件颇多,核批札各稿,至傍夕未毕,灯后始毕。又围棋一局,温《离骚》、《惜诵》。

附记

六月十六,东局派吕懋恒解银三万至沅弟处

曾恒德带邓对

德安许恩培　　项珂保知县

位置宛立俦　　札程鼎芬

廿六日

早饭后清理文件。旋见客三次，又六安州绅士来见一次，首县见一次。与小岑围棋一局，写左季高信一次。午刻温《诗》《时迈》、《执竞》、《思文》。中饭后围棋一局，阅本日文件。拟作折稿，遂将本日之应办批札各稿置之不办，徘徊久之。又写介唐信二页，而下半日遂未作一事。傍夕至幕府一谈。夜懒于作奏，又与客鲁秋航围棋二局。二更后，与纪泽论作字之法。是日应办奏稿，方不误次日发报之期。一念之惰，遂废本日之常课，又愆奏事之定期。乃知天下百病，生于懒也。

附记

萧孚泗请封

撤姚

札丁至江南带开花子

廿七日

早饭后清理文件。旋见客一次，又立见者三次，写沅弟信一封，改折一件，午初毕。陈虎臣来久谈，又改片稿二件。中饭后围棋一局，阅本日文件，核改信稿二件，添雪琴信二页，核批札稿甚多，傍夕毕。至幕府曾谈。旋发报二折、二片，又附它人谢恩折三件。昨日未能和折，今日赶办，尚未愆期。折差曾德麟自京城归，阅四、五月京报。二更后温《涉江》《哀郢》。

廿八日

早饭后清理文件。旋见客三次，又立见者三次。出门至河干看炮船，东流绅士领以防民间港汊者。归，写季君梅信一件，围棋一局。午刻温《诗》《臣工》、《噫嘻》、《振鹭》。中饭后，阅本日文件，围棋一局，见客一次，温《诗》《丰年》、《有瞽》，核批札各稿。疲倦，畏热，体中小有不适，因在竹床久睡，至二更三点登床，未办一事。

廿九日

早饭后清理文件。旋见客三次，写彭盛南信一件。程颖芝来，围棋二局，又观程与小岑一局。巳正小睡半时许。午刻温《诗》《潜》、《雍》、《载见》、《有客》。中饭后温《大武》《闵予小子》，阅本日文件。天热不可耐，又围棋一局，小睡片刻。核批札各稿。傍夕至幕府一叙。夜，热甚，在庭院小睡。二更后核一长批，至三更一点始毕。

七 月

初一日

早间，文武贺朔，酬应纷纷，至巳刻始毕。清理文件，与柯竹泉围棋一局。巳正小睡。午初核科房批稿，温《诗》《访落》、《敬之》、《小毖》。中饭后阅本日文件。旋与小岑围棋一局。申正核批札稿。酉刻拟改桐城抵征批稿，踌躇许久，未能下笔。傍夕至幕府一谈。夜又围棋一局，温《离骚》二篇。倦甚，睡。

初二日

早饭后见客，坐见者五次，立见者四次，精神已倦矣。清理文件，与小岑围棋一局。午初见客一次，小睡片刻。温《诗·载芟》未毕，中饭后温毕，温《良耜》篇。阅本日文件，核批札稿，至夕未毕。夜在庭院乘凉。再核批札稿，至二更三点毕。是日公牍甚繁，疲乏若不胜也。

初三日

早饭后见客五次，均坐谈甚久，清理文件。疲倦已甚，在于石床小睡。与小岑围棋一局，杨畏斋来鬯谈。温《诗》《丝衣》、《酌》。中饭后温《桓》《赉》、《般》，阅本日文件。申正核批札各稿，傍夕未毕。至幕府一谈。夜核改桐城抵征章程批，三更未毕。

初四日

早饭后见客五次，坐谈最久，疲乏甚矣。清理文件，写澄弟信一封，围棋一局。小睡片刻。午刻，核科房批稿，温《诗》《駉》、《有驲》。中饭后阅本日文件，改批札稿,将桐城抵征章程批毕。

傍夕至幕府一谈。夜围棋一局,清理文件未毕。出外查夜,三更睡。

初五日

早饭后见客三次,衙门期也,旋又立见者二次。清理文件,写沅弟信一封,与小岑、程颖芝各围棋一局,又观程与刘开生一局,已午刻矣。旋又见客一次。温《诗·泮水》,中饭后温毕。阅本日文件,核批札各稿。酉刻与王、金二甥鬯谈家中琐事。旋又至幕府一谈。夜略理公牍。温屈、贾骚赋,若有所会。

初六日

早饭后清理文件,旋见客三次,何小宋坐最久,写毛寄云信,颇长。与小岑围棋一局。已正见客一次。午初温《诗·閟宫》,孙琴西来鬯谈。中饭后温《閟宫》,至申刻毕。阅本日文件,核批札稿未毕。与纪泽论作古文之道。夜核批札各稿,至二更四点毕。日来,自念耳目太短,不能察吏,心计太拙,不能筹饷,当此巨任,实不称职,心以为愧。

初七日

早饭后清理文件,旋见客五次,皆立见也。写沅甫信一件、郭意城信一件。巳刻,小睡片刻。午刻见客一次,温《诗》《那》、《烈祖》。中饭后温《玄鸟》篇,阅本日文件。申正核批札各稿。剃头一次。傍夕至幕府鬯谈。夜饭后与小岑围棋一局。旋温《七发》,二更三点睡。是日天气郁热异常,灯上时,大雨倾盆,竟夜不息,至次早辰刻始住。

附 记

参吴燮和　　参吴秉衡
写朱凤台对

初八日

早饭后清理文件。旋见客一次,又立见者二次。写希庵信一件。巳刻见客二次,陈虎臣坐颇久。午刻温《诗·长发》。中饭后温《诗·殷武》。申刻阅本日文件,与小岑围棋一局。酉刻见客二次,核批札各稿。傍夕至幕府一谈。夜核批札稿信稿，至二更三点毕。

初九日

早饭后见客二次，孙承熙、王治覃坐皆甚久。清理文件。旋又见客，立见者四次。写李少荃信一件、郭云仙信一件。因云仙昨日奉署广东巡抚之命，专人去送信也。与屠晋卿围棋一局。午刻见客二次。万簌轩、方存之坐颇久。中饭后阅《周官》《太宰》、《小宰》，阅本日文件，略核批札稿未毕。写对联数付。傍夕至幕府一叙。夜温《客难》《子虚赋》。

附记

左镜和对一付

葛崇轩对一付

曾孔彰对一付

云亭信　　寿对一　　挂屏六幅　　赠联二 云亭、竹房

参一斤　　呢羽毛各二丈　　银五十两

尧阶信　　寿对一　　挂屏四　　参半斤

银卅两　　铁界尺一　　水晶界尺一

丹阁信　诰轴二重五、中和　　对二付 丹阁、任尊　银二封、各廿，焚□之酒席费

刘三爷　　奠仪卅　　诰封九轴　　廩生执照一张

接眷银二百两

初十日

早饭后清理文件。旋见客一次，衙门期也，又立见者四次。写沅弟信一封、朱云亭信一封，与鲁秋航围棋一局。小睡片刻。温《周官》《宰夫》、《宫正》、《宫伯》、《膳夫》。中饭后杂录《诂训》，阅本日文件极多。至小岑处一谈，渠日内有小病也。核批札各稿。傍夕至幕府一叙。夜温《上林赋》。酉刻写对联七付。

十一日

早饭后见客一次，清理文件。旋又见客二次，又坐见者一次，写沅弟信一件，与鲁秋航围棋一局。小睡近半时许。午初核科批稿，温《周礼》《庖人》、

《外饔》、《内饔》、《亨人》、《甸师》、《兽人》、《鳖人》、《渔人》、《腊人》。中饭后杂录《诂训小记》，改折稿一件，阅本日文件，改片稿一件，核批札各稿。傍夕至幕府久谈。夜又围棋一局，温《上林赋》。

十二日

早饭后见客二次，清理文件。旋写丹阁叔信一封，改片稿一件。午刻见客二次，小睡片刻。温《周礼》《医师》、《食医》、《疾医》、《疡医》、《兽医》、《酒正》、《酒人》。中饭后录《诂训小记》，阅本日文件，围棋一局，写尧价信一件。傍夕至幕府一谈。夜核批札稿各件，未毕。诵《归去来辞》《芜城赋》等篇。是日恭逢慈安皇太后万寿，黎明至万寿宫拜牌。辰刻点各一次，即蔡焱璠所招之浙勇也。申刻发报二折、三片。酉刻接奉廷寄一件，料理盛四回家所送各礼。

十三日

早饭后见客二次，衙门期也。清理文件。出门拜客，至孙琴西处小坐。旋至杨朴庵处吊丧，渠本日卯刻仙逝，甫经小敛。归寓，与鲁秋航围棋一局，见客一次，又立见者二次，午刻温《周官》《凌人》、《笾人》，阅沅弟信中所寄各件，洪琴西所接叶、吴、汪、朱各信件。中饭后温《醢人》《醯人》《盐人》《幂人》《宫人》《掌舍》《幕人》，阅本日文件，写扇一柄，核批札稿未毕，至幕府一叙。夜核批札稿毕。二更后与纪泽论古文之法。旋温《蜀都赋》。是夜不能成寐。

十四日

早饭后见客一次，清理文件，又立见各客三次，写沅甫弟信一封，刘开生来久坐，围棋一局。已正小睡片刻。午初温《周礼》《大府》、《玉府》、《内府》、《外府》、《司会》、《司书》、《职内》、《职岁》、《职币》、《司裘》、《掌皮》、《内宰》。中饭后杂录《诂训小记》，阅本日文件，写手卷二百字，写对联八付，核批札各稿，至幕府一谈，写澄弟信一件，夜倦甚，目不能开视。旋阅《古文·叙记类》。二更后小睡。二点出处查夜，三更归，睡。

十五日

早起，体中不适，辞不见贺望之员弁。饭后见司道一次，又立见之客六次，清理文件。雪琴来此久谈，已刻去。出门拜客三家，午正归。读《内小臣》《阍人》《寺人》《内竖》《九嫔》《世妇》《女御》《女祝》《女史》《典归功》《典丝》《典枲》《内司服》。中饭后杂录《诂训小记》，阅本日文件，邓小芸来一叙。申正围棋一局。旋核批札稿，写手卷百余字。傍夕至幕府一谈。夜，眼蒙倦甚，不能作事，略与纪泽言《音学五书》之精。二更三点睡，颇能成寐。

附记

一帐　二盐　三郭　四家　五左　六李　七沈　八唐　九湘　十鄂　卯画　辰客　巳信　午看　未记　申文　酉批　戌读

十六日

早饭后清理文件。旋出门至河干拜彭雪琴，久谈，巳刻归。见客二次，写少荃信一件。巳正小睡。午初温《周礼》《缝人》、《染人》、《追师》、《屦人》、《夏采》。请雪琴便饭，陪客为王子敷、邓小芸、方存之，未正末刻散。阅本日文件。酉初围棋一局。旋核批札稿。傍夕至幕夕一谈。夜核批札稿，二更毕。与纪泽谈音学。旋温《古文·传张类》上。

十七日

早饭后清理文件。旋与屠晋卿围棋一局，见客，立见者三次，又与小岑围棋一局。午刻温《地官司徒》。中饭后雪琴来鬯谈，录《诂训小记》。旋阅本日文件甚多。酉刻核批札稿，写扇一柄。傍夕又与小岑围棋一局。夜温《古文·词赋类》，写申夫信一件。是日接信，知袁午桥业已仙逝。临终有遗函寄余，中云"勿以苗逆为易剪，勿以长淮为易收"，读之悚动哀感！天气复热，灯后至庭院歇凉，约半时许。

十八日

早饭后清理文件，见客二次，又立见者三次，写家信与澄候弟，与鲁秋航围棋一局。写沈幼丹信一件。午刻，杜小舫来久坐。读《周礼·小司徒》。中饭后温《乡师》《乡大夫》，录《诂训小记》，阅本日文件。拟开一清单与幼丹，甫写数行而杨畏斋来，与之小叙。旋与小岑围棋一局。酉刻核批札稿。傍夕至幕府一谈。夜畏热，在竹床小睡。二更后核批札稿，四点睡。因床上过热，在竹床久睡。四更后腹泄，不能成寐。至黎明，凡泄泻三次。

十九日

早饭后见客二次，清理文件。旋写幼丹信，内一清单，未毕。写沅弟信一件，围棋一局，孙琴西来久坐。午刻温《周礼》《州长》、《党正》、《族师》、《闾胥》、《比长》、《封人》、《鼓师》、《舞师》、《牧人》、《牛人》、《充人》。午正雪琴来一谈。出门拜钱警石先生。未初至万籙轩家赴宴。饮毕，大雨如注，酉刻归。阅本日文件。戌刻核批札稿。夜围棋一局。旋又核札稿。与纪泽论汉晋文人。二更后倦极思睡，因昨夜未睡之故，本夕酣眠未醒。

廿日

早饭后见客三次，又立见者四次，清理文件，与鲁秋航围棋一局。雪琴来，与谈片刻，渠至幕府修改刻石。写一单与沈幼丹，至午正二刻方毕。未刻至江方伯处赴宴，在坐为江、万、何及李眉生，陪雪琴也。申正归。阅本日文件，未毕。李申夫、范云吉来，共谈良久，傍夕散去。将本日文件阅毕。夜，与小岑围棋一局。二更后核批札信稿，二更四点睡。

附记

旬报　　核保单

廿一日

早饭后清理文件，见客二次，又立见者四次，写沅弟信一件，与鲁秋航围棋一局。午刻，莫子偲来久坐。旋读《周礼》《载师》、《闾师》、《县师》、《遗人》、《均人》、《师氏》、《保氏》，中饭后温毕。录《诂训小记》。阅本日文件。与小岑围棋一局。倦甚小睡。作杨朴庵挽联一付。傍夕至幕府一谈。夜，小睡，头疼。旋核批札稿。二更后阅杜牧之七律。

附记

寄云信初四写
无为州一万二千两七月十五解　　米六十石
七千五百两五月廿八日解　　米六百石

廿二日

早饭后清理文件,见客二次,又立见者一次,核保单片刻。旋与鲁秋航围棋一局,李申夫来谈甚久。江达川来,朱云岩等俱久谈。中饭后写挽联祭帐,阅本日文件。申正写对联十余付。酉刻核只单毕,至幕府一谈。灯下,与小岑围棋一局,核批札稿,二更二点毕。温"词赋类"数首。

廿三日

早饭后清理文件,五局委员来见。旋又见客,坐见者二次,立见者四次。写云仙信一封,陈虎臣来久谈,写沅弟信一封。午刻雪琴来,中饭后始去。与鲁秋航围棋一局。阅本日文件。申正小睡片刻。酉刻核批札稿,改信稿五件。傍夕批纪泽联珠。旋至幕府一叙。夜与小岑围棋一局。二更后与纪泽谈艺。

廿四日

早饭后清理文件,写澄弟信一封。至书院月课,出题《好仁不好学,其蔽也愚》,诗题《眼明见此玉花骢》。旋至高蕙甫家吊丧。归,写毛寄云信一封、厉伯苻信三页。巳正小睡片刻。午初温《周礼》《司谏》、《司救》、《调人》、《媒氏》、《司市》、《质人》。中饭后杂录《诂训小记》,阅本日文件,与屠晋卿围棋一局。旋至小岑处一坐,核批札信稿,见客一次,傍夕至幕府一谈。夜温《封禅文》。二更二点出外查夜,三更归,颇觉辛苦惫乏。睡不甚成寐,五更早醒。

附记

刘节母王妣封夫人,定甫之姊,蕺山之后,七十寿,髪砧课读,依妹宁氏

落地税片　　参邓万林、吴燮和

廿五日

早饭后见客三次,衙门期也。清理文件。至杨朴庵处行礼,渠家本日受吊,不收奠仪,旋写左季高信未毕,与小岑围棋一局,龙编修湛霖来久坐。温《周礼》《廛人》、《胥师》、《贾师》、《司虣》、《司稽》,胥《肆长》、《泉府》、《司门》、《司关》、《掌节》、《遂人》。雪琴来一谈。中饭后杂录《诂训小记》,阅本日文件,又围棋一局,写左信毕,约七百余字。接家信及沅弟信,论盐务,内抄

金眉生、郭筠帅各件。傍夕至幕府一谈。夜核批札稿甚多。二更三点粗毕，自觉用心稍苦。睡不甚成寐。

廿六日

早饭后清理文件。旋见客二次，又立见者四次，改片稿一件，围棋一局，习字一纸。午刻，江方伯来一叙。旋出门拜龙太史湛霖、范户部泰亨。又至西门看新修之城，乃行此城所以屡修屡坍者，以中用瓦石填空，未用细土紧筑故也。此次所修，将来仍不免崩塌。出城至雪琴船上中饭，雪琴因言修城之道遗于土牢中坚四字。甚矣，余之陋也。饭后拜刘南云。申刻归，阅本日文件。酉正改折稿一件。夜与筱泉围棋一局，改片稿三件。二更四点睡。

廿七日

早饭后清理文件。旋见客三次，又立见者二次，改片稿二件，与鲁秋航围棋一局。午刻见客一次。温《地官》《遂大夫》、《县正》、《鄙师》、《酂长》、《里宰》、《邻长》、《旅师》、《稍人》、《委人》、《土均》、《草人》、《稻人》、《土训》、《诵训》。午正二刻请龙芝生、范云吉、李申夫等便宴，申刻散。阅本日文件。酉刻发报四折、五片。旋核批札稿。傍夕至幕府一谈。夜与小岑围棋一局。旋温陶诗。倦甚，眼蒙而疼。

廿八日

早饭后清理文件。旋见各营官一次。旋又见客，坐见者二次，立见者二次。与小岑围棋一局。冯展云学使自江西进京，过九江时，恰遇轮舟之便，因来一叙，坐谈约一时许。雪琴亦来久谈，申夫来谈。温《周礼》《山虞》、《林衡》、《川衡》、《泽虞》、《迹人》、《卝人》、《角人》、《羽人》、《掌葛》、《掌染草》、《掌炭》、《掌茶》、《掌蜃》、《囿人》、《场人》、《廪人》、《舍人》、《仓人》、《司稼》、《春人》、《饎人》、《槁人》。饭后见客一次，阅本日文件，录《诂训小记》。酉刻，写对联五付、挂屏一张，龙芝生来久谈。傍夕至幕府一叙。夜又围棋一局，核批札稿，温《羽猎赋》。是日为客多所困，几不能办一事。

附 记

保华蘅芳　　徐寿

廿九日

早饭后清理文件。旋出门拜冯展云学使，久谈。归，写沅弟信一件，围棋一局，又写毛寄云信一件，见客一次。午刻温《周礼·大宗伯》。中饭后写《诂训小记》，阅本日文件。改复恭亲王信稿，良久未成。傍夕至幕府一谈。夜与小岑围棋一局，又观小岑与人弈。二更后核批札各稿。

卅日

早饭后见客三次，旋清理文件，蔡芥舟来久谈。旋又见客二次，谈均甚久。围棋一局。午刻请冯展去、彭雪琴、蔡芥舟、何小宋便饭，坐谈良久，申刻始散。阅本日文件。酉刻写对数付，至幕府一叙。夜与小岑围棋一局，核批批稿颇多。二更四点睡。

附 记

初三写郭信，寄徐、许银各一百

李莲于六月十日解万金至金陵 两淮皖厘

商洛解三万

八 月

初一日

是日，停止文武贺朔之员，早间不见一客，清理文件。巳刻见客二次，又立见者二次。围棋一局。誊四月上中旬粮台旬报。午刻见客一次。温《周礼》《小宗伯》、《肆师》，未刻温毕。见客一次，又立见者二次，阅本日文件。录《雅训杂记》，核批札稿。因眼蒙不敢治事，在于竹床小睡。傍夕至幕府一谈。夜闻莫子偲近日衰病之状，为之於邑。与小岑围棋一局。旋闭目不治事，因眼红作疼也。是日，杜小舫小淮南盐务十二弊，甚为详晰。

初二日

早饭后见客二次。旋又见客三次，清理文件，写沅弟信一件。方存之、周缦云先后来谈。午刻，折差自京回，接着京信京报等件。旋读《周礼》《郁人》、《鬯人》、《鸡人》、《司尊彝》、《司几筵》，中饭后阅毕。录《雅训杂记》，阅本日文件。见客二次，又立见者二次。出门至内军械所观所为火机。再阅京报。傍夕至幕府一谈，与王少岩议金陵进兵事。夜与小岑围棋一局，核批札稿。二更四点睡，不能成寐，三更后略成寐，五更即醒。是日，纪泽儿与袁榆笙、王叶亭等赴金陵大营。闻郭舜民于廿六日物故，怜其家运太坏，为之悯然长叹！接奉廷寄二件，内一件因沅弟保金安请，谕旨肫切训诫。

附 记

一万四千八百九十六两另文买米
一万八百九十八两，交副将王源泰解　　皖盐厘乔交郭解沅

吕懋恒解银四万

初三日

早饭后见客二次，又立见者三次。清理文件，写云仙信一封，围棋一局，添厚庵信二页，写春霆信一封。又见客三次。午刻读《周礼》《天府》、《典瑞》、《典命》。中饭后录《雅训杂记》。阅本日文件，见客一次，又与小岑围棋一局，核批札稿。傍夕至幕府一谈。夜又核批札稿。左眼甚疼，不敢再治事，至小岑处鬯谈。二更三点睡，五更醒，不甚成寐。

初四日

早饭后清理文件。旋见客，立见者二次，又坐见者六次，杨见山孝廉坐次，与围棋一局。写家信一件。疲倦颇甚。刘开生来，与谈经学。中饭后围棋一局。旋阅本日文件。眼疼小睡。酉刻核批札稿。傍夕至幕府一谈，写对联五付。夜又与小岑围棋一局。眼疼殊甚，不敢治事，在竹床久睡，夜登床睡，甚能成寐。

初五日

早饭后清理文件。见客二次，衙门期也，又立见者四次。写少荃信一封，添云仙信二页，与鲁秋航围棋一局，写沅弟信一件。午刻小睡。温《周礼》《司服》、《典祀》、《守祧》、《世妇》、《内宗》、《外宗》、《冢人》、《墓大夫》、《职丧》，中饭后温毕。阅本日文件，录《雅训杂记》。酉刻核批札各稿。傍夕小睡。至幕府一谈。夜与小岑围棋一局，二更后朗诵《古文简编》。眼疼殊甚。

初六日

早饭后见客二次，又立见者四次。清理文件，写江味根信一封，围棋一局。因眼疼全不作事。午刻，雪琴来久谈。李迂仙送书四部，皆佳本也。中饭后阅《续锦机》，襄城刘青芝所作，论文章之法度，仿元遗山《锦机》之作也。阅本日文件，又阅《续锦机》，核批札稿，至幕府一谈。夜围棋一局，又阅《续锦机》。是日天气甚热。余因眼疼，故治事极少。

初七日

早饭后清理文件。旋见客一次，又立见者二次。写左季高信一件，围棋一局。午刻见客二次。温《大司乐》《乐师》。中饭，请范云吉便饭，饭后闿谈。旋又见客一次，阅本日文件甚多。热甚。再阅《续锦机》，观人围棋一局。酉正核批札稿。傍夕至幕府一谈。夜与小岑围棋一局，二更后再阅批札稿。是日天气极热，夜始转北风。

附 记

恭信　　沅信　　僧信　　希信
刘吊　　袁吊　　萧吊

初八日

早饭后清理文件。旋见客，坐见者三次。写江味根信一封、李申夫信一封，围棋一局。午刻阅邵位西古文。中饭后见客一次，阅本日文件，阅孙琴西所为古文，核批札各稿。傍夕，至幕府一叙。夜改复恭王信，至二便三点未毕。是日午正习字一纸。

初九日

早饭后清理文件。旋见客七次，坐皆颇多，说话亦多，神已疲矣。与鲁秋航围棋一局，写沅弟信一件。午正，雪琴来久谈。中饭后见客一次，又立见者二次，阅本日文件，与小岑围棋一局，改恭亲王信稿毕。夜阅《史记》数篇，二更后核批札稿。睡不甚成寐。是日接青阳城中密信，系初五所发，尚不甚慌乱。

初十日

早饭后清理文件。见客二次，衙门期也，旋又立见者二次。因眼疼过甚，不敢作事，与鲁秋航围棋一局，在竹床久睡。中饭后阅本日文件，与小岑围棋一局。见客，立见者三次。在竹床久睡。酉刻核批札稿。傍夕至幕府闿谈。夜读《古文·诏令类》。是日因左眼疼，不敢治事，竟日睡而不寐，夜登床亦不成寐。细思修已治人之道，果能常守"勤、俭、谨、信"四字，而又能取人为善，与人为善，以礼自治，以礼治人，自然寡尤寡悔，鬼伏神软，特恐信道不笃，间或客气用事耳。

十一日

早饭后清理文件。旋见客一次。与杨见山围棋一局。旋又见客一次，写易昀荟隐语信一件。将改折稿，仅改数行，而雪琴来久谈。旋改折一半。中饭后阅本日文件，与鲁秋航围棋一局，将折稿改毕。傍夕至幕府一谈。灯后，核批札各稿，温《古文·辞赋类》。是日午刻，与莫子论刻书之法。近日眼疼不止，本日除改折之外，不敢多治一事，在竹床小睡数次。夜睡至五更辄醒，不复成寐。

十二日

早饭后清理文件。旋见客一次，写沅弟信一封、黄南坡信一封、厉伯苻信一封、纪鸿儿信一页，与鲁秋围棋一局，见客一次。午刻读《大师》《小师》《瞽矇》《眡瞭》《典同》《磬师》《钟师》《笙师》《镈师》。中饭后录《雅训杂记》，阅本日文件，与小岑围棋一局，核批札各稿颇多。傍夕至幕府一谈。夜温《孟子》数十章，二更后温《羽猎赋》。是日发报二折、二片。夜，睡不甚成寐。

十三日

早饭后清理文件，见客二次，坐颇久，写陈作梅信一件。旋又见客，坐见者二次，立见者二次，与鲁秋航围棋一局。午刻温《周礼》《眂师》、《庇人》、《篱师》、《篱章》、《鞮鞻氏》、《典庸器》、《司干》、《太卜》、《卜师》、《龟人》、《菙氏》、《占人》、《筮人》、《占梦》。中饭后录《雅训杂记》，阅本日文件，核批札稿，改僧王信稿。傍夕至幕府一谈，写对联五付。夜再围棋一局，温《长杨赋》。是日闻奉霆病重，悬系之至。睡不甚成寐。

十四日

早饭后见客二次，清理文件。旋又立见者二次，写澄侯信一件，方存之来久坐。旋与鲁秋航、柯小泉各围棋一局。午刻读《眂祲》《大祝》《小祝》《丧祝》。中饭后录《雅训小记》，阅本日文件，接澄侯弟家信二次，核批札稿，见客一次。接柳寿田禀，知申夫派陈、郑二将于十里铺扎营，被贼围扑，郑将弃垒登舟，陈将被围数重，焦灼之至。至幕府邕叙。夜与小岑邕谈，温《易·系辞》。睡不甚成寐，五更醒。

附记

沅信 <small>家信数件</small>　　申信

筠信 <small>盐批 抄意信</small>　　坡批

王扁对

十五日

是日，停止各文武贺朔，不见一客。早饭后清理文件，写沅甫信一件，写喻吉三批信二页，写申夫信未毕，雪琴来久谈。旋将申信写毕，与小岑围棋一局。读《周礼》《甸祝》、《司巫》、《男巫》、《女巫》、《太史》、《小史》、《冯相氏》、《保章氏》、《内史》、《外史》、《御史》。中饭，请李芋仙便饭。阅本日文件。已正，雪琴来久谈。午刻，万篪轩来久谈。申刻写扁一幅、对联数付。酉刻小睡。阅盐务各牍。倦甚小睡。夜核批札稿颇多。二更后朗诵《诗经》《大明》、《文王》、《小旻》、《东山》诸篇。睡不甚成寐。

十六日

早饭后清理文件，见客二次。作刘宅挽联一付，写云仙信一封，与鲁秋航围棋一局。写挽联挽幛。出城拜雪琴，旋回拜司道之拜节者，午正二刻归。改信稿一件。中饭后录《雅训杂记》，阅本日文件。见客，刘本忠，寿州举人，札饬至三河尖办团者也。刘言潘垲平日办事尚近情理，不至遽从苗沛霖为叛逆云云。又言潘垲之妹夫名李熔铸，尤晓大义。与小岑围棋一局，核批札稿颇多。傍夕至幕府一谈。夜核改信稿十余件，二更后至小岑处一谈。疲倦殊甚。不甚成寐。

十七日

早饭后清理文件，见客二次，又立见者六次。写希庵信一件，与鲁秋航围棋一局，杨见山来久坐。专弁自泰州回，接郭云仙各信。邓伯昭来，雪琴来，均久坐。是日请雪琴便饭，司道五人陪，至申刻始散。阅本日文件。酉刻王孝凤来畅谈，核批札稿。傍夕至幕府一谈。夜与小岑围棋一局，温《古文·奏议类》。是夜，睡颇能成寐。

十八日

早饭后清理文件。旋见客极多，坐见者七次，立见者三次，如杜小舫、陈雪庐及雪琴，皆叙谈甚久。写左季高信一件。中饭后阅本日文件。申刻见客一次。已刻与鲁秋航围棋一局。申刻与小岑围棋一局。酉刻核批札各稿。傍夕至幕府一谈。夜核改信稿，二更后温《诗经》《小旻》、《正月》等篇。睡不甚成寐。是日接毛寄云信，内一折、一片稿，俱有识力，文笔亦邕。

附记

沅信　　沈信　　添员会审

十九日

早饭后清理文件。旋见客一次。出门送彭雪琴之行，渠已开行矣。归，又见客一次，写沅甫信一封，与鲁秋航围棋一局。午刻，周朗出来久坐。旋读《周礼·巾车》未毕。中饭后至小岑处一谈，渠本日有病也。阅旋本日文件，范云吉来久谈。酉刻核批札稿。夜核信稿颇多，二更后温《史记》。睡不甚成寐。

廿日

早饭后见客三次，衙门期也。清理文件。旋至马学使处吊唁，渠新有妻丧，因母丧未满百日，弥增哀恸，再三劝慰。又至一指岩看新修仓廒，喜其工坚料实，无苟简之风。已正归，围棋一局。范云吉看脉一次，与谈良久。午刻写幼丹信一件。中饭后，与小岑久谈。阅本日文件，又写幼丹密信，写对联九付，核批札稿。傍夕至幕府一谈。夜再核批稿，温《史记·屈贾传》。睡尚能成寐。

廿一日

早饭后清理文件。旋见客二次，写沅弟信一封，与鲁秋航围棋一局，程颖芝、莫子偲来邕谈。誊四月下旬、五月上中旬三次旬报。午刻温《周礼·巾车》，中饭后温毕。阅本日文件。申正，录《雅训杂记》，至酉正毕。温东坡、义山七律诗。傍夕至幕府邕谈。夜温"词赋类"扬雄四篇。睡不甚成寐。

廿二日

早饭后清理文件。见客，坐见者一次，立见者五次。将盐务各案，清理一番。与鲁秋航围棋一局。已刻见客一次。午刻，周缦云等谈甚久，读《周礼·典路》。中饭后阅本日文件，与小岑围棋一局。酉刻再核盐务各件。傍夕天大雨。夜温古文数首。核批札各稿，二更后将《史记》目录题识，未毕。是日已刻写严仙舫先生信一封。

附 记

咨李将石埠桥之兵悉撤回江北
咨杨派船扎石埠桥通江关

廿三日

早饭后见客三次。清理文件,写郭云仙信一件、沅弟信一件、李申夫信一件。见客,立见者二次。与鲁秋航围棋一局。午刻读《周礼》《车仆》、《司常》、《都宗人》、《家宗人》、《凡以神仕者》,中饭后看毕。录《雅训杂记》,阅本日文件,核批札稿。傍夕至幕府一谈。夜与小岑围棋一局,二更后将《史记》目录题识毕。二更四点睡。是日申刻写对联九付。

附 记

梁葆颐札　　　孙琴西差　　　李迂仙差
张鲁生程仪　　王孝凤差

廿四日

早饭后清理文件。旋见客二次。有庞作人者,一无所知,而好讲学,昔在京已厌薄之,本日又来,尤为狼狈恶劣。甚矣,人之不可务实也!与鲁秋航围棋一局,写澄侯弟信一封。午初读《周礼·大司马》。王孝凤来谈极久。中饭后,郭三来,雨三之弟也。录《诂训杂记》,阅本日文件,与晓岑围棋一局。西刻核批札稿未毕,至幕府凼谈。夜再核批札稿,改信稿五件。二更后温《诗》《大明》、《谷风》、《柏舟》诗篇,高声朗诵。睡颇成寐。是日北风甚劲,萧然深秋,岁行暮矣!

廿五日

早饭后见客二次,衙门期也。旋立见者四次,清理文件,写左季高信一件,与鲁秋航围棋一局。在竹床小睡片刻。午刻,温《周礼》《大司马》、《小司马》。请王孝凤、张鲁生等中饭,申刻散。阅本日文件,核批札各稿。傍夕至幕府一谈。夜与小岑围棋一局,核江西坐厘一案。二更后核江西交代流滩一案,至三更未毕。睡不甚成寐。

廿六日

早饭后，拜发慈禧皇太后万寿贺本。旋清理文件。见客一次，又立见者三次。写李少荃信一件，与鲁秋航围棋一局。改折稿一件，中饭后改毕。阅本日文件，改片稿一件，甚长。又核短片三件，与小岑围棋一局，写手卷楷书百余字，录《诂训杂记》，核批札各稿。傍夕至幕府一谈。夜写零字甚多，温《西都赋》《东都赋》《幽通赋》。睡尚能成寐。

廿七日

早饭后清理文件。旋见客，立见者二次，坐见者三次。写沅甫弟信一件，颇长。与鲁秋航围棋一局，万簏轩来久坐。改片稿一件，中饭后改毕。阅本日文件，写对联数付，核札稿。傍夕至幕府一谈。夜核批札稿极多。金二外甥自金陵归，与之鬯谈琐事。批金眉生所为《说帖》。二更后倦甚，不复能治事。戌刻发报一折、四片。

附 记

都将军缓厘　　邵阳王树菜
邓伯昭保举　　滕履本任
刊刻试运西盐章程

廿八日

早饭后见客二次，清理文件。已刻又见客二次，写簏轩信一件，围棋一局。午刻温《夏官》《司士》、《诸子》、《司右》。江方伯来一叙。中饭后，陈虎臣来久坐。阅本日文件。柯筱泉来说私事，而作为理直气壮之状，心殊不以为然，郁郁久之，与范云吉鬯谈。是日批札各件极多。因方寸忿恚，遂阁置不办。夜与小岑围棋一局。旋写孙方伯信一件，写零字甚多。是日接奉廷寄一件，即十二日所发折件批回者。

廿九日

早饭后清理文件，见客二次。写郭意城信一件，与鲁秋航围棋一局。巳正，在竹床小睡片刻。午刻读《周礼》《虎贲氏》、《旅贲氏》、《节服氏》、《方相氏》、《大仆》、《小臣》、《祭仆》、《御仆》、《隶仆》、《弁师》、《司兵》、《司戈盾》、《司弓矢》,中饭后看毕。旋录《雅训小记》,阅本日文件。徐毅甫来久坐。酉刻核批札稿极多。夜与小岑围棋一局,又核批札稿信稿,至二更三点毕。颇觉疲乏,睡不成寐。是日作一严批,申诫程道恒生,此心不免忿懥,益信涵养之难。阅万簏斩新作《淮盐运西说帖》,颇为详晰。

卅日

早饭后清理文件。旋见客三次,万簏斩坐颇久。写沅弟信一件,与鲁秋航围棋一局。温《夏官》《膳人》、《槀人》、《戎右》、《齐右》、《道右》、《大驭》、《戎仆》、《齐仆》、《田仆》、《驭夫》、《校人》、《趣马》、《巫马》、《牧师》、《庾人》、《圉师》、《圉人》,中饭后阅毕。录《雅训杂记》,见客一次,核批札各稿,写对联五付,挂屏二张,字颇多。是日寓中修造新屋三间,常往临视。夜与范云吉、李眉生邕谈,二更后料理文件。

附 记

抵征案出奏　抄铜城批咨部
西盐案出奏
沅弟谢赏御集恩折

九 月

初一日

早饭后，各文武贺朔，至辰正毕。旋又会客二次，与鲁秋航围棋一局，誊五月下旬、六月上旬粮台报单。午刻温《夏官》《职方氏》、《土方氏》、《怀方氏》、《合方氏》、《训方氏》、《形方氏》、《山师》、《川师》、《邍师》、《匡人》、《撢人》、《都司马》。中饭时，纪泽儿自金陵归。饭后，看工匠修盖房屋，阅本日文件极多，莫子偲来久坐。酉刻写字，挂屏约二百字、对联二付。傍夕与纪泽说琐事。夜与小岑围棋一局，核批札稿甚多。二更四点睡。是日接六月廿二日所发折件之批旨，系胡达荂进京、刘锡崑在汉口接回者。

初二日

早饭后清理文件。旋见客一次，写沅弟信一件，与秋航围棋一局。湘乡贺潽为坟山事来告状，久谈。午刻读《秋官》《大司寇》、《小司寇》、《士师》，中饭后读毕。王孝凤来久谈。阅本日文件甚多。洪琴西来久谈，至灯时始去。夜清理批札各稿甚多。二更三点后又改盐务章程。三更始睡，不能成寐，目又红矣。偶忆咸丰十年闰三月十八日欲自名其堂曰"八本堂"：日读古书，以训诂为本；作诗文，以声调为本；事亲，以得欢心为本；养生，以少恼怒为本；立身，以不妄语为本；居家，以不晏起为本；居官，以不要钱为本；行军，以不扰民为本。兹因眷属将到，拟书扁于中厅，并录此八语于后。

初三日

早饭后见客二次。旋清理文件，写毛寄云信一件。巳刻见客一次，与鲁秋航围棋一局。午刻读《周礼·秋官》《乡士》、《遂士》、《县士》、《方士》、《讶士》、《朝士》、《司民》、《司刑》、《司刺》、《司约》,中饭后温毕。录《诂训小记》,阅本日文件颇多,核批札稿。傍夕将盐务章程续核一过。夜围棋一局。旋将盐章核毕。二更后,目蒙不能治事,三点即睡,尚能成寐。五更醒,夜太长耳。是日巳刻,柯小泉来谈颇久。

附 记

撤李委王　　羁李黄

初四日

早饭后清理文件。旋见客二次,写澄弟信一件,围棋一局。刘开生、方元徵、张啸山、李壬叔四人来谈甚久。午刻温《秋官》《司盟》、《职金》、《司厉》、《犬人》、《司圜》、《掌囚》、《掌戮》、《司隶》、《罪隶》、《蛮隶》、《闽隶》、《夷隶》、《貉隶》,未初读毕。阅本日文件颇多。写扁四方,自写二方;曰"八本堂",以咸丰十年闰三月自箴八语录于后;曰"肃雍和鸣"。又写对联数付。方存之来久坐。傍夕至幕府一叙。夜核批札件颇多。二更四点睡,尚能成寐。是日得见管韫山所选读《雪斋唐诗钞》,涉猎片时。

初五日

早饭后见客二次,衙门期也。旋写沅弟信一件,见客二次。出门拜客三家。归,写左季高信一件,见客一次。温《秋官》《布宪》、《禁杀戮》、《禁暴氏》、《野庐氏》、《蜡氏》、《雍氏》、《萍氏》、《司寤氏》、《司烜氏》、《条狼氏》、《修闾氏》、《冥氏》、《庶氏》、《穴氏》、《柞氏》、《薙氏》、《硩蔟氏》、《翦氏》、《赤发氏》、《壶涿氏》、《庭氏》、《衔枚氏》、《伊耆氏》,中饭后温毕。录《雅训小记》。观昨日所写扁为匠人误钩于纸上坏之,恼怒殊甚。阅本日文件,核批札稿,围棋一局。傍至幕府一叙。夜核批札稿甚多,二更后与纪泽谈杂事,温陶诗,朗诵十余篇。

附 记

唐若馨德圃,萍洲弟

初六日

早饭后见客一次，清理文件。旋又见客，坐见者三次，立见者二次。习字一纸，写陈作梅信一件。午刻见客一次。读《秋官》《大行人》、《小地人》，中饭后读毕。录《雅训杂记》，与鲁秋航围棋一局，阅本日文件。见客一次，谈颇久。核批札稿。傍夕至幕府一谈。夜核定盐务新章，二更后核改批札稿，三点后颇疲倦矣。偶思古之书家，字里行间别有一种意态，如美人之眉目可画者也，其精神意态不可画者也。意态超人者，古人谓之韵胜。余近年于书略有长进，以后当更于意态上着些体验功夫，因为四语，曰骯属鹰视，拨灯嚼绒，欲落不落，欲行不行。

初七日

早饭后清理文件。旋见客，立见者三次，坐见者二次。旋写沅弟信一件，与鲁秋航围棋一局。写杨氏族谱序，厚庵所求也，至午正尚未写毕。李眉生来久坐。中饭后再写谱序，与小岑围棋一局，阅本日文件。申刻，黄南坡来，久谈约一时许，灯时去。夜核批札各稿。二更后改史士良信，甚长，言江苏漕减去浮收事。三更睡，不能成寐。

初八日

早饭后见客三次，又立见者一次，清理文件，黄南坡来，久坐一时半。午初围棋一局，至后院看新造之层，将次毕工。又见客四次，均未坐。请黄南坡与江万二君便饭，申刻散。见客一次，黄瑜、即南坡之长子也。阅本日文件，将杨氏谱序写毕，共约八百字。傍夕至幕府一谈。夜核批札信稿，二更三点毕，温《古文·序跋类》。睡尚能成寐，五更醒。是日接沅弟八月廿一日信，又各家信、京信多件。

初九日

早饭后清理文件，见客一次。出门至河下拜黄南坡、张锡嵘，巳刻归。围棋一局。午刻见客三次，温《秋官》《司仪》、《行夫》、《环人》、《象胥》、《掌客》、《掌讶》、《掌交》、《朝大夫》，中饭后温毕。录《雅训小记》，阅本日文件，核批札稿。酉刻，范云吉来鬯谈。夜写零字甚多，与岑围棋一局。二更后写沅弟信一件，温古文三首，阅公牍疑事数件。

附 记

沅弟前于六月令刘连捷添募四营，朱南桂添募三营，易良虎添募八营。

九月初五咨内令黄万友、文恒久、王万友、陈盛世各招一营，吴光春、张玉珂、周运斌、罗景集各招一营。八营共请湖南协银六万两。

初五日又一咨内令刘连捷添募湘正后营、湘老后营，朱惟堂添募桂字老后营、桂字新后营。四营共请胡南协银一万二千两。

恽中丞咨到京米价脚措办解皖，应速咨复。

札许惇诗、武祖德，查西坝实存官盐、商盐各若干。

河南怀庆府知府张景蕃，号佑之，求调。

姚觐光，号彦士，姚秋农之孙，户部员外郎，求调。

初十日

早饭后清理文件，见客二次，衙门期也。旋又见客，立见者六欠，黄南坡来久谈。观其与程颖芝围棋二局，已许初矣。旋又见客二次。中饭后，钱警石先生来见，久谈。阅本日文件。出门至抚署，借该处作米盐互市之公局，黄南坡每日至其中一行也。申正归。核改各批札稿。傍夕至幕府一叙。夜改青阳解围折稿，温《易经·系辞》，朗诵似有所得。三更睡，五更醒。因南坡米盐互市之局展转思维，漕务应行变通之处甚多，拟作一长折入告，筹思已向明矣。

十一日

早饭后见客二次，清理文件，又见客一次。杨柄轩为余诊脉。黄南坡来，久坐一时许。写沅弟信一件。午刻温《考工记》，中饭后温毕。见客一次，围棋一局，阅本日文件。至后院新屋登楼一望，耳目为之开朗。录《雅训小记》。傍夕阴雨，又登楼眺望良久。夜核改片稿折稿六件，又清检各文件。至二更三点，头忽昏晕，因遂早睡，尚成成寐。

十二日

早饭后清理文件，阅看新屋匠工。旋围棋一局，江军门来久谈。旋又见客三次。将办江广新漕解京各卷，细阅少许。沈霭亭自家乡来，久谈。中饭一再阅检漕务各卷，赵惠甫来久谈，阅本日文件，又阅漕务各卷。傍夕至幕府一谈。夜核各批稿，二更后检阅漕务各卷。二更四点睡，三更后稍能成寐。是日发的二折、三片。

十三日

早饭后，见五局两所之人，旋又见客二次。清理文件，写沅弟信一件，围棋一局。巳刻江味根来谈极久，午刻黄南坡来，二客共坐两时许。中饭后，神思困倦，至小岑处一坐。阅本日文件，检查漕务各卷，摘录少许，傍夕未毕。夜与小岑围棋一局，又摘录漕务各卷，核批札稿颇多。二更三点倦甚，早睡。

十四日

早饭后清理文件。旋写澄侯弟信一封，见客二次，围棋一局。拟作漕务一折，徘徊久之，不果动手。写扁字数个、对联五付。孙琴西来久坐。中饭后见客一次，写手卷约二百字，阅本日文件。申刻后，作折约五百字。傍夕至幕府一谈。夜核批札稿，又作折件约五百字。三更睡，因用心太过，不能成寐。

十五日

早辞谢各文武贺望者，不见一客。旋见客一次，清理文件，围棋一局。写扁对数件。午刻，易芸陔来久坐。旋请江军门中饭。饭后，阅本日文件，吴彤云来久坐。申刻作漕务折，至傍夕未毕，夜二更三点始毕，约二千余字，已觉疲乏。睡尚能成寐。

十六日

早饭后，至学使马雨农处，送其母出殡，旋至北门外待灵柩出城后始散。旋至钱警石先生处久谈，得见其族兄衎石先生家书数十封，携归一阅，实嘉道间一硕儒也。午刻回寓，见客二次，清理文件。沈蔼亭来久谈，因留吃便饭。未刻，周缦云等来，与李壬叔围棋一局。阅本日文件甚多，阅衎石先生家信。至新修房屋内省视。写对联六付。傍夕至幕府一谈。夜核批札各稿。二更三点倦甚，早睡。

十七日

早饭后清理文件。旋见客三次，坐皆颇久，又立见者二次，围棋一局，唐鹤

九、江达川来坐,皆甚久。写沅弟信一件。中饭后阅本日文件,写郭意城信一件、澄弟信一件。写扁对数件。傍夕至幕府一谈。夜核批札各稿,温《易经》、《书经》,朗诵数篇。二更四点睡,五更早醒。

十八日

早饭后清理文件,见客一次,旋又见客,坐见者三次,立见者二次。旋围棋一局。午刻又见客,坐见者二次,立见者三次。甫写信数行,沈蔼亭来,因留便饭,饭后久谈。阅本日文件未毕,吴彤云来久坐。见客太多,神思昏倦,申正以后不复能治事,因阅家信,钱衍石先生与其弟警石先生家信,服其学问精博,机趣洋溢。至幕府一谈。夜与小岑一叙,核批札各稿。二更四点睡。

附 记

派人至江西随尚斋办事

十九日

早饭后见客一次,又立见者二次。清理文件,写沈幼丹信未毕,围棋一局,又写幼丹信毕。午刻见客三次,黄南坡、罗少村谈甚久。中饭后见客,立见者三次,坐见者二次。阅本日文件极多,又阅京报四十余本。傍夕至幕府一谈。夜核批札各稿,二更三点温《诗经》数篇,五点睡。

廿日

早饭后见客二次,衙门期也。旋立见者二次。清理文件,写李少荃信一封。午刻,吴彤云来久谈,范云吉来久谈,李眉生来久谈。中饭后与小岑一谈,阅本日文件,与鲁秋航围棋一局。傍夕,李眉生又来久谈。灯后,与小岑围棋一局,核批札各稿。二更后核横南坡米盐互市之禀,批至五点,未毕。

廿一日

早饭后清理文件。旋见客,立见者二次,坐见者二次,金眉生谈甚久。批黄南坡互市禀毕。午正温《考工记》。中饭后围棋一局,改夹片一件,阅本日文件,写袁午桥挽联二付,一付系自作自写,一付系希庵之联,程伯敷代作,余代写。傍夕至幕府一谈。夜写祭帐数幅,核改批札稿信稿。二更五点睡,甚觉疲乏。

廿二日

早饭后见客三次，杜文澜坐颇久。写沅弟信。旋又见客，立见者三次，坐见者二次，赵惠甫坐颇久。昨日写袁午桥挽联，下款错误，本日又改写一次。中饭后，小岑来此一叙，渠日搬至湖南会馆也。改片稿一件，阅本日文件，围棋一局，部阮文达《车制图考》，核批札各稿。傍夕至幕府一谈。夜阅《阮文达文集》。二更四点睡。是日发报一折、二片，又抄郭云仙详文一件进呈。

廿三日

早饭后清理文件。见客一次，衙门期也。金眉生来久坐，与鲁秋航围棋一局，写郭云仙信一件，又见客二次。中饭后见客二次。旋阅本日文件。酉刻核批札各稿，阅《阮文达集》。傍夕至新房周视，是日落成矣。夜，阅阮公碑帖及书家南北派诸篇。早年在京，曾经看过，今全忘矣。温《易经·系辞》，因思文章阳刚之美，莫要于"涌、直、怪、丽"四字，阴柔之美，莫要于"忧、茹、远、洁"四字。惜余知其意，而不能竟其学。

廿四日

早饭后清理文件，写澄弟信一件。旋围棋一局。巳刻，莫子偲来久谈，阅黄南坡所禀米盐互市之议。午刻，陈虎臣来久坐。中饭后，南坡来久坐，阅本日文件，写对联五付，核批札稿。傍夕至幕府一谈。灯后，写严渭春信一件。二更后温《答宾戏》《西京赋》，四点睡。

廿五日

早饭后见客二次，衙门期也。清理文件，写左季高信一件，围棋一局，阅戴东原《考工记图》。中饭后，将戴之《车制图》与阮图一对，阅本日文件，写对联数付。傍夕至新屋内一看。连日风雨甚剧，本日大雨如注，竟日不止。夜改折稿一件，核批札稿，二更四点毕。

廿六日

早饭后清理文件。旋写沅弟信一件，围棋一局，见客一次。巳刻，黄南坡来谈甚久。午刻录《雅训杂记》，将戴、阮《车制图》互校一过，至未正毕。阅本日文件，核改折稿一件，又改谢恩折一件。傍夕接奉廷寄，系九月十二日之批折。至幕府一谈。夜改谢恩折稿一件，代沅弟作也。

廿七日

早饭后清理文件。旋见客一次，围棋一局。巳刻，沈蔼亭来鬯谈。午刻，黄南坡来鬯谈。中饭后，陈雪庐来久谈，阅本日文件。天气阴寒，意绪无憀。傍夕至幕府一谈。夜核批札稿，代雪琴改谢恩折稿。是日发报二折、三片。

廿八日

早饭后行礼，拜发长至贺表，并谢赏文宗御制诗文集恩折。旋见客二次，谈颇久。围棋一局，写沅弟信一件，录《诂主杂记》。中饭后再录一刻许，阅本日文件，方存之来久坐。杨小岑来，与同至新层楼上一游。核批札各稿。傍夕至幕府一谈。夜改批稿，倦甚，不能毕。旋闻家眷于廿三日至九江，又闻本日已至华阳镇。二更四点睡，五更睡。

廿九日

早饭后清理文件。旋见客，坐见者一次，立见者四次。写沅弟信一件。见客，坐见者二次，立见者三次，巳刻，闻家眷船已到河下。旋请客便饭，黄南坡、程颖芝、杜小舫、刘开生，皆善弈者。观黄南坡与程一局、刘与程一局。午正，家眷入署，内人率一子、四女、一婿、一儿妇、一孙女，又有送者邓寅皆、阳牧云，次第应酬俱毕。陪客便饭，未正毕。又观程与黄围棋一局。又见客二次，阅本日文件。旋与儿女辈一谈家事。傍夕与小岑一谈。夜与邓寅皆一谈《周易》，二更后又与内室询家常琐事。睡，不甚成寐。

十 月

初一日

早趣，辞谢各文武，不贺朔。饭后见客一次。出城拜黄南坡，送行，久谈。旋入城拜客五家，盖司道出城迎接，谢步也。午刻归。清理文件，录《雅训小记》。午正，沈蔼亭来，请吃便饭。饭后阅本日文件，倦甚。申刻核改批札稿。傍夕至幕府一谈。夜倦甚，温义山诗。二更后在床小睡，三点入内室。是日见纪泽儿体气清瘦，系念殊深。或称其读书太勤，用心太过，因教以游心虚静，须有荣观宴处超然之义。

初二日

早饭后清理文件。旋见客，坐见者二次，立见者七次。旋与牧云鬯谈。至新屋楼上一看。午刻录《诂训杂记》。中饭后见客一次，阅本日文件，至内室谈家常琐事。申刻录《雅训杂记》。核批札各稿。傍夕，范云吉、李眉生来鬯谈。夜温《诗经·小旻》等数篇。倦甚，二更后小睡，三更入内室。

初三日

早饭后见客二次，衙门期也。清理文件。旋又见客二次，围棋一局。教袁婿自立之道，训诫良久。中饭后与牧云久谈，阅本日文件。申刻倦甚，在于书房小睡，直至灯初始起。夜核批札各稿。二更三点入内室。

初四日

早饭后清理文件。旋见客三次，又坐见者一次，写澄侯信一件，围棋一局。

午刻见客一次,至内室检点琐事,隶《雅训小记》。中饭后又录《小记》,将《车制》录毕,阅本日文件,核批札稿。傍夕至幕府一行,诸友均不在家。与欧阳牧云畅谈。夜核批札稿,二更后温《孟子》数章,四点睡。是日蒋寅昉寄到新刻《陈克家梁叔诗集》,一阅。

初五日

早饭后见客二次,衙门期也。旋写沅弟信一件,围棋一局,至内室一谈琐事,阅《考工记》《筑氏》、《冶氏》。中饭后见客三次,勒少仲、徐毅甫、莫子偲谈皆甚久。阅本日文件,核批札各稿。倦甚。范云吉来久谈。傍夕至幕府与诸友一谈,小岑同来夜饭。饭毕,核批札稿。二更后小睡,三点入内室。

初六日

早饭后见客一次,清理文件。围棋一局,旋又见客二次。已刻读《考工记》《桃氏》、《凫氏》,录《诂训杂记》。请勒少仲、范云吉等吃便中饭。饭后再录《诂训杂记》,阅本日文件,核批札各稿。傍夕至幕府一谈。夜核批札各稿信稿多件,二更后温《史记》《儒林传》、《游侠传》。

初七日

早饭后清理文件。旋围棋一局,见客三次,陈虑臣谈颇久。已刻温《考工记》《㮚氏》、《函人》、《鲍人》、《韗人》、《画缋之事》、《钟氏》、《㡛氏》,录《诂训小记》。中饭后又录《小记》,阅本日文件。申刻核批札各稿。幕中新请一友,专管盐务,名陈方坦,号□□,本日来署,因往一邺谈。又与蒋纯卿等一谈。夜核批札稿,二更后温《史记·儒林传》等篇。

初八日

早饭后清理文件。旋见客三次,刘开生等谈最久,围棋一局,江在川来久坐。午刻温《考工记》《玉人》、《磬氏》、《矢人》、《陶人》、《㼚人》,录《雅训小记》。中饭后再录《小记》,阅本日文件,核批札各稿。傍夕至幕府一谈。夜温《易》《大有》、《谦》、《豫》、《随》、《蛊》五卦,盖因偶忆《谦》卦而肄业及之也。

初九日

是日恭逢先大夫冥诞，黎明率眷属行礼。早饭后见客五次，写李少荃信一件。巳刻温《考工记·梓人》。许仙屏来㘖谈，因留便饭。又约赵惠甫、刘开生、方元徵便饭。饭后阅本日文件，见客二次，录《雅训杂记》。傍夕与仙㘖谈。灯后，改批札稿信稿。是日因应酬说话太多，倦甚。

初十日

是日恭逢慈禧皇太后万寿，黎明至万寿宫拜牌。早饭后见客二次。旋围棋一局，与许仙屏久谈，阅《考工记·庐人》。中饭后又与仙屏㘖谈，阅本日文件，写对联士余付、扁数方。傍夕至幕府一谈。夜，家人以余明日生日，行礼预祝。核批札稿至二更三点。昨夜，肩为风所射，本日体中小有不适，故废阁之事甚多。

附 记

加冯、葛片　　核皖、楚盐章

十一日

是日，余五十三生日，家人行礼称庆，外间之客，一概谢绝。围棋一局，改三折、二片，自辰刻起至申刻改毕。阅本日文件。傍夕至幕府一谈。夜核批札各稿，添葛羊山信二页，温《乾》卦未毕。二日内，与仙屏谈气节、文章，二者缺一不可，嘱其勉于此，以与乡人相切磋。

十二日

早饭后清理文件。旋出门拜客士余家，谢昨日拜寿者也。又拜周缦云，请其来署教书。午初归。见客四次，围棋一局，请杨德亨等吃便饭。饭后阅本日文件，核批札各稿。傍夕至幕府一谈。夜核皖岸盐务新章，二更三点毕。是日发报三折、二片。

十三日

早饭后见客，坐见者五次，立见者四次。清理文件，写沅弟信一封。午刻，莫子偲来久谈。写对联数付。中饭后与小岑围棋一局，周缦云来久坐。再写对联五付，内有晏彤云之太夫人寿联云："渡海使星，烛天宝婺；堂前昼锦，陔下斑衣。"又赠邓寅皆云："清风欲迈戴安道，师范略同胡翼之。"阅本日文件，核批札各稿。傍夕至幕府一谈。夜倦甚，不能作事，诵古文、词、赋数首。

十四日

早饭后清理文件，见客三次，围棋一局。写晏宅寿幛暨对联等，写澄侯弟信一件。见客，立见者四次，坐见者一次，仙屏来久谈。中饭后写蔡荷亭所求横帧，长一丈，高二尺余，面以描金画龙，背以描金画云，生平所未见之佳笺也，为写《丰乐亭记》，凡四百卅字。阅本日文件，核批札稿。傍夕至幕府一谈。夜核信稿各件，二更三点后阅《东京赋》，未毕。三更睡。

十五日

早饭后清理文件。文武员弁朔者多，见客十余次，至辰正始毕。方元徵率其子来一谈，病鸡胸龟背，而学问渊雅，熟于《汉书·地理志》。围棋一局。午刻又见客一次，叶介唐坐颇久。中饭后，将昨写之《丰乐亭记》添写一跋，又写宣纸大横披一帧，约二百六十字。阅本日文件，核改批札各稿。傍夕至幕府一叙。夜核中路安徽票盐章程、楚岸章程。二更四点睡，四更始成寐。

十六日

早饭后清理文件。见客，坐见者三次，立见者二次。写左季高信一件，围棋一局，温《周礼·庐人》。孙琴西来，与许仙屏、朱紫卿共便饭。席间，潘云阁河帅来，谈论颇久。旋陪客便饭毕。阅本日文件，写挽幛三幅、对联一付。傍夕至幕府一谈。夜与仙屏久谈，改信稿数件。二更三点后温《东京赋》毕。

十七日

早饭后清理文件。旋见客，立见者三次，坐见者二次。写沅弟信一件，围棋一局。沈霭亭来久谈，留吃中饭。饭后，席砚香来，何镜海来，坐颇久。阅本日文件，核批札稿，写扁字廿余字、对联数付。傍夕至幕府一谈。夜改信稿二件，温《古文·辞赋类》。是日接雪琴信，溧水之贼已投诚矣。

十八日

早饭后见客一次，衙门期也。旋围棋一局。周缦云来上学，次儿纪鸿、外甥王兴韵、女婿罗兆升三人从之肄业，巳刻行礼。旋见客，坐见者二次，立见者四次。午刻写挂屏六幅。中饭请缦云、寅皆、子密便饭。席砚香来，亦留与共饮。饭后作昭忠祠对一付，阅本日文件，写对联、扁字十余件。莫子偲来一谈，旋与同至小岑处一谈。傍夕至幕府一谈。夜作东皋书院对联一付云："涟水湘山俱有灵，其秀气必肿英哲；圣贤豪杰都无种，在儒生自识指归。"核批札各稿，未毕。仙屏来之谈，二更三点去。将皖岸、楚岸盐章核定发刻。日内应酬纷繁，不特公牍之应办者多所未了，即私事如看书之课、检身之程亦全未措意，虽欲不为俗吏，不可得已。

十九日

早饭后清理文件。旋见客，立见者三次，坐见者二次，陈虎臣坐颇久，围棋一局，沈霭亭来久坐。至学堂周缦云一谈。午正核批札稿。中饭后见客二次，曾祺、涂觉纲坐颇久。阅本日文件甚多，写对联数付。傍夕至幕付一谈。夜核批札稿，仙屏来久谈，二更三点去。核信稿三件。三点后温《泰》《否》二卦，三更睡。

廿日

早饭后清理文件。见客二次，衙门期也。围棋一局，写郭意城信一件。又见客二次，李壬叔等坐颇久。中饭后，将郭信写毕，阅本日文件，写对联下款等事颇多，写江味根极大挂屏一幅，有半未毕，至幕府鬯谈。夜核批札各稿，二更后温苏诗，朗诵十余篇。

廿一日

早饭后清理文件。江达川来达坐，渠新授四川布政使，来此叩谢也。又见客，坐见者一次，立见者二次，围棋一局。闻新学使朱久香前辈已到，出城至盐河迎接。旋又至南门送邓寅皆归里，午初二刻回寓。写沈幼丹信三页。中饭后，陈虎臣来久谈，阅本日文件。申刻写江味根挂屏甫毕。近日作书，惟此屏最为称意。傍夕至幕府一谈。夜核批札各稿。倦甚，不能作事。温《易》《乾》、《坤》、《屯》、《蒙》四卦，略一涉猎而已。

廿二日

早饭后清理文件，见客二次，又坐见者三次，围棋一局，写沅弟信一封，席砚香来久坐。旋又见客三次。中饭后，出门拜朱久香前辈，又至江方伯处道喜。归来，李眉生来一谈，久香先生来久谈。阅本日文件未毕，天已黑矣。至幕府一叙。夜阅本日文件，核批札各稿，二更四点毕。核新刻淮盐运楚章程。

附 记

批供折　　朱谕文案房

廿三日

早饭后见客二次，衙门期也。清理文件，围棋一局，见客，立见者三次，坐见者三次，李壬叔、容纯甫等坐颇久。容名光照，一名宏，广东人，熟于外洋事，曾在花旗国寓居八年，余请之至外洋购买制器之器，将以廿六日成行也。中饭后，魏西园、王孝凤先后来久坐，阅本日文件，至内室一谈，朱久香来久坐。核批札稿未毕，至幕府一谈。夜核批札稿。接奉廷寄一件。核楚岸章程毕。

附 记

保八人案　　保案三单　　参案
请久香先生、涂心畲

廿四日

早饭后清理文件。旋见客，立见者二次，坐见者一次，写澄弟信一件。出门至河下拜江味根军门，以渠病甚重也。又拜钱警石先生，与谈良久。午初三刻归。围棋一局。中饭后见客，坐见者二次，立见者二次，阅本日文件。申正倦甚，至内室一谈。酉刻剃头一次。夜核批札稿，二更后核各供词，三点后朗诵《孟子》，五点睡。

廿五日

早饭后清理文件。见客二次，衙门期也。围棋一局。周世澄来，赵惠甫来，各久坐。李芋仙来坐，吴清如同年来久坐。吴名嘉诠，戊戌进士，小军机，曾任四川主考，好作诗、古文，颓然老矣。中饭后阅本日文件，添毛寄云、李少荃信各一页，核批札稿信稿颇多。夜复久香先生信一件。将楚岸盐票及税单、水程各刻式细校一过。二更后温孟、荀、儒林、酷吏等传，韩文、郑群、柳子厚等志。三更睡。是日辰刻，将案上未了之牍、丛残之纸稍一清理，略觉眼明，然尚多积阅未清之件。

廿六日

早饭后清理文件。旋见客，坐见者三次，立见者二次，陈虎臣、孙琴西谈皆甚久。围棋一局。午刻，徐稼生前辈与鬯谈。午正二刻，请朱久香先生便饭，陪客为吴清如、李葆斋、涂心畬，申正始毕。阅本日文件，核批札各稿。酉正，李芋仙来一谈，至幕府一谈。夜改收复高淳、建平、溧水等城，水阳、东堤等隘一折，又改二片。二更三点睡。日内思韩文志传中有两相配偶者，如曹成王、韩宏两篇为偶，柳子厚、郑群两篇为偶，张署、张彻两篇为偶，王适、毛颖两篇为偶，樊宗师、孟效两篇为偶，推此而全集中可以为偶者甚多。古人之文，可为偶者甚多，惜不能一一称量而配合之耳。

廿七日

早饭后见客四次，朱云岩坐最久。接奉廷寄三次。中饭后核改片稿一件，见客二次，又立见者二次。申刻阅本日文件。意绪郁郁，不愿作事。酉正，与纪泽儿论文章之道通乎声音，写对联一付。夜核改批札稿信稿，发报三折、五片。二更后温《汉书·赵广汉传》。

廿八日

早饭后见客一次，衙门期也。旋出城拜徐稼生、朱云岩，又入城拜吴清如，午初归。清理文件。沈蔼亭、魏涟西来久坐。旋席砚香等四人来，沈、魏留此中饭。饭后围棋一局，阅本日文件，写江军门所求大横幅一、小横幅二、直幅一、对联一。傍夕至幕府一谈。夜核批札各稿，二更后又写对联四付。旋改信稿二件、折稿一件，江方伯求改者也。

廿九日

早饭后清理文件。旋见客，坐见者二次，立见者四次。围棋一局，读《考工记·匠人》未毕。中饭后见客，立见者二次，坐见者三次。阅本日文件，写对联挂屏数件。傍夕至幕府一叙。夜写久香先生信一件、杨军门信一件，核批札各稿。二更三点后温《史记·屈贾传》等篇。五点睡。

卅日

早饭后清理文件。旋见客二次，围棋一局，下各对联之款，读《匠人》毕，录《雅训小记》。请徐稼生中饭，万、勒二君陪之，申初散。阅本日文件，再录《雅训小记》，酉刻毕。核批札各稿。傍夕至幕府一谈。夜核各信稿。二更后温《孟子》"于东山"、"小鲁"、"仁礼"、"存心"等章，若有所会。四点入内室，睡颇酣。

十一月

初一日

早间,文武贺朔者甚多,直至巳初方毕。清理文件,围棋一局。读《考工记》《匠人》、《车人》,中饭后读毕。录《雅训小记》,阅本日文件。折差自京回,接京信数件。核批札稿。傍夕至幕府一叙。夜又阅京信数件,京报九月事。二更后温韩文数首,朗诵《诗》《东山》、《杕杜》、《小旻》诸篇。二更四点至内室,睡不甚成寐。因阅倭艮峰相国、吴竹如侍郎各信,肝气颇为怫郁。

初二日

早饭后清理文件。旋见客,立见者一次,坐见者六次,围棋一局,陈虎臣坐颇久。中饭后见客二次,阅本日文件甚多。读《弓人》,《周礼》于本日读毕。傍夕至幕府一谈。夜录《雅训杂记》,至二更后毕。核批札稿信稿,四点毕。是日闻苏州于十月廿五日克复,为之大慰。午后写沅弟信一封。

初三日

是日为先妣江太夫人冥寿,未明即起,料理一切,黎明行礼。饭后见客二次,围棋一局。写希庵信一件,写对联十余付。黎纯斋来,与之言志以帅气、器以养志之道。中饭后,出门拜朱久香、徐稼生两处,酉刻归。阅本日文件极多。傍夕至幕府一谈。夜核批札稿,改信稿,至二更四点未毕。是日巳刻接程学启报苏州克复之信。

初四日

早饭后清理文件。旋写澄弟信一件,见客四次,又立见者一次,围棋一局,写沈幼丹信未毕。午刻,陈又铭宝箴来久谈。中饭后将幼丹信写毕,吴清如来久坐。阅本日文件,写对联数付。牧云自金陵归,与之久谈,同至后院楼上。定更后,核批札各稿,李眉生来久谈。二更三点至内室。是日闻唐中丞克复怀远。苗沛霖之党张士端叛苗降官,将怀远城献出,可喜事也。

初五日

早饭后见客三次,衙门期也。清理文件,与程颖芝围棋一局,写沅弟信一件,见客二次,马雨农坐颇久。中饭后倦甚,与鲁秋航围棋一局。朱久香来,久坐一时有奇。阅本日文件。傍夕至幕府一谈。夜核批札稿。二更三点入内室,睡颇酣。

初六日

早饭后清理文件。旋围棋一局。巳刻见客一次,午刻见客二次。中饭后与魏西垣、沈蔼亭鬯谈,阅本日文件,核萧为则保单、石清吉保单,核批札各稿。傍夕至幕府一谈。夜核改信稿多件,温《孟子》数章。二更三点睡,甚能成寐。

初七日

早饭后清理文件。旋见客三次,又坐见者一次。围棋一局,写左季高信一件,录《雅训杂记》。中饭后,程颖芝来,围棋二局。录《杂记》毕,阅本日文件,核楚岸盐务章程,重刻数纸。傍夕至幕府一叙。定更后,核批札各稿,改信稿,王子坚与吴竹如信改甚多。二更四点入内室。

初八日

早饭后见客一次,衙门期也。清理文件。旋又立见者五次,阅《文献通考·田赋门》午刻见客二次,李壬叔坐颇久。中饭后改信稿数件,阅本日文件,核批札各稿,核毛、萧保举单,郭世兄与刘伯山来久坐。傍夕至幕府一谈。夜又核保举单,改信稿数件,倦甚。温《诗经》数章。二更三点睡,甚能酣寝。

附记

六安保折	零保方、华、徐、王、魏
专保折	请魏、刘、沈、郭

初九日

早饭后清理文件。旋见客，立见者三次，坐见者一次。改京信稿，沈蔼亭来久坐。莫子偲来，陈虎臣、刘开生来，坐亦久。中饭后添吴竹如信四页，料理寄京炭敬单。傍夕至幕府一谈。夜核雪琴保单，秋信稿数件，温韩文《柳子厚墓志》等篇。

初十日

早饭后，拜发元旦题本。旋见客二次，衙门期也。将京信各件清厘，交折差黄斋昂手。围棋一局。见客，坐见者一次，立见者三次。中饭后清理文件，将《田赋门》第一卷阅毕，阅本日文件颇多。申正与魏涟西等鬯谈，核六安守城保单，改折稿一件。傍夕至幕府一谈。夜改李世忠剿苗逆折一件。二更后温杜诗五律。

十一日

早饭后清理文件。江方伯、罗士瀛、涂朗仙等五次客来，坐皆颇久。围棋一局。李雨亭之侄来，与谈片刻。午正请刘伯山毓嵩、魏涟西万杰等中饭。饭后作保举贤员折，未毕，阅本日文件，又作折，至灯后毕。核批札各稿，改杨军门请开缺养亲折，并改信稿咨稿，又核零保诸人单。二更四点入内室，睡不甚成寐。

十二日

未明起，至学宫与文武同行礼拜牌，是日冬至也。归寓，天已明矣。凡文武来贺者，皆谢不见。又改近日军情片稿，写沅弟信一件。围棋一局。见客一次，谈颇久。中饭后阅本日文件，核批札各稿，核新添保举各零单。接奉十月廿七日所发折件之批谕，计廷寄一件、明谕五件。傍夕至幕府一谈。发报四折、一片、一保单。夜略核批札稿，温韩文十余首，二更三点睡。

十三日

早起。饭后，五局委员来见，清理文件，旋又见客二次，围棋一局。午刻写扁三付，阅《通考·田赋门》二卷，至未正阅毕，寻《诂训杂记》，阅本日文件。是日大雪平地盈尺，寒甚。傍夕至内室与诸女论节俭、习劳之道。夜核批札各稿，朗诵《孟子》数十章，将其抗心高望者记出。

十四日

早饭后清理文件。旋围棋一局，见客二次。午刻写对联十二付。中饭后见客二次，写澄弟家信一封，阅本日文件，阅《田赋门》三卷，未毕。傍夕至幕府一谈。夜再阅《通考》，二更后核批札稿，温《诗经》数章，四点睡。是日公牍毕，见江西建昌有杀死卡员刘廷选之案，为之不怿。

十五日

早起，各文武前来贺望，至巳正始毕。清理文件，围棋一局。午刻，阅《田赋考》三卷毕。中饭后见客一次。写《欧阳氏姑妇节孝家传》，牧云求书此以刻石也。旋阅本日文件。书至日暮，共写五百余字。傍夕至幕府一叙。夜又书《节孝传》二百余字，写刘星房、程尚斋信，共添三页，温韩文、《史记》共十余首。

十六日

早饭后清理文件。陈虎臣来，语次，余为不怿，大作声色斥之。旋与鲁秋航围棋一局。见客，立见者一次，坐见者二次。陶继曾，江西知县，送其祖凫芗先生《诗集》一部。又两淮运司寄到康伯山著述一部。康名发祥，泰州人，著有《诗集》《诗话》《三国志补义》等书，翻阅时许。中饭后又阅康、陶两家之书，见客一次。申刻阅本日文件极多，将《欧阳氏姑妇家传》写毕，至幕府一谈。夜核批札稿，二更后温韩文数篇，若有所得。古人之不可及，全在行气，如列子之御风，不在义理字句间也。

十七日

早饭后清理文件。见客，江达川、周汝筠二次。出门拜马雨农、莫子偲、郭慕徐三处，谈皆久。午刻归，见客二次。中饭后，袁西台来久坐，阅《通考·田赋考四》，阅本日文件，写对联八付，又阅《田赋考》。傍夕至幕府一谈。夜核批札各稿，二更后温《史记·游侠》等传。三点入内室，早睡，酣寝。是日早送欧阳牧云回籍，夜送钱警石先生辽参等件，因其病甚重也。

附记

石昌猷一案，范云吉说贴八条，存要件偶记

朱金权岁修十六金，今年加四金

十八日

早饭后见客一次，衙门期也。旋又见客，坐见者二次，立见者一次，围棋一局，孙琴西、马雨农来，各谈二刻许。阅《通考·田赋四》。中饭后，黎庶昌来久谈。将《田赋四》阅毕，阅本日文件颇多，录《雅训杂记》。傍夕至幕府一谈。夜核批札各稿。二更后温《孟子》，分类记出，写于每章之首，如言心言性之属目，曰性道至言；言取与出处之属目，曰廉节大防；言自况自许之属目，曰抗心高望；言反躬刻厉之属目，曰切己反求。

十九日

早饭后清理文件。旋见客，坐见者二次，围棋一局，又见客，坐见者三次，邓小芸坐甚久，阅《田赋考五》。中饭后，涂心畲来。将《田赋》五卷阅毕，录《雅训杂记》，阅本日文件甚多。傍夕至幕府鬯谈。夜核批札稿信稿，拟作邓湘皋先生墓表，将小芸所作神道碑再阅一过。二更四点入内室，颇能酣寝。

附 记

善后局办文案者，请保五人
派两处截角二员
寄银单与澄弟廿四日

廿日

早饭后清理文件。见客二次，衙门期也。写左季高信一件，围棋一局，魏涟西等来夕坐，陈右铭来久坐。阅《田赋六》，中饭后阅毕。莫子偲来久坐，阅本日文件，录《雅训小记》。申正接信，知希庵于十月廿八日子刻弃世。苦战多年，家无长物，忠荩廉介，可敬可伤。旋又闻钱警石先生仙逝。老成凋谢，弥用怅惘。夜核批札各稿，二更后温《诗经》数首。倦甚，早睡。

廿一日

早饭后清理文件。旋见客二次，围棋一局，写沈幼丹信一件，阅《田赋考七》。午刻见客二次。中饭后，太湖县一新进文生来见。年仅十一岁，孟昭遆，字进初。旋又读《田赋考》，阅本日文件。丁果臣寄其兄叙忠所著之《读易初稿》，翻阅一过。傍夕至幕府一谈。夜核批札各稿，二更后温韩文数首。夜睡，不甚成寐。

廿二日

早饭后见客一次，清理文件。旋围棋一局，阅《通考·田赋七》，午正毕。录《雅训小记》。中饭后，李葆斋来鬯谈。写李少荃信一件，阅本日文件。申刻至钱家吊丧。钱警石先生于廿二日申刻去世，嘉道间一学者也。旋至周缦云家看其母之病，傍夕归。至幕府一谈。夜核批札各稿，核改信稿，写铼渠信，添二页，阅《古文·叙记类》。二更三点早睡。是日，又将《读易初稿》略一翻阅。

廿三日

早饭后，见客一次，衙门期也。旋围棋一局，阅《通考·钱币一》，江方伯来久坐，又阅《钱币考》未毕，写沅弟信一件。中饭后写厚庵信一页，见客一次。阅本日文件，见李少荃杀苏州降王八人一信稿一片稿，殊为眼明手辣。小岑来谈颇久。傍久至幕府一谈。夜核批札各稿，二更后与纪泽讲七言律诗之法。旋读七律廿余首。

廿四日

早饭后清理文件。旋见客三次，又坐见者一次，围棋一局，写澄弟信一件。午正请陈又铭、吴赞先等便饭。饭后阅本日文件。折差王廷贵等自京归来，阅邸钞廿余本。傍夕至内室一谈。夜作邓湘皋先生墓表，将小芸所作行状细阅一通。写沅弟信一件。二更五点睡。

廿五日

早饭后见客二次，衙门期也。清理文件，围棋一局。旋作墓表数行，见客二次，谈甚久。中饭后，李壬叔来一谈，阅本日文件，又作墓表数行。傍夕至幕府一谈。夜又作墓表，二更四点睡，尚未毕业。

廿六日

早饭后清理文件。旋见客二次，围棋一局。作邓湘皋墓表毕。午刻见客一次。中饭后，徐毅甫来久坐，核批札各稿，阅本日文件。倦甚，至内室闲谈。傍夕至幕府一谈。夜改折稿一件。二更三点睡。是日用心太过，尚能成寐，幸也。

附记

赵世暹请拿乌池痞棍

徐子苓请拿合肥西南乡痞棍

周盛和雷麻店人

孙炳文、孙长贵、孙长乐江家店人

王缺三子王三户人

周德亶保黄奇意

廿七日

早饭后清理文件。旋见客二次，围棋一局。巳刻见客一次，恽光业等谈颇久。阅《柏枧山房文集》。中饭后核批札稿，改片稿一件，阅本日文件，核批稿颇多，又阅《柏枧山房集》。傍夕至幕府一谈。夜改信稿甚多。因所为墓表甚不称意，阅欧文数首。二更四点睡。

廿八日

早饭后清理文件。旋见客二次，围棋一局。巳刻又见客三次。是日，安庆六属新进生员谒文庙后，来此谒见，朱学使牌示如此，向例所无也。共接见七次，每次约百余人。系补行咸丰三、四年岁科考一次，五、六年岁科考一次，故每县及府学各百余人耳。阅《文献通考·钱币一》毕。中饭后，又见新进生员数次，阅本日文件甚多。傍夕至幕府一谈。夜将墓表改定数句，阅《梅伯言文集》，核批札信稿甚多。二更四点睡。

廿九日

早饭后清理文件。旋见客一次，又立见者三次，围棋一局。旋改复范云吉信稿。午刻又见客，坐见者二次，立见者二次。中饭后阅《通考·钱币二》，约廿页。阅本日文件。申正又改云吉信稿，至二更改毕，约二千余字。傍夕至幕府一谈。二更后阅曾子固文数首、梅伯言文数首。四点睡。将睡时接信，知溧水失守，东坝危急，忧灼之至。睡不甚成寐。

附 记

派州县查游勇

派员赴临淮

十二月

初一日

早饭后,各文武员弁贺朔,皆谢不见。清理文件,写沅弟信一件,围棋一局,核批札各稿。中饭,请江达川,饯行,申刻散。又与邓伯照久谈。阅本日文件甚多,未毕。傍夕与莫子偲谈,至幕府一谈。夜又阅本日文件毕,将曾子固文集分卷另钉,温《古文·传志类》。二更四点睡,不甚成寐。昨日闻溧水失守,忧灼殊甚。本日得鲍春霆信,实未失守,乃误报耳。

附 记

邓士林　　徐思荐

初二日

早饭后见客五次,坐皆久,内江方伯赴川辞行。曾恕三、彭声二、曾柏九自家乡来,说话尤多,倦甚。围棋一局。张锦瑞来,谈亦久。核批札稿。中饭后写对联、挂屏数件。旋出门至江方伯处送行。又至新造之多宝仓验工,由北至南凡三廒,每廒五间。大门以东三廒,十五间;大门以西六廒,卅间。又西为晒谷场,场之北为碓房、砻房。工坚料实,用钱仅八千串,可慰也。归,阅本日文件。旋核批札稿,至幕府一谈。夜核批札稿,至二更毕。温古文《蜀都赋》。四点睡,腰疼殊甚,似为风所伤,不甚成寐。

初三日

早饭后见客二次,衙门期也。清理文件。旋又见客,立见者六次,坐见者四次，唐桂生、万簾轩二次谈甚久。围棋一局。午刻看科房批札稿。中饭后阅《通考·钱币二》，阅本日文件，录《雅训杂记》，倦甚。写对联数付。傍夕至幕府一谈。夜核批札稿甚多，二更后再温《蜀都赋》，读《吴都赋》未毕。三点早睡，因腰疼敷贴膏药，不甚爽快。

附　记

多宝仓节略，存诗文杂件包内
江保谢藻鉴　　汤□□
唐翚鼎臣_{衡州都司}存要件偶记

初四日

早饭后清理文件。旋围棋一局，见客二次。出城见江达川方伯，送行。又入城拜客一家。核科房批札稿。中饭后写澄弟信一件。阅《通考·户口一》，阅本日文件。傍夕至幕府一谈，与马雨农、李眉生、程尚斋各信一片。夜核批札信稿各件，二更后阅惜抱轩古文十余首。

初五日

早饭后见客二次，衙门期也。邓伯照来辞行，久坐。围棋一局。写沅弟信一件，颇长。午刻见客二次。中饭后阅《通考·户口二》未毕，阅本日文件。傍夕至幕府一谈，阅《惜抱轩集》。夜核批札各稿，二更后阅韩文数首。四点睡。天气燥热已十余日，本日转北风，又寒冷矣。后院多隙地，新栽竹数十丛，每丛十根八根，或三、五根不等。

附　记

改泽两课　　核各保单　　和莫诗

初六日

早饭后清理文件。旋见客一次。围棋一局。出门验枪炮局工程。旋至郭慕徐家一坐，午刻归。见客二次。中饭后见客二次，阅《通考·户口二》毕，阅本日文件，核批札各稿。傍夕与纪泽言墓志墓表体裁。夜录《诂训小记》，核批札稿信稿颇多。温《孟子》至二更四点止，如有所会。

初七日

早饭后清理文件。旋见客，坐见者三次，立见者三次，唐桂生、万簏轩坐甚久。围棋一局。午刻，袁雪舟来坐甚久。魏涟西、沈蔼亭来此便饭，申刻去。说话太多，倦甚，至内室闲坐片刻。阅本日文件，阅《梅伯言文集》。傍夕至幕府一谈。夜核朱云岩、李申夫保单，二更二点阅《商君传》。

附 记

施鸿基_{松如所保}　　朱□□
王廷选_{函告恽次山中丞}

初八日

早饭后见客三次，方存之坐颇久。围棋一局，写李克轩北冈信一件。午刻见客三次，刘伯山坐颇久，核科房批稿。中饭后头疼，倦甚。陈虎臣来一谈，写挽幛三幅。阅本日文件，未毕，灯后阅毕。阅供折三件，核批札稿。二更后温《诗经·巧言》等数篇。

初九日

早饭后见客二次，清理文件，围棋一局。旋又见客，立见者七次，坐见者三次，内刘开生、方元徵谈最久，何小宋、万簏轩俱有公事来商。午正核科房批稿。中饭后，莫子偲、黎纯斋来一谈，写复李眉生一片，阅本日文件。傍夕至幕府一谈。夜题莫子偲所作《唐写本说文笺异》之检，核喻吉三保单，改纪泽古文一首、四言诗一首、五七言诗三首。

附 记

澄弟十一月十八日李宅信　　振亭姻伯健
旭三迪子讣寄金陵安江浙直　　伯固已归
十一月十二日九酉存闻，见日记内
黎纯文杨乾陈存偶记

初十日

早饭后见客二次，衙门期也。清理文件。旋围棋一局，见客二次，亲科拔贡八人来见。改皖南开垦荒田章程，改至未正毕。又见客二次，阅本日文件，核批札各稿。傍夕至邵宅并内银钱所一叙。夜阅李世忠与陈国瑞案件。

十一日

早饭后清理文件。见客，立见者三次，坐见者一次。旋围棋一局，作钱警石先生挽联一对，拟作复奏李世忠案一折，清理各卷。午刻核科房批札稿。中饭，请唐桂生等便饭，未正散。阅本日文件。酉初作折，未毕。傍夕至幕府一谈。至二更三点作折毕，约二千字。又改一短折。辛苦颇甚，若疲乏不能堪者。

附　记

陈灿_{华阳卡}

十二日

早饭后清理文件，见客一次，围棋一局。旋又见客，坐见者一次，立见者三次。作密片一件，言李世忠事，至未正作毕，约千余字。写挽联一付，阅本日文件。傍夕至幕府一谈。夜核批札稿，至二更四点毕。是日发报三折、一片、一清单。

十三日

早饭后清理文件。见客三次。旋出门至钱家，渠于今日开吊也，巳正归。围棋一局。旋又见客二次。中饭后写毛寄云信，阅本日文件。连日因办密折，积压公事、批札各稿甚多。本日午刻核科房稿申刻核文案房及幕府稿，清理完毕。傍夕至幕府一叙。夜，改僧王并唐中丞信稿，二更三点毕，约五百余字。温《诗经》数章。

附　记

翟增荣　　佳士

十四日

早饭后清理文件。见客，坐见者一次，立见者二次。旋程颖芝来，与之围棋二局，又观刘开生与程二局，巳午正矣。中饭后见客，坐见者一次，立见者三次。写纪瑞侄信，阅本日文件，看京报十余本，写澄弟信一件。傍夕至幕府一谈。夜核批札各稿，二更后温《史记》数首，四点睡。

十五日

早起，各文武员弁贺望，至巳刻止。见客毕，清理文件。旋围棋一局，又见客二次。写郭意城信，中饭后始毕，计千余字。旋阅《通考·职役一》，阅本日文件极多，傍夕毕。夜核批札稿，写沅弟信一件，二更后温《史记》，讲《伯夷列传》与纪泽听。余咸丰九年所批《史记》，纪泽于今年点读一过，顷自家中寄来，因再翻一遍。是日接部文，将郑珍、莫友芝、邓瑶、赵烈文、成果道、向师棣等十余人发往江苏，以知县用，因中外臣工先后保奏也。

附记

王氏姊墓志
李、江奠仪

十六日

早饭后清理文件。旋围棋一局，见客一次，写沈幼丹信一封。午刻核科房批稿，核幕府各批。中饭后阅《通考·职役一》，未毕，阅本日文件。傍夕与纪泽论潘、陆之文，因及昌黎各篇。本日雨大，竟日未息，北风如吼，念各饷船在途，不得到台，前敌各军殆无以为生矣。夜核信稿数件，温《吴都赋》。

十七日

早饭后清理文件，见客一次，围棋一局。见客，坐见者三次，立见者一次。午初阅科房稿批各件，阅《通考·职役二》，至申正阅毕。阅本日文件。夜核批札各稿，写程尚斋信一页，二更后阅《魏都赋》，未毕。四点睡。是日大雪苦寒，不便作事。

十八日

早饭后见客一次，围棋一局，写王子坚密信。午刻核科房批札稿，阅《通考·征榷一》。中饭后阅《征榷二》，录《雅训杂记》。写沅弟信一件，深以弟营无银度岁为苦。旋接信，知运司衙门寄弟营银七万八千有奇，为之一慰。申刻阅本日文件,与欧阳小岑围棋一局。傍夕至幕府一谈。夜核批札各稿,二更后阅《魏都赋》未毕,四点睡。

十九日

早饭后见客二次,清理文件。旋围棋一局,见客二次。午刻核批札稿。阅《征榷二》。中饭后阅毕。见客二次。接信,知范云吉于十三日戌刻弃世。仁厚正派而有识见,方意其大有为于时,而止于此,良可痛也。添申甫信一页,阅本日文件,核批札各稿。是日奇寒异常,至内室围炉小坐。会客一次。夜温《魏都赋》毕,温《西征赋》。

廿日

早饭后清理文件。见客二次,衙门期也。围棋一局,莫子偲来久坐,写李少荃信一件。阅《通考·征榷三》未毕,中饭后再阅数页。见客四次。出门至河下看蔡国祥新造之小火轮。船长约二丈八、九尺,因坐至江中,行八、九里,约计一个时辰可行廿五、六里。试造此船,将以次放大,续造多只。申正归,阅本日文件甚多。傍夕至幕府一谈。夜核批札稿,温《西征赋》毕。

附记

周瑞二犯折　　　九洑洲保折
谢优叙恩折并近日军情　　萧、李二谢折
抄元年五月十四日密寄

廿一日

早饭后行封印礼。旋清理文件。围棋一局。写沅弟信一封,见客一次,阅《通考·征榷三》。中饭后,新进武生员来谒,七县共见七次。涂心斋来久坐。阅本日文件甚多。傍夕李眉生来鬯谈。夜,改折稿二件。阅《征榷三》毕。是日说话太多,精神委顿之至。阅《通考》不甚了然,并说话不圆,舌尖若提不起者。三点睡。

廿二日

早饭后清理文件。旋见客二次,围棋一局。又见客,坐见者一次,立见者二次。午刻核科房批稿。阅《通考·征榷四》，中饭后又阅之，未毕。疲倦殊甚。朱久香学使来久谈，李雨亭来一谈，阅本日文件颇多。傍夕至内室一坐。夜核批札稿，核杨、彭保举单，阅《恽子居文集》。二更三点早睡。是日午刻接奉御赏"福、寿"字，又沅弟及杨、彭、鲍、李五外"福"字，皆由此间转送。

廿三日

早饭后清理文件，见客一次，围棋一局。旋写沅弟信一件。已刻见客二次。孙尚绂者，莲堂侍郎之少君，坐谈颇久。午刻核科房批稿、幕府批稿。中饭后，约李雨亭便饭，即邀入公馆小住。中饭后阅《征榷四》毕，阅本日文件甚多。酉初至雨亭处久谈。夜核批札稿。将改纪泽所为《六书论》，精神疲甚，不能动笔。温《秋兴赋》《笙赋》。四点睡。

廿四日

早饭后清理文件，见客二次，围棋一局。出门拜朱学使，已正归。见客一次，又立见者四次。写澄侯弟信一件，核科房批札稿、幕府批稿。中饭后见客二次，阅《通考·征榷五》，阅本日文件甚多，核改信稿批稿甚多。傍夕至幕府一谈，黄南坡来久谈。闻郭筠仙续弦钱氏之女为继配，由沪带至广东，竟以不合而大归，良用忧骇。改复总理衙门咨稿一件、信稿一件。二更四点睡。

廿五日

早饭后清理文件，围棋一局，见客二次。已刻又立见者三次，坐见者一次，写左季高信一件。午刻，魏涟西来久坐，中饭后去。黄南坡来久谈，与之围棋一局，李勉亭来一坐，阅本日文件，写对联二付。傍夕至幕府一谈。夜，改信稿二件，核批札各稿，温《史记·汲黯传》。是日见客，说话太多，又复倦甚。因旬日精神疲倦，本日做丸药，一单鹿茸四两、麋茸八两，又和以高丽参、黄蓍之类，合计费银八、九十两，自来未服此珍药也。

廿六日

早饭后清理文件。旋围棋一局，见客，坐见者一次，立见者五次，写沅弟信一件。午刻核科房批稿，作折稿未毕。中饭后，黄南坡来久坐，又与围棋一局。阅本日文件甚多。傍夕改折稿未毕，灯后改毕。又改二片稿，核各保举单。二更后温《史记·张释之冯唐传》。四点睡。

附记

吴　　钱　　刘　　桂　　黎　　李联　　录奏目

廿七日

早饭后见客三次，清理文件。旋围棋一局。出门至河下拜客，未遇。入城拜客二家，午刻归。核批札各稿。中饭后见客二次，黄南坡坐极久。阅本日文件，核批札各稿。傍夕至幕府一谈，发报四折、二片、一清单。夜核批札稿极多，改纪泽诗未毕。

廿八日

早饭后清理文件。旋见客，坐见者三次，立见者三次。改纪律诗未毕。李壬叔来久谈。约黄南坡、程颖芝来围棋，因留便饭。余未动手，见黄与程对二局，又刘开生与黄、程各一局，申正散去。酉刻阅本日文件。夜将七律改毕，又改《六书论》一首。五点睡。

廿九日

早饭后清理文件。旋见客三次，又坐见者一次，围棋一局。见客，坐见者三次，立见者一次。午刻核科房批札稿，又核幕府批未毕。午正约李勉亭便饭。饭后阅莫子偲所作《唐写本说文笺异》。将作诗而不果，阅本日文件。傍夕至幕府一谈。夜核信稿批札稿。二更五点睡。

卅日

早饭后清理文件。旋围棋一局，写沅弟信一件，见客四次。本日辞岁之客，皆谢不见。阅莫子偲所为《说文笺异》。午刻，邓守之来，携一幼孙，仅八、九岁，盖完白先生之子孙仅存此耳，相对凄然。午正敬神。中饭后再看子偲书，未毕。阅本日文件。傍夕至内室一叙。夜核批札稿甚多。三更睡，公事尚有未毕者。是日接总理衙门文书，令各省绘呈地图。拟派袁西台与方、刘二人办理。睡不甚成寐。驹光浪掷，学不加进，又一年矣。